大 学 问

始 于 问 而 终 于 明

守望学术的视界

月照崇徽

章献刘后与宋真仁之际政治

刘广丰

— 著 —

GUANGXI NORMAL UNIVERSITY PRESS

广西师范大学出版社

·桂林·

月照崇徽：章献刘后与宋真仁之际政治

YUEZHAO CHONGHUI: ZHANGXIANLIUHOU YU SONGZHENREN ZHIJI ZHENGZHI

图书在版编目（CIP）数据

月照崇徽 ： 章献刘后与宋真仁之际政治 / 刘广丰著.

桂林 ： 广西师范大学出版社，2025. 10. -- ISBN 978-7
-5598-8726-9

Ⅰ．K244.07

中国国家版本馆 CIP 数据核字第 20255KP711 号

广西师范大学出版社出版发行

（广西桂林市五里店路 9 号　邮政编码：541004）
（网址：http://www.bbtpress.com）

出版人：黄轩庄

全国新华书店经销

广西广大印务有限责任公司印刷

（桂林市临桂区秧塘工业园西城大道北侧广西师范大学出版社
集团有限公司创意产业园内　邮政编码：541199）

开本：880 mm × 1 240 mm　1/32

印张：14.75　字数：450 千

2025 年 10 月第 1 版　　2025 年 10 月第 1 次印刷

定价：98.00 元

如发现印装质量问题，影响阅读，请与出版社发行部门联系调换。

本书为湖北省哲学社会科学后期项目成果

序　言

　　本书所聚焦者,乃宋真宗之章献明肃刘皇后,主标题为"月照崇徽"。昔年撰写博士论文时,此四字便萦绕心间,然恐读者未谙其意,特作题解。崇徽者,乃北宋后宫殿名,为刘氏自皇后至太后时期之居所,此非宋代传统意义上皇后或太后的寝宫——皇后当居坤宁殿,太后至英宗朝始定居于慈寿殿。然而,崇徽殿的位置尤值深究。其于大宋开国之初被称为万岁后殿,亦即万岁殿之配殿。真宗时,万岁殿易名延庆,仁宗明道元年复改福宁,是为帝王之寝宫。崇徽既处延庆殿后,虽非后妃正式居所,实乃毗邻大宋权力中枢之所在。刘氏政治之路,即从此始;刘氏之政令,或从此出。更值得玩味的是,《宋史·地理志》明载,将此殿定名为"崇徽"者,正是刘皇后本人。月魄清辉,自古喻指女德,故以"月照崇徽"为本书主题,暗合刘氏以女子之身,于禁苑深处执掌国柄之史实。此间隐喻,不惟昭示其居所方位,更暗喻其政治生涯如月华隐耀,虽处深宫却普照朝堂。

作为两宋首位垂帘称制的女主，刘氏参政始于真宗中年，至仁宗朝更是主政十一载。故其于宋代的地位，堪比唐之武曌。正由于此，历代史家对其臧否殊异，民间更衍生出"狸猫换太子"之稗说，以污其名。时至今日，有关她的评说也是褒贬不一。颂之者，赞扬其为真、仁两朝稳定传承所作出的贡献，更膺服其政治见识；而抑之者，则指控其控制真宗与仁宗，把持朝政，甚至制造出种种宫廷阴谋。拙著虽不讳言其晚年有僭越之嫌，但总体对她保有积极正面的态度。之所以得出如此观点，乃以结果为导向：刘氏主政大宋十余年，不但让两朝皇帝平稳过渡，且提出了很多经济改革的措施，更重要的是，她没有用暴力流血的手段来铲除政敌，对于政治斗争，她始终保持克制，并将之控制在一个必要的限度之内。纵然是抵制她执掌皇权的寇准与李迪，最终也只是被远贬外地，比之唐代之长孙无忌等，已属万幸。更重要的是，刘氏始终没有对赵氏皇族下手，反而以族中尊长的姿态维系皇族和睦。

今人多谓刘氏之克制，乃因宋代士大夫对她的掣肘，再加上她没有强势的外戚家族，故在政治上举步维艰，不敢轻易造次。此说有其合理之处，因为比之前代，宋代士大夫政治确有长足发展。但刘氏作为手握皇权的女性，必若与朝臣鱼死网破，也很难让幼主即位平稳过渡——她并非完全没有支持者，若她愿意，也可以对大宋造成致命的破坏。故拙见以为，政局平稳实系多方合力之功，刘氏为政之审慎尤需重估。后世对刘氏的批判，多基于中国古代男权政治的思想，如明清之际王夫之讥其"乱男女之别"，所见尤甚。拙见以为王夫之对女性政治的排斥，实乃其时代思潮之反映，可以理解；今人常以超然姿态评判先贤的局限，但须知每个时代皆有其桎楷，谁知千载之后，我辈认知或亦成为后人之镜鉴乎？然而，历史发展至今，若仍执男权圭臬丈量往昔，因性别褫夺巾帼之功，这等史观既失却"了解之同情"，更恐沦为市井之谈，终是辜负了历史研究的真意。

既然拙著所考察者，乃男权社会中之女性政治，自然绕不开性别视角之棱镜，因为在那个两性不平等的时代，女性主政必有其特征，但这些特征无关优劣。例如，作为女性政治家，其在男性士大夫的包围下所展现的心态与举措，必然带有女性的印记；再如她作为最高统治者，也将为女性政治冠以一些象征性符号，并制定一些有利于当时女性的政策。然需申明，本书虽以性别视角切入，却非刻意将刘氏塑型为女权先驱。彼时社会本系男权天下，刘氏既不可能挑战"三从"纲常，亦未大幅提升女性地位，其政治举措中所见之女性关怀，实乃权力博弈间偶然绽放的异色。这是时代使然，不必抬高，也不必苛责。

刘氏是幸运的，她本开封街头一卖艺女子，而最终母仪天下，掌控大宋皇权，堪称中国古代女性逆袭之传奇。其间机缘虽多，但拙见尤重其与宋真宗之间的感情。今人常谓政治人物之研究当摒除其私情，但拙见以为，政治人物首先是人，故其必然拥有人类的各类感情。就本书所关注的主题而言，真宗力排众议册立刘氏，临终托以国事，实难尽以政治与权谋解之。固然，史家笔法亦有暗影浮动，文献中各种隐晦之语或可解为算计，亦可视作深情，何妨择善而从？若史册尽是阴谋诡计，而无半分人性暖色，岂非太过寒凉？此或本书偏颇之处，但历史研究观照古人，原需几分温情。

是为序。

目　录

绪　论

一、个体与历史：刘后与北宋政治史研究的意义

中国古代真的是一个男权社会，而且越到后来，对女性越不友好。若《周易·家人卦》中提及的"女正位乎内，男正位乎外"[①]是对男女在家庭分工中的描述，那么到了晚近时期出现的俗语"三步不出闺门"，就是对女性活动空间的严格限制了。在这种条件之下，女性参与政治，可谓千难万难。传统剧目《再生缘》，讲述的是元朝大学士孟士元之女孟丽君为了逃婚，女扮男装，上京考状元的故事。戏中的孟丽君才情横溢，不输男性。但这终归只是戏剧，并不是真实的历史。在中国历史上，除短暂的武周一朝以外，女子基本上难以当官。哪怕与武则天几乎同一时代的唐朝——号称中国

[①]　孔颖达疏：《周易正义》卷4，载阮元刻：《十三经注疏》，北京：中华书局，1980年，第50页。

历史上最为开放的朝代——才女鱼玄机也只能空叹"自恨罗衣掩诗句,举头空羡榜中名"①,身为女性,她连参加科举考试的资格都没有。但即便如此,中国古代依然出现了很多著名的女性政治家,如汉之吕后、北魏之冯太后、晚清之慈禧太后等,而唐代更是出现了中国唯一一位女皇帝武则天。

就女主政治而言,宋代与历朝相比,不遑多让,因为宋代垂帘女主就有九位之多,其中宋真宗皇后刘氏,更是当中之佼佼者。刘氏乃真宗第二位皇后②,她在仁宗时垂帘听政长达十一年,可谓开宋代太后垂帘听政之先河。过去人们对刘后的了解,多来自戏剧小说"狸猫换太子"的故事,但真实的刘后,并非故事当中的刻毒妇人,她乃宋代出色的女政治家,宋朝在她统治之下,平稳过渡;仁宗亦在其辅助之下,逐步成长。

---

① 鱼玄机:《游崇真观南楼睹新及第题名处》,载氏著:《唐女郎鱼玄机诗》,宋临安府陈宅书籍铺刻本,第 5 页 a。

② 实际上宋真宗承认的皇后有三位,即章怀潘皇后、章穆郭皇后与章献明肃刘皇后,但潘后在真宗登基前已经去世,虽为正妻,但皇后之位属于追封,而郭、刘二后,则是真宗生前正式册封之皇后。至于章懿李皇后与章惠杨皇后,则为仁宗朝追封,非真宗本人承认者。见脱脱等:《宋史》卷 242《后妃上》,北京:中华书局,1977年,第 8611—8618 页。

　　通过比较不难看出,刘后与武则天有颇多相似之处①,其掌权预政,对于当时朝野群臣来说,未必不是一场政治危机。而我们今天看待此问题,就不得不考虑:既然两人如此相似,为何刘后没有成为武则天第二? 当然,关于这点已经有不少学者回答过,但论者多归结于制度、礼法等对后妃的约束,使之不能、也不敢越雷池半步。此种结论,对于绝大部分的宋代后妃来说,当然如此。但刘后统治时期乃宋代垂帘听政制度的开创期,从制度与立法之滞后性来说,在刘后之前,宋代不可能已经形成一套完整的约束机制,故此朝臣对刘后的制约只能是总结前代经验,并尝试性地探索新路。早在真宗在世之时,就皇后权力问题,朝臣之间已经发生了激烈的政治争斗;而刘后垂帘时期,大臣们也在想方设法抑制太后的权力。而宋真、仁之际的政治主题之一,当是这种对女主权力的抑制与反抑制。

---

① 邓小南先生认为:"很少看到人们将赵宋的真宗与李唐的高宗相互对比,但大略看去,这两位皇帝是有一些可比之处的:在父皇选立储嗣时都经历过一番周折;都是建国后的第三位君主,都面临着王朝从创业转向守成的压力;都曾为册立钟爱的女性作皇后而遭遇过来自朝臣的阻力。还有,两位皇后都以‘素多智计’著称;皇帝晚年都受制于精明的皇后;皇帝去世后,皇权又都控制于对最高权力毫不陌生的皇后(武太后、刘太后)之手。"参见邓小南:《祖宗之法——北宋前期政治述略》,北京:生活·读书·新知三联书店,2006 年,第 341—342 页。邓先生所言极为有理,然于刘后与武则天再作比较,则又必须多加几点:她们的出身门第都相对较低,武则天家族在唐时未能跻身甲族,而刘皇后更是小工商业者出身;武则天曾先嫁与唐太宗,而刘后也有改嫁之嫌疑;此外,她们都是当朝第一位垂帘听政的太后。

　　有些成果认为，刘太后所依靠者乃外戚、宦官；①也有观点认为她依靠的是朝廷大臣。② 但无论何种观点，有一事实不容否认：刘太后统治时期，宋代出现了一大批正直敢言的名臣，以及善于朝政的能吏，他们应该是当时朝廷的支柱。因吸取前代历史的经验教训，以及因袭男权政治的传统，这些大臣基本都反对刘太后主政。换言之，刘太后一方面必须利用这些大臣才能维持朝政，另一方面又得防范这些大臣，使他们不能侵害她的既得权力。这种既利用又防范的权谋之术，正是刘氏长期保持女主执政地位的保证。刘太后与众大臣之间的博弈，很大程度上造就了宋代女主垂帘制度，以及抑制女主之制度。而在这种博弈中，男权社会里的女性统治者的执政能力与执政方法尤其值得注意，当中所体现的女性意识③，更是值得关注的地方。

　　以上论述多与刘后有关，而学界对于刘后的研究已有一定成果④，本书并非单纯研究刘后，而是把刘后与宋真宗、仁宗两朝间之过渡时期的政治结合起来。刘后参与政治的宋真、仁之际，是北宋一个特殊政治时期——从初期向中期过渡的时期，这一过渡阶段，可以说上承真宗守成之治，下启仁宗朝革新之门，仁宗朝的改革之

---

① 持这一观点者，主要代表是李涵先生，可参见其论文《章献刘皇后擅政与寇准之死》，载北京大学中国中古史研究中心编：《纪念陈寅恪先生诞辰百年学术论文集》，北京：北京大学出版社，1989年，第307—314页。

② 如肖建新：《宋代临朝听政新论》，载《社会科学战线》2003年第4期。

③ 关于女性意识这一概念，可参见陈弱水：《初唐政治中的女性意识》，载邓小南主编：《唐宋女性与社会》，上海：上海辞书出版社，2003年，第659—694页；王政：《"女性意识"、"社会性别意识"辨异》，载《妇女研究论丛》1997年第1期。

④ 详见下文学术史回顾。

风及台谏势力的崛起,均可谓始发于这一时期。故本书的研究,能接续两朝,对宋代断代政治研究有重要意义。历史创造于人,政治史尤其如此。政治人物之性格及其政治态度与政治行为,构成各种政治事件,而种种政治事件,则形成各朝代之政治画面。就真、仁之际政治而言亦是如此,刘后既是这一时代的重要政治人物,更是能把该时代各重大政治事件连接起来的主线。故本书以刘后为线索,把其身边的各种政治人物、政治集团及政治力量联系起来,研究他们的性格、行为、取向等,进而论述与这些人物相关的政治事件。我相信通过对这些政治事件的史实进行考据、辨析,并分析当中各种政治人物的关系,能够把当时的政治画面呈现在读者眼前。此外,全面研究刘后掌握权力的过程,并对其合法性进行探讨,有助于了解宋代垂帘听政制度的形成与发展。再者,刘后是宋代比较重要的女性政治人物,全面、深入地研究她主政时期之政治,有利于了解宋代的女性政治,并关注女性政治当中的女性意识,为政治史与妇女史研究提供新的视角。

二、学术史回顾

本书的研究对象是宋真宗的刘皇后,以及宋真、仁之际政治,涉及范围较广,包括政治事件、政治人物、政治制度等,另外还包含经济、外交及社会形态等一些因素。前辈学者们在这些方面成果颇丰,但少有把刘后与该时期政治整合起来研究的专著。

关于刘皇后及其事迹,学界已有一些成果。国内最早关注这一问题的是李涵先生,她的论文《章献刘皇后擅政与寇准之死》,是我所见国内最早研究刘后的学术成果。李先生依据翔实的史料，系统叙述了真、仁之际朝廷上的政治争斗，并认为刘后是此次争斗的幕后指挥者。文章又认为刘后在其统治时期多所依赖者，非朝中大臣，而是宦官与外戚。在文章的第三部分，李先生又探讨了刘后与仁宗的关系。① 张邦炜先生的论文《宋真宗刘皇后其人其事》谈论了刘后的身世，以及她走上皇后宝座，到最后成为垂帘太后的历程，并论述了她垂帘听政时期的种种事迹。② 该文对于刘后事迹探讨比较全面，对刘后的评价也相当中肯，但限于篇幅，只能点到即止，意犹未尽。此外，该文对刘后的论述只是局限于人物研究，没有涉及仁宗初期的政治。此外，张先生在其著作《宋代皇亲与政治》中，专列章节，论述了刘后并非武则天第二。此章节与张氏前文的内容相仿，且更注重对刘后的评价。③ 此后，祝建平先生的《仁宗朝刘太后专权与宋代后妃干政》，主要以刘后专权为实例，分析刘后专权的成因、表现与特点，并从其自身实力、宋代官僚监督体制和宋代对宫廷的防范等三方面分析她专权失败的原因。作者还从刘后专权归纳出宋代后妃干政的特点，并加以论述。④ 但作者站在男权社会的角度，一味批判女主专政带来的恶果，观点不免以偏概全。杨翠微的论文《论章献明肃刘太后》，结构与张邦炜先生的文章相同，讨论了刘后的身世、掌握权力的经过及其在统治时期的

① 李涵：《章献刘皇后擅政与寇准之死》，载北京大学中国中古史研究中心编：《纪念陈寅恪先生诞辰百年学术论文集》，第 307—314 页。
② 张邦炜：《宋真宗刘皇后其人其事》，载氏著：《宋代婚姻家族史论》，北京：人民出版社，2003 年，第 233—264 页。
③ 张邦炜：《宋代皇亲与政治》，成都：四川人民出版社，1993 年，第 175—199 页。
④ 祝建平：《仁宗朝刘太后专权与宋代后妃干政》，载《史林》1997 年第 2 期。

政绩等三方面的内容。① 该文就人物讨论人物,对刘后的评价也算中肯。其后,张明华先生也有两篇关于刘后的文章:《北宋第一位垂帘太后与宋代最初的党争》与《北宋刘皇后经济思想初探》。前者主要论述刘后的身世及其成为垂帘太后的过程,并着重谈论宋真、仁之际的政争;后者主要探讨了刘后时期的经济政策,并且认为,由于刘后出身于小工商业者,故在其执政时期,一直推行各种有利于商业发展的政策,其经济思想应该在中国经济发展史上占重要地位。② 先师张其凡教授和白效咏先生合作的《乾兴元年至明道二年政局初探——兼论宋仁宗与刘太后关系之演变》,以刘太后为中心探讨仁宗初年的政治。文章主要以刘太后与仁宗关系的变化为线索,把刘太后的统治时期分作三段进行探讨。③ 邓小南先生的著作《祖宗之法——北宋前期政治述略》,专列章节论述刘太后时期的政治。邓先生把视角放在乾兴元年(1022)与明道二年(1033)两道遗诏上,进而论述刘后垂帘时期的一些礼仪问题,并归结到祖宗之法上面。④ 当然,在论述过程中,邓先生也点到了刘后统治时期的其他方面,如用人、政治争斗、还政呼声等,但主要是围绕"祖宗之法"这一主题讨论。

---

① 杨翠微:《论章献明肃刘太后》,载《面向二十一世纪:中外文化的冲突与融合学术研讨会论文集》,1998 年。

② 张明华:《北宋第一位垂帘太后与宋代最初的党争》,载《开封师范高等专科学校学报》1999 年第 4 期;《北宋刘皇后经济思想初探》,载《开封师范高等专科学校学报》2000 年第 3 期。

③ 张其凡、白效咏:《乾兴元年至明道二年政局初探——兼论宋仁宗与刘太后关系之演变》,载《中州学刊》2005 年第 3 期。

④ 邓小南:《祖宗之法——北宋前期政治述略》,第 340—369 页。

　　港台与国外也有学者关注刘太后的课题，但总体来说不算太多。港台学者中，就笔者目前所见，台湾的刘静贞先生写有一篇论文《从太后干政到皇后摄政——北宋真、仁之际女主政治权力试探》，其著作《北宋前期皇帝和他们的权力》第三章第四节与第四章第一节内容也与该文相仿。① 刘先生在其文章中，探讨的核心是宋代真、仁之际皇权的分配问题。她按照时间顺序，用大量篇幅，讲述了刘后作为女主，如何克服种种障碍获取政治权力，进而垂帘听政的事实。这一事实论述，主要围绕刘氏获得权力之合法性进行讨论。之后，刘先生又从"君权一元论"的观点出发，论述了刘后与朝廷大臣之间的博弈，当中涉及宰执、宦官、外戚、仪制，以及朝廷新势力等一系列问题。这些论述精辟独到，但只是点到即止，没有展开。国外学者关于刘后的论文，笔者仅见美国学者贾志扬先生的《刘后及其对宋代政治文化的影响》。该文分为两部分，第一部分探讨了刘后入宫、并以皇子受益（后来的仁宗）为子的过程，而更多的笔墨侧重于她低微的出身给她带来的障碍及她如何经营自己的家族势力。第二部分首先大略讲述了真、仁之际刘后获取权力的过程，进而通过实际的例子探讨刘后统治的手段及朝中大臣对她的逐渐不满。最后，贾先生认同张邦炜先生的观点，认为刘后没有篡位的野心，并给赵宋后代留下了一份政治文化遗产。② 该文虽

① 刘静贞：《从太后干政到皇后摄政——北宋真、仁之际女主政治权力试探》，载鲍家麟主编：《中国妇女史论集续集》，台北：稻乡出版社，1999 年，第 123—161 页；《北宋前期皇帝和他们的权力》，台北：稻乡出版社，1996 年，第 148—208 页。
② 贾志扬：《刘后及其对宋代政治文化的影响》，载漆侠主编：《宋史研究论文集：国际宋史研讨会暨中国宋史研究会第九届年会编刊》，保定：河北大学出版社，2002 年，第 126—141 页。

然涉及问题较多,但由于文章篇幅不长,每个问题均只能简单论述,而按照贾先生结语中所言,这些问题都需要作进一步的研究。旅日华侨王瑞来教授近年也有涉及刘后的研究,其文章《"狸猫换太子"传说的虚与实——后真宗时代:宋代士大夫政治下的权力博弈》对刘太后垂帘听政的来龙去脉作出了系统的梳理,但该文的主旨在于真宗与仁宗朝之间的权力斗争,以及作者一向主张的士大夫政治。①

刘后与仁宗初期政治,是两宋后妃政治的一大部分,故此不应忽略学界对宋代后妃的研究成果。事实上,近年来已有学者开始关注宋代后妃问题,研究成果也有不少,当中大部分或多或少涉及刘后本人。总体来说,目前国内对宋代后妃的研究主要有几个方向。

首先是论述对后妃预政的抑制,这是大部分论文都有涉及的问题。学界一般把宋代后妃干政受到抑制的原因归结为制度限制、士大夫抵制、皇权限制、外戚受到抑制和后妃本身自我抑制等几个方面。② 业师杨果教授的《宋代后妃参政述评》,除与一般观点大致相同外,还有一点创新:她在评述刘皇后不敢称帝之原因

---

① 王瑞来:《"狸猫换太子"传说的虚与实——后真宗时代:宋代士大夫政治下的权力博弈》,载《文史哲》2016年第2期。

② 这方面的论文较多,如张邦炜:《两宋无内朝论》,载《河北学刊》1994年第1期;杨光华:《宋代后妃、外戚预政的特点》,载《西南师范大学学报》(哲学社会科学版)1994年第3期;诸葛忆兵:《论宋代后妃与朝政》,载《南京师范大学学报》(社会科学版)1998年第4期;祝建平:《仁宗朝刘太后专权与宋代后妃干政》,载《史林》1997年第2期;朱子彦:《宋代垂帘听政制度初探》,载《学术月刊》2001年第8期;付海妮:《宋代后妃临朝不危政原因浅析》,载《固原师专学报》(社会科学版)2005年第2期;付海妮:《宋代士大夫对后妃预政的抵制作用》,载《陇东学院学报》(社会科学版)2005年第1期。

时,先以唐武、韦二后作为比较,然后从刘后自身考虑原因,此乃其他论文中少见的方法和思路。[1] 肖建新先生的《宋代临朝听政新论》,也探讨了宋代皇后听政没有越轨的原因,除法度和大臣们对外戚的抑制外,还有听政皇后对大臣的依赖,而不是大臣对听政皇后的抑制,这点与其他论文所述有所不同。[2]

其次,是从制度史的角度研究后妃政治。这方面比较突出的是朱瑞熙先生的《宋朝的宫廷制度》,他主要从制度的角度研究宋代后妃和宫女的人选、编制、管理、俸禄和封号等,又通过论述制度进而论述宋代对后妃和宫女的约束机制。[3] 该文章详细讨论了宋代的各项宫廷制度,不但是宋代制度史研究的一个成果,而且为宋代后妃研究提出一个新角度。张晓宇博士的最新研究认为,《内东门仪制》虽然被烧毁,但刘太后时期的很多礼仪制度,依然被保留在《太常因革礼》中。[4]

再次,是从妇女史的角度研究宋代后妃,这以张明华先生的文章最为显著,她的《论北宋女性政治的蜕变》,站在女性的角度,认为北宋垂帘听政的五位皇后,无论政权获得形式、决策方式抑或是历史作用,都在逐步蜕变。五后中只有真宗刘皇后值得称道,而其他几位皇后听政,其实沦为男性政治的附属品。该文章最后得出

---

[1] 杨果:《宋代后妃参政述评》,载《江汉论坛》1994 年第 4 期。

[2] 肖建新:《宋代临朝听政新论》,载《社会科学战线》2003 年第 4 期。

[3] 朱瑞熙:《宋朝的宫廷制度》,载《学术月刊》1994 年第 4 期。

[4] 张晓宇:《从"变唐之礼"到"章献新仪"——北宋前期"新礼"问题与〈太常因革礼〉》,载《汉学研究》2019 年第 1 期。

结论:北宋女性政治由公允趋向落后、保守。① 由于文章作者站在女性的角度看问题,故在宋代后妃研究领域中,打破了传统约束和限制,提出了一些新的观点。

此外,除了上述一些研究刘后的文章,以其他皇后作为个案研究的成果也有一些。② 以上各种学术成果,对笔者把握整个宋代后妃政治提供了参考,并帮助笔者拓宽了视野,打开了思路。

真、仁之际政治包含在宋初政治里面③,当中涉及很多人物、事件及政治制度,因而关于宋初政治的研究成果,对本书研究也大有

———————

① 张明华:《论北宋女性政治的蜕变》,载《河南大学学报》(社会科学版)2002 年第 1 期。
② 如张明华:《从曹皇后的道德自虐看北宋中期儒学复兴对宫廷女性的负面影响》,载《浙江万里学院学报》2004 年第 1 期;《北宋宣仁太后垂帘时期的心理分析》,载《洛阳师范学院学报》2004 年第 1 期;黄艳:《北宋哲宗孟皇后的废立与时政》,载《乐山师范学院学报》2005 年第 7 期。其中张明华的两篇文章,都是站在妇女史的角度对两个个案进行研究的。
③ 张其凡先生把宋代历史从政治的角度分为几部分,其中对北宋的划分是:宋初三朝,即太祖、太宗、真宗为北宋前期,仁宗、英宗为北宋中期,神宗、哲宗、徽宗、钦宗四朝为北宋后期。见张其凡:《论宋代政治史的分期》,载氏著:《宋初政治探研》,广州:暨南大学出版社,1995 年,第 1—17 页。此后,张先生认为刘太后统治时期应该算作北宋前期(这一观点虽未曾表达于张先生的文字上,但他于 2007 年夏天在开封给宋史专业研究生开讲座时表达过这一观点)。

裨益。与本书相关的首先是对真宗朝的研究，这方面成果显著。① 但是，论者们的注意力多集中在真宗前期和中期，尤其是中期的政治，而到目前为止，笔者看到对真宗后期政治局面作深入具体研究的成果甚少。② 对仁宗初期政治进行研究的论文也有一些，如前述张其凡先生与白效咏先生合作的论文《乾兴元年至明道二年政局初探——兼论宋仁宗与刘太后关系之演变》，是对宋仁宗前期政治的一次尝试性的探讨，但未能深入。河北大学王志双未刊

---

① 主要论文有张其凡：《雍熙北征到澶渊之盟——真宗朝政治研究之一》，载氏著：《宋初政治探研》，第 148—168 页；张其凡：《宋真宗"天书封祀"闹剧之剖析——真宗朝政治研究之二》，载氏著：《宋初政治探研》，第 198—256 页；刘静贞：《权威的象征——宋真宗大中祥符时代(1008—1016)探悉》，载《宋史研究集》第二十三辑，台北：台湾"国立"编译馆，1995 年，第 43—70 页；汪圣铎、孟宪玉：《宋真宗的潜邸旧臣考论》，载《安徽师范大学学报》(人文社会科学版) 2004 年第 6 期；闫化川：《宋真宗"泰山封禅"动机补论》，载《泰山学院学报》2004 年第 2 期；王晓波：《对澶渊之盟的重新认识和评价》，载《四川大学学报》(哲学社会科学版) 2003 年第 4 期；范平：《宋真宗时期的政治制度建设》，载《学术月刊》1999 年第 5 期；杨昆：《宋真宗与北宋兴衰》，载《北方论丛》2005 年第 5 期；何平立：《宋真宗"东封西祀"略论》，载《学术月刊》2005 年第 2 期。

② 前述刘静贞先生的相关论著《从太后干政到皇后摄政——北宋真、仁之际女主政治权力试探》及其著作是这方面比较突出的成果。见刘静贞：《从太后干政到皇后摄政——北宋真、仁之际女主政治权力试探》，载鲍家麟主编：《中国妇女史论集续集》，第 123—161 页；刘静贞：《北宋前期皇帝和他们的权力》，第 148—208 页。而笔者与张其凡先生的合作成果，也对真宗朝后期政治作了一些探讨。见张其凡、刘广丰：《宋真宗朝寇准与丁谓争斗事实考述》，载张玉春主编：《古文献与传统文化》，北京：华文出版社，2007 年，第 49—88 页；张其凡、刘广丰：《寇准、丁谓之争与宋真宗朝后期政治》，载《暨南史学》(第五辑)，广州：暨南大学出版社，2008 年，第 24—55 页。田瑞来、田志光等的论文，梳理了真宗朝末期政治争斗。见王瑞来：《"狸猫换太子"传说的虚与实——后真宗时代：宋代士大夫政治下的权力博弈》，载《文史哲》2016 年第 2 期；田志光、梁嘉玲：《北宋真仁之际皇权交接与章献皇后的政治考量——兼论儒家理念对宋代女主预政的双面影响》，载《社会科学》2022 年第 4 期。

硕士论文《吕夷简与宋仁宗前期政治研究》，虽也以仁宗前期政治作为研究对象，当中也有一章专门论述刘后时期之政治，但作者毕竟把重点放在吕夷简上，对刘后及仁宗前期政治探讨也是与之结合。①

除分期研究以外，宋代制度史研究上的一些成果，也与本书有相关之处，可资参考。如罗家祥先生《试论北宋仁、英两朝的台谏》一文，概述了此两朝台谏制度之变化，深入探讨了台谏与皇权及宰执集团之间的关系，并分析了台谏活动中的消极影响。文中尤其提及，天圣、明道间的活动可以说是台谏势力崛起的一个十分重要的里程碑。② 刁忠民先生的《论北宋天禧至元丰间之台谏制度》，主要围绕宋真宗天禧元年（1017）颁发的关于台谏建置的诏书，讨论了此时期台谏制度的基本特征及其三大特点。文中更详细考证了天圣年间御史的人数，以及该时期台谏权力的一些变化。③ 蒋启俊、范立舟先生的《台谏在仁宗朝的发展及其言风的变化》，以较大的篇幅论述了仁宗庆历以前的台谏状况，其中涉及刘太后执政时期的台谏问题，值得参考。④ 而关于宋代台谏，贾玉英先生、刁忠民

---

① 王志双：《吕夷简与宋仁宗前期政治研究》，硕士学位论文，保定：河北大学，2000 年。
② 罗家祥：《试论北宋仁、英两朝的台谏》，载《西南师范大学学报》（人文社会科学版）1989 年第 1 期。
③ 刁忠民：《论北宋天禧至元丰间之台谏制度》，载《四川大学学报》（哲学社会科学版）1999 年第 3 期。
④ 蒋启俊、范立舟：《台谏在仁宗朝的发展及其言风的变化》，载《华中科技大学学报》（社会科学版）2005 年第 6 期。

先生与虞云国先生的专著,均大有参考价值。① 此外,有关宋代的宰执制度,陈振先生、姜锡东先生、马玉臣先生和邓小南先生的相关论文,厘清了宋初宰辅制度上的一些概念,为笔者在讨论宰执问题时提供很大的帮助。②

　　前辈学者在刘后及仁宗朝政治研究方面的努力为后来者创造了很多可供参考的成果,而只有在前辈们学术成果的基础上,选取自己的视角,进行自己的研究,才能对此论题有更深刻、更全面的探讨。

三、研究方法与资料来源

　　本书将坚持历史学实证方法。作为历史学的研究,任何结论都以历史事实为依据,即便有些常理性推论,也以史料为基础,故大量搜集与本研究有关的史料,并对之加以辨析,乃本书的基本研究方法。在理论方面,由于本书所研究者,乃宋代某一时期的政治,并且以某一政治人物为中心,故或偶涉一些政治学的理论方法。本书又涉及女主问题,故于妇女史研究方面的理论,也有所参

---

① 贾玉英:《宋代监察制度》,开封:河南大学出版社,1996 年;刁忠民:《宋代台谏制度研究》,成都:巴蜀书社,1999 年;虞云国:《宋代台谏制度研究》,上海:上海书店出版社,2009 年。

② 陈振:《关于北宋前期的宰相制度》,载《中州学刊》1985 年第 6 期;姜锡东:《关于北宋前期宰相制度的几个问题》,载《中州学刊》1990 年第 2 期;马玉臣:《试论北宋前期之枢相》,载《中州学刊》2002 年第 5 期;邓小南:《近臣与外官:试析北宋初期的枢密院及其长官人选》,载漆侠主编:《宋史研究论文集:国际宋史研讨会暨中国宋史研究会第九届年会编刊》,第 1—26 页。

考。此外,在本书写作过程中,必将面对一些政治人物及他们之间的关系。对于某些人物,我偏向于首先以"人"之角度而非"政治"之角度看待他们,而对于他们之间的关系,我将首先以人类最基本的感情对之考察,然后再向政治方向过渡。如刘后与真宗的爱情、仁宗对刘后的亲情,都是刘后得以染指政治的前提条件,忽视这些人类基本情感,将不利于揭示事实真相。而其他政治人物,我不主张作过多的是非定性,讨论人物之忠奸并非本书所关心。事实上一些早被定论为奸臣、权臣的人物,如本书将会涉及的王钦若、丁谓等,在史料当中也能找到他们的一些善政;而大忠如寇准,也有其性格缺陷。故本书在讨论政治人物时,会先从其性格特点出发,探讨其政治行为,并论述他在当时的政治立场,以及他所扮演的政治角色和所发挥的政治作用,最后再从个人上升到政治集团之间的互动关系。

　　本书主题乃刘太后统治时期的政治,涉及史料甚多。在研究过程中,笔者将以《续资治通鉴长编》作为时间线索,同时也参考其他各种史料,对官方史料进行考辨,这包括人物传记类史书、奏议、诏令方面的史料,宋人之笔记小说,以及相关的宋人文集等。此外,《天一阁藏天圣令》乃编撰于刘太后统治时期,故在研究时,亦会以之作为参考。

第一章　女主之路

　　本书所探讨者,乃宋初一历史人物,以及由其铺展开的宋代某一时段的政治,而该时段恰好处于宋代由开创期向守成期转折的历史区间,其政治形势与政治局面也在转折之中。宋初开创期政治环境如何? 宋代政治发展到这一阶段面临着哪些问题? 这些都关系到宋代政治在这一阶段发展的历史轨迹,故有必要对当时的政治背景有所探讨。这种背景应包括三个方面。首先,本书主要研究宋真宗刘皇后,实际上本书所涉政治时段即刘皇后预政阶段,换言之,本书所研究者,很大程度上涉及女主政治。中国古代乃男权社会,但自汉朝起,女主不断涌现,这实际上为刘后预政提供了历史依据,尤其是刘后以前的五代、宋初女主政治环境,其实对刘后参与政治有参考作用。其次,真宗朝的政局,乃刘皇后参与政治的大环境。澶渊之盟后,真宗大搞"天书封祀"活动,结果导致国家经济凋敝,士风颓废,这一局面一直延续至真宗后期,乃至仁宗初期,而这正是刘后执政时期所需面对的政治局面。而真宗本人在其执政后期身患恶疾,经常一病不起,这正是刘后得以参与政治的前提条件。最后,刘后之所以能够预政,乃因她与作为皇帝的真宗有深厚的爱情基础,加之她本身才智聪慧,能够快速熟习政事,故在政治上得到真宗的信任,这可算是刘后预政的个人背景。

第一节　五代、宋初的女主政治

中国历代,后妃预政者不乏其人,在唐代,更出现太后称帝之事。历代史家对此或褒或贬,甚为关注,从中可见唐代后妃甚为引人注目。唐末五代,后妃预政的现象仍然存在,且后妃往往参与政治,成为影响朝政的重要因素。尤其是北方五代,有三朝乃由沙陀人所建立,而沙陀人对待女性的态度,以及沙陀贵族妇女在政治中的地位,也在某种程度上促进了五代女主政治的发展。宋朝乃于公元 960 年为太祖赵匡胤所建,而所谓宋初者,按照张其凡先生的论断,应为宋太祖、太宗与真宗三朝。① 此三朝者,尤其太祖、太宗两朝,实乃宋朝开边拓土,巩固政权之时。到了真宗时代,宋朝外部形势更趋于稳定,为宋代政治发展提供了重要条件。相比于太祖、太宗的强势,他们的皇后均相对处于弱势。这两朝皇后于政治上几乎无所作为,在新旧君主交接期间,两朝皇后均欲有所策划,但最终皆归于失败。

---

① 参见张其凡:《论宋代政治史的分期》,载氏著:《宋初政治探研》,第 1—17 页。

一、五代沙陀贵族妇女与政治

唐末五代是中国历史上的乱世之一，其时政权林立、北方民族入主中原、战火连天，各种社会矛盾集中展现。五代之乱，实际上也为宋代入治奠定基础，而五代贵族妇女也在这段历史的发展中起着十分重要的作用。[①]

事实上，后梁时期贵族妇女参与政治是比较被动的，甚至带有屈辱性。如朱友文、朱友珪的妻子，以儿媳之身侍奉朱温，从而干预政治。其余如敬翔妻子刘氏、张全义妻子储氏等，也是以牺牲身体为代价，从而影响政治。[②] 这非但没有为当时的女性带来实质性的权力或权利，反而成为乱世中女性悲剧的缩影。相反，沙陀集团中的妇女参与政治往往更加主动，这不但体现在贵族家庭中，也体现在战争过程中。她们所获得之权力，无论在家庭中还是在政治

[①] 有关五代女性政治的研究成果，可见赵雨乐：《藩妇与后妃：唐宋之际宫廷权力的解说》，载氏著：《从宫廷到战场：中国中古与近世诸考察》，香港：中华书局，2007年，第231—264页；穆静：《论五代军将女眷对军政与时局的影响》，载《浙江学刊》2010年第3期；曾国富、邓上清：《五代后妃与政治》，载《兰州学刊》2008年第7期；曾国富：《唐末五代将帅身后的女性》，载《中华女子学院学报》2009年第2期。这四篇文章都非常值得参考，然而，它们的共同点，都是把五代作为整体讨论，却忽略了五代发展过程中的民族因素，因而所得结论虽具有普遍性，但在女性权力上难以区分，当时入主中原的沙陀人与汉人相比所凸显的民族独特性。尤其是穆文，虽意识到五代女性影响军政的其中一个原因，乃中原长期受到少数民族习气的影响，但其文之分析，多偏向汉人统治之后梁，而未能把三个沙陀王朝的情况与另外两个汉人王朝，甚至与之前的唐王朝与之后的宋王朝作对比。

[②] 见薛居正等：《旧五代史》卷18《敬翔传》，北京：中华书局，1976年，第350页；卷63《张全义传》，第841页。司马光等：《资治通鉴》卷268，乾化二年闰五月丙寅条，北京：中华书局，1956年，第8758页。

上,都较后梁时为大。这不但是女性问题,也是民族问题;而沙陀是中国古代被认为汉化程度最高的北方民族之一①,他们对待女性权力的态度,应该是有代表性的。而且,后周与宋均脱胎于沙陀集团,虽然这两朝在女性政治方面与唐、晋、汉三朝有所区别,但沙陀人对待女性权力的习俗,同样对他们有所影响。必须注意的是,本节涉及的沙陀贵族妇女本身未必是沙陀人,她们也有可能来自汉族或其他北方民族,但既然她们与沙陀男性贵族发生婚姻关系,在她们身上发生的故事,也应该可以体现沙陀人对待妇女的习俗。

沙陀乃唐宪宗时期进入中原的北方民族,其族属与突厥相近,故又被称为"沙陀突厥"。在黄巢起义中,其首领李克用率沙陀兵勇平定叛乱,受到唐王朝的重用,不断晋升,成为晋王。五代后梁时期,沙陀割据山西,与后梁朱氏争雄,并最终在李克用之子李存勖的领导下,消灭朱梁政权,从而建立后唐。五代时期北方五个王朝中,后唐、后晋与后汉均为沙陀人所建立,而后周乃至后来的宋朝,也可以说是从沙陀集团中脱胎而出。因此可以说,沙陀是唐宋之间对中原地区影响最大的北方民族共同体。

五代妇女参与政治、影响军政是有普遍性的,故沙陀三王朝时期,也涌现大量参与政治的女性。她们参与政治的状况,也与其他汉人王朝大体相同,即以妻子或母亲的身份,影响身为君主或节度使的丈夫或儿子。如李克宁之叛李存勖,其妻孟氏助力甚多;又如

① 相关论述,可参见李鸿宾:《沙陀贵族的汉化问题》,载《理论学刊》1991 年第 3 期;王义康:《沙陀汉化问题再评价》,载《陕西师范大学学报》(哲学社会科学版)1995 年第 4 期;王旭送:《沙陀汉化之过程》,载《西域研究》2010 年第 3 期;刘广丰:《唐末五代沙陀汉化问题再探——兼论沙陀政权的民族政策》,载冯立君主编:《中国与域外》(第四辑),北京:社会科学文献出版社,2021 年,第 37—54 页。

李存勖与张承业不睦,赖其母曹氏平息缓解二人的矛盾。[1] 凡此种种,不一而足。此外,也有后妃因得宠而干预朝政的,如后唐庄宗刘皇后及明宗王淑妃;[2]也有后妃依赖外戚而干预政治的,如后晋出帝冯皇后及后汉高祖李皇后。[3] 然而,作为北方游牧民族的妇女,她们参与政治的方式,又与汉人妇女不同,在权力方面,甚至更进一步。李克用与朱温交恶,乃源于上源驿之难,其时克用率兵破黄巢于河南,经过汴梁,朱温延之入城宴饮,并欲趁其醉酒而出兵攻杀。[4] 然而,此事之过程,还有另外一位主角,那就是李克用之妻刘氏。《新五代史》对此记载云:

> 自太祖(李克用)起兵代北,刘氏常从征伐。为人明敏多智略,颇习兵机,常教其侍妾骑射,以佐太祖。太祖东追黄巢,还军过梁,馆于封禅寺。梁王邀太祖入城,置酒上源驿,夜半以兵攻之。太祖左右有先脱归者,以难告夫人,夫人神色不动,立斩告者,阴召大将谋保军以还。迟明,太祖还,与夫人相向恸哭,因欲举兵击梁。夫人曰:"公本为国讨贼,今梁事未暴,而遽反兵相攻,天下闻之,莫分曲直。不若敛军还镇,自诉

---

① 以上两个例子,分别见于薛居正等:《旧五代史》卷 50《李克宁传》,第 687 页;卷 72《张承业传》,第 951—952 页。

② 见欧阳修:《新五代史》卷 14《庄宗刘皇后传》,北京:中华书局,1974 年,第 143—147 页;卷 15《明宗王淑妃传》,第 158—160 页。

③ 见欧阳修:《新五代史》卷 56《冯玉传》,第 642 页;司马光等:《资治通鉴》卷 289,乾祐三年十一月丙子条,第 9430 页。

④ 见薛居正等:《旧五代史》卷 25《武皇纪上》,第 338—339 页。

于朝。"太祖从之。①

　　刘氏以女子之身,教侍妾骑射,体现的正是游牧民族的一些文化特征。从上述记载中可以发现,"刘氏常从征伐",而上源驿难发生之时,她正随李克用于军中,而非留在沙陀人当时在代北的根据地。关于刘氏随军的记载并不止一次,唐乾宁元年(894)李克用率兵赴邢州(今河北邢台)讨伐背叛其的义子李存孝,刘氏也在军中,并亲自进入邢州,把李存孝带到李克用面前谢罪。② 上源驿难中关于刘氏的描述,还能体现出沙陀女性在军中的权力。当上源驿之变发生后,李克用身边走脱者逃回晋军驻地,"以难告夫人",而刘氏"神色不动,立斩告者,阴召大将谋保军以还"。当时晋军中尚有"大将",但走脱者报告的对象并非军中留守的将领,而是主母刘氏。随后,刘氏擅自处斩告变者,然后再密召将领商议。整个过程说明,当李克用不在军中之时,大军并非以留守将领为主,而是以这位军中主母为主。换言之,刘氏在军中的权力仅次于李克用,而当李克用缺席之时,刘氏对军事可以全权处置,这在汉人的军队中是非常难以想象的。而这也说明,沙陀女性在军中并非单纯是男性的附属物,她们更多是以女主人的身份,出现在这种游牧家庭之中;她们不但辅助自己的丈夫,同时也是家庭的主心骨,分享丈夫在军中的权力,并对丈夫的政治行为提出建议。同样是在上源驿难中,刘氏对李克用的劝告,也足见她对于天下形势有敏锐的观

---

① 见欧阳修:《新五代史》卷13《唐太祖正室刘氏及次妃曹氏传》,第141页。
② 见薛居正等:《旧五代史》卷53《李存孝传》,第717页。

察,这也间接说明她早在军中涉足政治。

女性随军这种现象在沙陀军中是相当普遍的,并非孤例。如李克用之子李存勖"出兵四方,常以侯氏从军。其后……自下魏博、战河上十余年,独以刘氏从"①。虽然当时无论侯氏抑或刘氏,均非李存勖之正妻,但也可见沙陀人有让妇女随军的习惯。明宗李嗣源在李克用手下当裨将的时候,也有这样的经历,据《废帝实录》记载:"时明宗为裨将,性阔达不能治生,曹后亦疏于画略,生计所资,惟宣宪(魏夫人)而已。"②由此可见,无论是曹夫人还是魏夫人,都曾跟随明宗于军中。后汉高祖皇后李氏,乃刘知远劫掠而来,可以想象她应该也随刘知远在军中。③而当郭威在沙陀军中服役之时,"喜饮博,好任侠,不拘细行,后规其太过,每有内助之力焉"④。既然能够规劝郭威,也就说明当时柴氏乃在军中,且或许也如李克用妻子刘氏一样,干涉军政。

沙陀建立王朝之后,当初的军中女主,也就成为宫廷女性,但她们依旧与丈夫分享权力。如前所述,宫廷女性的权力是中国历代政治史中难以回避的课题。五代之前,汉人宫廷女性的权力也不可谓不大,如汉之吕后、唐之武后,更是中国古代女性政治家的代表。但总体而言,汉人王朝对于女性参与政治,总是小心提防,如汉武帝为防女主干政,于是开"立子杀母"之先例;⑤而唐朝自玄宗后,对女主也有所提防,甚而自代宗之后,至昭宗之前,几代君主

① 见欧阳修:《新五代史》卷14《庄宗刘皇后传》,第143页。
② 见司马光等:《资治通鉴》卷268,乾化三年三月戊辰条注,第8770—8771页。
③ 见欧阳修:《新五代史》卷18《汉高祖李皇后传》,第191页。
④ 薛居正等:《旧五代史》卷121《周太祖柴皇后传》,第1599页。
⑤ 见司马迁:《史记》卷49《外戚世家》,北京:中华书局,1963年,第1985—1986页。

更是几乎在生前不立皇后。① 唐末与后梁时期,一些汉人藩镇夫人及宫廷女性可以因夫主、君主的宠信而参与政治,如梁太祖朱温在藩镇时,多以外事咨询其夫人张氏;②再如敬翔之妻刘氏,“恃太祖之势,……交结藩镇,近代妇人之盛,无出其右”③。刘氏所为,可以说是后梁时期妇女参与政治之极致,但其所依赖者,依旧是朱温的宠爱,在于人事,并没有形成制度上的权力。一旦朱温身死,敬翔失势,她的权力也随之消散。实际上,这种所谓权力,不过是一种建基于君主宠爱之上的影响力罢了。就笔者所见,记载在历史中的后梁女性,均没有以自己的名义发布命令的权力。

在这一点上,沙陀人是非常不同的。前述刘氏在上源驿难中的表现,就是在李克用缺席的情况下,自己发布命令,处置军事。庄宗即位后,以其宠妾刘氏为皇后,以其生母曹氏为太后。据记载,“是时,皇太后及皇后交通藩镇,太后称‘诰令’,皇后称‘教命’,两宫使者旁午于道”④。这种诰令与教令,乃太后与皇后正式发布的命令,也代表着她们在制度上的权力,而这两种命令,在后梁女性参与政治的过程中未见出现过。其实,这种“令”的制度,在唐代已经出现,但并非完全适用于皇后与太后。⑤ 然而到了五代沙

---

① 唯一例外的是德宗王皇后,但她是因为病重而被立为皇后的,而就在立后当日,她即去世。见刘昫等:《旧唐书》卷52《德宗王皇后传》,北京:中华书局,1975 年,第 2193 页;陈弱水:《初唐政治中的女性意识》,载邓小南主编:《唐宋女性与社会》,第 659—694 页。
② 欧阳修:《新五代史》卷 13《梁太祖张皇后传》,第 129 页。
③ 见薛居正等:《旧五代史》卷 18《敬翔传》,第 250 页。
④ 见欧阳修:《新五代史》卷 14《庄宗刘皇后传》,第 144 页。
⑤ 李林甫等:《唐六典》卷1《尚书都省》,北京:中华书局,1992 年,第 10—11 页;卷 12《内官》,第 351 页。

陀统治北中国时期,宫中的诰令与教令权力甚至堪比皇帝本人发布的制敕。《通鉴》关于刘氏、曹氏行令的记载云:"是时皇太后诰,皇后教,与制敕交行于藩镇,奉之如一。"①赵雨乐先生据此认为:"从后唐皇太后的'诰'和皇后的'教'与帝旨交相行于地方看来,后宫命令自内廷向外不断扩张。与唐制比较,五代制诰之权非独由帝王而出,'令'非由监国皇太子独断,'教'亦自唐代亲王公主的帝族特权中脱离。"②赵先生的总结是相当有道理的,但若把这种现象适用于整个五代,则又有所偏颇了,就笔者所见,这种由宫中发布诰令、教令的现象,只盛行于沙陀三王朝。

沙陀三王朝中,后宫发布的命令非常多,有的有非常重大的实质性意义,而有的则在政治上有非常重要的象征性意义。如枢密使郭崇韬之死,就是出自庄宗刘皇后的教令。据《旧五代史·郭崇韬传》记载,庄宗并没有立即诛杀郭崇韬之心,而只是要求他从西蜀班师回朝再作决定,即便皇后一再试图说服他,他也没有改变主意。但最终,刘皇后杀郭崇韬的教令依旧传到军中,郭崇韬之死虽非全因教令,个中也涉及宦官的报复,但这起码也说明教令对征战在外的军队有一定影响。③ 皇后教令的施行,其实体现的也是游牧民族家庭中妻子的权力与地位,虽然沙陀人并没有摆脱中国古代男权社会的桎梏,但妻子确实可以分享丈夫的权力,李克用之妻刘氏如此,而此时庄宗皇后刘氏也是如此。比照与他们同时代的契

---

① 司马光等:《资治通鉴》卷273,同光二年二月癸未条,第8916页。
② 见赵雨乐:《藩妇与后妃:唐宋之际宫廷权力的解说》,载氏著:《从宫廷到战场:中国中古与近世诸考察》,第231—264页。
③ 见薛居正等:《旧五代史》卷57《郭崇韬传》,第771页。

丹皇后述律平,也是如此。① 由此可见,在北方游牧民族家庭中,妻子分享丈夫的权力是相当普遍的现象,而况诸藩镇或帝王之家,则是藩妇分享镇将的权力,以及皇后分享皇帝的权力了。同光四年(926)当魏州兵乱发生之时,宰执大臣要求出内府库物给军,庄宗已然同意,但刘皇后不肯,曰:"吾夫妇得天下,虽因武功,盖亦有天命。命既在天,人如我何!"②此语虽然狂妄至极,但值得关注,因为她认为得天下的并非皇帝一人,而是"吾夫妇",亦即夫妻二人,这种观念若放在汉人王朝中,是难以想象的。既然得天下者不但是皇帝,也有皇后,那么皇后分享皇帝的权力,也就是理所当然的事情了。

沙陀三王朝的其他皇后,虽然在权力上不及刘皇后,但在内朝用事,甚至参与朝政者比比皆是。如唐废帝李从珂的皇后刘氏"为人强悍,废帝素惮之",虽然并没有明显记载,但她参与朝政是可想而知的。晋高祖皇后李氏,乃后唐明宗李嗣源之女,她"为人强敏,高祖常严惮之"。而在后唐废帝统治时期,也是这位公主把废帝对石敬瑭的怀疑告知丈夫,从而使他谋划起事的,故她参与朝政也是理所当然之事。再如晋出帝皇后冯氏,更是"专内宠,封拜宫官尚宫、知客等皆为郡夫人,又用男子李彦弼为皇后宫都押衙。其兄玉执政,内外用事",这显然已经是开府建牙,参与政事了。③ 此外在

---

① 见脱脱等:《辽史》卷 71《述律皇后传》,北京:中华书局,1974 年,第 1199—1200 页,刘景岚:《论辽淳钦皇后述律氏》,载《昭乌达蒙族师专学报》(汉文哲学社会科学版)1996 年第 2 期。

② 欧阳修:《新五代史》卷 14《庄宗刘皇后传》,第 145 页。

③ 以上例子,见欧阳修:《新五代史》卷 16《废帝刘皇后传》,第 171 页;卷 17《晋高祖李皇后传》,第 175—176 页;《晋出帝冯皇后传》,第 180—181 页。

后汉，高祖李皇后在高祖朝并没有参与政治的记载。但高祖登基至驾崩前后不过一年，故李皇后预政未曾见记也是正常的。事实上，在高祖驾崩后，李皇后及其家族预政之事不乏于史，可详见后文。从史料的描述看，废帝与晋高祖均对妻子"惮之"，但这恐怕只是汉人史学家在汉王朝语境下对沙陀人家庭的一种想象，如此多的沙陀皇后参与政事，实际上已经形成一种有别于汉人王朝的传统了。①

沙陀女性的权力不限于妻权，母亲的权力更是强大。如前所述，从庄宗朝开始，皇后可发布教令，而太后可发布诰令，这两种命令的权力，是堪比皇帝诏旨的。而在历史记载中，五代时期诰令出现的次数远多于教令。尽管五代太后行诰始于庄宗朝，但第一道被详细记录下来的有实质意义的诰令却在后唐闵帝末年。其时李从厚已经逃出洛阳，而李从珂也已进入洛阳。明宗皇后曹氏以太后的身份颁布两道诰令：《以皇长子潞王监国令》及《以潞王从珂即

---

① 五代中，后梁与后周均为汉人王朝，而如前所述，后梁妇女所谓参与政治，实际上只是利用她们对皇帝的影响力而已，并未获得实际的权力。后周郭威即位时，其皇后早已逝世，而其嫔妃中也未见有预政的记载。世宗柴荣之皇后符氏倒是女中豪杰，其作为也与沙陀贵族妇女相类。但有一个很明显的区别是，她的意见本身不一定被柴荣接受，如她曾劝柴荣不要亲征淮南，被后者拒绝。显然，汉人出身的柴荣，已经开始逐步摆脱沙陀女性参与政治、分享丈夫权力的习俗，而回归汉人男性皇帝独断专行的传统。这种转变不但适用于妻子的权力，也适用于母亲的权力，详见下文讨论。见欧阳修：《新五代史》卷19《周太祖家人传》，第197—199页；卷20《周世宗符皇后传》，第203页。

皇帝位令》。① 这两道诰令，实际上奠定了李从珂作为皇长子的地位——须知他本来只是养子而已。同时，也先后宣布他成为监国及皇帝。这其实是一种母权的表现。若王朝顺利传承，则由大臣依据先皇遗旨辅助新君即位即可，如李存勖之继承李克用、李从厚之继承李嗣源；但当传承不稳、帝统不正时，母权就会起决定性作用。这种权力是得到士大夫认同的，当潞王从珂进入洛阳时，宰相冯道让中书舍人卢导草劝进表，但卢导回答说："潞王与主上，皆太后之子，或废或立，当从教令，安得不禀策母后，率尔而行！"冯道说："凡事要务实，劝进其可已乎？"卢导依然坚持"取太后进止"②。从卢、冯二人的对话中可见，废立与否，当以太后教令——其实应该是诰令——为准，这是合法性的代表，也是当时的制度。后唐由异姓继位，并不始于李从珂，在此之前，明宗李嗣源也是以太祖义子的身份继位的。但庄宗遇弑前，曹太后已经逝世，故当时已无太后，而李嗣源又非常巧妙地以通奸罪名杀了刘皇后——此举就是要杜绝她以母亲身份立庄宗后裔为帝的可能。

其实以诰令立新君，并非始于沙陀人，唐朝最后一位皇帝哀帝，就是昭宗何皇后诰令所立的，在《唐大诏令集》中，依然记载着

---

① 其实在这位曹太后之前，庄宗生母曹太后也有一封诰令被记录在案，那就是她的《遗令》，但从政治意义上说，《遗令》只是对身后事的安排，其效用远远不及明宗曹皇后的两道诰令。见董浩等编：《全唐文》卷127《遗令》《以皇长子潞王监国令》及《以潞王从珂即皇帝位令》，北京：中华书局，1983年，第1273—1274页。
② 见薛居正等：《旧五代史》卷92《卢导传》，第1220—1221页。

她立李柷为皇太子并监国,以及立他为帝的两道诰令。① 但是这两道诰令所存在的争议是极大的。据《旧唐书》记载,立李柷为皇太子并监国的,并非太后诰令,而是"蒋玄晖矫宣遗诏",换言之,这是以昭宗的名义发布的。此外,即便是《命皇太子即位令》,也是"矫宣"的。② 也就是说,这两封诰令是否为何皇后亲自所下,或者诚心颁布,存在着极大的疑问。鉴于她后来与哀帝一起被朱温弑杀,这两封诰令为矫诏的可能性极大。退一万步说,即便这两封诰令真的为何皇后所下,其意义也与沙陀人的诰令大不相同。如前所述,沙陀太后立新君的诰令,往往是在传承存在着疑问的时候颁发的,目的是以母权的名义指定新君,稳定朝政。除李从珂以外,后周太祖郭威即位,也是由后汉高祖刘知远的皇后李氏颁发诰令的。③ 虽然郭威是汉人,所建立的后周也应属于汉人王朝,但郭威本人长期生活在沙陀集团的军旅中,故沙陀人的政治文化传统也被他继承下来,其目的是要说明周王朝乃传承自之前三代的沙陀王朝,从而增加他所建立的王朝的合法性。从李从珂到郭威,当王朝易姓之

---

① 当然,更早之前,武则天经常行诰令,但她在唐代算是另类,故难以作为典型。见宋敏求辑:《唐大诏令集》卷30《何皇后立辉王为皇太子监军国令》,北京:商务印书馆,1959年,第115页;《何皇后命皇太子即位令》,第118页。
② 见刘昫等:《旧唐书》卷20下《哀帝纪》,第785—786页。
③ 见薛居正等:《旧五代史》卷110《周太祖纪一》,第1456、1457页。

时,由前代太后下诰令背书,几乎已经成为制度。① 此前的唐朝则不一样,自唐德宗以后,唐朝皇室的传承可谓腥风血雨,但在此情况下,除何皇后之外,没有其他太后下诰令选立新君。相反,哀帝的传承,相对来说是比较正常的,因为他本人是昭宗的亲生儿子,按道理更不需要太后背书。故可推知,何皇后的两道诰令,很大可能就是朱温集团为掩饰弑杀昭宗的行为而矫作的。

曹皇后对李从珂是青睐有加的②,故她发诰令让后者继位,并不算是胁迫。但我们很难确认后汉高祖李皇后是否在受到威胁的情况下,发诰令让郭威监国并即位。有三点是必须注意的,第一,

---

① 石敬瑭建立后晋、刘知远建立后汉,其实也是沙陀王朝易姓改命的实例,按理说也应该有先朝太后背书。但当他们到达京城之时,先朝太后不是已经自焚身亡,就是成为俘虏被掳掠至契丹。废帝兵败,曹太后随之自焚,在此之前,她曾跟王淑妃说:"我家至此,何忍独生。"其实她是石敬瑭的岳母,若不自焚,也应该可以以前代太后、皇后生母的身份颐养天年;而她一意与后唐共存亡,在某种程度上也是不愿意为石敬瑭的叛逆行为背书。见欧阳修:《新五代史》卷15《明宗王淑妃传》,第159页。

② 据张昭远所修《废帝实录》云:"时明宗为裨将……曹后未有胎胤,干家宜室。帝(李从珂)与部曲王建立、皇甫立,代北往来供馈,曹后怜之,不异所生。"正如司马光在《资治通鉴考异》中所认为的,《废帝实录》属于异代修史,应该不存在为废帝避讳的问题,也不必因为李从珂成为皇帝而故意美化他与曹太后的关系,所载大致可信。而且曹太后并无子嗣,只有一个女儿,在李嗣源生前对李从珂"不异所生",也有利于稳固她正妻的地位。再者,曹太后对李从厚也未必十分钟爱。据《通鉴》记载,石敬瑭之妻永宁公主因"与从荣异母,素相憎疾"。而永宁公主之母刚好就是曹皇后,而李从荣则是李从厚一母同胞的兄长。事头上,从荣、从厚兄弟之母夏氏,只乃明宗的一名侍妾,因生了两名皇子而被追封为皇后,隐然侵凌了曹皇后的地位,故曹皇后不喜欢这两兄弟,也是人之常情。见司马光等:《资治通鉴》卷268,乾化三年三月戊辰条注,第8770—8771页;卷278,长兴三年十月壬申条,第9078—9079页。欧阳修:《新五代史》卷15《曹皇后传》,第157页。

汉隐帝刘承祐并非郭威所杀，而是死于自己的手下郭允明之手①，从某种角度讲，郭威于李太后并没有杀子之仇。既然没有亲手杀害先帝，郭威从某种程度上又可以摆脱弑君篡位的罪名，从而把起兵叛乱的理由定为"清君侧"，这一点与李嗣源略微相同。第二，李太后本来是可以立高祖之子、隐帝之弟刘承勋为帝的，但她自己却以"承勋羸病日久"为理由拒绝了②，而改立刘知远的侄子刘赟，其后又废刘赟而改立郭威，这应该与沙陀人选择首领的习俗有关，关于此点，笔者将另文详述。第三，郭威即位后，与李太后的关系可谓温情脉脉，他"奉太后为母，迁于西宫，上尊号曰昭圣太后"，而李太后也写《答周太祖诰》曰："老身未终残年，属兹多难，唯以衰朽，托于始终。载省来笺，如母见待，感切深意，涕泗横流，其诸诚怀，难尽宣述。"③无论郭威是否虚情假意，这一出温情之戏，以及李太后一系列诰令，都足以说明母权在沙陀君主嗣立过程中的重要作用，也说明先朝太后的背书，对于新王朝合法性的重要性。五代时期，这种桥段也就至郭威而止，因为除了他受沙陀文化影响较深，其后的汉人君主，基本采用汉人礼法，起码从制度上不再出现以太后诰令册立新君的现象。郭威的继承人柴荣即位时，后周已经没有太后，故他是凭"太祖遗制"即位的。④ 但宋太祖赵匡胤黄袍加身时，柴荣的皇后符氏尚且在世。《续资治通鉴长编》记载：

① 见薛居正等：《旧五代史》卷103《汉隐帝纪下》，第1372—1373页。
② 见薛居正等：《旧五代史》卷103《汉隐帝纪下》，第1374页。
③ 见薛居正等：《旧五代史》卷103《汉隐帝纪下》，第1377页；董浩等编：《全唐文》卷127《答周太祖诰》，第1276页。
④ 见薛居正等：《旧五代史》卷114《周世宗纪一》，第1511页。

太祖诣崇元殿行禅代礼。召文武百官就列，至晡，班定，独未有周帝禅位制书，翰林学士承旨新平陶谷出诸袖中，进曰："制书成矣。"遂用之。①

尽管符氏依旧被奉为"周太后"，但在制度上她显然已失去行使诰令的权力。上述陶谷拿出来的禅位制书，也是以周恭帝的名义发布的。② 此后，尽管宋代后妃在新君嗣立中往往有决定权，但不能用诰令的形式颁布天下，而只能是以先帝遗诏的名义册立新君。③

如前所述，在沙陀人中，母亲的地位是非常高的，故母权也是强大的，而母亲的权力况于政治，则可以对政治产生重大影响。当然，母权并非游牧民族所独有，汉人对母亲的权力也非常尊崇，而母权政治也曾在汉族王朝中产生深远的影响。④ 然而，沙陀人在政治上对母权的推崇，与汉人还是有所区别的。首先，其权力之来源，除孝道以外，更多是游牧民族所遗存的母系社会特征的体现，以及由此而来的对母权的崇拜。如《周书·突厥传》即云："讷都六有十妻，所生子皆以母族为姓。"⑤虽然到唐、五代时期，北方游牧民族因长期与中原汉族接触，社会结构早已进化至父系社会，但一些

---

① 见李焘：《续资治通鉴长编》（以下简称《长编》）卷1，建隆元年正月甲辰条，北京：中华书局，2004 年，第 4 页。
② 见薛居正等：《旧五代史》卷 120《周恭帝纪》，第 1597 页。
③ 见刘广丰：《宋代后妃与帝位传承》，载《武汉大学学报》（人文科学版）2009 年第 4 期。
④ 见张星久：《母权与帝制中国的后妃政治》，载《武汉大学学报》（社会科学版）2003 年第 1 期。
⑤ 见令狐德棻等：《周书》卷 50《突厥传》，北京：中华书局，1974 年，第 908 页。

风俗也得以保留。故至唐代,安禄山依然说:"臣是蕃人,蕃人先母而后父。"①其次,在实质的政治权力上,沙陀文化圈的太后,比之汉人更有权力,前述诰令的施行就能有效说明这一点。甚至在某些情况下,母亲可以惩罚作为首领的沙陀君主。最典型的例子发生在李存勖与其母亲之间。据记载,李存勖尚为晋王时,曾欲以晋阳库物资为伶人赏钱,因而与当时主管晋阳府库的张承业发生冲突。其母曹氏听闻之后立即介入调停,并派人跟张承业说:"小儿忤特进,已笞矣。"次日,曹氏又带着李存勖亲自上门给张承业道歉。②

在这个故事中,值得注意的是,身为母亲的曹氏,竟然为一臣下鞭打自己的儿子。尽管母亲惩罚儿子是非常正常的,但在汉人社会中,皇帝是至高无上的权威,即便是太后,也不能鞭打皇帝,因为这是有损国体的事情。尽管李存勖当时尚未称帝,但作为晋王,他已经是沙陀的首领了。就笔者所见,类似的故事也发生在五十多年后的契丹,其时辽圣宗在位,萧太后临朝,"帝既不预朝政,纵心弋猎,左右狎邪与帝为笑谑者,太后知之,重行杖责,帝亦不免诟问。御服、御马皆太后检校焉。或宫嫔谗帝,太后信之,必庭辱帝。每承顺,略无怨辞"③。契丹与沙陀一样,是北方游牧民族,但即便如此,萧太后鞭打的,也只是"左右狎邪",对辽圣宗,她也只是"诟问""庭辱"而已。

---

① 刘昫等:《旧唐书》卷200上《安禄山传》,第5368页。
② 见薛居正等:《旧五代史》卷72《张承业传》,第951—952页。
③ 见叶隆礼:《契丹国志》卷7《圣宗天辅皇帝》,上海:上海古籍出版社,1985年,第71页。

当然,身为天子之家中的母亲,沙陀太后也常常出面,维护家族的安定。如后唐废帝统治时,明宗一脉得以保存,正是有赖曹太后的维护。① 李从珂乃明宗养子,可以想象,任何明宗的血脉均对他的皇位构成威胁,若非曹太后居中回护,恐怕他们也会像李存勖的血脉一样,被屠杀殆尽。而在必要之时,沙陀太后也会担负家长的责任,甚至与国家共存亡。后唐废帝末年,石敬瑭大军即将打进洛阳,曹太后即与废帝一同自焚殉国。② 后晋出帝时,契丹南侵,晋朝覆亡。有趣的是,当时后晋写给契丹的降表,除以出帝石重贵之名义以外,还有一封是以李太后的名义的。③ 显然,契丹皇帝已不信任石重贵,而此时需李太后站出来代表晋朝。皇帝在生且在位时,朝廷以太后的名义进行外交,这种现象在汉人王朝中是很少的。④ 其实李太后跟废帝时的曹太后一样,可以选择更好的结局。当时耶律德光曾对她说:"吾闻重贵不从母教而至于此,可求自便,勿与俱行。"意即李太后不必像石重贵一样,被解送契丹安置。但李太后依然坚持与石重贵同行。实际上,她的选择乃与其母亲一样:与国家共存亡。事实上她已经做好准备,若非嬖臣薛超阻拦,她早已与出帝一起自焚了。⑤ 值得注意的是,同为北方民族的耶律德光在此强调"母教",可见母亲的权力在他们心目中的地位。

---

① 见薛居正等:《旧五代史》卷123《李从敏传》,第1619页。
② 见欧阳修:《新五代史》卷15《明宗王淑妃传》,第159页。
③ 见欧阳修:《新五代史》卷17《晋高祖李皇后传》,第176—177页。
④ 这种现象在汉人王朝中并非完全没有,如汉惠帝时,吕太后就曾以个人名义,给匈奴冒顿写信。但这在汉人王朝中,毕竟是少数。见班固:《汉书》卷94上《匈奴传上》,北京:中华书局,1964年,第3754—3755页。
⑤ 见欧阳修:《新五代史》卷17《晋高祖李皇后传》,第176、178页。

二、宋太祖、太宗朝的后妃政治

五代从后周开始,政权重新回到汉人手中,但无论是后周太祖郭威还是其继承人柴荣,均曾服务于沙陀人建立的后汉。而宋太祖赵匡胤的父亲赵弘殷,最初乃服务于与沙陀人结盟的王镕,后"庄宗爱其勇,留典禁军",由此进入沙陀集团,更在后汉时任"护圣都指挥使",成为禁军将领。① 换言之,无论是后周抑或是宋朝,均脱胎于沙陀集团,故沙陀人对待女性的态度,以及沙陀女性的地位,应对宋朝存在一定影响。

赵雨乐先生认为,"五代末至宋初的后宫政治出现严重的断层现象"②。从表象上看确实如此,但即便在真宗刘皇后预政之前,宋代的后妃政治依旧有迹可循,而且在帝位传承之际更是如此。宋初在真宗刘皇后以前,比较成功预政的宋代后妃,唯太祖、太宗之母杜太后一人。《涑水记闻》记载云:"太祖初登极时,杜太后尚康宁,常与上议军国事,犹呼赵普为书记。尝抚劳之曰:'赵书记且为尽心,吾儿未更事也。'"③由此可见,太祖即位之时,杜太后尚且预政。笔者认同赵雨乐先生的观点:"杜太后呼赵普为书记,反映杜

① 见脱脱等:《宋史》卷1《太祖一》,北京:中华书局,1985年,第1页。
② 赵雨乐:《五代的后妃与政治——唐宋变革期宫廷权力的考察》,载卢向前主编:《唐宋变革论》,合肥:黄山书社,2006年,第325—352页。
③ 司马光:《涑水记闻》卷1《太祖宠待赵普如左右手》,北京:中华书局,1989年,第9页;另《邵氏闻见录》所载大致相同,见邵伯温:《邵氏闻见录》卷1,北京:中华书局,1997年,第2页。关于杜太后预政,另可参见王称撰,吴洪泽笺证:《东都事略笺证》卷13《宣祖昭宪皇后杜氏》,上海:上海古籍出版社,2023年,第186页。

氏于入宋之际未脱五代藩镇观念,藩帅家人与书记之间,流露主仆的亲随关系。"①杜太后预政乃受五代遗风的影响,但并不长久,建隆二年(961)六月,亦即宋朝建立次年,杜太后即逝世②,所遗留者,乃千古疑案"金匮之盟"。杜太后认为宋之得天下,"正由柴氏使幼儿主天下耳"③,于是与赵普一起谋划了"金匮之盟",让太祖传位于其弟赵光义。此事关系太祖、太宗的帝位传承,意义十分重大,但其疑点甚多,历代史家说法不一。④ 但基本可以确定的是,杜太后确曾劝太祖传位于赵光义。此事只能发生在杜太后在生之时,亦即建隆二年(961)六月之前,而此时宋朝刚刚建立,在此之前的五代,享国最为长久的后梁也只堪堪16年而已,而在位最长的君主,乃后梁末帝朱友贞,也只不过10年而已。故此,太祖母子并不知道宋朝是否能够摆脱五代的命运,也难以预测宋朝国祚能延长多久,而此时太祖之在生诸子尚幼,更无军中威信,此时若由幼主即位,宋代或重蹈前代之覆辙。故依五代遗风,主立长君乃必

---

① 参见赵氏上揭文。
② 杜太后逝世日期,可参见李焘:《长编》卷2,建隆二年六月甲午条,第46页。
③ 司马光:《涑水记闻》卷1《金匮之盟》,第9页。
④ 关于金匮之盟,学界有一些论述,可参见唐兆梅:《评〈杜太后与"金匮之盟"〉》,载《学术月刊》1991年第2期;侯杨方:《宋太宗继统考实》,载《复旦学报》(社会科学版)1992年第2期;何冠环:《"金匮之盟"真伪新考》,载《暨南学报》(哲学社会科学版)1993年第3期;王育济:《"金匮之盟"真伪考——对一桩学术定案的重新甄别》,载《山东大学学报》(哲学社会科学版)1993年第1期;孔学:《"金匮之盟"真伪辨》,载《史学月刊》1994年第3期;顾宏义:《王禹偁〈建隆遗事〉考——兼论宋初"金匮之盟"之真伪》,载《中华文史论丛》2009年第3期。

然。① 而且,太祖与杜太后当初的约定应为三传约,即太祖传位于
赵光义,光义传位于光美(赵廷美),光美再把皇位传给太祖之子德
昭②,否则太祖应不会答应;且太宗即位后即以廷美为齐王、开封
尹,依五代惯例,乃储君之位。太宗即位后,欲传位于己子,故以谋
逆之罪逼死赵廷美,此后赵普更是炮制出"金匮之盟",实际上是把
三传约变成独传约。无论"金匮之盟"真伪如何,杜太后染指太祖
帝位之传承,当是事实。而"金匮之盟"发于太宗即位之后,此时杜
太后之于太宗,认受意义多于实际意义,已逝世的她不过是太宗用
以证明其皇位独传的合法性工具罢了。太宗与赵普把杜太后牵扯
进传位之事,只能说明,母后的权力在宋初,依然具有十分重要的
象征性意义,而这种意义可能延续至整个宋代,以至于宋代出现九
位垂帘太后,而这一切,不得不说是受沙陀文化的影响。

杜太后以后的宋初几十年间,后妃政治一蹶不振。单于太祖
后妃而言,其前几位皇后均未发现有预政的记载,直至太祖驾崩,
他当时的皇后宋氏始于帝位传承之际有所行动,但最后归于失败:

> 太祖初晏驾,时已四鼓,孝章宋后使内侍都知王继隆召秦
> 王德芳,继隆以太祖传位晋王之志素定,乃不诣德芳,而以亲
> 事一人径趋开封府召晋王……至寝殿,宋后闻继隆至,问曰:

---

① 后晋高祖石敬瑭驾崩前,曾把襁褓小儿石重睿托付给宰相冯道,似有托孤之意,但
后来冯道与大将景延广商议,认为应立长君,故以石敬瑭之侄石重贵为帝。见欧
阳修:《新五代史》卷17《石重睿传》,第185页;司马光等:《资治通鉴》卷283,天福
七年六月乙丑条,第9237页。
② 现史料多只载独传约,即太祖传位于赵光义,三传约可见于脱脱等:《宋史》卷244
《赵廷美传》,第8669页。

"德芳来邪?"继隆曰:"晋王至矣。"后见王,愕然,遽呼"官家",曰:"吾母子之命,皆托于官家。"王泣曰:"共保富贵,无忧也。"①

宋皇后乃宋初大将宋偓之女,而宋偓则是后唐庄宗李存勖的外孙,他的妻子是后汉高祖刘知远的女儿,故宋皇后有比较多的沙陀血统。②宋皇后之败,原因归结有三。其一,她年龄尚少,未有政治历练。她于开宝元年(968)二月被纳为后,时年十七岁③,至开宝九年(976)太祖驾崩之时,她只有二十五岁。她虽已为皇后八年,但太祖处事一向乾纲独断,并未有机会让她涉足军国大事,且史料中确实未见关于她参政预政的记载。其二,太祖之死,事发突然,根本未有时间让她做好充分准备,临时指使一宦者以为大事,其失败亦可预知。其三,与宋后未作准备相比,晋王一方早已准备充分,宫廷内外俱已归心于他,王继恩有负宋后所托,即其例。宋代于杜太后后首次后妃预政就此失败,宋皇后本人虽一直保持"开宝皇后"的名号,但她在至道元年(995)四月逝世时,太宗不肯发丧,

① 见司马光:《涑水记闻》卷1《太祖太宗授受之懿》,第18—19页。《长编》所载大致相同,只是根据当时实际情况,改内侍都知王继隆为王继恩。见李焘:《长编》卷17,开宝九年十月癸丑条,第380页。让人不解的是,此时宋皇后乃想让年纪尚小的赵德芳继位,而无视年长的赵德昭,这不免让人怀疑她想挟幼主以自重。若果真如是,则更休现五代沙陀女性之遗风了。
② 见脱脱等:《宋史》卷242《宋皇后传》,第8608页;王禹偁:《小畜集》卷28《右卫上将军赠侍中宋公神道碑》,四部丛刊初编本,上海:商务印书馆,1929年,本卷第1页a。
③ 宋氏被纳为后的时间,可参见李焘:《长编》卷9,开宝元年二月庚辰条,第200页。宋氏当时年龄,见脱脱等:《宋史》卷242《宋皇后传》,第8608页。

一直延至至道三年（997）正月，始归葬于太祖永昌陵。①

若论宋皇后预政失败，乃事起仓促，则太宗李皇后的经历足以证明，后妃预政，即便准备充分，在宋初也不能成功。此又关乎太宗、真宗两朝传承，《长编》见记如下：

> 初，太宗不豫，宣政使王继恩忌上英明，与参知政事李昌龄、知制诰胡旦谋立楚王元佐，颇间上。宰相吕端问疾禁中，见上不在旁，疑有变，乃以笏书"大渐"字，令亲密吏趣上入侍。及太宗崩，继恩白后至中书召端议所立。端前知其谋，即绐继恩，使入书阁检太宗先赐墨诏，遂锁之，亟入宫。后谓曰："宫车宴驾，立嗣以长，顺也，今将奈何？"端曰："先帝立太子政为今日，岂容更有异议！"后默然。上既即位，端平立殿下不拜，请卷帘，升殿审视，然后降阶，率群臣拜呼万岁。②

----

① "开宝皇后"号见脱脱等：《宋史》卷242《宋皇后传》，第8608页。宋后逝世日期，《宋会要辑稿》云："太宗至道元年四月二十八日，开宝皇后宋氏崩。"见徐松辑：《宋会要辑稿》礼31之11，北京：中华书局，1957年，第1185页。太宗不发丧，乃据《邵氏闻见录》："孝章皇后上仙，诏迁梓宫于故燕国长公主第。群臣不为服，内翰（王禹偁）言：'后尝母仪天下，当遵用旧礼。'罪以诽谤，谪知滁州。"《涑水记闻》所记亦大致相似。《长编》认为王禹偁乃言于友人，被告发后才招致贬谪。见邵伯温：《邵氏闻见录》卷7，第64页；司马光：《涑水记闻》卷3《出知黄州》，第43页；李焘：《长编》卷37，至道元年五月甲寅条，第813页。这些史料俱可论证，宋氏逝世时太宗并未依礼发丧。至道三年正月祔葬永昌陵事，见徐松辑：《宋会要辑稿》礼31之14，第1187页。至于太宗不为宋氏发丧，乃基于政治原因，此点已有学者详论，可参考蒋复璁：《宋太祖孝章宋皇后崩不成丧考》，载氏著：《珍帚斋文集》卷3《宋史新探》，台北：台湾商务印书馆，1985年，第271—297页。
② 李焘：《长编》卷41，至道三年三月壬辰条，第862页。

此段寥寥二百余言所描述者,乃太宗明德李皇后与内侍王继恩等人蓄谋已久的政变。[1] 从事件最后结果看,宰相吕端"大事不糊涂"[2],成功阻止王继恩,使李皇后等人之谋划最终失败。但试换一角度,若吕端未能成功阻止政变,则李皇后事可成否? 论准备,李皇后等人经过多年策划,可谓充分;而论实力,李皇后之兄乃宋初名将李继隆,自端拱(988—989)后一直任侍卫马军都指挥使,掌握兵权,而李皇后的合作者王继恩,则勾当皇城司,控制皇城保安。[3] 换言之,李皇后一方当时其实已掌握内外兵权,而朝廷文官与之勾结者,有当时之参知政事李昌龄及知制诰胡旦,实力不能小觑。然而,宋自太宗始,即大兴文人政治,武将虽然典兵,却受到文人主持之枢密院制约。[4] 回观此次政变,手握兵权的李继隆虽为李皇后之兄,但笔者未见史料有只字涉及他参与谋划此事,估计李皇后等人亦知其虽掌兵权,但调兵之事须经枢密,故未把他纳入计划之中。此外,太宗生前或亦感觉身为宦官的王继恩权力过重,有

---

[1] 明德李皇后素喜太宗长子元佐,后元佐佯狂,嗣立无望,李皇后与王继恩等人一直对之保护营救,并一度倾陷太宗次子元僖及其党人,后来甚至数次离间太宗与当时太子元侃(后来之真宗)的关系。史料关于李皇后之描述语焉不详,然亦可寻形迹,何冠环先生据此作出详细考证,认为李后实为这场政变之主谋。可参见何冠环:《宋初朋党与太平兴国三年进士》,上海:中西书局,2018 年,第 71—129 页。
[2] 脱脱等:《宋史》卷 281《吕端传》,第 9514 页。此乃太宗对吕端的评价。
[3] 李继隆事,见脱脱等:《宋史》卷 257《李继隆传》,第 8966 页;王继恩事,见同书卷 466《王继恩传》,第 13602 页。
[4] 邓小南先生认为:"以文人任枢密的趋势,是自太宗后期开始明显的。"见邓小南:《近臣与外官:试析北宋初期的枢密院及其长官人选》,载漆侠主编:《宋史研究论文集:国际宋史研讨会暨中国宋史研究会第九届年会编刊》,第 1—26 页。

意贬抑,使其未能坐大。①

　　无论以文人主政,抑或抑制宦官,所体现的,乃太宗本人之专制,正是在这种专制独裁思想的主导下,太宗统治的宋朝不断改变,发展至至道三年(997)他驾崩之时,宋朝已与五代北方政权大为不同。李皇后与王继恩的谋划,所体现者乃五代分裂政权之遗风,特别是王继恩,曾助太宗谋得皇位,可谓驾轻就熟。然而政治发展至当时,各种政治制度与政治形势已大异于五代。如五代乱世,各国均未尝立有太子,至至道元年(995)太宗立储之时,中原王朝已近百年未有太子了。太子之立所体现者,除皇帝本人专制独裁的意志以外,亦有盛世升平的象征,故太宗立太子,"中外胥悦",而京师之人见太子,更是喜悦曰:"真社稷之主也。"②由此可知,李皇后与王继恩等人的谋划,乃逆当时形势而行,且无法理依据,故已处于劣势;吕端扶持真宗继位,一则代表已故太宗的意愿,合法合理,再者顺应潮流,符合民意,且吕端本人乃朝廷文官之长,更具说服力。故此,按照史料上的叙述,吕端似乎于瞬间化大变于无形,但实际上,太宗尚在人间之时,君臣已然为后事早作了准备。太宗选中吕端作为托孤之臣,可见其用人的眼光。而从上述史料看,吕端能"前知其谋,即给继恩",显然对李皇后等人的图谋亦关

---

① 《长编》云:"先是,继恩有平贼功,中书建议,欲以为宣徽使。上曰:'朕读前代史书多矣,不欲令宦官干预政事。宣徽使,执政之渐也。止可授以它官。'宰相恳言继恩大功,非此不足以赏。上怒,深责宰相等,因命翰林学士张洎、钱若水议别立宣政使名,序立在昭宣使上,以授之。"见李焘:《长编》卷36,淳化五年八月甲午条,第792页。

② 李焘:《长编》卷38,至道元年八月壬辰条,第818页。原文提及:"自唐天祐以来,中国多故,不遑立储贰,斯礼之废,将及百年,上始举而行之,中外胥悦。"

注甚久,并非仓猝行事。

太祖宋后与太宗李后,均是宋初后妃预政失败的典例,其失败之故,乃未寻得相应的历史契机。杨联陞先生于其文章中,大篇幅引用赵凤喈教授之文章,其中指出:"太后摄政虽为一代之制度,然非谓凡属太后,皆可摄政,盖必具备相当之条件而后可。"赵教授总结出三种条件,即"皇帝年幼、帝疾不能视事,以及先帝卒崩,或有遗诏"①。若把太后的范围扩充到后妃,笔者认为应补上两条:其一,皇帝懦弱,如武后之于唐高宗;其二,后妃于乱世中辅助皇帝,本身有较高的政治能力及较大的权力欲,如吕后之于汉高祖与惠帝,以及五代一些后妃。这些条件,其实正是后妃干预政治的历史契机。太祖宋皇后虽处于乱世初定之时,但她并无政治能力及声望,其他条件更不符合;明德李皇后的政变准备虽然充分,但后妃预政的条件,她未能中一,故其失败也是必然。其实,宋朝政权从太祖至太宗,虽北有辽国虎视眈眈,西有党项随时滋扰,但亦已逐步摆脱乱世,趋于稳定。此二帝均勤于政事,且事事喜欢亲力亲为,并非性格懦弱之辈,后妃预政之契机不可能出现于此时。故此二位皇后的所谓预政,其实只是宋初政治的小插曲,于政局影响不大,而士大夫们也未就此多作讨论。故此,真宗以前后妃政治一蹶不振,亦是当时形势使然,这正如赵雨乐先生所言:"踏入宋初,后宫不振,无复前代专权面貌。"②直至真宗末年,后妃预政之契机方

① 杨联陞:《国史上的女主》,载氏著:《国史探微》,北京:新星出版社,2005 年,第 63—75 页。
② 赵雨乐:《藩妇与后妃:唐宋之际宫廷权力的解说》,载氏著:《从宫廷到战场:中国中古与近世诸考察》,香港:中华书局,2007 年,第 231—264 页。

才出现，而真宗刘皇后，亦缘此种种契机，得以垂帘听政。刘氏在这一背景之下走上政治舞台，虽可说是宋代女主权力的复兴，但也反映出其道路之艰辛。

第二节　宋真宗后期的朝廷政局

延至真宗晚年，刘皇后之所以能够参与政治，其实与当时的政局有莫大关系。宋代发展至真宗时期，外部环境已相对稳定，宋朝廷的运作亦已上轨道。朝廷上下致力于营造太平盛世的幻境，于是由真宗自导自演的"天书封祀"闹剧由此上演，此乃真宗朝中期朝廷政治的主题。《宋史》对真宗的评价如下："赞曰：真宗英晤之主。其初践位，相臣李沆虑其聪明必多作为，数奏灾异以杜其侈心，盖有所见也。及澶渊既盟，封禅事作，祥瑞沓臻，天书屡降，导迎奠安，一国君臣如病狂然，吁，可怪也。"①这是对宋真宗前期及中期政治作为的评价。真宗于其前期可谓守成之君，促成澶渊之盟，开创宋辽两国百年和平基业；但他在中期大搞"天书封祀"，劳民伤财，又把国内政治形势压至低潮。"天书封祀"之后遗症，给其后期的朝廷政争提供了天然土壤，也对仁宗初年的政治造成负面影响，但同时也给刘后预政、摄政创造了历史机遇。天禧（1017—1021）以后，真宗已步入晚年，病困缠身，尤其是天禧四年（1020）以后，由于经常"不豫"，他已没有当初安国守成之气魄，也没有导演闹剧时之精力，虽然他逝世之时只有五十五岁②，但在政治上，无论好坏，

---

① 脱脱等：《宋史》卷8《真宗三》，第172页。
② 脱脱等：《宋史》卷8《真宗三》，第172页。

他都已经没有多少作为了。"帝疾不能视事",这实际上又是刘皇后预政的历史契机之一。

一、"天书封祀"的后遗症

关于"天书封祀",学界研究甚多[1],就其影响而言,张其凡先生所述备甚。由于这场闹剧的后遗症,与真宗后期政治大有联系,同时亦关系到刘后预政时所面对的政局,故有必要在此略加论述。

"天书封祀"对宋朝的影响甚广,经济方面是其中之一。众所周知,无论"东封西祀""天书下降"还是"大造宫观",所耗费用俱甚多广,这对宋朝财政而言,无疑是巨大压力。《宋史》云:"景德郊祀七百余万,东封八百余万,祀汾阴、上宝册又增二十万。"[2]天圣七年(1029)六月,当初耗资巨万的玉清昭应宫被大火焚毁,苏舜钦为阻止当时的刘太后重建,于是上奏,其中提到:"章圣皇帝勤俭十余年,天下富庶,帑府流衍,乃作斯宫,及其毕功,海内虚竭。"[3]其实,"天书封祀"所耗费者何止真宗十余年之积蓄,即便太祖、太宗所余

---

[1] 可参考张其凡:《宋真宗"天书封祀"闹剧之剖析——真宗朝政治研究之二》,载氏著:《宋初政治探研》,第198—256页;刘静贞:《权威的象征——宋真宗大中祥符年代(1008—1016)探析》,载宋史座谈会主编:《宋史研究集》二十三辑,第43—70页;闫化川:《宋真宗"泰山封禅"动机补论》,载《泰山学院学报》2004年第2期;何平立:《宋真宗"东封西祀"略论》,载《学术月刊》2005年第2期。也有学者认为,"天书封祀"运动是真宗解决自身统治危机的手段,见汤勤福:《宋真宗"封禅涤耻"说质疑——论真宗朝统治危机与天书降临、东封西祀之关系》,载《河北大学学报》(哲学社会科学版)2019年第2期。
[2] 脱脱等:《宋史》卷179《食货志下一·会计》,第4349页。
[3] 李焘:《长编》卷108,天圣七年六月丁未条,第2516页。

遗之积蓄,亦是耗费其多。①

大量耗费钱财,自然会引起财政危机,而在当时,表现最为明显者乃金银价格暴涨:

> 祖宗立国之初,崇尚俭素,金银为服用者鲜,士大夫罕以侈靡相胜,故公卿以清节为高,而金银之价甚贱。至东封西祀,天书降,天神现,而侈费浸广,公卿士大夫是则是效,而金银之价亦从而增。故大中祥符八年十一月乙巳,真宗皇帝览三司奏乏银支用,问辅臣曰:"咸平中银两八百,金两五千,今何增踊如此?"然不知是时其价若干也。盖上以为重则下竞趋之,求之者多,则价不得不踊。②

官僚们追求奢靡之风,从而引起金银升价,这仅是表面现象。事实上,真宗于大中祥符元年(1008)就曾下令,禁止过度使用金银作为装饰之用。他对辅臣说:"京师士庶,迩来渐事奢侈,衣服器玩,多镕金为饰,虽累加条约,终未禁止。工人炼金为箔,其徒日繁,计所费岁不下十万两,既坏不可复,浸以成风,良可戒也。"于是令当时的三司使丁谓申明旧制,有检举的人给予赏赐;并且下令自今乘舆御服中涂金绣金之类的,都不再用。③ 丁谓应诏,随即上奏

---

① "天书封祀"其实也不是一开始就消耗大量财富,如果单单是最初的封禅泰山,宋朝廷财政是可以支撑的,问题在于这场运动没有及时停下步伐。相关论证,可参见拙著:《大忠之臣:寇准》,沈阳:辽宁人民出版社,2021年,第124—125页。
② 王林:《燕翼诒谋录》卷2《金银价钱》,北京:中华书局,1997年,第14页。
③ 李焘:《长编》卷68,大中祥符元年二月乙巳条,第1526页。

章要求从今以后节约用金,并惩罚滥用金器的人。① 而根据王栐的记载,在大中祥符年间(1008—1016),真宗是不遗余力地禁止奢侈花费金银的:

> 咸平、景德以后,粉饰太平,服用浸侈,不惟士大夫家崇尚不已,市井间里以华靡相胜,议者病之。大中祥符元年二月,诏:"金箔、金银线、贴金、销金、间金、蹙金线,装贴什器土木玩之物,并行禁断。非命妇不得以金为首饰。许人纠告,并以违制论。寺观饰塑像者,赍金银并工价,就文思院换易。"四年六月,又诏:"宫院、苑囿等,止用丹白装饰,不得用五彩。皇亲士庶之家,亦不得用春幡胜。除宣赐外,许用绫绢,不得用罗,诸般花用通草,不得用缣帛。"八年三月庚子,又诏自中宫以下,衣服并不得以金为饰,应销金、贴金、缕金、间金、戗金、圈金、解金、剔金、捻金、陷金、明金、泥金、榜金、背金、影金、阑金、盘金、织金金线,皆不许造。②

① 见丁谓:《上真宗乞禁销金》,载赵汝愚:《宋朝诸臣奏议》卷98《刑赏门·禁约》,上海:上海古籍出版社,1999年,第1056页。事实上,也确实有人因使用金器而受罚。据《长编》记载,真宗后宫杜氏因在迎接真宗从泰山返回之车驾时穿用金器,"上见之,怒,遂令出家为道士"。虽然《长编》宣称"由是天下无敢犯者",但从后来的实际情况看,显然达不到这种效果。见李焘:《长编》卷72,大中祥符二年八月癸巳条,第1629页。此外,此事可能涉及与刘氏有关的宫廷斗争,详见后文论述。
② 王栐:《燕翼诒谋录》卷2《禁侈靡》,第17—18页。文段中所谓大中祥符元年之诏,实乃沿用前文提及的丁谓之奏,今《燕翼诒谋录》点校本在"贴金、销金、间金、蹙金线"间并无顿号,引文中的顿号,乃根据丁谓奏文添加。见丁谓:《上真宗乞禁销金》,载赵汝愚:《宋朝诸臣奏议》卷98《刑赏门·禁约》,第1056页。

　　据上述材料可知两种信息:其一是真宗连番数次禁止奢侈滥用金银之风,但屡禁不止;其二是禁止之力度逐次增大,禁止范围也逐次扩宽,表明越到大中祥符后期,金银价格暴涨形势越是严峻。既然如此,为何朝廷屡有禁令,但又禁而不止呢?王林一语道破了其中奥秘:"然上之所好,终不可得而绝也。"①此即问题答案之所在——真宗自己本身乃最大的金银消费户,在建造宫观时,他就耗费了大量金银。《宋史·刘承规传》记载:"上崇瑞命,修祠祀,饰宫观,承规悉预闻。作玉清昭应宫,尤为精丽。屋室有少不中程,虽金碧已具,必毁而更造,有司不敢计所费。"②表面上虽说是刘承规浪费金银,但若没有真宗首肯,他又何敢如此,有司又怎敢给他批经费呢?而且建造宫观实乃真宗自己主张之事,故这笔账自然要算在他身上。从上文所引王林的《燕翼诒谋录》两段史料可知,金价之增,乃因"东封西祀,天书降,天神现,而侈费浸广,公卿士大夫是则是效",以及"咸平、景德以后,粉饰太平,服用浸侈"。粉饰太平,实为真宗本人,而"天书封祀"的其中一个目的,就是为

---

① 王林:《燕翼诒谋录》卷2《禁侈靡》,第18页。
② 脱脱等:《宋史》卷466《刘承规传》,第13609页。

了粉饰太平。① 就连上章请求真宗禁用金饰之丁谓,本身也是"天书封祀"的主要鼓吹者,他的奏章,只是为了迎合真宗之意罢了。皇帝如此,上行下效,朝廷大臣乃至市井小民当然竞相效仿,又如何禁止得了。②

经济上如此,政治上,"天书封祀"也给真宗朝后期统治留下了深刻的后遗症。首先是佞幸大臣之崛起,当中最明显者无如后来

---

① 《长编》云:"初,王钦若既以城下之盟毁寇准,上自是常怏怏。他日,问钦若曰:'今将奈何?'钦若度上厌兵,即缪曰:'陛下以兵取幽、蓟,乃可刷此耻也。'上曰:'河朔生灵,始得休息,吾不忍复驱之死地,卿盍思其次。'钦若曰:'陛下苟不用兵,则当为大功业,庶可以镇服四海,夸示戎狄也。'上曰:'何谓大功业?'钦若曰:'封禅是矣。然封禅当得天瑞,希世绝伦之事,乃可为。'既而又曰:'天瑞安可必得,前代盖有以人力为之。若人主深信而崇奉焉,以明示天下,则与天瑞无异也。陛下谓《河图》《洛书》果有此乎? 圣人以神道设教耳。'上久之,乃可。"见李焘:《长编》卷67,景德四年十一月庚辰条,第1506页。由此可知,真宗"天书封祀"的本意之一,实乃粉饰太平。学界最新研究表明,真宗"天书封祀"运动另有深意,汤勤福先生认为这是真宗解除自身统治危机的一种手段,而吴铮强则认为这次运动与真宗的继统合法性有关。见汤勤福:《宋真宗"封禅涤耻"说质疑——论真宗朝统治危机与天书降临、东封西祀之关系》,载《河北大学学报》(哲学社会科学版)2019年第2期;吴铮强、胡潮晖:《北宋乾祐天书考辨》,载包伟民、刘后滨主编:《唐宋历史评论》第十二辑,北京:社会科学文献出版社,2023年。

② 真宗朝遗留的经济问题,不但是"天书封祀"导致的浪费,大中祥符八年(1015)的一场皇宫大火,也是重要原因。这是宋朝开国以来,至天圣十年(1032)皇宫大火前最大的一次宫灾。大火从荣王赵元俨的府中烧起,牵连内藏库、左藏库、三馆、秘阁,以及其他皇宫重地。按照宋真宗的说法,此次大火,"祖宗所积,朕不敢妄费,一朝殆尽,诚可惜也",可以说是令本就因"天书封祀"而窘迫的经济状况雪上加霜;而这次大火也导致三馆一阁的图书被焚烧殆尽,损失巨大。有趣的是,这次大火的起因,乃赵元俨府中侍婢盗卖金器,怕事情被揭发而放火,由此可见,在真宗朝,金器的过度使用问题并没有得到解决。见李焘:《长编》卷84,大中祥符八年四月壬申条,第1927页;五月辛巳条,第1928页;钱惟演:《玉堂逢辰录》,载陶宗仪编:《说郛》卷44下,景印文渊阁四库全书本,台北:台湾商务印书馆,1986年,第878册,第421—423页。

被称作"五鬼"的王钦若、丁谓、林特、陈彭年和刘承规。他们五人在"天书封祀"中出心出力,甚得真宗欢心。王钦若等五人不能算作传统意义的奸臣,而且他们都有各自的才能,且也曾为宋朝的历史发展作出过自己的贡献。但他们在这场闹剧中的表演,特别是在考证典礼、修建道观、措置钱粮等方面的突出表现,确实深得真宗欢心,这就是"五鬼"所以比其他被动地参与这场闹剧的才学兼备的臣僚更得真宗宠爱的原因。① 在这"五鬼"当中,刘承规和陈彭年先后于大中祥符六年(1013)和天禧元年(1017)死去,王钦若在天禧末年因被揭发受贿,且与妖人交往,已经失势②,而丁谓则是后来朝廷政争的主要人物,给真宗后期政治带来极大影响,林特则一直依附丁谓,在天禧末年成为丁谓在朝中的死党,荣辱与共。

　　除了佞幸崛起,宦官当道也是"天书封祀"的政治后遗症之一。"五鬼"当中的刘承规,就是当时著名的宦官。除他之外,天禧末参与寇、丁之争的周怀政与雷允恭,也是通过"天书封祀"爬上高位,得到真宗宠幸而权倾朝野的宦官。③ 周怀政在寇、丁之争以前,势

---

① 见王智勇:《论宋真宗朝"五鬼"》,载《四川大学学报》(哲学社会科学版)2002 年第 1 期。

② 刘承规事,见李焘:《长编》卷 81,大中祥符六年七月丙申条,第 1839 页;陈彭年事,见李焘:《长编》卷 89,天禧元年二月己亥条,第 2046 页;王钦若事,见李焘:《长编》卷 93,天禧三年六月甲午条注,第 2149 页。根据《真宗实录》,王钦若与妖道交通之事乃为周怀政所揭发,而李焘自己认为此乃史官奉承王钦若之笔法,不可取。但何冠环先生认为,告发王钦若的,应该就是周怀政。见何冠环:《宋初朋党与太平兴国三年进士》,第 213 页。

③ 周怀政事,见脱脱等:《宋史》卷 466《周怀政传》,第 13614 页;雷允恭事,见李焘:《长编》卷 93,天禧三年四月丁酉条,第 2144 页。

力已经很大,寇准上天书,其实就是他一手策划的①,后来寇、丁相争,他也为寇准出谋划策。若非"天书封祀",他并没机会受宠于真宗,从而攀附权贵。而雷允恭在丁谓帮助之下,于天禧四年(1020)以后,取代周怀政,成为宫里宫外最显赫的宦官,在乾兴初(1022)更是权倾朝野。②

士风颓废,也是这场闹剧后的弊病之一。所谓士风,既包括士大夫的生活作风,也包括他们的为人品格。第一,在"天书封祀"中,士大夫的生活作风趋于奢靡腐化。前文所论之金银价格暴涨,即是其中例子,除此之外,反映当时宫廷生活的一些小品也很能说

---

① 《长编》云:"入内副都知周怀政日侍内庭,权任尤盛,附会者颇众,往往言事获从。同辈位望居右者,必排抑之。中外帑库,皆得专取,而多入其家。性识凡近,酷信妖妄。有朱能者,本单州团练使田敏家厮养,性凶狡,遂赂其亲信得见,因与亲事卒姚斌等妄谈神怪事以诱之。怀政大惑,援引能至御药使,领阶州刺史,俄于终南山修道观,与殿直刘益辈造命符,托神灵,言国家休咎,或臧否大臣。时寇准镇永兴,能为巡检,赖准旧望,欲实其事。准性刚强好胜,喜其附己,故多依违之。是月,准奏天书降乾祐山中,盖能所为也。中外咸识其诈,上独不疑。"见李焘:《长编》卷93,天禧三年三月乙酉条,第2141—2142页。李焘在此条注中引述刘敞《寇准传》,提及周怀政乃通过寇准之婿王曙说服寇准献天书,此说虽未为李焘所采,但也可从侧面说明周怀政于此事之作用。另《宋史·寇准传》与《五朝名臣言行录》俱记载王旦奏请寇准上天书以服天下一事,但王旦卒于天禧二年,此二处明显有误。《长编》认为,奏者当为当时宰相,疑为王钦若。但寇准此举有助于其复相位,王钦若断不会为此宿敌作嫁衣,而且据《真宗实录》,周怀政之所以揭发王钦若与妖人交通,乃因为王钦若想揭发乾祐天书乃伪造,这又说明王钦若并非乾祐天书的策划者。当时另一宰相为向敏中,他与寇准同年,又素与寇准交好,故笔者认为上奏之人当为向敏中。见李焘:《长编》卷93,天禧三年六月甲午条注,第2149页;脱脱等:《宋史》卷281《寇准传》,第9532页;朱熹:《五朝名臣言行录》卷4之2《丞相莱国寇忠愍公》,四部丛刊初编本,上海:商务印书馆,1929年,第11页b。

② 《龙川别志》云:"内臣雷允恭者,嬖臣也,自刘后以下,皆畏事之。"见苏辙:《龙川别志》卷上,北京:中华书局,1997年,第76页。其后雷允恭更与丁谓勾结,一度欲架空刘后权力,此当在后文详述,此不细表。

明这一点：

> 真宗皇帝东封西祀，礼成，海内晏然。一日，开太清楼宴
> 亲王、宰执，用仙韶女乐数百人；有司以宫嫔不可视外，于楼前
> 起彩山幛之。乐声若出于云霄间者。李文定公、丁晋公坐席
> 相对，文定公令行酒黄门密语晋公曰："如何得倒了假山?"晋
> 公微笑。上见之，问其故，晋公以实对；上亦笑，即令女乐列楼
> 下，临轩观之，宣劝益频，文定至沾醉。①

李文定公就是李迪，他是寇准的坚定支持者，后来更被称为
"遗直"②，当时连他的生活作风也是如此，其他人更可想而知。士
风如此，政治又焉能不腐败呢。

第二，在"天书封祀"中，士大夫们形成一股阿谀奉承之风。真
宗欲兴"天书封祀"之事，就必须有人附和，像"五鬼"等人，专从佞
幸，奉承真宗乃理所当然，但一些被后世目为忠臣、名臣的大臣，也
是直接或间接、主动或被动地去附和真宗。首先是王旦，他在大中
祥符之前已是宰相，可他不但未能劝告真宗，对真宗日后一些闹剧
他也默认支持。其实真宗在决定东封之前，甚惧身为宰相的王旦
不应允，于是"赐以尊酒，曰：'此酒极佳，归与妻孥共之。'既归发
之，皆珠也。由是凡天书、封禅等事，旦不复异议"。他后来更是担
任"天书仪仗使"和东封、西祀的"大礼使"等职，并且为真宗撰写

---

① 邵伯温：《邵氏闻见录》卷1，第8页。
② "遗直"一语，可参见徐自明著，王瑞来校补：《宋宰辅编年录校补》卷4，景祐二年
二月戊辰条，北京：中华书局，1986年，第208页。

《封祀坛颂》等文。① 诚然，王旦参与"天书封祀"是被动的，他没有在真宗面前据理力争，实在与他性格有关。但是，作为宰相，王旦之举实予其他大臣有所参照，于是群臣争相附和真宗这场闹剧。② 另一位号称忠臣的寇准，在封禅始兴之初，"表请从祀"③，后来为了重登相位，他不听朋友与门生的劝告，奏报"天书"以奉承真宗，最后也因为献天书的事而被远贬雷州。

此外，一些大臣为了升官，也放弃原则，争相奉承真宗。例如夏竦，之前颇有正气，深得王旦赏识，但后来却又变节。"群臣亦争言符瑞。竦独抗疏，皆以为不可，其事遂罢。及为判官，居月余，乃奏宝符阁奉神果实，且起视之无有，渣滓狼藉左右，殆神食之。"④

当然，也有坚持己见，不放弃原则的人。文臣如孙奭与张咏者，都曾力谏真宗，不要搞"天书封祀"。⑤ 可能出于宋朝尊敬文人之故，他们并未因此得到实质性的惩罚，反而获得孤直之名。实际上，当时全部或部分反对天书运动的大臣，基本没有受到严重的政治报复，这也可以从另一个侧面说明真宗的心虚。但个别武臣却

① 脱脱等：《宋史》卷282《王旦传》，第9545页。
② 不过王旦后来也深有悔悟，"祥符以来，每有大礼，辄奉天书以行，且为仪卫使，常悒悒不乐。既寝疾，遗令削发披缁以敛，盖悔其前之为也"。见李焘：《长编》卷90，天禧元年九月己酉条，第2081页。
③ 李焘：《长编》卷69，大中祥符元年八月庚戌条，第1557页。
④ 李焘：《长编》卷83，大中祥符七年十一月己酉条，第1904页。
⑤ 孙奭事，可参见李焘：《长编》卷74，大中祥符三年十二月癸酉条，第1699—1702页。另见孙奭：《上真宗论群臣数奏祥瑞》，载赵汝愚：《宋朝诸臣奏议》卷36《天道门·祥瑞》，第355—356页。张咏事见李焘：《长编》卷85，大中祥符八年八月癸未条，第1944页。其中提及张咏临终遗奏曰："不当造宫观，竭天下之财，伤生民之命。此皆贼臣丁谓诳惑陛下，乞斩谓头置国门以谢天下，然后斩咏头置丁氏之门以谢谓。"可见其不附如此。

没有如此幸运了,最明显者即如石普,他因妄言天文军事而被下狱,但归根究底,就是因为他曾经反对"天书封祀","请罢天下醮设……遂忤上意"①。在此事上,枢密使王钦若认为"普欲以边事动朝廷"②,对石普落井下石,这其实是奉承真宗,满足他"一国君臣如病狂"③的心理需要。

"天书封祀"留下来的,只有凋敝的经济、颓废的士风,南宋思想家叶适说:"自景德以后,王旦、王钦若以歌颂功德、撰次符瑞为职业,上下之意,以为守邦之大猷当百世而不变,盖古人之未至,而今日之独得也,奚暇他议哉!纪纲之失犹其粗者耳,并与人材皆坏。"④而朱熹叹息道:"真宗东封西祀,糜费巨万计,不曾做得一事!"⑤

二、大中祥符九年之蝗灾与真宗不豫

宋真宗乃当时宋朝的最高统治者,他对当时朝政应有决定性

---

① 石普得罪,是因为他上言说:"九月下旬,日食者三。"又说:"商贾自秦州来,言唃厮啰欲阴报曹玮,请以臣尝所献阵图付玮,可使玮必胜。"而李焘则认为根本原因是他妄言天书之事。但这是李焘的个人判断,或许只是出于春秋笔法而已,因为同样作为武臣,张耆曾上奏,说建设玉清昭应宫是"殚国财力,非所以承天意",却也没有受到真宗的政治报复。见李焘:《长编》卷88,大中祥符九年十一月戊申条,第2027页;脱脱等:《宋史》卷290《张耆传》,第9710页。

② 李焘:《长编》卷88,大中祥符九年十一月戊申条,第2027页。

③ 脱脱等:《宋史》卷8《真宗三》,第172页。

④ 叶适:《水心别集》卷14《纪纲二》,载《宋集珍本丛刊》第六十七册,北京:线装书局,2004年,第26页。

⑤ 黎靖德辑:《朱子语类》卷127《本朝一·太宗真宗朝》,北京:中华书局,2004年,第3044页。

作用。但至晚年,真宗经常不豫,因而不理政事,导致皇权失去重心,这是朝廷政争发生的根本原因。所谓"不豫",即皇帝生病,且并非一般的小病,而是卧床不起,甚至昏迷不醒。到底真宗何时开始有此疾病呢?据《玉壶清话》记载:"真宗中年,多或不豫,欲权弥听断,养和于西林园,即太清楼也。"①从此记载看,真宗好像早在中年就已得此"不豫"之症。但这则材料没有具体时间,而据另一则材料记载:"大中祥符末,上始得疾,是岁仲春,所苦浸剧。"②换言之,早在大中祥符末年,真宗即已得疾,而其得疾之原因,当缘自大中祥符九年(1016)一场蝗灾。蝗灾之事,历代皆有,宋朝亦然,据《宋史·五行志》记载,大中祥符年间亦间有蝗祸,当中以大中祥符九年最为甚。③ 是年六月,李士衡言:"河北螟虫多不入田亩,村野间有蚁食之。又蝗飞空中,有身首断而殒者,有自溃其腹,有小虫食之者,斯乃妖不胜德,而示兹异也。"④此乃《长编》于当年所见最早的蝗虫报告,但李士衡之言,通篇俱是奉承之语,当时亦未引起重视。其后不久,京畿即发生蝗灾,当时真宗处理之法,唯命辅臣到各宫观祭祀祈祷。其后,冯拯亦言陈州蝗灾,但于庄稼无害,真宗此时才派出宦官四处督促灭蝗,但宦者上希真宗之意,对下则四

---

① 文莹:《玉壶清话》卷6,北京:中华书局,1997年,第59页。
② 李焘:《长编》卷96,天禧四年七月甲戌条,第2208页。
③ 参见脱脱等:《宋史》卷62《五行一下》,第1356页。关于大中祥符九年之蝗灾,其记载云:"九年六月,京畿、京东西、河北路蝗蝻继生,弥覆郊野,食民田殆尽,入公私庐舍;七月辛亥,过京师,群飞翳空,延至江、淮南,趣河东,及霜寒始毙。"相同文字亦见记于李焘:《长编》卷88,大中祥符九年九月庚午条,第2020—2021页。
④ 李焘:《长编》卷87,大中祥符九年六月甲申条,第1995页。

处敲诈,遗祸一方。① 至当年七月,真宗出死蝗示大臣,一些执政大臣请求公示于朝,并率百官庆贺,王旦曰:"蝗出为灾,灾弥,幸也,又何贺焉!"王旦之言犹在真宗之耳,京城便即发生大规模的蝗灾,"于是,二府方奏事,飞蝗蔽天,有堕于殿庭间者"②。真宗之疾由此而成。据王曾记载:"大中祥符九年,秋稼将登,郡县颇云蝗虫为灾。一日,真宗皇帝坐便殿阁中御晚膳,左右声言飞蝗且至,上起,临轩仰视,则连云翳日,莫见其际。帝默然坐,意甚不怿,命撤匕箸,自是遂不豫。"③

真宗之所以不豫,固然有其生理上的原因,但心理防线的崩溃,也是其得病的原因之一。自大中祥符元年(1008)以来,他一直热衷于封禅、天书、祥瑞和营造宫观等事,这事实上是要营造一个太平盛世的幻境,而他本人也一直沉醉于此幻境之中,忘乎所以。虽如刘静贞先生所言,"大中祥符九年的一场蝗灾,虽然迫使他不得不面对现实,但是这除了能让他更深刻地体会到那种无力感外,似乎未见任何正面的效应"④,但梦境最终幻灭,多年来一直坚持的信仰最终被打破,这种打击,实非常人能够承受。真宗得病后动辄昏厥,实在不能再受刺激。自京城蝗灾以后,各地官员不断奏报灾

① 以上史实,可参见李焘:《长编》卷87,大中祥符九年六月癸巳条,第1996页;丁酉条,第1997页;七月庚戌条,第1998页。
② 李焘:《长编》卷87,大中祥符九年七月辛亥条,第1999页。
③ 王曾:《王文正公笔录》,北京:中华书局,2017年,第14页。《长编》引用王曾所载,然未云不豫,但云"自是圣体遂不康"。王曾于大中祥符九年九月拜参知政事,当时就在朝廷,故其所记事当可信。见李焘:《长编》卷88,大中祥符九年九月庚午条,第2020—2021页;徐自明著,王瑞来校补:《宋宰辅编年录校补》卷3,大中祥符九年九月丙午条,第123页。
④ 刘静贞:《北宋前期皇帝和他们的权力》,第149页。

情,但大多是"飞蝗所至,不食禾苗""蝗飞越境有自死者""有蝗飞度,不为灾""有蝗抱草而死"等语,而朝廷宰执,亦有"非有神物主张,则蔬果林叶殆无遗矣"等言。① 此中虽有不少阿谀之言,但或朝廷宰执为免真宗再受刺激。② 然而无论大臣如何说辞,均不能改变既定事实:"关外蝗伤民田,登实者十之七。"③前注中所引《宋史·五行志》之文,更能说明这场蝗灾之浩大。当年十一月,真宗下诏明年改元天禧④,或是希冀有新的开始。然而新的年号并未为他带来好运,在第二年,蝗灾仍在继续⑤,而真宗的病情也未见好转。

至天禧四年(1020)春天,真宗之病加重。实际上,真宗此病越到天禧末年,发作得越是频繁,以致不能管理朝中事务。《长编》记载:"(九月)丙辰,复御崇德殿视事。上自中春不豫,止视事于长春殿,至是,圣体和平,始御前殿。""(十月)壬午,御正阳门观酺,皇太子侍坐,凡五日。上自不豫,罕复临幸,至是人情欢抃。"从中春到九月,他一病就半年有余,但尚未结束,当年的闰十二月,"上久不豫,前二日,因饵药泄泻,前后殿罢奏事"。到了天禧五年(1021)十

---

① 以上史实,可参见李焘:《长编》,卷87,大中祥符九年七月癸丑条,第1999页;丙寅条,第2001页;己巳条,第2002页。

② 如王旦曾言:"臣本贯大名,有家人言食苗殊鲜。近者分遣中使按视周悉,可见陛下轸忧至深,祈祷尽礼。或闻多御蔬果,今奏报至,可以上宽圣念矣。"其后又言:"前月蝗度河北,乡民方备焚扑,连日西北劲风,由是不及远,自澶以北,少害稼者。今麻豆坚实,不复为虑矣。"此两句,均是王旦宽慰真宗之语,见李焘:《长编》卷87,大中祥符九年七月己巳条,第2002页;八月戊寅条,第2003页。

③ 李焘:《长编》卷88,大中祥符九年九月戊申条,第2014页。

④ 李焘:《长编》卷88,大中祥符九年十一月乙卯条,第2029页。

⑤ 《宋史》云:"天禧元年二月,开封府、京东西、河北、河东、陕西、两浙、荆湖百三十州军,蝗蝻复生,多去岁蛰者。和州蝗生卵,如稻粒而细。六月,江、淮大风,多吹蝗入江海,或抱草木僵死。"见脱脱等:《宋史》卷62《五行一下》,第1356页。

月，"辅臣以上违豫浸久，上表引汉宣帝、唐高宗故事，请五日一御便殿，及朔望坐朝、春秋大宴及赐群臣会并止就锡庆院，如有军国大事，即非时召中书、枢密院参决，其只日资善堂议事及双日中书、枢密院早入并如旧。又请自今庆节、上寿，皇太子押文武班。悉从之"①。这些材料均表明，自天禧四年以来，真宗已病得非常厉害，而且反复发作。

真宗之病有一明显症状，就是记忆力衰退，其所做之事，或所说之话，没多久便忘记，如此一来，他处理事情就显得糊涂了。比如，在寇准被远贬后，真宗尝问左右曰："吾目中久不见寇准，何也？"李焘认为，这是"自准罢相，继以三绌，皆非上本意"②的证据。其实寇准罢相，最后之决定者仍是真宗，而且整个过程他也参与其中，他最多不知道丁谓擅改圣旨而已，怎么可说"非上本意"呢。只是真宗此时已经病得糊里糊涂，印象中只记得寇准应该在身边任职，而把其他事情忘记了而已。又如在王钦若拜使相、丁谓复相等事上，都是因为真宗记忆力差，办事糊涂，才让此二人得钻空子。③

既然真宗已经病得糊涂，不能处理朝政，那总得有人代他行使皇权。按理说此人应是他的儿子，但此时真宗只有一子，即于大中祥符三年（1010）出生的后来的仁宗皇帝④，而天禧四年（1020）他才十一岁，还没有处理朝政、行使皇权的能力。因此，此时暂时代替真宗行使皇权的，是他的皇后刘氏。

---

① 以上史实，见李焘：《长编》卷96，天禧四年九月丙辰条，第2215页；十月壬午条，第2219页；闰十二月乙亥条，第2232页；卷97，天禧五年十月壬子条，第2256页。
② 李焘：《长编》卷96，天禧四年八月壬寅条，第2212页。
③ 关于王钦若与丁谓事，可详下文。
④ 李焘：《长编》卷73，大中祥符三年四月癸亥条，第1666页。

第三节　刘后预政

真宗不豫,当然是刘氏预政的有利条件,但事实上,后妃预政,并非"帝疾不能视事"的必然结果。在历史契机面前,后妃能否预政,还取决于她自身的能力及她与皇帝本人的关系。刘皇后之于真宗也是如此,她与真宗的感情,是她能参与政治的基础,而她本身的政治能力,则是她参与政治的基本条件。

一、刘后与真宗关系探讨

真宗皇后刘氏,乃真宗第三位妻子、第二位皇后①,她生于太祖开宝二年(969)或开宝三年(970)正月初八②,《宋史》本传云:"其先家太原,后徙益州,为华阳人。祖延庆,在晋、汉间为右骁卫大将

---

① 真宗第一位妻子潘氏,乃宋初大将潘美之女,聘于太宗雍熙二年(985)闰九月,而死于端拱二年(989)五月,她实际上并未真正做过皇后,其皇后封号,乃真宗继位后于至道三年(997)六月追册。真宗第二位妻子郭氏,是宣徽南院使郭守文之女,聘于太宗淳化二年(991),至道三年(997)五月被册为皇后,崩于真宗景德四年(1007)四月。见徐松辑:《宋会要辑稿》后妃1之2,之3,第221—222页。

② 据《宋史》刘后本传,刘后崩于明道二年(1033),年六十五岁;但《宋会要辑稿》言其崩时年六十四。此两则材料实难以取舍,后文为表述方便,将从《宋史》之说。《挥麈录》云:"章献明肃皇后正月八日生,为长宁节。"见脱脱等:《宋史》卷242《刘皇后传》,第8614页;徐松辑:《宋会要辑稿》后妃1之2,第221页;王明清:《挥麈录》前录卷1《诞节立名自唐明皇千秋节始》,上海:上海书店,2001年,第1页。顾宏义教授认为刘皇后的年龄可能被改动,其论述有一定道理,但改动的幅度有待商榷,故本书依旧以《宋史》为准。见顾宏义:《刘皇后生年辨疑》,载《河北大学学报》(哲学社会科学版)2024年第5期。

军;父通,虎捷都指挥使、嘉州刺史,从征太原,道卒。后,通第二女
也。……后在襁褓而孤,鞠于外氏。"①但据张邦炜先生考证:"宋
真宗刘皇后确实出身孤苦。"②此外,也有史料记载说"刘氏始嫁蜀
人龚美",当然,也有学者认为龚美只是刘后的监护人。③ 此外,根
据《宋会要辑稿》,真宗在大中祥符八年(1015)"诏皇后姨庞氏追
封南安郡君,姨夫龚知进赠卫尉卿"④,由此推测,龚美很可能是刘
氏的表兄。

无论刘氏改嫁与否,她的出身并不高贵,只是益州一带的贫家
女子,由龚美携至京师,于街头播鼓卖艺。唯其如是,真宗何以看
中刘氏呢?真宗其实把原因说得很清楚,在他还是皇子之时,就曾
发议论曰:"蜀妇人多材慧,吾欲求之。"⑤由此可见,正因刘氏心思

---

① 脱脱等:《宋史》卷 242《刘皇后传》,第 8612 页。《宋会要辑稿》与《宋史》说法基本
相同,见徐松辑:《宋会要辑稿》后妃 1 之 2,第 221 页。
② 见张邦炜:《宋真宗刘皇后其人其事》,载氏著:《宋代婚姻家族史论》,第 233—
264 页。
③ 关于刘后始嫁龚美之说,最早见于司马光:《涑水记闻》卷 6《宫美与刘后》,第 109
页;后李焘采其说于《长编》,见李焘:《长编》卷 56,景德元年正月乙未条,第 1225
页。但笔者遍阅宋代史料,关于刘后改嫁之说,仅见于这两部文献,以及杨仲良的
《皇宋通鉴长编纪事本末》,三者其实乃一脉相承之母子证,换言之,刘氏始嫁龚美
一说,实乃孤证。笔者曾就此问题提出质疑,可参见本书附录二。关于龚美为刘
后监护人一说,可参见贾志扬:《刘后及其对宋代政治文化的影响》,载漆侠主编:
《宋史研究论文集:国际宋史研讨会暨中国宋史研究会第九届年会编刊》,第 126—
141 页。笔者比较认同这一说法。
④ 徐松辑:《宋会要辑稿》仪制 12 之 2,第 2040 页。
⑤ 此语见记于三种史料,《涑水记闻》云"蜀妇人多材慧,汝为我求一蜀姬";《宋朝事
实》承袭此说,唯将"材慧"改作"才惠"。而《长编》则云"蜀妇人多材慧,吾欲求
之",见司马光:《涑水记闻》卷 5《章献刘后本蜀人》,第 100 页;李攸:《宋朝事实》
卷 1《祖宗世次》,北京:中华书局,1955 年,第 11 页;李焘:《长编》卷 56,景德元年
正月乙未条,第 1225 页。

聪慧,故而讨得真宗喜欢;亦由于此,龚美把刘氏献于真宗。① 但刘氏入宫后,并非一帆风顺,真宗对她"宠幸专房"②,真宗乳母对此却不以为然,她借太宗之手,把刘氏逐出王府。在此后到真宗即位的一段时间里,很难看到有关刘氏的记载,而真宗却从皇子成为太子,并最终登上帝位。值得注意的是,真宗即位不久,就征得乳母同意,把刘氏重新接入皇宫,并于景德元年(1004)把她封为美人。③ 由此可以想象,刘氏被逐出王府后,真宗可能曾经,甚至多次去见她,以使他们之间的感情长久不变。

刘氏重入皇宫后,并不十分顺利。真宗虽然喜欢她,但作为皇帝,他所受约束甚多。景德元年(1004),他想把刘氏立为贵妃,手诏已经写好,并命宦官拿给宰相李沆,可李沆看都没看,就把手诏

① 关于刘氏初入王府之时间,史料所序甚多,且说法不一,笔者经过比较,认为很可能在太平兴国八年(983)真宗初为韩王之时,但也有可能在端拱年间(988—989),具体考证,可参见本书附录二。
② 语见司马光:《涑水记闻》卷5《章献刘后本蜀人》,第100页。同书卷6云"大有宠",第109页;而《长编》则云"遂有宠",见李焘:《长编》卷56,景德元年乙未条,第1225页。有学者认为,"专房"一语,程度已高于"专宠",可参见雷家骥:《武则天传》,北京:人民出版社,2004年,第89页。无论史料所用描述如何,均已表明真宗对刘氏之喜爱,而这些描述,未见出现在真宗其他后妃之记载上。
③ 以上史实见李焘:《长编》卷56,景德元年正月乙未条,第1225页。关于刘氏被逐出王府及重入皇宫之细节考述,可参考本书附录二。

烧了，只说了一句"但道臣沆以为不可"①。当时以宰相为首的士大夫，欲把真宗培养成一代明主，故对这种越级升迁之事，自然予以反对，这使刘氏失去一个晋升机会。直到大中祥符二年(1009)，四十一岁的刘氏才晋升为修仪。②

大中祥符五年(1012)五月，刘氏被进封为德妃，同年十二月，她成为皇后。③ 其实，早在景德四年(1007)，真宗前皇后郭氏即已逝世，真宗当时就欲立刘氏为后，但由于阻力太大，一直未能如愿。④ 至大中祥符五年，立后呼声日渐高涨，真宗旧事重提，想以刘氏为后，但同样遭到反对。真宗朝的名臣，如寇准、李迪等，均认为刘氏没资格当皇后，李迪甚至直接挑明刘氏"起于寒微，不可母天下"⑤；而著名词臣杨亿也拒绝为刘氏起草立后诏，要求请刘氏三

① 见脱脱等：《宋史》卷282《李沆传》，第9538页；王称撰，吴洪泽笺证：《东都事略笺证》卷40《李沆传》，第457页；朱熹：《五朝名臣言行录》卷2之3《丞相李文靖公》，四部丛刊初编本，本卷第4页a；徐自明著，王瑞来校补：《宋宰辅编年录校补》卷3，咸平元年十月戊子条，第83页。以上史料均未载此事发生之时间。明人对此事亦有记载，明冯琦、冯瑗的《经济类编》与彭大翼的《山堂肆考》在记载此事时，均记"欲以刘美人为贵妃"，刘氏于景德元年(1004)正月方进为美人，按明人记载，此事当在此年正月之后；又据《长编》李沆卒于景德元年七月，此事当在李沆卒前，今从明人"美人"之说，并考李沆卒年，系此事于景德元年。见冯琦、冯瑗：《经济类编》卷21《相业》，景印文渊阁四库全书本，台北：台湾商务印书馆，1986年，第960册，第656页；彭大翼：《山堂肆考》卷43《焚诏附奏》，景印文渊阁四库全书本，第974册，第713页；李焘：《长编》卷56，景德元年七月丙戌条，第1243页。
② 徐松辑：《宋会要辑稿》后妃1之2，第221页。
③ 徐松辑：《宋会要辑稿》后妃1之2，第221页。
④ 《宋史》云："自章穆(郭皇后)崩，真宗欲立为皇后。"见脱脱等：《宋史》卷242《刘皇后传》，第8613页。
⑤ 脱脱等：《宋史》卷310《李迪传》，第10173页。

代①,公然挑战刘氏的家世。此外,还有大臣给刘氏设立竞争者,参知政事赵安仁提出"刘德妃家世寒微,不如沈才人出于相门"②。但真宗并未理会这些反对声音,执意立刘氏为后,刘氏也得以在大中祥符五年十二月,正式成为真宗的妻子。此时,刘氏已经四十四岁,容貌应不复当年,真宗此时以她为后,不能说是贪图美色,而是由于他们之间建立起来的多年的深厚感情③,而正是这种感情,令真宗冲破政治藩篱,使爱侣得以成为自己的妻子。

其实从刘氏在宫中的住处,亦可看出真宗与她的感情。据《宋会要辑稿》记载,北宋皇帝的寝宫曰福宁殿,国初称万岁殿,大中祥符七年(1014)改延庆殿,至明道元年(1032)始改名曰福宁殿。其后有一小殿,最初只名"万岁后殿",只因"章献明肃皇太后居之,乃名崇徽"④。《宋会要辑稿》只揭示刘氏当太后之后住在崇徽殿,这正好与司马光所说仁宗在立后前"居处不离章献卧内"⑤相符。然而,《长编》有一则史料一直未受到重视:天禧二年(1018)正月庚

① 李焘:《长编》卷80,大中祥符六年六月辛未条,第1829页。
② 李焘:《长编》卷78,大中祥符五年九月戊子条,第1786页。
③ 笔者认为,真宗与刘后的感情,除了他们两人之间分分合合的波折与真宗本人的坚持,应还有共同面对政治风浪的经历。从太宗立太子,到李皇后等人阴谋对付他,到其继位时之危机,凡此种种,虽然史未明载,但以常理推断,真宗必与爱侣分享这些经历。事实上,刘氏被立为后之前,确实是"帝每巡幸,必以从",当然,关于真宗杨淑妃亦有这种记载,说"帝东封、西祀,凡巡幸皆从",但从各种史料看,杨妃与真宗的感情,显然不及刘氏。见李焘:《长编》卷79,大中祥符五年十二月丁亥条,第1810页;脱脱等:《宋史》卷242《杨淑妃传》,第8617页。
④ 徐松辑:《宋会要辑稿》方域1之4,第7320页。
⑤ 范祖禹:《上宣仁皇后乞保护圣体》,载赵汝愚:《宋朝诸臣奏议》卷29《帝系门·嫔御》,第283页。

子，"芝草生真游殿及皇后所居崇徽殿，上作歌诗示宰相"①。这是一则关于祥瑞的普通史料，但揭示出真宗皇后当时的住处，正是皇帝寝宫之后的崇徽殿。再结合《宋会要辑稿》的记载，可以推断，刘后入宫之后，极有可能一直住在这个当初只称"万岁后殿"的小殿里，也只有这样，才能解释为何真宗批阅奏章至深夜，"后皆预闻"②；此虽为小殿，但与皇帝住处极为接近，这正体现出二人深厚的感情，实非其他后妃可比。③ 同时，刘氏十分接近当时大宋皇朝的权力源泉，这点正是她日后能够参政、预政的重要条件。

真宗对刘氏之宠爱，还体现于太子的抚养权问题上。真宗唯一存活的儿子乃侍奉刘氏的宫女李氏所生，皇子出生后，刘氏马上据为己子，宫中人等均惧怕刘氏势力，就连李氏本人，亦未敢吭声，所以仁宗直到刘氏死后，才得悉自己身世。④ 对于此事，真宗本人作为父亲，应早已知悉，虽然从史料看，他召幸李氏是一时冲动⑤，但实际上这是他与刘氏合谋借腹生子，因为刘氏"有了儿子，母仪

---

① 李焘：《长编》卷 91，天禧二年正月庚子条，第 2096 页。

② 脱脱等：《宋史》卷 242《刘皇后传》，第 8613 页。

③ 据《宋会要》记载，北宋皇后应居住在坤宁殿，虽在皇帝寝宫之后，但比作为寝宫后殿的崇徽殿远。另从《宋会要》记载亦可知，刘后在成为太后以后，还一直居于崇徽殿，相比之下，太宗李皇后在真宗时居于嘉庆殿，早已远离权力中心了。见徐松辑：《宋会要辑稿》方域 1 之 4，第 7320 页。

④ 事见脱脱等：《宋史》卷 242《李宸妃传》，第 8616 页。

⑤ 《挥麈录》云："章懿李后初在侧微，事章献明肃。章圣偶过阁中，欲盥手，后捧洗而前，上悦其肤色玉耀，与之言，后奏：'昨夕忽梦一羽衣之士，跣足从空而下云：来为汝子。'时上未有嗣，闻之大喜，云：'当为汝成之。'是夕召幸，有娠，明年诞育昭陵。"见王明清：《挥麈录》后录卷 1《昭陵降诞之因》，第 43 页。此虽野史，但亦可知真宗之于李氏，非能以爱情言之，实则求嗣心切而已。

天下的时机完全成熟"①,这完全是出于真宗对刘氏的关爱。

有学者认为,一个上层阶级的妻子,应该是本分的儿媳、胜任的管家和贤明的劝导者。② 皇后作为皇帝的妻子,在这一角色上其实与其他妻子有共通之处。所幸的是,刘氏跳过了儿媳的角色,她成为皇后之时,真宗的父母辈俱已不在,她不用应付复杂的婆媳关系。而从本分的角度说,刘氏的确符合妻子的标准。在尚未成为皇后以前,她"衣不纤靡,与诸宫人无少异"③。由此可见刘氏作风并不奢华,而是偏于朴素。真宗去世后,刘氏成为太后,她的穿着依然朴素,"常服绝襦练裙"。她身边宫女欲效法仁宗妃嫔之打扮,亦被她阻止。另外,也有记载她说过"尚方器勿使入吾家也"④,等等。当太后时尚且如此,作为皇后就更不用说了,这些例子均树立了刘后作为妻子的本分形象。

《长编》和《宋史》都认为,刘皇后"凡处置宫闱事,多引援故实,无不适当者"⑤,这说明在处理家庭事务方面,刘皇后确是一位胜任的管家。对于皇后而言,要做到这点,就要表率六宫,整肃宫闱。李焘在此点上对刘后的评价是:"太后称制,虽政出宫闱,而号令严明,恩威加天下。左右近习亦少所假借,宫掖间未尝妄改作,

---

① 见张邦炜:《宋真宗刘皇后其人其事》,载氏著:《宋代婚姻家族史论》,第 233—264 页。

② 参见伊沛霞著,胡志宏译:《内闱:宋代妇女的婚姻和生活》,南京:江苏人民出版社,2004 年,第 101—106 页。

③ 李焘:《长编》卷 79,大中祥符五年十二月丁亥条,第 1810 页。

④ 以上史实参见李焘:《长编》卷 112,明道二年五月癸酉条,第 2616 页。

⑤ 李焘:《长编》卷 79,大中祥符五年十二月丁亥条,第 1810 页;也可参见《宋史》刘后本传,其文稍异,曰:"宫闱事有问,辄传引故实以对。"见脱脱等:《宋史》卷 242《刘皇后传》第 8613 页。

内外赐与皆有节。"①

皇宫实乃皇帝之家，皇后要整肃宫闱，除了赐予有节、赏罚有度，还要使皇宫和睦安宁，这要求皇后有容忍其他妃嫔的宽容之心，能够处理好与其他妃嫔的关系。有记载说："（杨蟫）弟蜕之女妻夏英公，间范严酷，闻于掖庭，因率命妇朝后宫，庄献后苛责之，方少戢。"②这则史料所描写的虽是夏竦之妻，但反映了刘后一个基本价值观：她是反对女子嫉妒的。事实上，作为六宫表率，天下妇女之典范，刘后把宫中的关系处理得很好。跟刘皇后关系最好者，乃真宗之杨淑妃，她跟刘后关系亲密，是有目共睹的。刘氏之前每次进封，必与杨氏一起③，在刘氏成为皇后不久，杨氏也成为淑妃。④ 刘皇后很多事情都会跟杨氏商量，这于保育仁宗方面尤为明显。真宗去世前，遗诏以刘氏为皇太后，以杨氏为皇太妃⑤；而刘氏去世前，又遗诏让杨氏作太后，处理军国大事。⑥ 前一封遗诏应该掺杂了刘后的意见，而后一封则更是刘后本人的意愿。虽然这种和睦关系与杨氏能够准确判断形势，事事顺从刘氏有关，但"后亲

---

① 李焘：《长编》卷112，明道二年五月癸酉条，第2616页。
② 文莹：《玉壶清话》卷3，第31页。
③ 如景德元年（1004）刘氏被封为美人，同时杨氏被封为才人；大中祥符元年（1008）追封刘氏父母的同时，亦追封杨氏父母；大中祥符二年以刘氏为修仪的同时，以杨氏为婕好，以上见李焘：《长编》卷56，景德元年正月乙未条，第1225页；卷69，大中祥符元年七月乙亥条，第1552页；卷71，大中祥符二年正月丙戌条，第1592页。
④ 杨氏在刘氏被立为后后，先于大中祥符六年（1013）进为婉仪，后于七年六月封为淑妃，见李焘：《长编》卷80，大中祥符六年正月庚申条，第1816页；卷82，大中祥符七年六月壬申条，第1881页。
⑤ 李焘：《长编》卷98，乾兴元年二月戊午条，第2271页。
⑥ 李焘：《长编》卷112，明道二年三月甲午条，第2609页。

爱之,故妃虽贵幸,终不以为己间"①,却也是事实。

刘后与真宗另一位妃嫔的关系,也很能说明问题,此即仁宗亲生母亲李氏。李氏原为侍奉刘氏的宫女,后来成为真宗司寝,并于大中祥符三年(1010)诞下仁宗。② 如前文所述,仁宗出生后,刘氏即把他当作自己儿子,与杨氏一起抚养。若说刘氏有负于李氏,亦仅此而已。仁宗出生后,李氏复为真宗诞一皇女,也就是说,真宗一直与之保持关系。刘氏对此亦当知悉,但她并没有因此对李氏不满,非但如此,她还让刘美从民间为李氏找回失散多年且已穷困潦倒的弟弟李用和,并给了他一官半职。③ 此外,李氏虽然不得与儿子相认,但她本身待遇不错,真宗去世以前,她从崇阳县君,逐步进封为才人、婉仪,真宗去世不久,又进为顺容,在她去世当天,还被封为宸妃。④ 如若李氏之前的进封乃出于真宗意思,则真宗去世后李氏的进封应该是刘太后的意思。而且,李氏去世后,刘太后在宰相吕夷简的劝说下,用皇后的礼仪安葬李氏。⑤ 由此可见,刘后并非"狸猫换太子"故事所描绘之刻毒,相反,她对李氏可说是极力提携、尽心帮助了。

有学者认为,刘氏控制了真宗的生育,并且对真宗后宫女性有生育者多有遏制。其理据有二,一是真宗后宫杜氏因违反销金令

① 李焘:《长编》卷82,大中祥符七年六月壬申条,第1881页。
② 李焘:《长编》卷73,大中祥符三年四月癸亥条,第1666页,下文所说李氏复诞一女,亦见于此条。
③ 李焘:《长编》卷111,明道元年三月癸巳条,第2579页。
④ 徐松辑:《宋会要辑稿》后妃1之3,第222页;另参见《宋史》卷242《李宸妃传》,第8616页。
⑤ 关于李氏安葬问题,涉及刘太后身后事,故下文另有一节加以讨论。

而被勒令出家,其后在道观中产下一女,从而推断真宗此举是为了保护杜氏,以及杜氏腹中的胎儿。二是根据相关笔记小说中关于英宗朝的传言,推断张茂实乃真宗与悼献太子乳母朱氏所生,后因遭刘氏所忌而被勒令出宫。而李氏作为刘氏的宫女,则是她悉心安排为自己借腹生子的女子,从而保证自己的"超级政治利益"。①

就结论而言,刘氏当然需要一个"亲生"儿子来实现自己的超级政治利益,即成为皇后。但杜氏与张茂实之事,理据并不足够。张茂实为真宗之子,其实只是传言,未必真实。② 宋代冒认皇子皇女之事甚多,如仁宗朝的假皇子案、英宗朝的韩虫儿案、高宗朝的柔福帝姬案,等等,是是非非,难以判定。③ 退一万步说,就算张茂实果真是真宗之子,其出生在至道三年(997)④,与郭皇后所生的悼献太子年龄相仿。⑤ 若他被刘氏勒令出宫,必在郭皇后死后,即景德四年(1007)之后,因为在此之前,刘氏显然不能主宰后宫。而此时张茂实已经十一岁,让其偷偷出宫,且改掉姓名,实在匪夷所思。所以如果他真的是真宗儿子,且被勒令出宫,应该在很小的时候,

① 见吴铮强:《官家的心事:宋朝宫廷政治三百年》,上海:上海人民出版社,2023年,第109—122页。
② 关于张茂实为真宗子之传言,可参见王铚:《默记》卷上,北京:中华书局,1997年,第15页。
③ 假皇子案,见李焘:《长编》卷168,皇祐二年四月丁卯条,第4038—4039页;韩虫儿案,见《长编》卷199,嘉祐八年九月己未条,第4827页;柔福帝姬案,见叶绍翁:《四朝闻见录》乙集《柔福帝姬》,北京:中华书局,1997年,第84页。
④ 张茂实出生年在至道三年,可参见李裕民:《宋人生卒年月考》卷3,北京:中华书局,2023年,第361页;李先生所据,乃郑獬《郧溪集》卷20《赠太尉勤惠张公(孜)墓志铭》,载《宋集珍本丛刊》第十五册,第182—185页,尤其是第184页。
⑤ 悼献太子卒于咸平六年(1003)四月,时年九岁,故其出生当在至道元年(995),见李焘:《长编》卷54,咸平六年四月辛巳条,第1190页。

其时乃郭皇后主持后宫,刘氏再受真宗宠爱,也不可能有这种逾越之举。且从刘氏册封贵妃受阻一事看,真宗对于宫廷事务的安排,也不可能摆脱大臣掣肘,听刘氏之言而出亲生皇子,几乎不可能。相较而言,张茂实威胁到郭皇后亲生儿子悼献太子的地位,从而被勒令出宫的可能性更大。

至于杜氏,经吴著考证,其女为仁宗"皇妹七公主",故出生当在大中祥符三年(1010)四月之后,怀孕最早也当在大中祥符二年七月。吴著认为,杜氏入道在八月,是因"怀孕后不见容于刘氏",故真宗实乃保护她及她腹中的胎儿,并想把她的胎儿在李氏所生若为女孩的情况下,作为继承人选的另一计划。但据《长编》记载,杜氏入道的原因是"上禁销金严甚,还自东封,杜氏乃服以迎车驾,上见之,怒,遂令出家为道士"①。此事虽然记载在二年八月,但真宗东封后返还开封在元年十一月②,其若以此为借口"惩罚"杜氏,断不可能在九个月后。实际上,杜氏所生女远在仁宗出生之后。据《宋史·公主传》记载,真宗有二女,即惠国大长公主与昇国大长公主,其中惠国为长。③ 而据《皇宋十朝纲目备要》,昇国大长公主最早在明道二年(1033)十一月被追封为卫国长公主,为杜氏所生。④ 另据《宋史·李宸妃传》,李氏在生仁宗之后,"复生一女,不育"⑤,此女当为惠国大长公主,但至哲宗元符年间(1098—1100)

---

① 李焘:《长编》卷72,大中祥符二年八月癸巳条,第1629页。
② 见李焘:《长编》卷70,大中祥符元年十一月丁丑,第1577页。
③ 见脱脱等:《宋史》卷248《公主传》,第8776页。
④ 见李埴著,燕永成校正:《皇宋十朝纲要校正》卷3《真宗》,北京:中华书局,2013年,第97、99页。
⑤ 脱脱等:《宋史》卷242《李宸妃传》,第8616页。

才被追封。换言之,惠国公主出生在卫国之前,在仁宗之后。吴著据仁宗《皇妹故道士七公主仍赐号清虚灵昭大师赐紫法名志冲制》①,认为仁宗称卫国公主为七公主,则真宗当不止二女。但据《皇宋十朝纲目备要》,真宗除仁宗外,有五位皇子,两位皇女,而其中以卫国公主最幼,故仁宗称其为"皇妹"及"七公主"并无不妥。②

吴著认为,在当时没有超声技术的情况下,李氏所怀胎儿是男是女,不能提前预知,故真宗对于继承人选有后备计划。此论甚当,但笔者认为,真宗的后备计划另有其人。早在皇子出生之前,真宗之弟赵元份的儿子赵允让就被接到宫中抚养。此举非同寻常,因为宗室子被养在宫中,即意味着他有继承皇位的可能。后来赵允让之子赵宗实,就被宋仁宗养在宫里,最终继承帝位,是为宋英宗。③ 换言之,一旦李氏生下的是女儿,真宗应该会继续生育,但一定时间后,赵允让很有可能直接成为真宗与刘氏的养子。

后妃与皇帝的关系,可能成为其预政之基础,但这种关系,未必是双方之间的爱情关系。有时候或只需皇帝对某一后妃有宠爱之心,后妃即可借机预政。④ 然观真宗与刘氏的关系,真宗于刘氏有知遇之恩、爱慕之情,而刘氏以穷困之身得真宗知遇,故对他既是感激,亦是爱恋,而得以成为真宗妻子后,她更是以贤妻的姿态辅助真宗;在其预政、摄政期间,对赵氏宗族非但没有残酷迫害,反而处处优遇,于其主观而言,实乃追念真宗感情所致。从爱侣到贤

---

① 该制见于《宋大诏令集》卷40《皇女五·赠典》,北京:中华书局,1997年,第215页。
② 见李焘著,燕永成校正:《皇宋十朝纲要校正》卷3《真宗》,第98—100页。
③ 见脱脱等:《宋史》卷245《赵允让传》,第8708页。
④ 有学者认为,即如唐高宗对武则天宠爱有加,武则天的"真情到底有多真和有多深也值得怀疑"。参见雷家骥:《武则天传》,第74页。

妻,其实已奠定了刘氏日后预政的基础。

二、初预政事

李焘在叙述立刘氏为后的条目中,曾对刘后有所评价,其
语云:

> 后性警悟,晓书史,闻朝廷事,能记本末。帝每巡幸,必以
> 从。……凡处置宫闱事,多引援故实,无不适当者。帝退朝,
> 阅天下封奏,多至中夜,后皆预闻之。周谨恭密,益为帝所倚
> 信焉。[①]

根据以上史料可得出一些结论。首先,刘氏诚如真宗所言,是
一位"多材慧"的女子,她出身贫寒,按理应该不曾认真读书,但到
了立后之时,她已经"晓书史",估计在离开真宗藩邸后的那段时间
里,她一直接受教育。而很明显,她生性聪敏,闻朝廷大事,皆能详
细记下,这为她能够参与政治,提供了必要的自身条件。其次,真
宗朝"东封西祀",刘氏皆有跟从;真宗深夜披阅奏章,刘氏也在身
边,这证明了真宗与刘氏的感情相当深厚,因而为她参与政治提供
了现实条件。再次,刘氏接触政事,乃从内而外,正是她能适当处

[①] 李焘:《长编》卷79,大中祥符五年十二月丁亥条,第1810页。《宋史》其本传亦有
相似评价,其语云:"后性警悟,晓书史,闻朝廷事,能记本末。真宗退朝,阅天下
封奏,多至中夜,后皆预闻。宫闱事有问,辄传引故实以对。"见脱脱等:《宋史》卷
242《刘皇后传》,第8613页。

理好宫廷内部事务,才让真宗看到她的政治才能,才有让她参与政治的可能。最后要注意的是,真宗对刘氏处理政事比较认同,对她也很信赖。

刘氏何时开始预政,史未明载,但从上述史料的语气看来,估计其预政应早于她被立为皇后。事实上,自景德四年(1007)郭皇后去世后,至大中祥符五年(1012)刘氏被立之时,真宗后宫一直未有皇后。而正史所载的真宗后妃中,当时应以刘氏地位最高①,刘氏以此身份帮助真宗处理宫闱中事,亦是顺理成章。而真宗在郭

----

① 宋初自皇后而下,自上而下分为贵、淑、德、贤四妃,为正一品;昭仪、昭容、昭媛、修仪、修容、修媛、充仪、充容、充媛,此为九嫔,正二品;婕妤三品,美人四品,才人五品;真宗于景德二年(1005)增置太仪,于大中祥符二年(1009)特置贵人,六年增置淑仪、淑容、顺仪、顺容、婉仪、婉容,位在昭仪之上;乾兴元年(1022)置贵仪在淑仪之上。以上增置者,除贵人无视品外,其余俱以嫔作正二品,故宋有十七嫔之称。以上可参见徐松辑:《宋会要辑稿》后妃4之1—2,第265—266页;朱瑞熙:《宋朝的宫廷制度》,载《学术月刊》1994年第4期。《宋史·后妃传》所载真宗之后妃,除早逝之潘氏、郭氏二后,唯刘后、李宸妃、杨淑妃与沈贵妃四人。根据上述资料,刘氏于景德元年(1004)为四品美人之时,杨氏仅为五品才人;大中祥符二年(1009)刘氏为二品修仪,杨氏始为三品婕妤;直至刘氏被立为后后,杨氏始于大中祥符六年(1013)进为二品婉仪。宸妃李氏"初入宫,侍刘修仪",可见刘氏为修仪时,李氏只是一名宫女。至于沈氏,前文引赵安仁语曰:"刘德妃家世寒微,不如沈才人出于相门。"可见刘氏为一品德妃之时,沈氏始为五品才人。此外,《皇宋十朝纲要》载真宗有嫔妃七人,除沈氏以外,其余六人不见记于《宋史》。当中前面提及的杜氏,在明道二年(1033)刘太后驾崩后,才被封为三品婕妤;曹氏为开国大将曹彬之女,但在刘氏立后之前仅为美人,至大中祥符六年(1013)始为三品婕妤;陈氏在真宗即位前即已去世;戴氏乃定武军节度使戴兴之女,入宫时为贵人,大中祥符六年晋为二品修媛;徐氏与陈氏在明道二年才获封五品才人。另《宋会要》载有方氏、王氏,均于天禧二年(1018)为四品美人。综上所述,在郭皇后去世以后,刘氏当为后宫嫔妃中地位最高者。见李焘:《长编》卷73,大中祥符三年四月癸亥条,第1666页;卷78,大中祥符五年九月戊子条,第1786页;李埴著,燕永成校正:《皇宋十朝纲要校正》卷3《真宗》,第97—98页;徐松辑:《宋会要辑稿》后妃3之21,第258页。

皇后去世后，即把刘氏视为妻子，在此情况下，宫闱事与朝廷政事，有时未必能完全分开，故在立后之前，刘氏应已参与政治，至少在与真宗分担烦恼之时，为他出谋划策。

然而，笔者认为，刘氏干政预政的野心并非与生俱来，亦非从小培养。与唐代之武后相比，二人均是出身相对低下，但刘皇后之低下与武后却大不相同。武后家族只是未能跻身甲族，但毕竟是官宦之家。武后十四岁入宫，她与母亲道别时曾有"见天子庸知非福"①之语，可见其入宫乃欲改变命运，其野心亦可窥见。② 但刘氏则本贫家女子，若非真宗见爱，招入王府，则其可能以开封街头一卖艺妇人而终老一生，根本不能涉足政治。故她在入王府以前，不可能有任何政治野心；即便她被真宗招入王府，但当时真宗尚未成为太子，而她本人后来又被逐出王府，两人前途祸福尚未可知，故能被尚为皇子的真宗宠爱，她除了有幸福与幸运的感觉，应未有政治远见。

笔者认为，培养出刘后干政预政之野心与能力者，实乃真宗本人。宋代从太祖开始，即向集权独裁政权发展，正如刘静贞教授所言："太祖、太宗为集权于中央、总揽于天子所施行的种种措施，并未及身而止。他们的心血被奉为圭臬，引为成范，而且沿为制度，君主独裁体制于焉成立。继体之君即使没有什么能力，也能凭着制度进行独裁统治。""就制度论，宋以后的君主纵使没有什么能力，独裁统治仍然能够施行；不过，若就现实来看，独裁统治虽然还

---

①　欧阳修、宋祁：《新唐书》卷 76《武后传》，北京：中华书局，1975 年，第 3474 页。
②　关于武后早期人格之发展，可参见雷家骥：《武则天传》，第 22—52 页。

在继续施行,但实际发动者却已不是皇帝。"①由此可见,太祖、太宗已然创立的各种制度,迫使真宗本人必须实行独裁统治,真宗虽非昏庸之主,但其能力与魄力,远比不上其父亲,更遑论太祖;他在中年又致力于"天书降神"之事,独裁政治于他而言,实是力不从心,故此,他需要有人在身边与他分担、商量,甚至是出主意。换言之,他需要让渡出一部分皇权,以减轻其自身的压力。制度并不允许他选择朝中大臣,他也没选择宦官、佞臣,而是选择了他身边对他最贴心的女人——刘氏。这种选择于历史而言是偶然的,但于真宗而言却是必然的,因为爱情使他认为,只有刘氏才能解开他心中的郁结,分享他心中的苦闷。

无疑,刘氏乃一"多材慧"的女子,被逐出王府虽减少了她与真宗见面的时间,但作为消遣的阅读时间却相应增加,故这段时间她所学得的知识,当在很大程度上有利于她日后参与政治。然而,就知识面而言,贵族出身的郭后、曹彬之女曹氏、杜太后的侄女杜氏,以及后来与之竞争的沈才人未必会比刘氏窄,刘氏能够从中脱颖而出,实应多得益于真宗给予的预政机会。在真宗眼中,刘氏既是爱人,又是知己,故他事事与刘氏分享,才有"阅天下封奏,多至中夜,后皆预闻"②之说,而只有在与真宗分担政事的过程中,刘氏才有机会把所学知识与实际政治相结合,其政治能力才得以锻炼。或者说,初始之时,刘氏参政乃无意为之,目的是为真宗解忧,此时她仅仅是开始接触政事而已;但到后来,随着她参与政治的机会越

① 见刘静贞:《北宋前期皇帝和他们的权力》,第204—205页。
② 李焘:《长编》卷79,大中祥符五年十二月丁亥条,第1810页。

来越多,她的政治能力也越来越强,逐渐从一位妻子向政治家转变。一些史料记载了真宗晚年对刘氏处理政事的评价,这些评价一般都是正面的。[①] 但是,这种政治能力的最初来源,乃刘后作为皇帝妻子与知己的身份,若无这重身份,以后一切事情俱无从谈起。

值得注意的是,真宗虽因能力有限,不得不让渡出部分皇权,但独裁制度使他必须保有行使皇权的终极名义,换言之,真宗在生之时,无论刘皇后预政程度如何,她始终未能突破宫廷内闱的界限;而唐高宗时代武后与高宗以天皇、天后身份同朝听政的景象,也未能在真宗朝再现。随着真宗之病越来越重,刘皇后预政愈加明显,这一现象引起朝廷大臣的不安。一部分大臣一则鉴于前代变乱之历史,二则出于维护宋代独裁成制的需要,联合起来反对刘皇后干政;而另一部分大臣则为满足个人权力欲望而攀附皇后,双方就皇权问题展开激烈的争斗。刘皇后在此次争斗中显示出继续干政预政的野心与权力欲,而这次争斗的试炼,亦使她获得丰富的政治经验,为她日后当政打下良好基础。

综上所述,历经五代,沙陀女性参与政治的遗风依然能影响宋朝,但宋初太祖、太宗两朝,并未真正存在后妃参与政治的历史契机,故而在三朝传承之际,后妃干政均以失败告终。而至真宗末期,此一契机才出现。真宗在其统治中期,全心致力于"天书封祀"的闹剧,使得国力虚耗、士风颓废、佞宦当权,大中祥符九年(1016)

---

① 如《长编》记载真宗语云:"皇后素贤明,临事平允,深可付托。"其后,真宗又云:"内廷有皇后辅化宣行,庶无忧也。""皇后所行,造次不违规矩,朕无忧也。"见李焘:《长编》卷96,天禧四年十一月乙丑条,第2222页;闰十二月乙亥条,第2233页;卷98,乾兴元年二月甲寅条,第2270页。

的蝗灾,更令他心力交瘁,身染沉疴。在此之时,与真宗感情深厚
的皇后刘氏,亦在真宗的培养之下,政治能力不断提高,并因为种
种历史契机,逐步参与政治,甚至代替真宗决断朝政。

第二章　幼主即位

　　随着真宗病情加重，宋代士大夫们不得不面对一个敏感问题：幼主①即位。自唐末以来，中国再次进入政权更迭割据的混乱局

---

① 所谓幼主者，即未成年的君主。关于幼主的年龄界限，历来说法不一。中国古代以冠礼作为男子成年的标志，《仪礼注疏》记载："二十而冠，急成人也。"然则普通男子到二十岁即可谓之成年。但这对于王室而言则另有规定，如《通典》曰："周制文王年十二而冠，成王十五而冠。"至魏晋南北朝时期，这种规定更趋明确，《宋书》云："晋武帝太始十年，南宫王承年十五，依旧应冠。有司议奏：'礼十五成童。国君十五而生子，以明可冠之宜。又汉、魏遣使冠诸王，非古典。'于是制诸王十五冠，不复加命。"由此可见，国君成年，应以十五岁为准。但到唐宋之际，冠礼已不复流行，关于皇室冠礼的记载越来越少。《通典》虽转载了《宋书》关于皇子冠礼的记载，但仅仅记录了唐贞观五年（631）皇太子的冠礼。当时太子为唐太宗长子李承乾，据《旧唐书》记载，他于太宗即位当年，即武德九年（626）被立为皇太子，时年八岁，则他当生于武德二年（619），贞观五年时应为十三岁。《唐会要》记此事于贞观三年（629），则承乾当时只有十一岁。宋代关于皇子冠礼记载更少，笔者仅于《宋史》找到大中祥符八年（1015）宋真宗为太子举行冠礼的记载，但实际上，当时的赵祯只有六岁，还没被册立为太子。无论十三岁（或十一岁）的李承乾，还是六岁的赵祯，均难称成年，因此以唐、宋皇子冠礼的年龄去界定皇帝即位时成年与否，似乎不太科学。然而，宋人理念当中，亦把十五岁作为皇帝成年的标志。元祐时期，梁焘曾上言当时垂帘听政的宣仁高太后说："今皇帝圣年十五，齿亦已长矣。自古人君，远则十五而冠，冠者谓有成人之道。在庶人则为童子，在天子则为成人，何也？谓王教之本，不可以童子之道理焉，故必责善而进之以成人。是以古之学者，十五入大学，谓七八之数，阴阳备而志明，可以学矣。"本书据此，把幼主定义为即位时年龄未满十五岁的君主。以上考述参见郑玄注、贾公彦疏：《仪礼注疏》卷3，载阮元刻：《十三经注疏》，北京：中华书局，1980年，第958页；杜佑：《通典》卷56《天子加元服》，北京：中华书局，1992年，第1571页；沈约：《宋书》卷14《礼志一》，北京：中华书局，1974年，第335页；刘昫等：《旧唐书》卷76《李承乾传》，第2648页；王溥：《唐会要》卷26，北京：中华书局，1955年，第495页；脱脱等：《宋史》卷115《礼十八》，第2725页；梁焘：《上宣仁皇后论皇帝进学之时》，载赵汝愚：《宋朝诸臣奏议》卷5《君道五·帝学上》，第48页。

面,可谓之乱世。当此之时,为一己私利而图谋者,多主立幼主,如唐末朱全忠"以帝有英气,恐变生于中,欲立幼君,易谋禅代"①。但为安定国计而筹划者亦有之,其多主立长君,如后晋之冯道和景延广,在高祖崩殂之日,"以国家多难,宜立长君,乃奉广晋尹齐王重贵为嗣"②。纵观五代皇帝,以长君居多,可见在乱世之时,国有长君已成共识。至后周夺汉,朱熹认为"郭威乘其主幼而夺之"③。后汉隐帝即位时已年逾十八岁,年龄上不能算作幼主,但其年轻无威信,则是显而易见的。熟知前代历史的宋代君臣对此岂有不防之理,更何况宋朝建立,也是太祖夺位于前代幼主。因而对于此事,宋代君臣一直都有防范与借鉴之心。前述"金匮之盟",杜太后主张太祖把帝位传给二弟赵光义,即为此意。

但宋朝发展至第三、第四代皇帝传承之际,幼主即位已是不可避免。虽然外部政治环境相对稳定,但这毕竟是宋代第一位幼主,前代幼主伴生而来的种种弊端均历历在目,如何保证这次皇位传承能顺利进行,而幼主即位后皇权又不至于旁落,确实是宋代君臣应该深思的问题。然而,刘皇后预政使士大夫们感觉形势更加复杂,他们对此也十分忧虑。唐武、韦之事并非久远,而且刘皇后与武则天之间实在有太多巧合:她们的出身均相对较低;她们的丈夫均是当朝第三位君主,且性格与能力都大逊于开创期的两位皇帝;刘氏与武氏成为皇后的历程均比较艰难;皇帝对皇后均十分钟爱;而作为皇后的两位均早已干预朝政,且有较强的政治能力与较大

---

① 司马光等:《资治通鉴》卷265,天祐元年七月丙子条,第8635页。
② 司马光等:《资治通鉴》卷283,天福七年六月乙丑条,第9237页。
③ 黎靖德辑:《朱子语类》卷127《本朝一·太祖朝》,第3042页。

的权力欲。不同的是,继承唐高宗皇位的,是武后的亲生儿子,且已成年;而即将继承真宗皇位的赵祯,并非刘氏亲生,且尚在年幼。纵观这种比较,真宗末年的形势似乎更不如唐高宗末年。就笔者所见,今人作出这种比较者甚少①,但在当时宋代士大夫心中,必定有这种比较。前车之鉴,宋代第一次幼主即位,该如何避免重蹈前代覆辙? 若处理不当,必会引起变故,祸及邦本。于是,朝廷上形成了以寇准为首的,以保护太子、保证帝位顺利传承为目的的"太子党",与以丁谓为首,支持刘皇后继续干政的"皇后党"。② 两派之间围绕权力问题,进行激烈争斗,而此次争斗的实质,则是真宗去世后最高权力的行使问题。宋代第一次幼主即位,即在此次激烈争斗中进行。

第一节 太子党与皇后党之争

天禧二年(1018)六月,朝廷给刘皇后之父刘通及母亲庞氏举行了隆重的葬礼。如第一章所述,刘皇后乃贫民孤女出身,而其父祖的身份,均是伪造。③ 就这次葬礼而言,其实也是漏洞百出,从中亦可窥见刘氏与真宗共同编织的谎言。

---

① 笔者仅见邓小南先生曾作过类似比较,但她对比之对象乃真宗与唐高宗,并非刘后与武后,见邓小南:《祖宗之法——北宋前期政治述略》,第341—342 页。

② "太子党"与"皇后党"的提法,可参见张邦炜:《宋真宗刘皇后其人其事》,载氏著:《宋代婚姻家族史论》,第233—264 页。

③ 具体考证,可参见张邦炜:《宋真宗刘皇后其人其事》,载氏著:《宋代婚姻家族史论》,第233—264 页;拙著:《女主临朝:狸猫何曾换太子》,沈阳:辽宁人民出版社,2022 年,第27—33 页。

据《长编》记载，刘通在太平兴国四年（979）护驾北征，死于征途，其遗体暂时停放在京城之西。[①] 在宋代，官员在外当官，他和家人可能会因为各种原因身死，而他们的遗体可能会就近存放，当日后子孙荣显，再寻回遗体迁葬。故此，若刘通果真是一位武将，并且在战争中阵亡，其遗体暂存在京城是有可能的。早在大中祥符六年（1013），真宗即把刘皇后三代编入属籍，并且对他们进行了追封，确定皇后的曾祖名叫刘维岳、祖父刘延庆、父亲刘通[②]，按理说此时就应该把刘通夫妇下葬了。另一种可能是，当时皇后生母的遗体还在成都，须将其迁来一起下葬，但时间应不会太长。然而，这场葬礼却一直等到天禧二年（1018），此时离刘氏成为皇后已经五年半了。笔者认为，朝廷之所以迟迟不下葬皇后父母，乃因为无人可葬，因为刘通并非将领。

若笔者推测正确，那为什么到天禧二年（1018）要搞这个葬礼呢？那是因为真宗和皇后都不能再等了。朝野上下，立太子的呼声越来越高，而刘皇后作为太子的“生母”，不能在孝行上有所亏欠；而且宋朝将来的太后，身份来历也不能不清不楚。只有彻底解决皇后家族的身份问题，她才能够名正言顺地成为储君的母亲。这场葬礼，就是要向世人宣告，皇后是有父亲的，他是光荣战死的，他的遗体真实存在。在葬礼上，刘通被追封为太师、尚书令，谥号为“武懿”；皇帝亲自撰写了祭文；而主持这场葬礼的是昇王府咨议

---

① 见李焘：《长编》卷92，天禧二年六月己未条，第2119页。

② 刘氏先人编入属籍事，见李焘：《长编》卷80，大中祥符六年六月辛未条，第1830页；刘维岳等人名讳，见徐松辑：《宋会要辑稿》仪制12之2，第2040页。

参军张士逊。①

八月,年仅九岁的赵祯被立为太子。② 天禧三年(1019)寇准因献天书而重回中书任相,同时,丁谓被任命为参知政事。③ 笔者认为,真宗此次让寇准回朝拜相,实有另一番打算。宋代帝王政治有所谓"异论相搅"的理论,其源自神宗朝曾公亮的一句话:"真宗用寇准,人或问真宗,真宗曰:'且要异论相搅,即各不敢为非。'"④这实际上就是在朝廷上用政见不同的大臣,让他们互相掣肘,不能独大。而根据曾公亮的话,这种理论的实际应用,乃始于真宗任用寇准。寇准在真宗朝三次入二府,第一次肯定不存在"异论相搅"的问题,因为那一次宰执集团要同心协力抵抗契丹的入侵。第二次寇准当枢密使乃王旦推荐,故起码最初在真宗看来,枢密院与中书不存在"异论相搅"。真宗倒是在枢密院安插了王嗣宗与曹利用来掣肘寇准,但这二人均被寇准治得服服帖帖,根本"搅"不起来。所以,如若真宗有心让寇准回朝"异论相搅"的话,很有可能是寇准第三次入朝,而"相搅"的对象应该是已经参与朝政的刘皇后。真宗的想法可能是,刘皇后若能真心保扶幼主,则寇准也可以跟皇后合作,以让新旧两朝顺利过渡;但她若有异心,则可以由寇准拨乱反

① 见李焘:《长编》卷92,天禧二年六月己未条,第2119页。

② 见李焘:《长编》卷92,天禧二年八月甲辰条,第2122页。

③ 寇准上天书事,可参见李焘:《长编》卷93,天禧三年三月乙酉条,第2141—2142页;寇准拜相事见六月戊戌条,第2152页,丁谓拜参政事,亦见同条。

④ 见李焘:《长编》卷213,熙宁三年七月壬辰条,第5169页。

正,以寇准刚直的性格,他必然会拼死保护幼主。① 然而,真宗是过于一厢情愿了,寇准并不想与皇后合作,他回朝之后,就想把皇权的行使权从皇后手中夺过来。

自后,宋朝廷发生了一系列争斗,而争斗所围绕的核心问题,即真宗不豫的情况下,皇权如何行使的问题,而此次争斗,构成了真宗朝末年政治的主要画面。刘皇后在这次争斗中,拉拢朝臣,排斥异己,使自己的利益最大化。

一、"太子党"与"皇后党"两大阵营的形成

真宗末年的政争,虽分为"太子党"与"皇后党",但政争之初并非完全因为最高权力的行使问题,而是两派大臣均想通过这次争斗,排斥对方,以保持己方的权力与利益。争斗双方的代表人物乃寇准与丁谓,他们两人原来关系很好,丁谓得以回朝任参知政事,其实也是真宗安排,让他辅助寇准。但由于寇准性格有欠谨慎,无

---

① 吴铮强认为,天禧三年乾祐天书有两次,分别在三月份和八月份。第一次乃周怀政谋划,目的是为寇准回归造势,并且天书中涉及"长生久视"的内容,目的是要阻止刘皇后掌权。第二次天书则由真宗自己主导,目的是要消除第一次天书的影响,"为刘皇后掌权提供宗教与政治的保障"。笔者认为,两次天书,实则是真宗对后事安排的体现,他愿意让刘皇后掌权辅助未来的幼主,但同时也想让寇准回朝掣肘刘皇后,以免唐代武后专权之事发生。见吴铮强、胡潮晖:《北宋乾祐天书考辨》,载包伟民、刘后滨主编:《唐宋历史评论》第十二辑。

意中嘲讽了丁谓,使丁谓心生怨恨,两人关系从此恶化。① 寇、丁两
人都有各自的同盟者,一些士大夫因为各种各样的原因,分别加入
了此两人的阵营。

首先是寇准的盟友,主要有杨亿、李迪、王曾和周怀政四人,他
们在此次争斗中与寇准有着相同的目标或利益。

杨亿,字大年,他文采出众,性格与寇准一样,以刚为主。他与
寇准的交往密切,交情甚深,在寇、丁之争中相助寇准,也是理所当
然。再者,他本身刚强正直,疾恶如仇,早与丁谓等人不和,支持寇
准铲除丁谓,也正是他心中一件快意之事。此外,更重要的是杨亿
曾得罪刘皇后,大中祥符五年(1012)真宗立后之时,"欲得亿草制,
使丁谓谕旨,亿难之。因请三代,谓曰:'大年勉为此,不忧不富
贵。'亿曰:'如此富贵,亦非所愿也。'乃命它学士草制"②,他也因
此与刘皇后结怨。至天禧末年,刘皇后当时既已预政,寇准倒丁,
实际上也是要架空皇后的权力,因此,各人在这场政治争斗中,与
刘皇后的关系相当重要。就此原因而论,杨亿也不得不在政争中
支持寇准。

李迪,字复古,景德二年(1005)以状元进士及第,其性格与杨

---

① 丁谓在一次中书会食(即工作餐)时,见汤羹玷污寇准胡须,遂"起徐拂之",寇准随
　即嘲笑他说:"参政,国之大臣,乃为官长拂须耶?"其实丁谓乃好意,但寇准一向喜
　欢拿人开玩笑,得罪人而不自知,故丁谓因此事记恨寇准。以上史实,可参见李
　焘:《长编》卷93,六月戊戌条,第2152页。关于寇准与丁谓关系之变化,可参见张
　其凡、刘广丰:《宋真宗朝寇准与丁谓争斗事实考述》,载张玉春主编:《古文献与传
　统文化》,第49—88页;拙著:《大忠之臣:寇准》,第179—195页。
② 李焘:《长编》卷80,大中祥符六年六月己巳条,第1828—1829页。此事虽系于大
　中祥符六年,但刘氏被册立为皇后是五年十二月的事,故此事应该发生在大中祥
　符五年,此系追述。

亿一样,十分刚烈,他在后来与丁谓的争执中甚至欲出手殴打丁谓。李迪与杨亿不同,他与寇准的关系不如杨亿深,他对寇准充其量是怜悯与同情,在后来的争斗中,寇准甚至与他争辩,想让他与丁谓一同罢相。李迪在寇、丁之争中支持寇准的原因与杨亿一样,即与刘皇后关系不好,且更甚于杨亿。事情也起源于真宗大中祥符五年(1012)册立皇后之时:"及上将立章献后,迪为翰林学士,屡上疏谏,以章献起于寒微,不可母天下。由是章献深衔之。"①在寇准被罢出朝后,李迪在中书与丁谓抗衡,他甚至把矛头直指皇后,这就直接决定了他跟献媚于刘皇后的丁谓走上对立面。李迪支持寇准,还有一个重要原因:他是太子的老师②,有责任保护太子,而在他看来,刘皇后干政,丁谓擅权,这对太子极为不利。更何况,以当时的形势,刘皇后是否会效仿唐武后之事,还是未知之数,太子又非刘皇后所生,一旦发生变故,太子恐怕性命不保,赵氏江山也岌岌可危。这一切,使他必须与丁谓和刘皇后等人抗争到底。

王曾,字孝先,咸平五年(1002)以状元进士及第。他与寇准关

① 江少虞:《宋朝事实类苑》卷10《李文定》,上海:上海古籍出版社,1981年,第113页。《旧闻证误》认为,"大中祥符五年立刘德妃为皇后,后四年,李文定始为学士"。李迪未为学士,也未能证明他没有反对册立刘后,李迪本传也有相关记载,里面并没有出现李迪为翰林学士的字眼。见李心传:《旧闻证误》,北京:中华书局,1997年,第65页;脱脱等:《宋史》卷310《李迪传》,第10173页。

② 《宋史》李迪本传称"仁宗为皇太子,除太子太傅",但《长编》指出,李迪拒绝接受太傅之位,故只兼任太子宾客,但真宗依然要求太子"礼宾客如师傅"。见脱脱等:《宋史》卷310《李迪传》第10173页;李焘:《长编》卷92,天禧二年八月壬子条,第2123页。

系很好,进士及第不久后,即受到寇准的破格提拔。① 王曾不但受到寇准提拔,还与寇准身边的朋友交情甚深②,这种关系,使他必然支持寇准。而且,王曾本人对丁谓十分厌恶。他反对兴建玉清昭应宫,并"陈五害以谏"③。估计从那时候开始,王曾就对力主大造宫观,大搞祥瑞的丁谓有所不满。不过王曾并不像寇准、杨亿和李迪那样,把对丁谓的痛恨之情怒形于色。他一直表现得比较隐晦,直至丁谓罢相后,他才把对丁谓的不满表达出来。④

周怀政乃一宦官,并非正人君子,他对真宗"天书封祀"之闹剧,不但参与,而且大力支持。史书对他的评价是:"怀政日侍内廷,权任尤盛,于是附会者颇众,往往言事获从,同列位望居右者,必排抑之。中外帑库皆得专取,因多入其家。性识凡近,酷信妖妄。"⑤从这段评价可以看出,周怀政几乎具备了历代宦官的所有缺点。他之所以能巴结寇准,是因为寇准上天书之事,是他穿针引线

---

① 叶梦得云:"寇莱公初入相,王沂公时登第,后为济州通判。满岁当召试馆职,莱公犹未识之,以问杨文公曰:'王君何如人?'文公曰:'与之亦无素,但见其两赋,志业实宏远。'因为莱公诵之,不遗一字。莱公大惊曰:'有此人乎?'即召之。故事,馆职者皆试于学士院或舍人院。是岁,沂公特试于中书。"见叶梦得:《石林燕语》卷7,北京:中华书局,1997年,第101—102页。

② 从上引材料,可见杨亿甚为赏识王曾;王曾本人,亦是寇准好友李沆之婿;寇准另一好友王旦,亦于大中祥符九年推荐王曾任参知政事。见叶梦得:《石林燕语》卷9,第139页;李焘:《长编》卷86,大中祥符九年九月丙午条,第2012页。

③ 脱脱等:《宋史》卷310《王曾传》,第10182页。

④ 魏泰云:"王文正公曾在中书,得光州奏秘书监致仕丁谓卒。文正顾谓同列曰:'斯人平生多智数,不可测,其在海外,犹能用智而还,若不死,数年,未必不复用。斯人复用,则天下之不幸可胜言哉?吾非幸其死也。'"见魏泰:《东轩笔录》卷4,北京:中华书局,1997年,第44页。

⑤ 脱脱等:《宋史》卷466《周怀政传》,第13615页。

的。但他在寇、丁之争中支持寇准，甚至为他谋划，却是为了自保。天禧年间，周怀政可谓境况堪虞。^① 在朝廷宰辅中，除寇准以外没人对他有好感。在寇准与丁谓第一次交锋后，丁谓更是"疏斥怀政，使不得亲近"^②，对他处处提防。可以说，只有依靠寇准，他才能保护自己，寇准一旦失去权力，他也等于失去靠山。并且，周怀政与刘皇后的义兄刘美关系甚差，这又间接造成了他与刘皇后之间的矛盾，所以他也不可能站在皇后一边。^③

在寇、丁之争中，朝中有些大臣也因与寇准关系亲厚，或者同情寇准而受到牵连，如王曙、曹玮、周起、盛度、王随等，他们有些只是间接参与这次政争，有些甚至没有参与，但在丁谓等人眼里，他们均是寇准一派，这些人都应算在寇方阵营里面。^④

参与丁方阵营的主要是曹利用、钱惟演、杨崇勋和雷允恭，此外还有其他一些丁谓的同党。与寇准一方不同，这一方一般不以人情关系为纽带，他们的价值观都比较集中在个人利益方面，因而

---

① 其本传云："朝臣屡言怀政之妄，真宗含忍不斥，然渐疏远之。怀政忧惧，时使小黄门自禁中出，诈称宣召，入内东门，坐别室，久之而还，以欺同类。"见脱脱等：《宋史》卷466《周怀政传》，第13615页。
② 李焘：《长编》卷96，天禧四年七月甲戌条，第2208页。
③ 李焘在《长编》的注文中收录了《国史·刘美传》所载刘美与周怀政的矛盾，吴铮强据此认为刘皇后几次想通过刘美掌握禁军兵柄，而遭到周怀政的强烈阻挠。见李焘：《长编》卷93，天禧三年五月己未条注，第2145页；吴铮强、胡潮晖：《北宋乾祐天书考辨》，载包伟民、刘后滨主编：《唐宋历史评论》第十二辑。
④ 王曙乃寇准之婿，曹玮与周起均与寇准交好，见李焘：《长编》卷96，天禧四年九月己未条，第2216页。王曙被贬事，可参见脱脱等：《宋史》卷286《王曙传》，第9632页；周起被贬事，见《宋史》卷288《周起传》，第9672页；曹玮被贬事，见《宋史》卷285《曹玮传》，第8987页；盛度与王随贬官的事，见卷292《盛度传》，第9759页；卷311《王随传》，第10203页。

他们与丁谓的关系并不十分稳固,而与丁谓背后的皇室支持者刘皇后关系更紧密。

曹利用,字用之。他与丁谓并不亲密,可与寇准的关系却很差。大中祥符七年(1014)七月,曹利用回京任枢密副使,不久前,王钦若罢枢密使,继任的是王旦推荐的寇准。[1] 但寇准素来轻视曹利用,曾于枢密院会议时嘲笑他曰:"君一夫尔,岂解此国家大体耶。"曹利用由此怀恨在心。[2] 寇准称曹利用为"一夫",似乎蔑视他是武臣,但看深一层,寇准应该不会蔑视武职出身的人,因为在他的知交好友中,不乏武人,如高琼、马知节及曹玮等。由此可见,寇准对曹利用的轻视,并不在于他的出身,而是澶渊之盟以来所积存的成见[3],是他亲手把曹利用推到丁谓一边的。曹利用在寇准再次拜相之时已为同知枢密院事,天禧三年(1019)十二月他又被拜为枢密使,当时虽然二府分立,但他在地位上却比身为宰相的寇准略低。寇准的性格他很清楚,对于不喜欢的人会不遗余力地排挤,这一点曹利用早已领教。故此,对曹利用来说,寇准非倒不可,因为寇准不倒,他必然会再次受到寇准排挤。故当寇、丁之争进入白热化阶段,曹利用选择偏向丁谓一方,实际上,他也因此获益。

钱惟演,字希圣,乃吴越王钱俶之子。他博学多才,但人品却

---

[1] 曹利用任枢密副使事,见徐自明著,王瑞来校补:《宋宰辅编年录校补》卷3,大中祥符七年七月癸卯条,第116页;王钦若罢枢密使事,见同书同卷大中祥符七年六月乙亥条,第112页;寇准于同日任枢相,见第115页。

[2] 李焘:《长编》卷95,天禧四年六月丙申条,第2196页。

[3] 澶渊之盟中,寇准曾对作为使者的曹利用说:"虽有敕旨,汝往,所许不得过三十万。过三十万勿来见准,准将斩汝。"此虽为曹利用限定谈判底线,但语带轻蔑,或许从一开始他就反对议和,故而对议和之人亦带有成见。见李焘:《长编》卷58,景德元年十二月丁亥条,第1292页。

不符合当时北方士大夫的标准，因为他总希望通过婚姻裙带关系谋取高位。应该说，钱惟演乃一政治投机者，只要谁能让他扶摇直上，他就会投靠谁。这种投机性格，是很难见容于寇准的。因此，他并不与寇准结交，而是依附丁谓，"与婚姻"[1]，企图通过丁谓攀上仕途的高峰。这场政治婚姻，决定他在此次政争中的站位。除了丁谓，钱惟演还与其他家族结成姻亲，以攀附权贵，刘美就是其中之一。刘美，亦即早年带刘氏进京，并将之献于真宗的龚美，"及王即帝位，刘氏为美人，以其无宗族，更以美为弟，改姓刘云"[2]。钱惟演与刘美早已相识，刘美拜官后，"思公即取美为妹婿"[3]。这桩婚姻，使他一举成为后族。在这次政治争斗中，寇准一方几乎都把矛头指向刘皇后，特别是寇准和李迪在朝之时，刘皇后与丁谓的命运可谓连为一线，而钱惟演与丁谓和刘皇后都有姻亲关系，他自然要力保这一方阵营，以保全并维护自己的既得利益。不过，后族的身份使他与丁谓有所区别，他不必唯丁谓马首是瞻。

杨崇勋，字宝臣，也是武职出身，早年给事真宗藩邸，与刘皇后关系较好。杨崇勋在这次政争中的作用主要是在周怀政谋乱时向丁谓告密。不过，与其说他是丁谓的同党，不如说是刘皇后的同党。丁谓之前一直没有跟他商量过倒寇之事，而他知情并参与其中乃一意外。事后，他马上得到回报，从客省使、英州防御使升为邓州观察使，"并赐金带及金银，降诏褒奖"[4]。丁谓罢相后，他并

---

① 脱脱等：《宋史》卷317《钱惟演传》，第10341页。
② 司马光：《涑水记闻》卷6《宫美与刘后》，第109页。
③ 魏泰：《东轩笔录》卷15，第168页。
④ 李焘：《长编》卷96，天禧四年七月丁丑条，第2210页。

未作为丁谓同党被逐出朝,而是在刘太后的支持下,先后出任枢相和使相,最后以左卫上将军致仕,死后还获赠太尉。①

雷允恭乃一宦官,与其他几位不同,他始终依附着丁谓。寇、丁之争,雷允恭基本没有参与其中,只是仁宗继位,刘氏以太后身份当政后,他成为丁谓摆放在刘太后身边的棋子,后来王曾也是通过揭发他的不法行为而使丁谓罢相的。《宋史》其本传称:"章献后初临政,丁谓潜结允恭,凡机密事令传达禁中,由是允恭势横中外。"②由此可见,雷允恭交结丁谓,是想扩张自己在皇宫内外的势力。

丁谓在朝中也有自己的派系,最典型的是林特、任中正和潘汝士,他们其实没有真正参与到寇、丁之争中,但随着丁谓罢相,他们也遭贬谪。③ 当然,丁谓的党羽还有很多,受他牵连降职的还有丁谓之子丁珙、丁玘、丁玙、丁斌,以及薛颜、祖士衡、章频、苏维甫、黄宗旦、孙元方、周嘉正、上官佖、李直方、钱致尧等人。④

张邦炜先生给寇准和丁谓两派分别冠以"太子党"与"皇后党"的称呼,正揭示出他们在这次争斗中的皇室旗号,寇准等人以保护、扶持太子为名义,而丁谓等人则支持拥护刘皇后,这实际上也是他们的政见分歧所在。他们就是要利用皇权打击对方,并保存

---

① 见脱脱等:《宋史》卷290《杨崇勋传》,第9714页。

② 脱脱等:《宋史》卷468《雷允恭传》,第13655页。

③ 林特被贬事,见脱脱等·《宋史》卷283《林特传》,第9564—9565页,任中正被贬事,见李焘:《长编》卷98,乾兴元年六月丙寅条,第2287页;潘汝士被贬事,见同书卷99,乾兴元年七月己卯条,第2293页。

④ 见李焘:《长编》卷99,乾兴元年七月戊辰条,第2291页;壬申条,第2292页;己卯条,第2293页。

己方。寇准是要让赵宋皇朝的法统能够顺利传承下去，排除后妃干政的可能，因此多次要求让太子监国，取缔刘皇后预政。当然，他也是想通过辅助太子，独揽大权。而丁谓则想通过支持刘皇后而获得权力，他甚至以为自己一旦掌权，就可以摆脱对刘后的依附，从而独揽朝政。天禧末年的政争，其实就是朝臣权力之争与皇权斗争相互遮掩、相互利用的结果。

二、真宗末年政争述略

寇准是在天禧三年（1019）五月二十八日回到京城开封的，而六月初六，"太白昼见"，也就是金星在太阳刚升起的时候出现，而且特别明亮，有如太阳。但所谓"天无二日，民无二主"，此时天空似乎出现两个太阳，则意味着凡间要出现二主了。当时有人占卜后得出一个结论："女主昌。"[1]尽管《长编》记录此事，有事后诸葛之嫌，但若真有如此流言，应也会传入寇准耳中。寇准很清楚自己此次回朝的任务，他并非有道德洁癖，不会变通之人，可在他心中，帝位传承乃大是大非之事，不容有半分妥协。唐代女主临朝危及帝位之事殷鉴不远，所以他根本不相信刘皇后，更不想与之合作。他要做的第一件事，就是要把皇权从刘皇后手上夺过来，不容她染指。

寇准与丁谓关系本来不错，丁谓由于寇准的嘲笑而怀恨在心，而寇准对丁谓的不满，则来源于皇权问题的争议。在寇准密奏让

---

① 寇准回朝，见李焘：《长编》卷93，天禧三年五月甲申条，第2148页；太白昼见事，见同卷六月辛卯条，第2148页。

太子监国之前,朝廷宰执就曾与真宗讨论过这一问题:

> 初,真宗不豫,寇准议皇太子总军国事,迪赞其策,丁谓以
> 为不便,曰:"即日上体平,朝廷何以处此?"迪曰:"太子监国,
> 非古制邪?"力争不已。于是皇太子于资善堂听常事,他皆
> 听旨。①

丁谓反对寇准意见,实质上是公开与寇准为敌。寇准乃一传
统的儒家大臣,鉴于前代历史,他一向反对女主当政,他一方面要
为自己争取更大的权力,而另一方面又要捍卫太子的权利。在太
宗时,他为维护真宗的太子地位而与李皇后交手,结果一败涂
地。② 然而挫折未使他放弃信念,在幼主即位的事实愈趋明显之
时,他誓要维护赵家皇室的利益,防止女主专政,故他提议太子"总
军国事",以防皇权为刘皇后所夺。丁谓此时既已怀恨寇准,自然
要在皇室中寻求支持者,寇准既然选择了赵氏皇室,他唯有选择刘
皇后。在议太子监国的辩论中,他持反对意见,其实是要维护刘皇
后已经掌握的权力,因为太子监国后,丁谓实际等于失去靠山,再
无法与寇准抗衡。这场辩论的结果,太子只能处理日常事务,大事
还得请旨,这不是请真宗之旨,因为他已经病得不能处理朝政,所
以只能是请刘皇后之旨,这就等于宣布了丁谓在这场辩论中获胜。
与此同时,在如此大是大非问题上,寇准对丁谓极为不满,以至于

---

① 脱脱等:《宋史》卷 310《李迪传》,第 10173 页。王晓波先生据此认为"议太子监国
　　初非密谋",参见王晓波:《寇准年谱》,成都:巴蜀书社,1995 年,第 162 页。
② 关于此事,可参见何冠环:《宋初朋党与太平兴国三年进士》,第 71—129 页。

丁谓在他心目中，由好友变成"佞人"。

可寇准岂会轻易认输，没多久，他就直接向刘皇后的义兄刘美发难。当时，刘氏家人仗着皇后的势力，在西川地区横行无忌，其中有人抢夺了民间的盐井，真宗因为皇后之故，欲赦免其罪，但寇准要求依法处理此事，于是得罪了皇后，而丁谓等人也乘机诬陷寇准。但实际上，真宗确实如寇准意，把此事交给监察御史章频来审理，这说明真宗依然配合着寇准。章频审理此案，发现刘美依仗皇后家纳贿，使人收买办案人。他要求逮捕刘美，真宗因为皇后的原因不追究刘美的罪责，并让章频出知宣州（治今安徽宣城）。[①] 这说明真宗在两边平衡，他满足了寇准的要求，但又不愿意过度削弱皇后的势力。

从现有史料看，刘美并没有过多牵扯进此次政争当中，既然如此，寇准为什么要打击他呢？刘美尽管不是刘皇后的亲兄，但由于皇后是孤女，所以他也算是皇后唯一的亲人。故此，刘皇后得以行使部分皇权后，也不断提拔这位义兄。早在大中祥符年间，刘美就被提拔为同勾当皇城司。[②] 皇城司在太祖朝为武德司，其职能有二，其一是负责皇宫宿卫，掌控皇城司，即意味掌控着皇帝的安全。其二是监视百官，成为皇帝的耳目，故皇城司实际上也是一个特务机构。[③] 勾当皇城司一职的品秩虽然不高，但担任此职者，一般都

---

① 见李焘：《长编》卷95，天禧四年六月丙申条，第2196—2197页；章频审理刘美案，见同条，第2198页。

② 见脱脱等：《宋史》卷463《刘美传》，第13549页。

③ 关于皇城司，可参见程民生：《北宋探事机构——皇城司》，《河南大学学报》（哲学社会科学版）1984年第4期；汪辉：《两宋皇城司制度探析——以其探事职能的拓展及人员的管理为主》，硕士学位论文，开封：河南大学，2005年。

是皇帝最亲信之人。由此可见,刘美本身也得到了真宗的青睐与信任。而到了天禧三年(1019),刘皇后亲信的夏守恩与刘美一同升官,夏守恩为殿前都虞候,刘美为侍卫亲军马军都虞候;夏守恩权领殿前步军司,刘美权领马军司事。① 换言之,夏、刘二人兼掌殿前司的步军与马军。宋代禁军,以殿前司、侍卫亲军马军司和侍卫亲军步军司为首,是为"三衙",其长官往往是实际的统兵之将。虽然史书中没有关于刘美参与这次政治争斗的记载,但有些事情未必会被记录下来。退一万步说,即便刘美完全没有参与政争,但其在皇城司的经历,以及他掌管禁军的现实,就足够让寇准认为这是对太子的威胁了。当然,按照宋朝的制度,就算是三衙长官也没有调兵之权,因为该权力由枢密院掌管。可此时的枢密使,正是寇准的政敌,刘皇后的合作者丁谓。故此,寇准欲治刘美之罪,实际上是要剪除刘皇后在军中的臂助。

经过此事,寇准更进一步得罪了皇后。他忽视了真宗与刘皇后的感情,这时真宗对刘皇后,已经有点像唐高宗对武则天的那种眷恋依赖了,这不是寇准一两句话可以轻易破坏的。寇准坚持严办刘美,只能给真宗增加烦恼,而刘皇后更是对他恨之入骨。此外,在钱惟演的日记中,真宗因刘美之事对寇准动怒②,若果真如此,那估计是因为寇准的行为远远偏离了真宗对未来的预期,看来希望双方通力合作,只能是真宗的一厢情愿了。天禧四年(1020)仲春,真宗得病已久,于是与周怀政商议,让太子监国。③ 六月份,

---

① 见李焘:《长编》卷93,天禧三年五月己未条,第2145页。
② 见李焘:《长编》卷95,天禧四年六月丙申条注,第2198页。
③ 李焘:《长编》卷96,天禧四年七月甲戌条,第2208页。

寇准独自请见真宗，对真宗说："皇太子人望所属，愿陛下思朝庙之重，传以神器，以固万世基本。丁谓，佞人也，不可以辅少主，愿择方正大臣为羽翼。"真宗表示同意。在此次密奏中，寇准矛头直指丁谓，这标志着寇、丁之争已达到白热化。寇准在得到真宗同意后，马上让翰林学士杨亿草表，请求让太子监国，并欲以杨亿取丁谓而代之。据《长编》记载，当晚杨亿屏退下人，秉烛草诏，且亲自剪灯芯，但寇准酒后失言，泄漏此事。[①]

丁谓等人知道后，在真宗面前极力诋毁寇准，要求罢免他的相位。真宗忘记了先前与寇准的约定，便同意了丁谓的提议，并即召知制诰晏殊入宫，让他起草罢免诏书。晏殊曰："臣掌外制，此非臣职也。"于是真宗召翰林学士钱惟演入宫。钱惟演本是丁谓同伙，他入宫后，又在真宗面前极论寇准专恣，要求深责。真宗问："当与何官？"钱惟演请求援引王钦若之例，授予寇准太子太保，真宗表示

---

① 李焘：《长编》卷95，天禧四年六月丙申条，第2196页。关于此事，《龙川别志》有另一种记载："真宗晚年得风疾，自疑不起，尝枕宦者周怀政股，与之谋，欲命太子监国。怀政，东宫官也。出与寇准谋之。遂议立太子，废刘氏，黜丁谓等。使杨亿草具诏书。亿私与其妻弟张演曰：'数日之后，事当一新。'稍泄，丁谓夜乘妇人车与曹利用谋之，诛怀政，黜准。"苏辙把周怀政记载在内，这一点是可信的。因为他本是寇准一派，而在这件事后，丁谓对他处处提防，逼得他后来不得不通过谋乱来保住自己的地位。所以，周怀政极有可能参与密谋太子监国一事。但李焘在《长编》中考辨，认为苏辙把寇准密请太子监国与周怀政乱这两件事混为一谈，故该记载不可信。此外，笔者认为，苏辙认为泄密者乃杨亿，这也不大可能。杨亿虽然刚直，但行为一向谨慎，不会轻易泄漏机密，此点可从李焘的记载中窥见。反观寇准，他为人粗枝大叶，不够谨慎，而且好酒，他酒后吐真言的机会比杨亿漏嘴大得多。见苏辙：《龙川别志》卷上，第75页。关于寇准粗枝大叶的性格，可参见张其凡、刘广丰：《寇准的宦历、性格及思想》，载北京大学中国古代史研究中心主编：《邓广铭教授百年诞辰纪念论文集（1907—2007）》，北京：中华书局，2008年，第424—437页。

授予太子太傅，又说："更与加优礼。"钱惟演建议封寇准为国公，又从袖中出员册示真宗，真宗在小国中挑选了莱字，钱惟演曰："如此，则中书但有李迪，恐须别命相。"真宗说："姑徐之。"于是，寇准便于天禧四年（1020）六月丙申被罢相，成为太子太傅、莱国公。①

在此事中，是寇准首先向丁谓发难的，但机密外泄，让丁谓等人有机可乘。根据史书记载，这是因为真宗病得糊里糊涂，忘记了与寇准的约定。但笔者认为，真宗不可能在此事上犯糊涂，如果他真糊涂的话，寇准罢相后就应该立即被赶出朝廷，但真宗非但没有如此，反而还优待寇准，让他继续留在朝中。此后，真宗在二府班子调整的问题上是比较谨慎的。所以，与其说丁谓诬陷寇准，不如说是真宗被皇后党说服了。史书上没有记载丁谓到底说了什么，但这不重要，因为能够说服真宗的肯定不是丁谓，而应该是他的皇后刘氏。刘皇后是如何得知真宗同意让太子监国的？这里有两个可能，一个是如前文《长编》所述，寇准酒后泄密，丁谓接到消息后，立即给宫里通风报信；但更大的可能是，此事在宫中泄密②：皇后有可能在真宗身边安插了眼线，或真宗自己把此事告知皇后，毕竟寇准的提议并没有把矛头指向皇后，而纯粹是针对丁谓。无论哪一种可能，刘皇后得知此事后，都应该跟真宗有过一次深入的交流，史书上没有记载他们交流了什么，但应该涉及两个问题：太子监国之后，如皇帝何？太子谁来辅助？关于第一个问题，既然让太子监国，就相当于真宗提前把权力移交给太子。在真宗身体时好时坏

---

① 李焘：《长编》卷95，天禧四年六月丙申条，第2196—2197页。
② 宫中泄密的观点是赵冬梅教授提出的，且笔者比较认可。见赵冬梅：《千秋是非话寇准》，北京：电子工业出版社，2012年，第248—249页。

的情况下，他实际上就要当一个无权的太上皇，在宫中安享晚年了，这主要看真宗能否接受这样的事实。而关于第二个问题，辅助太子之人实际上掌握了皇权的使用权，皇后肯定是不可能的，因为一旦太子监国，宋朝的一切政事都会在外朝决议，身在内宫的她权力将会被架空。既然此议由寇准提出来，辅政大臣也只能是寇准了，事实上当时朝中也没有比寇准更加适合的人选。如此一来，不但不能达到真宗内外平衡的理想状态，还很有可能造就一个权臣。寇准的忠心是没有问题的，但他有喜欢揽权的毛病，一旦他掌握最高权力而又没有人制约他，说不准会做出真宗不愿意看到的事情。此外，刘皇后应该给了真宗保证，说自己一定不会做出不利于赵氏皇室的事情，后来的事实也确实如此。以上是笔者认为合理的推测，因为史无明载，也只能推测。但结果很明确，寇准罢相了。但即便如此，真宗还是没有把他赶出京城，他应该是希望寇准能够留下，以后好掣肘皇后。后来寇准被贬出朝，真宗想起他，问左右曰："吾目中久不见寇准，何也？"左右皆不敢回答。[1] 真宗那时是真的病糊涂了，但在他内心深处还是觉得寇准应该在朝，认为他是自己皇位传承的关键人物。

七月初，真宗重新安排中央宰执。首先是李迪出任宰相。当日，钱惟演又在真宗面前力排寇准，他说："准自罢相，转更交结中外，求再用。晓天文、卜筮者皆遍召，以至管军臣僚、陛下亲信内侍，无不著意。恐小人朋党，诳惑圣听，不如早令出外。"真宗问："有何名目？"钱惟演说："闻准已具表乞河中府，见中书未除宰相，

---

[1] 李焘：《长编》卷96，天禧四年八月壬寅条，第2212—2213页。

兼亦闻有人许以再用,遂不进此表。"真宗问:"与河中府何如?"钱
惟演但求尽快排挤寇准出朝,当即建议让李迪传旨。真宗又问:
"李迪何如?"钱惟演说:"迪长者,无过,只是才短,不能制准。"于是
又说中书应该尽早任命宰相,真宗认为没有合适的人选,钱惟演
说:"若宰相未有人,可且着三两员参知政事。"真宗说:"参政亦难
得人。"又问如今谁在李迪上,钱惟演说:"曹利用、丁谓、任中正并
在李迪上。"真宗没有回答,钱惟演说:"冯拯旧人,性纯和,与寇准
不同。"真宗不回答,过了一会儿,他问:"张知白何如?"钱惟演说:
"知白清介,使参政则可,恐未可为宰相。"真宗点头同意。钱惟演
说:"寇准宜早令出外。准朋党盛,王曙又其女婿,作东宫宾客,谁
不畏惧。今朝廷人三分,二分皆附准矣。臣知言出祸从,然不敢不
言,惟陛下幸察。"真宗说:"卿勿忧。"钱惟演再拜而退。三日后,李
迪升为宰相,冯拯拜为枢相,而寇准依旧是太子太傅、莱国公。[1]

　　钱惟演意图明显,一是想方设法排挤寇准出朝,故在真宗面前
诋毁寇准交结朋党,谋复相位。二是极力推荐寇准政敌,丁谓、曹
利用、任中正自不必多言,即使冯拯也是寇准昔日的对头。[2] 三是
对寇准的好友或同情者如李迪、张知白等多加抑制,其用意不但要
将寇准排挤出朝,更要彻底根除寇准在朝中的势力。但真宗对钱

---

[1] 李焘:《长编》卷 96,天禧四年七月癸亥条,第 2205—2206 页;丙寅条,第 2206 页。

[2] 冯拯与寇准的矛盾,可追溯至太宗时代。寇准素来不喜欢冯拯,于是阻止冯拯回
　　朝,并处处加以贬抑,冯拯不忿,上疏太宗,直接导致寇准罢参知政事,具体细节,
　　可参见李焘:《长编》卷 40,至道二年七月丙寅条,第 846—848 页;脱脱等:《宋史》
　　卷 285《冯拯传》,第 9608 页。冯拯在此次政争中似乎偏帮丁谓,但最后王曾推倒
　　丁谓之时,他又落井下石。何冠环先生指出,冯拯在这场政争中是一个"左右逢
　　源、随波逐流"的人,并不属于寇方或者丁方。关于冯拯在寇、丁之争中的角色,可
　　参见何冠环:《宋初朋党与太平兴国三年进士》,第 167—249 页。

惟演并非言听计从，他仅擢升冯拯，而对寇准、李迪依然如故。

冯拯拜枢相乃一意外，这给丁谓制造了晋升机会，使他成为宰相。[1] 然而，真宗并未冷淡寇准，他依然在京，所受待遇如故，这令丁谓等人非常不安。另外，寇准也没有放弃争斗，他一直想恢复相位，为求达到目的，他甚至攻击其盟友李迪，而李迪为求自保，亦不得不与之廷辩。[2]

两日后，周怀政谋乱之事被揭发。寇准罢相后，丁谓对周怀政处处防范。为求自保，周怀政阴谋杀害丁谓等人，让寇准复相，奉真宗为太上皇，传位太子，废皇后。他与弟弟周怀信暗中找客省使杨崇勋、内殿承制杨怀吉、阁门祗候杨怀玉等人商议，打算在二十五日举事。但他所托非人，二十四日晚，杨崇勋、杨怀吉到丁谓家告密，丁谓连夜乘妇人车到枢密使曹利用家商议。翌日一早，曹利用入奏崇政殿，真宗马上令侍卫捉拿周怀政，诏曹玮与杨崇勋在御

---

[1] 按照当初钱惟演的提议，真宗要封冯拯为参知政事，于是召翰林学士杨亿草制。杨亿曰："此舍人职也。"真宗问："学士所职何官?"杨亿曰："若枢密使、同平章事，则制书乃学士所当草也。"真宗毫不思索就说："即以此命拯。"按照以往惯例，枢密使一般只有两人，而此时丁谓与曹利用俱是枢密使，再加冯拯，就是三人，前所未有，朝中大臣莫不奇怪，于是曹利用和丁谓相继上书求罢。真宗发现弄错，于是召知制诰晏殊，对他说将有所易置。晏殊说："此非臣职也。"于是真宗又召来钱惟演，问他意见。钱惟演当然极力推荐丁谓，他说："冯拯故参知政事，今拜枢密使，当矣。但中书不当只用李迪一人，盍迁曹利用或丁谓过中书?"真宗问："谁可?"钱惟演说："丁谓文臣，过中书为便。"又说玉清昭应宫未有人，丁谓是首倡建宫之人，应该领此使。又说曹利用忠赤，对国家有功，亦应该授予平章事的头衔。真宗同意了。于是，丁谓成为宰相，曹利用成为枢相。见李焘：《长编》卷96，天禧四年七月庚午条，第2207页。

[2] 《长编》云："是日，准入对，具言谓及利用等交通踪迹，又言：'臣若有罪，当与李迪同坐，不应独被斥。'上即召迪至前质之，两人论辩良久，上意不乐，迪再三目准令退。"见李焘：《长编》卷96，天禧四年七月壬申条，第2208页。

药院审问他。没多久，周怀政全部招供，于是押赴城西普安寺斩首。丁谓趁机揭发朱能造假献天书之事，二十八日，寇准降授太常卿，知相州(治今河南安阳)，随后徙知安州(治今湖北安陆)。八月份，朱能叛变，他又因此被贬为道州(治今湖南道县)司马。①《寇准太常卿知相州制》中云："声实靡孚，与议交喧，朝章失序，加以罔思兢慎，不肃门庭，交结匪人。"②而贬道州司马时，更说他"入登枢宰之崇，而不务敦修。密萌凶慝，辱予辅弼，玷乃搢绅"③。可见当时朝廷主政之人，欲令寇准身败名裂。

　　周怀政谋乱，寇准应该不知，他真要参与谋划此事，应该找与他关系较好且手握兵权的签署枢密院事曹玮和枢密副使周起商议，而不应该是杨崇勋等人。而寇准的权力欲再大，也不至于把自己的身家性命托付给一个已经失势的宦官。周怀政谋乱最直接的后果，是真宗退位，太子登位。真宗年轻时差点因宫廷政变而帝位不保，故他对宦官谋乱之事一直是耿耿于怀的。另外，此时太子尚且年幼，如果自己被迫退位，皇后被废，那么朝中只能是权臣当道，宦官专权，宋朝的祖宗法度全被破坏，后果不堪设想。有鉴于此，真宗必定严治此案，而朝野上下，也一致声讨谴责周怀政之乱。丁谓看准时机，利用周怀政一案打击寇准一方。而由曹利用揭发此事，则丁谓不至过于受注目，而且曹利用对寇准早已怀恨在心，故对此事也是乐意为之。丁谓随即又揭发了朱能伪造天书一事，其

---

① 李焘:《长编》卷 96，天禧四年七月甲戌条，第 2208 页；丁丑条，第 2210 页；八月辛巳条，第 2211 页；壬寅条，第 2212 页。关于朱能叛变及其党羽的结局，可参见吴铮强、胡潮晖:《北宋乾祐天书考辨》，载包伟民、刘后滨主编:《唐宋历史评论》第十二辑。
②《宋大诏令集》卷 204《寇准太常卿知相州制》，第 759 页。
③《宋大诏令集》卷 204《寇准贬道州司马诏》，第 760 页。

矛头还是指向背后支持朱能的寇准。其实说到伪造天书，寇准远远比不上丁谓及真宗本人，但寇准万万没有想到，一年前他借献天书再度入相，一年后却因献天书而被贬出朝。

周怀政谋乱，其实也是最高权力争斗的激烈化和表面化，他在谋乱中提出要真宗传位太子，废掉皇后，直接把矛头指向刘后。不过他这次牵涉真宗的皇位，分明是犯上作乱。就周怀政自身而言，他的势力并不大，计划也不够周密，所以注定是要失败的。而就刘皇后一方而言，其兄刘美与其心腹夏守恩均掌管禁军，故周怀政当时根本无兵可调，杨崇勋投诚，一则出于其本人乃真宗藩邸旧臣，二则也是审时度势之举。周怀政一案，给刘皇后与丁谓以口实，把事情牵连到寇准身上，将之远贬南方。此事令真宗十分气愤，所以一度欲牵连太子："有欲并责太子者，上意惑之。李迪从容奏曰：'陛下有几子，乃为此计。'上大寤，由是东宫得不动摇，迪之力居多。"[1]李迪肯定要保护太子，这是他们一方的基本理念。而寇准已经离开，朝中几乎尽是皇后党之势力，大臣中支持太子者仅剩他与王曾了，但王曾性格隐忍，当时的态度并不十分明朗。如果太子遇害，寇方等于失去精神支柱，朝廷政局更是一发不可收拾。真宗子嗣不多，使李迪的理由显得非常充分，作为专制帝王，他不得不考虑身后之事，如果太子因此获罪，他百年之后宋朝肯定会因皇位之争而变得非常混乱。

寇准被贬出朝不久，任中正和王曾双双拜为参知政事，钱惟演拜为枢密副使。又过了不久，枢密副使周起与签署枢密院事曹玮

---

[1] 李焘：《长编》卷96，天禧四年七月甲戌条，第2210页。

被丁谓指为寇准同党，双双罢出①，此时王曾对丁谓尚比较忍让，这样，两府中能与丁谓抗衡的就只有李迪一人。李迪与寇准同在中书时侍之甚谨，到寇准罢相后，丁谓很看不起他。丁谓等人不想寇准居于内郡，于是上奏真宗要求将其远贬，真宗命寇准知小州，丁谓退朝后在纸尾写着："奉圣旨，除远小处知州。"李迪说："向者圣旨无远字。"丁谓说："君面奉德音，欲擅改圣旨，以庇准耶?"②丁谓是自己擅改圣旨，却诬蔑李迪；李迪此时不与他相争，估计是怕被指为寇准一党，遭受牵连，况且真宗病重，经常失忆，这样毫无准备地在朝上让丁谓构陷一番，只是徒损实力。所以他这次选择了忍让。

天禧四年（1020）十一月，真宗提出让"太子莅政于外，皇后居中详处"。辅臣们上奏说："臣等所奉德音，实邦家之大庆，况太子升储以来，德望日隆，皇后辅翼岁久，中外遵教，海内瞻企，人无闲言。然太子既监总朝政，望令中书、枢密院大臣各兼东宫职任，庶日奉谋议，便于翼赞。"③以太子监管朝政，表面上似乎与寇准当初提议相似，但既然"皇后居中详处"，实质上就是真宗把皇权让渡出来，并且让朝廷预演垂帘听政的模式了。让中书和枢密院官员兼任东宫官，辅助太子，似乎也是巩固太子的权威，但当时宰执中，除李迪以外，几乎都是刘皇后和丁谓的人，所以这实际上还是让刘皇后顺利行使最高权力。

自寇准被贬后，丁谓擅权，官员升降也不上奏真宗，李迪对此

---

① 李焘：《长编》卷96，天禧四年八月乙酉条，第2211页；九月己未条，第2216页。

② 李焘：《长编》卷96，天禧四年八月甲申条，第2211页。

③ 李焘：《长编》卷96，天禧四年十一月乙丑条，第2222页。

十分不满,慨然谓同僚曰:"迪起布衣,十余年位宰相,有以报国,死且不恨,安能附权臣为自安计乎!"议兼职时,丁谓故意贬抑,让李迪只加中书侍郎、兼左丞。宋初尚书左右丞的地位比较低[1],故按照惯例,两省侍郎是不兼左右丞的,而以李迪在朝的年资,也应当迁为六部尚书。[2] 丁谓此举,乃欲故意激怒李迪,让他出错,企图借机把他赶出朝廷。十一月十九日,众大臣在等待上朝时,丁谓提议让林特担任枢密副使,仍领太子宾客,此举实际是想扩充他在朝中的势力。李迪说:"特去岁迁右丞,今年改尚书,入东宫,皆非公选,物议未息,况已奏除詹事,何可改也。"他又怒骂丁谓,可能一时气急攻心,竟然想用笏板打丁谓。同僚们极力劝解,他也不听。于是一起入对长春殿。内臣从禁中拿着制书来到真宗榻前,真宗说:"此卿等兼东宫官制书也。"李迪上前说:"臣请不受此命。"于是斥责丁谓奸邪弄权,中外无不畏惧,又说愿与丁谓同到宪司对质。并且说:"昨林特子在任,非理决罚人致死,其家诣阙诉冤,寝而不理。盖谓所党庇,人不敢言。"又说:"寇准无罪罢斥,朱能事不当显戮,东宫官不当增置。又钱惟演亦谓之姻家。臣愿与谓、惟演俱罢政

---

[1] 宋初官员职位高低,非以官品为准,乃以排班之制为准,即臣僚上殿时排位的顺序,在前头者职位比在后头者高。根据《建隆以后合班之制》,门下、中书侍郎在六尚书下,而左、右丞更在御史中丞下,远逊于两省侍郎。在这次议兼职前,丁谓本官则是吏部尚书、检校太尉,而李迪本官为吏部侍郎、太子少傅。在议兼职中,丁谓加门下侍郎、兼太子少师,成为东宫官,而已经是太子少傅的李迪则加中书侍郎、兼左丞,甚至非二府大臣的林特,本官是工部尚书,也比李迪高,显然是不合理的。《建隆以后合班之制》,见脱脱等:《宋史》卷168《职官八》,第3987—3989页;丁谓与李迪本官,见徐自明著,王瑞来校补:《宋宰辅编年录校补》卷3,天禧四年七月丙寅条、庚午条,第147、148页。关于北宋前期官员班位的制度研究,可参见任石:《分层安排:北宋元丰改制前文官班位初探》,载《中国史研究》2018年第2期。

[2] 李焘:《长编》卷96,天禧四年十一月乙丑条,第2223页。

柄,望陛下别择贤才为辅弼。"又说:"曹利用、冯拯亦相朋党。"曹利用上前说:"以片文只字遭逢圣世,臣不如迪。奋空拳,捐躯命,入不测之敌,迪不如臣也。"真宗问丁谓:"中书有不当事耶?"丁谓说:"愿以询臣同列。"真宗又问任中正与王曾,他们都说:"中书供职外,亦无旷阙事。"良久,李迪与丁谓先行退出,只留下枢密使副商议。真宗气甚,欲将李、丁二人送御史台审问,曹利用与冯拯说:"大臣下狱,不惟深骇物听,况丁谓本无纷竞之意,而与李迪置对,亦未合事宜。"真宗说:"曲直未分,安得不辨!"稍过片刻,他消了气,又说:"朕当即有处分。"钱惟演上前说:"臣与谓姻亲,忽加排斥,愿退就班列。"真宗安慰了他,又命翰林学士刘筠草制,将丁谓和李迪各降秩一级,罢相,丁谓知河南府,李迪知郓州。制书尚未发出,二十日,李迪请对于承明殿,又请见太子于内东门。丁谓方面,图谋复相,钱惟演也怕丁谓出朝后失去靠山,因此想请求真宗挽留,并一起挽留李迪。他上言说:"契丹使将至,宰相绝班,冯拯旧臣,过中书甚便。若别用人,则恐生事。"真宗同意了。二十一日,诏命丁谓以户部尚书,李迪以户部侍郎归班,由于事出紧迫,故罢相制词由舍人院草拟。刘筠所草制词没有施行。二十二日,丁谓入对承明殿,真宗斥责他在庭上忿争。丁谓说:"非臣敢争,乃迪忿詈臣尔。臣不当与之俱罢,愿复留。"真宗于是赐坐,左右想给他设土墩凳时,他回头说:"有旨复平章事。"左右又给他换了杌子凳。于是入内都知张景宗、副都知邓守恩传诏送丁谓到中书,令依旧办公,而李迪仍然出知郓州(治今山东东平),当朝宣布,即时赴任。当时已命学士刘筠草制,以冯拯为相,领玉清昭应宫使、昭文馆大学士,制书入内而未出。丁谓既然复相,那封制书亦没实行。不过没过几天，冯拯又正式拜相了。丁谓开始让刘筠给他拟复相制，刘筠不奉诏，于是让晏殊草拟，晏殊怯于丁谓的势力，也不敢不从。① 至此，丁谓与李迪之争结束。这一次，丁谓又再胜利，而李迪失败出朝。

李迪之败，乃其既老实而又过于感情用事所致。首先，他不该发起忿争，此乃真宗最为讨厌之事。这次他不但首先发难，还用笏板打丁谓，在真宗看来，这比寇准更加无大臣体。② 其次，不知他是否过于气愤，一见真宗即不停口舌，而且不知分寸。说丁谓和林特表里为奸，这尚只是臧否大臣而已；说"寇准无罪罢斥"，虽是代寇准申辩，但无疑就跟寇准拉上了同党的关系；说"朱能事不当显戮"，就更没道理了，朱能叛乱是事实，在专制王朝时代此乃"十恶"大罪，是皇帝最为忌讳之事，一般都要严治严办。朱能一案除主犯以外，真宗实际未有牵连诛戮，而且在九月份已发诏书曰："除已行勘断外，自余咸许自新，一切不问。"③李迪之说，虽是想攻击丁谓借此事排斥异己，但话中却暗含真宗杀戮太重的味道，况且作为宰相，亦不应该为叛乱者说话。最后，李迪不该扩大打击面。他几乎把在场宰执大臣攻击殆尽，林特的确与丁谓友善，钱惟演乃丁谓姻亲，这两个人受攻击无可非议。但曹利用和冯拯却是不同，曹利用怨恨的是寇准，所以他当初也致力于打击寇准，但寇准外贬后他已达到目的。冯拯更是无辜，他在这场政争中不属于任何一派，他之

---

① 李焘：《长编》卷 96，天禧四年十一月丙寅条，第 2223 页；丁卯条，第 2224 页；戊辰条，第 2224 页；己巳条，第 2224 页；庚午条，第 2226 页。

② 真宗早年，曾在王旦面前说："寇准以国家爵赏过求虚遇，无大臣体，罢其重柄，庶保终吉也。"见李焘：《长编》卷 62，景德三年二月戊戌条，第 1389 页。

③ 李焘：《长编》卷 96，天禧四年九月丁卯条，第 2218 页。

所以能坐上枢相之位,只是寇、丁二人争斗后,中央权力重新分配的结果。李迪把这两人推到丁谓一党,就使他们为求自保,不得不反击了。此外,当时的形势也对李迪十分不利。当时中央宰辅里面,任中正和钱惟演俱是丁谓同党,且真宗比较信任钱惟演;冯拯和曹利用虽然中立,但与李迪却没有多少交情,与丁谓的利益关系反而更多一点;唯有王曾一人是有可能站在他一边的,但李迪事先没有跟他商量,加上他的性格比较隐忍,且又人微言轻,根本起不了多少作用。真宗方面,他已饱受病痛折磨,内廷又有刘皇后插手政事,故比较容易偏向后党,李迪选择这个时机进言,要与丁谓同归于尽,就只能失败。丁谓在处理这件事时比较得当,他避开了李迪的锋芒,不与他当面忿争,在真宗面前,他也任李迪说,自己一声不吭,表现冷静沉着。这是他的性格使然,既可说他狡猾,也可说是他的一种修养。他也无须当场作何辩解,因为他知道要为他且能为他辩解的人很多。这种不争的表现,给真宗的印象很好,这也是真宗一直喜欢他的原因之一。当真宗诘问他时,他可以理直气壮地说自己不争,真宗也欣然相信。但表面不争,实际上他仍然央求真宗让他复相。从史料看,真宗尚未答应,他就告诉宦官真宗已有同意复相之意,并吩咐翰林学士草诏,这分明是假传圣旨,但真宗后来也就默认了。就这样,在这一次争斗中,丁谓大获全胜。

李迪罢相而丁谓留任,背后也有皇权争夺的影子。李迪乃一位比较传统的儒家士大夫,他虽然性格刚强,但权力欲却没寇准大。他在争斗中是要全力保护太子,集中精力把政敌打倒的,甚至不惜同归于尽。他甚至像周怀政那样,直接把火头引向刘皇后:

　　先是,上久不豫,语言或错乱,尝盛怒语辅臣曰:"昨夜皇
后以下皆之刘氏,独留朕于宫中。"众皆不敢应,迪进曰:"果如
是,何不以法治之?"良久,上寤,曰:"无是事也。"后适在屏间,
闻之,由是恶迪,迪所以不得留,非但谓等媒孽,亦宫中意尔。①

　　真宗所说之事未必是假的,但无论如何,此乃真宗家事,他说
出来也只是想发发牢骚而已,并非真想深究。其他大臣均很识趣
地回避这个问题,唯独李迪借题发挥,其目的显而易见,就是要借
机把刘皇后除掉,在他看来,皇后是太子和赵宋皇室最大的威胁。
但他没有想到的是,此时皇后就在屏风后面,这说明刘氏虽然不能
跟真宗一同接见大臣,但实际上却被默许"屏后听政"。后来李迪
在与丁谓忿争中,不肯接受真宗的东宫官制书,他认为"东宫官不
当增置",其实是要抑制刘后等人在朝中的势力,使太子的地位不
受威胁,保证皇权顺利传承。值得注意的是,李迪与丁谓廷争的直
接诱因,乃丁谓处处压抑李迪,然两人同为宰相,丁谓何以有此权
力?实质上宋代宰相亦有高低之别,当时丁谓乃昭文相,是为首
相,而李迪是集贤相,是为次相。②

　　李迪罢相后,曾单独请见太子,所说之语史书未载,但与丁谓

---

① 李焘:《长编》卷 96,天禧四年十一月己巳条,第 2225 页。李焘把此事附在李迪被
　贬之后,"迪所以不得留",指丁谓与李迪一同罢相,但李迪被贬,而丁谓复相的事。
② 据《文献通考》记载:"宋承唐制,以同平章事为宰相之职,无常员,有二人则分日知
　印,以承郎以上至三师为之。其上相为昭文馆大学士,监修国史;其次为集贤殿大
　学士。"见马端临:《文献通考》卷 49《职官三》,北京:中华书局,2003 年,考 451 上。
　李迪拜集贤相,见徐自明著,王瑞来校补:《宋宰辅编年录校补》卷 3,天禧四年七月
　丙寅条,第 147 页;丁谓拜昭文相,见七月庚午条,第 148 页。

单独请见真宗不同,他并未改变其被贬出朝的事实。他结怨于刘
皇后,皇后和丁谓等人肯定不容许他继续留在朝廷。因此,李焘认
为李迪被贬,而丁谓复相乃中宫之意,应该是事实,从中亦可说明,
当时能借真宗之手行使最高权力者乃刘皇后而非太子。李迪离开
朝廷后,寇方只剩下王曾一人,他当时态度虽不明朗,但他跟寇准、
李迪一样,都是传统的儒家士大夫,认为女主专政于朝廷、于赵氏
皇室均是危险之事,他也是要保护太子及赵氏皇室的利益的。但
王曾性格并不如寇准与李迪那么刚烈,且处理事情也比较谨慎仔
细。他根据形势判断,刘皇后掌权已然成为事实,不能推翻,要保
护太子,必须从刘皇后入手,否则下场只能像寇准和李迪一样。于
是他通过钱惟演,对刘皇后说明她与太子的利害关系,使她不敢作
出过分僭越的行为,从而起到维护太子的作用。钱惟演乃刘皇后
在朝中的代言人,王曾通过他对刘皇后晓以道理,似乎要依附皇
后,但实际上是很好地保护自己。而且,这种方法比较温和,使刘
皇后较容易接受,王曾和刘皇后的关系又加深了一层,为他后来扳
倒丁谓的行动打下基础。①

丁谓方面为了支持刘皇后干政,也有所作为,天禧五年(1021)
正月,他上言说:"伏承圣躬已遂康复,臣等不胜大庆,然中外无事,
望宽宵旰之忧。"②让真宗"宽宵旰之忧",不要操劳国事,实质是让
刘后继续在幕后处理朝政。不过这些话听来顺耳,真宗也是欣然
接受的。在真宗去世前,皇权的归属与最高权力的行使其实已经
得到定论,刘皇后预政的事实谁也改变不了,而且朝中早已遍布她

---

① 关于王曾对钱惟演所说之言,以及对这些言语的具体分析,可详下文。
② 李焘:《长编》卷97,天禧五年正月丁丑条,第2239页。

的势力,所以在这段时间里,太子党与皇后党相安无事,天禧五年也是真宗后期政局最平稳的一年。

第二节 仁宗继位与太后垂帘

随着天禧年间朝廷激烈的政治争斗结束,真宗也走到了他的人生终点。乾兴元年(1022)二月,真宗驾崩①,太子赵祯即位,是为仁宗,而刘氏也从皇后成为太后,并且垂帘听政,这标志着她正式突破宫闱藩篱,走向外朝。虽然天禧政争已经为她预政打下事实基础,但其现实合法性则来源于真宗的遗诏。仁宗即位后,朝廷政争仍未止息,丁谓自以为朝中异己尽清,欲架空刘太后独自掌权;而刘太后则借王曾之手,把丁谓赶出朝廷,远贬崖州(今海南三亚)。在政争过程中,刘太后垂帘的一些仪式与礼制得到探讨,并最终厘定。

一、乾兴遗诏

真宗驾崩,留下遗诏,让刘后暂时处分军国大事,这封遗诏,是宋代第一封以已故君主名义颁布,宣布让皇后(太后)干预政事的诏书,这无疑从法理上认可刘氏垂帘听政,该诏书全文如下:

> 门下,朕嗣守丕基,君临万寓,惧德弗类,侧身靡宁,业业

---

① 李焘:《长编》卷98,乾兴元年二月戊午条,第2271页。

兢兢,倏逾二纪。幸赖天地之祐、祖宗之灵,符瑞荐臻,边鄙不
耸,臻乎至治,无让古先。而寒暑外侵,忧劳内积,遘兹疾疢,
屡易炎凉。虽博访良医,遍走群望,逮诸禳祓之法,徒竭精祷
之诚,弗获瘳兴,至于大渐。皇太子某,予之元子,国之储君,
仁孝自天,岐嶷成质。爰自正名上嗣,毓德春闱,延企隽髦,遵
礼师傅。动遵四术之教,诞扬三善之称,矧穹昊眷怀,寰区系
望。付之神器,式协至公。可于枢前即皇帝位。然念方在冲
年,适临庶务,保兹皇绪,属于母仪。宜尊皇后为皇太后、淑妃
为皇太妃,军国事权兼取皇太后处分,必能祗荷庆灵,奉若成
宪。抚重熙之运,副率土之心,更赖佑佐宗工,文武列辟,辅其
不逮,惟怀永图。诸军赏给,并取嗣君处分。丧服以日易月。
山陵制度,务从俭约。在外群臣止于本处举哀,不得擅离治
所。于戏,修短之数,岂物理之能逃;付托之宜,谅舆情之增
慰。咨尔中外,体朕至怀,主者施行。①

　　宋代面临幼主即位,真宗应该清楚此点,但由谁辅助幼主,则
是他必须考虑的问题。按照历史的模式,可以是宦官、辅臣或太
后,显然,真宗倾向于信任自己的妻子。在天禧政争中,无论寇准
向丁谓发难,还是丁谓排挤寇准和李迪,从中虽有刘皇后的作用,
但最后决策者还是真宗。幼主即位毕竟在宋代是第一次,真宗自
知时日无多,对此也应有所打算。处死周怀政,实际上是想杜绝宦
官把持朝政的可能。本来寇准是被当作托孤之臣的,且可以与内

---

① 《宋大诏令集》卷7《乾兴遗诏》,第29—30页。

朝的刘太后互相掣肘,但他却在朝廷争斗中失败,再次错失保扶新君的机会,无奈出朝。经过一连串朝廷争斗后,有能力、有资历且对新君绝对忠诚的辅臣所剩无几。但是幼主毕竟年少,未能独立处理政事,继位之后需有人扶持,换言之,在幼主成长的这段时间内,皇权必须部分让渡出来,最高权力亦需由他人代为行使,这确实令真宗甚为矛盾。刘皇后在内朝辅助新君,是真宗一早定好的策略,但既然外朝无得力的辅臣与之掣肘,那真宗就只能赌一把,完全相信皇后了。把李迪逐出朝廷,应可看作真宗为刘皇后扫除障碍。真宗也曾多次在众大臣面前赞许刘氏的政治才能,从第一章所引其赞许的话语中可以看出,他一早就选定刘后为托孤之人。唐代武后专权而颠覆李氏之事,殷鉴不远,真宗当然也是了解的。但与武后不同的是,刘氏本人出身低微,恰好没有盘根错节的外戚势力;主观上说,凭多年来与刘氏一起建立的相互关爱的感情,真宗相信刘皇后是不会辜负他的。况且刘氏是他的皇后,亦是一朝国母,由她辅助新君,代为行使最高权力,亦算是代表赵氏行使专制之权。在遗诏中,辅臣们特别强调"保兹皇绪,属于母仪",实质是向刘氏强调真宗对她的信任。

在草制遗诏时,作为辅臣的丁谓与王曾有不同意见,"丁谓欲去'权'字,王曾曰:'政出房闼,斯已国家否运,称权尚足示后,且言犹在耳,何可改也?'谓乃止"[1]。其实丁谓之议并非没有依据,唐高宗遗诏中的"军国大事,有不决者,兼取天后进止"[2],就没有"权"字。此遗诏是唐代第一道以先帝名义颁布让皇后(太后)参预

---

① 李焘:《长编》卷98,乾兴元年二月戊午条,第2271页。
② 宋敏求:《唐大诏令集》卷11《大帝遗诏》,第68页。

朝政的遗诏,在此不妨以《乾兴遗诏》与唐高宗的遗诏试作比较。唐高宗遗诏,虽未有"权"字,但明确指出只有"军国大事不决者"才让天后决定。换言之,国家一般事务,或皇帝可以处理的军国大事,均无需天后过问,这实际在很大程度上限制了武则天的权力。有学者认为,高宗之所以如此,是因为对武后不信任。[①] 然而历史证明,即使有高宗这封遗诏作权力限制,并且当时即位之李显亦已二十八岁,是为长君,武后还是通过各种手段倾覆了李氏皇朝。那么《乾兴遗诏》呢? 真宗遗诏表明,"军国事权兼取皇太后处分",亦即军国之事,事无大小,均由皇太后处理。这可以说是对皇太后的完全信任,且亦未对其权力加以过多限制。"权"字是遗诏中对刘后权力的唯一限制,但只表明暂时,到什么时候,遗诏并没有明确说明。当时"中外汹汹,(王)曾正色独立,朝廷赖以为重"[②],"中外汹汹"一语,表明当时朝廷内外人等,均把当前形势与唐高宗末年作比较,并且得出不太乐观的结论,而就表面看,仁宗此一幼主,所处环境似乎比作为长君的李显更为凶险。但事已至此,太后干政的事实不可能改变,而作为大臣的王曾,亦只能力争一"权"字,实

---

① 可参见雷家骥:《武则天传》,第 221—222 页。
② 李焘:《长编》卷 98,乾兴元年二月戊午条,第 2271 页。

质是要争取保留对刘太后权力的一点限制。①

其实王曾所争者,并非只一"权"字,还有杨淑妃的尊礼问题。"曾又言:'尊礼淑妃太遽,须他日议之,不必载遗制中。'谓怫然曰:'参政顾欲擅改制书耶?'曾复与辨,而同列无助曾者,曾亦止。"②杨淑妃此时或亦已参与政事,王曾此举,其实是想削弱刘太后势力,然亦被丁谓以不可擅改遗诏的理由阻止。换言之,在讨论

---

① 《宋史》丁谓本传记载:"真宗崩,议草遗制,军国事兼取皇太后处分,谓乃增以'权'字。……由是太后深恶之。"这个记载与《长编》所载相反。顾宏义教授认为,《宋史·丁谓传》所载是真实的,其理据是《两朝国史》和《仁宗实录》都没有记载丁谓要求删去"权"字之事,而最早记载此事的,应该是王曾之弟王皥所编的《王曾言行录》与宋祁所撰之《王文正公曾碑阴》。但笔者依然认为丁谓不会主动提出增加"权"字,因为他一旦提出来,就会得罪太后,这也不符合他一贯的作风,况且当时宰执中,还有太后的姻亲钱惟演,此事一定会传到太后耳中。刘太后是没有参与这场讨论的,她只是把真宗的遗志复述出来,剩下的书写细节均由宰执大臣讨论完成。但问题是,如果"权"字本来就存在于太后所复述的话语中,她为什么要给自己一个限制呢?笔者猜测,"权"字是姿态,表明太后本意无心权力,事实上在她后来的手诏中,也表达过放弃权力、含饴弄孙的意思。但这种姿态并非她真实的想法。而丁谓提出删去"权"字,则应该是受到太后的暗示,在这次会议中他代表的是太后的利益。王曾的坚持也不无道理,一来这是太后的原话,二来若是连这仅存的限制都没有,遗志公布出来也会引来更大的非议,这本身对太后来说也是一种危机。此外,笔者怀疑太后的暗示只给了身为首相的丁谓,让他试探其他宰执大臣的意见,但在王曾充分的理由面前,丁谓也无可奈何。见脱脱等:《宋史》卷283《丁谓传》,第9570页;《宋大诏令集》卷14《真宗大祥后皇太后赐宰臣等手书》,第68页;顾宏义:《谁增"权"字:宋仁宗继位初年丁谓、王曾政争发覆》,载《中山大学学报》(社会科学版)2023年第4期。

② 李焘:《长编》卷98,乾兴元年二月戊午条,第2271页。江休复云:"真宗上仙,明肃召两府谕之,一时号泣。明肃曰:'有日哭在,且听处分。'议毕,王文正曾作参政,秉笔,至淑妃为皇太妃,卓笔曰:'适来不闻此语。'丁崖州曰:'遗诏可改耶?'众亦不敢言。明肃亦知之,始恶谓而嘉王之直。"见江休复:《嘉祐杂志》,景印文渊阁四库全书本,台北:台湾商务印书馆,1986年,第1036册,第576页。章献太后不似为太妃一事而恶谓者,江休复所言或有误。

之后,辅臣草拟的遗诏,并未对刘后宣示的真宗遗命作出修改。需要注意的是,这份遗诏也开创了宋代皇帝遗诏的另一个先河,即在遗诏中确立皇太后或太皇太后的地位,不管她们是否垂帘听政。在此之前,太宗因为是继承兄长之皇位,故太祖宋皇后并没被尊称为皇太后,因为那是皇嫂,不是母亲;但真宗继位时,太宗的皇后还在世,后来也成了太后,可是太宗的遗诏里却没有提到这一点。自真宗遗诏之后,基本上北宋所有皇帝的遗诏都会确认先皇后为皇太后。[①] 由于真宗的遗诏要确定皇太后参与政治的事实,所以把"尊为皇太后"之语写到遗诏中,是无可奈何的事情,但这已经改变了本朝遗诏的固定内容。此时若把确立皇太妃地位之事写到遗诏里,确实不妥,因为这份遗诏以后有可能成为后面其他遗诏的写作模板,所以王曾要求删除这一点,也是可以理解的。

然则遗命可改乎?纵观宋朝以后的历史,应该是可改的,十一年后刘太后的遗诰就被大臣们删改过。[②] 另外还有一个事实值得注意,"初,辅臣共听遗命于皇太后,退,即殿庐草制"[③]。即真宗遗命乃由刘太后宣布,辅臣听遗命于皇太后,然后才草拟遗诏,这一事实使人怀疑刘太后是否会伪造遗命。但史书中似乎未有提到大

---

① 北宋皇帝的遗诏,见《宋大诏令集》卷 7《遗制》,第 29—30 页。
② 刘太后遗诰有以皇太妃为皇太后,"皇帝与太后裁处军国大事"之语,后被删去,见李焘:《长编》卷 112,明道二年四月丙申条,第 2610 页。至哲宗死后,无子,神宗向后主立端王,即徽宗,然哲宗遗诏中有"皇弟端王某,先帝之子,而朕之爱弟也,……宜授神器,以昭前人之光,可于枢前即皇帝位"等语,哲宗死后无嗣,该立谁人为帝,太后与宰执曾有一番讨论,可见哲宗生前并未立储,遗诏中之语,并非哲宗遗命,只是借哲宗之口,宣示太后与宰执们的讨论结果罢了。见《宋大诏令集》卷 7《元符遗制》,第 31 页。
③ 李焘:《长编》卷 98,乾兴元年二月戊午条,第 2271 页。

臣们对遗诏的质疑，笔者认为，这并非大臣对刘太后的信任，而是他们对既定事实的承认，否则，十一年后删改遗诰的事情大可以提前发生。真宗遗命是从法理上承认刘太后预政，而只有大臣们承认这一遗命，并将之拟作遗诏，颁布天下，刘太后预政的合法性才能真正得以实现。真宗末年的政争已经充分表明，由刘太后辅助年幼的君主参决朝廷大政，这是一个不能改变的事实，而这一事实亦已得到已故真宗的认同。参与讨论遗诏的宰执大臣，均是因政争后权力重新分配而坐上宰执之位的，他们亲历政争，知道刘太后的政治手段，亦深知当时非以刘太后垂帘听政不可，否则朝局无法稳定。而他们当中的大部分人，均站在刘太后一边，故当王曾与丁谓辩论，欲不尊礼杨淑妃时，"同列无助曾者"。其实此时之遗诏，对刘太后与宰执大臣而言，只是对外宣布太后辅政的法理文件，大方针早已在真宗生前确定，并得到现任宰执认同，故遗命不论是真宗之意，抑或是太后之言，均无伤大雅。丁谓与王曾所争执的，乃当中细节问题而已。事实上，丁谓与刘太后均未因此怨恨王曾，反对他予以信任，丁谓更是为自己埋下祸患。

二、宰执集团的继续争斗

仁宗即位后，朝廷政局并未大定，丁谓甚至有成为权臣的征兆①，而刘太后亦未能完全控制朝政。真宗逝世当月，丁谓、冯拯与曹利用即进为侍中，其余宰执亦有加官。但王曾对此又持反对意

---

① 见王瑞来：《宰相故事——士大夫政治下的权力场》，北京：中华书局，2010 年，第 239—248 页。

见,他说:"自中书令至谏议大夫、平章事,其任一也,枢密珥貂可耳。今主幼,母后临朝,君执魁柄,而以数十年旷位之官一旦除授,得无公议乎?"①王曾此语是对丁谓说的,但丁谓不听,可知当时拜除乃丁谓之意,而非刘太后。

此后,丁谓对寇准等人大加迫害,他以交通周怀政的罪名,把寇准从道州司马贬为雷州(治今广东雷州)司户参军,又以与寇准同党为由,把李迪从知郓州贬为衡州(治今湖南衡阳)团练副使。时知制诰宋绶当值,负责草制词,丁谓嫌其言语不够刻毒,对他说:"舍人都不解作文字耶?"宋绶无奈,让丁谓按照自己的意思改定诏书。② 其中《寇准贬雷州司户敕》说寇准"包藏凶德,背弃大恩,与逆寺以通谋,构厉阶而干纪。果上穹之降遣,俾渠魁之就擒。始其告变之辰,适当违豫之际,阽危将发,震骇斯多"③。丁谓此番言语可谓恶毒,直把真宗驾崩的责任推到寇准身上。根据《长编》记载,丁谓甚至设计欲将寇准与李迪置诸死地,但寇准未曾中计,李迪虽欲自尽,却受到阻拦。有人对丁谓说:"迪若贬死,公如士论何?"丁

---

① 李焘:《长编》卷98,乾兴元年二月丙寅条,第2273页。王曾所言数十年旷位之官,应是指侍中。宋初承唐制,一般以平章事或同平章事为相。但按照唐初制度,尚书、中书、门下三省之长官俱为宰相,且地位高于(同)平章事。至宋,尚书令、中书令一般只授予使相,而以侍中拜相者,北宋只五人而已,在丁谓之前,只有宋初宰相范质与名相赵普,真宗曾欲拜王旦为侍中,但王旦未曾接受,而赵普拜侍中于端拱元年(988),距乾兴元年(1022)已三十四年,故王曾称之为"数十年旷位之官"。关于宋初侍中拜除及相关制度,可参见陈振:《关于北宋前期的宰相制度》,载《中州学刊》1985年第6期;姜锡东:《关于北宋前期宰相制度的几个问题》,载《中州学刊》1990年第2期。
② 李焘:《长编》卷98,乾兴元年二月戊辰条,第2274页。
③《宋大诏令集》卷204《寇准贬雷州司户敕》,第760页。

谓说："异日好事书生弄笔墨，记事为轻重，不过曰'天下惜之'而已。"①丁谓把寇准与李迪远贬南方，估计是刘太后的意思。因为仁宗年幼，诏书必须得到太后同意才能发出，太后与寇、李二人有隙，现既掌权，对他们予以严治，亦是常理。但欲逼死二人之事，恐非太后与丁谓的想法。对刘太后而言，远贬二人已经可以起到敲山震虎的作用，让朝廷内外的官员不敢轻易发出强烈的反对声音。相反，逼死大臣对太后来说并不是一件好事，至少不能带来好名声，尤其是她没有盘根错节的外戚势力，士大夫就成了她统治的根基，逼死了寇准跟李迪，或会让她失去人心。事实上，一年之后朝廷就恩准寇准北迁了，而后来刘太后也跟李迪冰释前嫌。② 而丁谓虽看不起李迪，但与之并无深仇大恨；他对寇准之恨只是因为"溜须"之讽。远贬南方，并以诏书的形式使他们身败名裂，已经足够他解恨了，用不着逼死他们，况且逼死大臣须受士论攻击，他无须自作主张承担这一后果。刘太后与丁谓均拥有十分丰富的政治经验，完全没必要在政局未稳之时对寇、李二人赶尽杀绝。所以笔者认为，这很有可能是传旨宦官自作主张，以迎合太后，而后来的历史书写就把这笔账记在刘太后与丁谓身上了。自古以来，办事者妄自揣度圣意，最后把事情做绝的大有人在。寇准跟李迪或因才智或因运气躲过了杀身之祸，但后来枢密使曹利用就没这么幸运了，他在去贬所途中被逼自杀了，此事后文详述，此不赘述。

---

① 李焘：《长编》卷九十八，乾兴元年二月戊辰条，第 2274—2275 页。

② 寇准被准予北迁事，见脱脱等：《宋史》卷 281《寇准传》，第 9533 页；李焘：《长编》卷 101，天圣元年闰九月戊戌至癸卯条，第 2336 页；刘太后与李迪和解事，见李焘：《长编》108，天圣七年九月壬午条，第 2523 页。

王曾乃寇准好友，他对丁谓处理寇准和李迪的事是不满的。他认为责罚太重，丁谓对他说："居停主人恐亦未免耳。"此乃暗指王曾曾借住宅留宿寇准，有威胁之意，王曾胁于丁谓势力，未敢作声。① 其实王曾性格隐忍，他不像寇准与李迪，事事争论不休。他此时对丁谓甚为恭谨，目的是骗取丁谓信任②，并伺机铲除丁谓。

不久，雷允恭擅迁真宗山陵，这个机会终于来了。雷允恭乃丁谓摆在刘太后身边的棋子，真宗去世不久，他就自请参与真宗山陵事宜。结果他凭自己一贯在皇宫内外专恣横行的作风，欺上瞒下，擅移真宗山陵，致使山陵工程延误，从而招致杀身之祸。③ 雷允恭可说是自招其祸，他最大的问题是专恣。不但同僚官员们不敢违逆他的意思，连太后与丁谓都不欲与他正面碰撞，但这既触动了宋代抑制宦官的祖宗家法④，又侵夺了太后的权威，故刘太后欲将其置于死地，而擅迁皇陵，只是一个有足够分量的借口而已。丁谓在此事上曾要保护雷允恭，乃因雷允恭是他隔绝大臣与太后，从而权

① 李焘：《长编》卷98，乾兴元年二月戊辰条，第2274页。
② 有一小事可知王曾当时装作对丁谓甚为恭敬：真宗国恤，凡荫补子弟有当斋挽之职者，若斋郎只侍斋祭，若挽郎至有执绋婴导灵仗者，子弟或耻之。王沂公曾在中书翰林，李承旨维视沂公为侄婿，凡两日诣中堂求免某子挽铎之执。沂公曰："此末事，请叔丈少候，首台聚厅当白之。"丁晋公出厅，沂公白之。丁遂诺，谓李曰："何必承旨亲来"李遂拜谢。见文莹：《湘山野录》卷下，北京：中华书局，1997年，第45页。原文点校"王沂公曾在中书翰林，李承旨维"当为"王沂公曾在中书，翰林李承旨维"更加合理，李维任翰林学士承旨(翰林院之首)在真宗末年，其时王曾为参政，丁谓为宰相，才有李维到中书找王曾办事，王曾向丁谓汇报的情节。
③ 事情具体，可参见李焘：《长编》卷98，乾兴元年二月庚申条，第2272页；六月庚申条，第2283—2284页。
④ 关于宋代抑制宦官的祖宗家法，可参见张邦炜：《北宋宦官问题辨析》，载《四川师范大学学报》(社会科学版)1993年第2期。

115

倾朝野的棋子，但他万万没有想到，这一宦官，竟会累他身败名裂，被远贬出朝。

雷允恭之狱不久，王曾就想借真宗山陵之事除去丁谓，但先前丁谓已通过垂帘礼制的厘定隔绝了其他大臣与刘太后单独见面的机会。[①] 一日，王曾对同僚们说："曾无子，将以弟之子为后，明日退朝，当留白此。"丁谓没有怀疑王曾，果真让他单独面见太后，王曾尽言丁谓包藏祸心，故意让雷允恭把真宗陵墓移到绝地，太后大惊。丁谓听说后，在太后的帘前极力为自己分辩，但无济于事。[②] 以上是《长编》对王曾揭发丁谓过程的记载，但比较简单，《默记》有更加详尽的记载：

> 丁谓当国，权势震主，引王沂公为参知政事，谄事谓甚至。既登政府，每因闲暇与谓款，必涕泣作可怜之色，晋公问之数十次矣。一日，因问，闵然对曰："曾有一私家不幸事，耻对人言。曾少孤，惟老姊同居，一外甥不肖，为卒，想见受艰辛杖责多矣。老姊在青州乡里，每以为言。"言讫又涕下。谓亦恻然，因为沂公言："何不入文字，乞除军籍？"沂公曰："曾既污辅臣之列，而外生如此，岂不辱朝廷？自亦惭言于上也。"言毕，又涕下。谓再三勉之："此亦人家常事，不足为愧，惟早言于上，庶脱其为卒之苦尔。"自后谓数数勉之留身上前奏知，沂公必

---

① 关于此点详见下目。

② 李焘：《长编》卷98，乾兴元年六月癸亥条，第2285页。原文记载丁谓分辩良久，内侍忽然卷帘说："相公谁与语？驾起久矣。"可见刘太后已经不再信任丁谓了，亦不想再给他解释的机会。

涕下曰："岂不知军卒一日是一日事？但终自羞赧尔。"晋公每催之，且谓沂公曰："某日可留身奏陈。"沂公犹不欲，谓又自陈之。一日，且责沂公："门户事乃尔缓？谓当奉候于阁门。"沂公不得已，遂留身。既留身逾时，至将进膳犹不退，尽言谓之盗权奸私，且言："丁谓阴谋诡谲多智数，变乱在顷刻。太后陛下若不亟行，不惟臣身齑粉，恐社稷危矣！"太后大怒，许之，乃退。晋公候于阁门，见其甚久，即顿足掩耳云："无及矣！"方悟知其令谓自为己谋，不使之觉，欲适当山陵之事而发故也。沂公既出，遇谓于阁门，含怒不揖而出。晋公始悟见卖，含毒而已不觉也。①

　　这则记载与《长编》不同的是王曾请求单独面见刘后的借口，但这并不重要，关键是他记载了王曾蒙骗丁谓的全过程，当中反映了王曾对此事的精密策划与处心积虑。王曾对丁谓的指控相当阴险，甚至可以说是诬告，因为丁谓胆子再大，也不敢把真宗的山陵置于绝地，他不过是包庇雷允恭而已。只不过后来历史书写，多以王曾为贤臣，而以丁谓为奸邪，所以史家才用春秋笔法帮他讳饰。② 此正如王铚对此事评论曰："向使谓防闲沂公，则岂有此祸？故知权数在谓之上也。"③但王曾毕竟只是参知政事，他不能决定把丁谓扳倒，所以真正的决策者依然是刘太后。

① 王铚：《默记》卷上，第9—10页。
② 见顾宏义：《谁增"权"字：宋仁宗继位初年丁谓、王曾政争发覆》，载《中山大学学报》（社会科学版）2023年第4期。
③ 王铚：《默记》卷上，第10页。

笔者认为，王曾实际上就是刘太后留在中书制约丁谓的。王曾的成长过程中曾经得到过寇准的提携与赏识，在天禧政争中属于太子党，只不过他没有走向前台，深度参与。前述丁谓指责王曾为"居停主人"，即指寇准罢相后曾短时间逗留在开封，并借住王曾的房子，可见他与寇准交情不浅。王曾是一个有心计、能隐忍的人，他此前对丁谓十分恭敬，目的是骗取丁谓的信任。前面提过，王曾好几次跟丁谓交锋，其立场是站在仁宗一边的，刘太后对他的态度十分清楚，按理说应该也把他赶出朝廷。但王曾处事比较圆滑，刘太后刚好需要一个支持仁宗的人来平衡朝中的势力，所以一直把他留在朝中，甚至在其他大臣面前表扬他为官清廉。[①] 政治最讲究平衡，一位成熟的统治者不会让朝中的意见一边倒，无论如何都得保留一两个持反对意见的人。刘太后此时早已深谙权力平衡之道，或者如宋代人所云"异论相搅"之道。在以后的岁月中，王曾还会提出各种与她相悖的意见，但只要不妨碍她行使皇权，她还是不断提高王曾的地位，甚至让他成为首相。

王曾选择的时机也非常好，趁机就把雷允恭之事牵连到丁谓身上，而此时的刘太后也精明强干，她不会偏听丁谓的谗言，最重要的是，丁谓已经严重危及她本身的权力了。丁谓以为，寇准、李迪既然远贬，仁宗也顺利继位，朝中大臣以他为首，他也没必要再依附刘太后，所以他想架空太后，甚至，他还敢冲撞太后：

> 初，丁谓与雷允恭协比专恣，内挟太后，同列无如之何。

---

① 此乃后话，见脱脱等：《宋史》卷 242《刘皇后传》，第 8615 页。

太后尝以上卧起晚，令内侍传旨中书，欲独受群臣朝。谓适在
告，冯拯等不敢决，请谓出谋之。及谓出，力陈其不可，且诘拯
等不即言，由是稍失太后意。又尝议月进钱充宫掖之用，太后
滋不悦。①

刘太后或者只是因为不想仁宗太早起床，所以才提出单独接
受群臣朝拜的想法；或者说，她确实想利用仁宗年少多觉来享受女
皇的待遇。但无论如何，在这件事上丁谓是没错的，皇帝的年龄不
论大小，都是最高权力的标志，一旦外朝大臣单独朝拜其他人，都
意味着最高权力的转移。当年太宗驾崩后，吕端亲眼看见太子后，
才率群臣朝拜，也就是这个原因。② 之后，丁谓又要求以月进钱作
为宫廷开支，实际上是限制宫中的消费，这就更加让刘太后不高兴
了。刘太后已然掌握最高权力，如果她要丁谓罢相，很多丁谓的政
敌或一些中立投机者都会依附过来。此时已不像天禧末年，她未
必要靠丁谓才能保住垂帘听政的地位。而且，宋代相权虽能在一
定程度上制约皇权，但只要有足够有力的借口，代表皇帝行使最高
权力的刘太后只需一纸诏书，就能将丁谓罢相。丁谓似乎忘了，他
当初就是这样对付寇准的。而当时朝廷宰辅中，除任中正以外，实
际上均非真正与丁谓交好，他们大多服从刘太后，当初跟丁谓走到
同一阵营，也是因为与刘太后亲厚，或与寇准交恶之故。丁谓协同
雷允恭专恣于朝，其他宰执均是敢怒不敢言。就此，刘太后推倒丁
谓的时机已经成熟，就差一个体面的借口，而雷允恭擅移山陵之

---

① 李焘：《长编》卷98，乾兴元年六月癸亥条，第2285。
② 见脱脱等：《宋史》卷281《吕端传》，第9516页。

事，正给此事借来东风。

六月二十五日，丁谓被罢为太子少保，分司西京。李焘认为："谓所坐但私庇允恭，不忍破其妄作，未必真有祸心也。然天资险狡，多阴谋，得政岁久，要不可测，虽曾以计倾之，而公论不以为过也。"①丁谓为人阴险，乃众所周知，他一生所求，就是"权力"二字。王曾是寇准好友，早就想为他出一口恶气，自然竭尽所能攻击丁谓。当时起关键作用的是冯拯，他是宰相，说话较他人有分量。他本与丁谓无多少交情，丁谓擅权时他又郁郁不得志，此时当然落井下石，以讨太后欢心。在讨论丁谓之事时，刘太后曰："谓前附允恭奏事，皆言已与卿等议定，故皆可其奏，近方识其矫诬。且营奉先帝陵寝，所宜尽心，而擅有迁易，几误大事。"把过往所做之事都推在丁谓身上，冯拯亦然，他说："自先帝登遐，政事皆谓与允恭同议，称得旨禁中，臣等莫辨虚实。赖圣神察其奸，此宗社之福也。"如此话术，造成丁谓玩弄权术，两头欺瞒的罪名。此罪于丁谓并无冤枉，如邓小南先生所言："在外廷臣僚看来，最为突出的问题在于，丁谓以宰相身份横亘内廷、外朝之间，造成信息的阻隔与政事的壅蔽。"②刘太后要杀丁谓，冯拯却为丁谓求情："谓固有罪，然帝新即位，亟诛大臣，骇天下耳目。且谓岂有逆谋哉？第失奏山陵事耳。"③但这并非出于真心实意。丁谓之罪，诚如李焘所言，"未必真有祸心"，根本罪不至死，如果刘太后真杀了丁谓，必定惹来"兔

①　李焘：《长编》卷98，乾兴元年六月癸亥条，第2286页。
②　邓小南：《祖宗之法——北宋前期政治述略》，第350页。
③　李焘：《长编》卷98，乾兴元年六月癸亥条，第2285—2286页。

死狗烹"的非议,且也违反了"不杀大臣"的祖训。① 刘太后要杀丁谓是故作姿态,冯拯心领神会,故意为丁谓开脱,好让太后有台阶下。

七月份,丁谓又再被贬为崖州司户参军,原因是他与女道士刘德妙交通。② 就这样,丁谓被远贬了,他责词之首句,即云"无将之戒,旧典甚明;不道之辜,常刑罔舍"③。"无将""不道"等语,是丁谓想用于寇准的,谁知当时宋绶没用,如今却用在他的责词上。④ 半年前他把寇准送往雷州,却万万想不到如今自己去得更远。真宗末年的政争延续至此,方始结束。而这场争斗又再次导致中央宰执系统大换血:丁谓被贬后,冯拯升为首相,王曾拜相,吕夷简、鲁宗道擢为参知政事⑤,他们当然是这场争斗的得益者。最大的赢家当然是当初的刘皇后,如今的刘太后,她在这场争斗中得到了部分皇权的让渡,并实际行使最高权力,顺利坐上了垂帘太后的宝座。但太后垂帘听政在宋代毕竟尚属首次,太后应该遵守哪些礼制,要受哪些约束,既是其昭显权力的方式,同时又是大臣们

---

① 廖寅认为,太祖誓碑中的训言,非"不杀士大夫",而是"不杀大臣"。见廖寅:《王审琦铁券与"杯酒释兵权""太祖誓碑"新解》,载《史学月刊》2023 年第 3 期。

② 丁谓未败之时,刘德妙常以巫师身份出入丁谓府第,丁谓事败,她也被逮捕了。她承认了丁谓曾经教她说:"乃所为不过巫事,不若托老君言祸福,足以动人。"于是她在丁谓家设神像,夜祭于园中,雷允恭也几次来祈祷。真宗去世后,丁谓又把她引荐入宫。后来丁谓挖地得到龟蛇,就令刘德妙拿进皇宫,说是在他家山洞找到的。又教她说:"上即问若,所事何知为老君,其云相公非凡人,当知之。"丁谓又作了两首颂,题为"混元皇帝赐德妙",语句有妖言惑众之言。见李焘:《长编》卷 99,乾兴元年七月辛卯条,第 2293 页。

③ 《宋大诏令集》卷 204《丁谓贬崖州司户敕》,第 762 页。

④ 事见李焘:《长编》卷 99,乾兴元年七月辛卯条,第 2293 页。

⑤ 李焘:《长编》卷 99,乾兴元年七月辛未条,第 2291 页。

保护仁宗的途径。

三、刘后垂帘仪式的确定

真宗去世，刘太后依遗诏处理军国大事，在制度上首先要解决的是她如何坐朝的问题，这实际上是要解决太后与皇帝的权力分配问题。在此问题上，刘太后、丁谓及以王曾为代表的大臣们均有各自想法，三方就此问题进行了近半年的讨论、争论及博弈，最终才能把垂帘仪式确定下来。事实上，这个问题于真宗去世不久后即被提出：

> 先是，辅臣请皇太后所御殿，太后遣内侍张景宗、雷允恭谕曰："皇帝视事，当朝夕在侧，何须别御一殿也。"乃令二府详定仪注。王曾援东汉故事，请五日一御承明殿，皇帝在左，太后坐右，垂帘听政。既得旨，而丁谓独欲皇帝朔望见群臣，大事则太后与帝召对辅臣决之，非大事悉令雷允恭传奏，禁中画可以下。曾曰："两宫异处而柄归宦者，祸端兆矣。"谓不听。
>
> 癸亥，太后忽降手书，处分尽如谓所议。盖谓不欲令同列预闻机密，故潜结允恭使白太后，卒行其意。及学士草词，允

恭先持示谓,阅讫乃进。①

王曾援引东汉故事,让太后垂帘听政,是合乎传统专制统治要求的。但丁谓不想让刘太后单独会见众位大臣,而是想自己一人通过雷允恭与太后商议政事,其他大臣不得预闻。其目的即要借太后名义,独掌朝政,大有挟天子以令诸侯之意。王曾劝告他说:"两宫异处而柄归宦者,祸端兆矣。"其实丁谓并不认为权柄会落在雷允恭手上,因为雷允恭乃他放在刘太后身边的棋子,他要掌握太后,自己独自掌权,必要通过雷允恭而后可。但丁谓有欠考虑的是,他是否能够成功驾驭雷允恭,毕竟棋子也有自己的政治诉求,而雷允恭比他想象的要专恣得多,甚至利用他胡作非为。此外,丁谓亦低估刘太后。刘氏从大中祥符五年(1012)登上后位之前,就一直帮助真宗处理政务,对于大臣之间的争斗,以及他们的政治手段,她都了如指掌,而她自己本身也参与到天禧末年的政争当中。她知道如何利用这次争斗为自己谋取最大利益,并铲除政敌。她之所以同意丁谓之议,其实是因为有自己打算。《长编》明显提示,

---

① 李焘:《长编》卷98,乾兴元年二月庚申条,第2272页;癸亥条,第2273页。刘后之手书云:"近以衅罚所钟,攀号罔极。上赖邦家积德,皇帝嗣徽,中外一心,永隆基构。先皇帝以母子之爱,有异常伦,所以遗制之中,权令处分军国事。勉遵遗命,不敢固辞,然事体之间,宜从允当。自今已后,中书、枢密院军国政事进呈皇帝后,并只令依常式进入文书印画。在内庭亦不妨与皇帝子细看览商议,或事有未便,即当与皇帝宣召中书、枢密院详议。如中书、枢密院有事关机要,须至奏覆,即许请对,当与皇帝非时召对,即不必预定奏事日限。盖念先朝理命,务合至公,其于文武大臣,内外百辟,推诚委任,断在不疑,缅料忠贤,各怀恩义,必能尽节,以佐昌朝。顾予菲躬,得守常典。兴言及此,五内伤摧。故兹示谕,咸使知悉。"见《宋大诏令集》卷14《皇太后降军国政事进入文字手书》,第67页。原文载该手书出于二月癸亥,当为《长编》提及者。

之前辅臣乃欲使刘太后与仁宗各御一殿，此举无异大削太后预政之权，立即遭到太后反对。丁谓欲擅权，刘太后岂有不知之理，但减少大臣见皇帝的机会，一则有利于她独揽皇权，实行专制统治，二则亦有利于她采取进一步行动。上目所引《长编》提及："太后尝以上卧起晚，令内侍传旨中书，欲独受群臣朝。"[1]这才是她当初同意丁谓之议的最终目的，她以为丁谓与她同一阵营，必定赞成此举，但丁谓却极力反对。丁谓其实不欲刘太后权力过重，而使自己处处受其掣肘，然此亦使刘太后看清他的本来用心，不但对他不再信任，且欲伺机将其铲除。

丁谓罢相后，刘太后听政的仪式又得重新讨论。七月十二日，"辅臣三上表，请皇太后尊遗制，每五日一临便殿，依先定仪注，许令中书、枢密院奏事，与皇帝共加裁酌，皇太后不许。复上皇帝表，乃从之"。二十七日，"辅臣请皇太后、皇帝五日一御承明殿，凡军马机宜及臣下陈乞恩泽，并呈禀取旨；若常事，即依旧进入，候印画付外；或事从别旨，有未可行者，即于御前纳下，再俟处分。从之"。八月八日，"上与皇太后御承明殿垂帘决事，始用王曾议也。宰相

---

① 关于此事，《续湘山野录》亦有记载："仁庙初纂临，升衮冕，才十二岁，未能待旦，起日高时，明肃太后垂箔拥佑。一日，遣中人传旨中书，为官家年小起晚，恐稽留百官班次，每日祗来这里休语断云。首台丁晋公适在药告，惟冯相拯在中书，覆奏曰：'乞候丁谓出厅商议。'殆丁参告，果传前语。晋公口奏曰：'臣等止闻今上皇帝传宝受遗，若移大政于他处，则社稷之理不顺，难敢遵禀。'晋公由此忤明肃之旨，复回责同列曰：'此一事，诸君即时当中覆，何必须候某出厅，足见顾藉自厚也。'晋公更衣，冯谓鲁参曰：'渠必独作周公，令吾辈为莽、卓，乃真宰存心也。'"见文莹：《续湘山野录》，北京：中华书局，1997 年，第 71 页。此处所述更为传神，且道出后来冯拯坚决倒丁之心，然鲁参者，当是鲁宗道也，其为参知政事，当于丁谓败后，此处实有误，当时参政欲倒丁者，当为王曾。

率百官拜表称贺，太后哀恸久之，令内侍宣谕曰：'候上春秋长，即当还政。'冯拯等言：'太后临朝，盖先帝顾命之托也。'……自是，事一决于两宫"。起初，丁谓定太后自称"予"，丁谓罢相后，中书跟礼仪院讨论，认为太后下制令则称"予"，其余时间于便殿处事则称"吾"；后来刘太后下诏曰只称"吾"。① 而听政仪式，则应如《宋史》所言："内东门拜表，合差入内都知一员跪授传进；皇太后所降批答，首书'览表具之'，末云'所请宜许或不许'。"②至此，关于皇太后听政制度及其仪式的讨论方始结束，其结果乃以王曾起先之议为主。刘太后既已罢丁谓相，亦知欲脱离仁宗单独秉政乃不可能之事，故只能妥协。但在此次仪式争论中，刘太后获得朝廷政事的最后决策权，且其临朝听政，亦得到首相冯拯的再次公开认可。这种结果对刘太后虽非最为有利，但此时太后势力尚未强盛，若与辅臣强争，结果实难预料，故她需要一个稳定时期，来培植自己的势力，以保证将来仁宗成年后权柄仍掌握在她自己手中。刘太后的垂帘制度，亦开宋代之先河，其后宋代后妃垂帘听政，制度多依章献明肃故事。③

① 以上史实，可参见李焘：《长编》卷99，乾兴元年七月己卯条，第2293页；甲午条，第2295页；八月乙巳条，第2296页。

② 脱脱等：《宋史》卷117《宾礼二·皇太后垂帘仪》，第2774页。

③ 在制度方面，北宋垂帘听政之太后多依刘后故事，如仪卫，"治平元年，诏皇太后出入唯不鸣鞭，他仪卫如章献明肃故事""哲宗即位，元祐元年，诏太皇太后出入仪卫，并依章献明肃皇后故事"。印鉴方面，"哲宗元祐元年诏，'天圣中，章献明肃皇后用玉宝，方四寸九分，厚一寸二分，龙钮。今人皇太后权同处分军国事，宜依章献明肃皇后故事'"。而宋代第二次幼主即位，太皇太后垂帘听政，也是"依章献明肃皇后故事施行"。以上见脱脱等：《宋史》卷144《仪卫二·后妃仪卫》，第3393页；马端临：《文献通考》卷115《王礼十》考1041上；《宋大诏令集》卷7《元丰遗诏》，第30页。

第三节 刘太后垂帘听政的合法性根据

刘太后垂帘听政的现实合法性来自真宗的遗诏,而这种合法性的根本,则源于她与仁宗的母子关系,"家天下"的观念与儒家的孝道观,实为刘后主政的理论依据;前代后妃母凭子贵,得以干预朝政,实质是母子关系的政治体现,而这种体现之于刘太后及其所处的宋代,又因政治与社会环境不同而有所变化。刘太后本人亦深知母子关系的政治价值,故对年幼之仁宗既保护、教育,又加以控制,使自己的既得权力得以巩固。

一、母子关系的政治价值

中国古代妇女在家庭中乃处于从属地位,董仲舒云:

> 君臣、父子、夫妇之义,皆取诸阴阳之道。君为阳,臣为阴;父为阳,子为阴;夫为阳,妻为阴。阴道无所独行。其始也不得专起,其终也不得分功,有所兼之义。是故臣兼功于君,子兼功于父,妻兼功于夫,阴兼功于阳,地兼功于天。[①]

其后,儒家理论亦由此演变出包括"夫为妻纲"在内之三纲五常法则。后妃之于皇帝,既是臣,又是妻,故只能从属于皇帝,以皇

---

① 苏舆:《春秋繁露义证》卷 12《基义第五十三》,北京:中华书局,2007 年,第 350—351 页。

帝为纲。而在董仲舒以前,《周易·家人卦》已规定了男女的家庭分工:"家人,女正位乎内,男正位乎外。男女正,天地之大义也。"①况之古代朝廷,皇帝乃天下之君,故当在外廷主理朝政;而皇后则为六宫之主,处理后宫事务,亦即皇帝家事。后妃若超越"内"之界限,干预朝政,则被视为"牝鸡司晨"②,故历代朝臣士大夫者,多数反对后妃主政,更极端如王夫之所言,"母后临朝,未有不乱者也"③。幼主即位非自宋始,前代例子甚多,其所由之路,亦未必以太后辅政,如周公之辅成王,即大臣辅政的成功典例,故历代大臣于幼主即位之时,亦多不主张后妃辅政。《后汉书》作者云:"自古虽主幼时艰,王家多衅,必委成冢宰,简求忠贤,未有专任妇人,断割重器。"④而汉武帝及北魏太祖,更开"立其子而杀其母"⑤之例。故至宋真宗末年,以寇准为首之士大夫,明知幼主即位势在必行,其所争者,乃以大臣辅政,免除"女祸"之患,他们"并非真正希望依靠未成年的太子乃至天子的明断能力,而不过是希望在此旗帜下,为外朝士大夫争取更大的执政空间,建立起一种新的政治秩序"⑥。

然而,在前代历史中,以母后临朝,辅助幼主者,亦大有人在。

---

① 孔颖达正义:《周易正义》卷4,载阮元刻:《十三经注疏》,第50页。

② 如李光言:"夫而从妇,则牝鸡司晨,家道乱矣。唐之高宗是已。"见李光:《读易详说》卷6,景印文渊阁四库全书本,台北:台湾商务印书馆,1986年,第10册,第361页。

③ 王夫之:《读通鉴论》卷7《安帝》,北京:中华书局,1975年,第481页。

④ 范晔:《后汉书》卷10上《皇后纪上·序》,中华书局,1982年,第400页。

⑤ 《魏书》云:"初,帝母刘贵人赐死,太祖告帝曰:'昔汉武帝将立其子而杀其母,不令妇人后与国政,使外家为乱。汝当继统,故吾远同汉武,为长久之计。'"见魏收:《魏书》卷3《太宗明元帝纪》,北京:中华书局,1974年,第49页。

⑥ 见邓小南:《祖宗之法——北宋前期政治述略》,第347页。

据《史记》记载:"(秦)昭王少,宣太后自治。"①此乃中国母后临朝之始。其后,自汉至唐,后妃临朝听政之事不断,如北魏者,虽太祖传有立子杀母之制,然亦无碍文明太后冯氏预政。此种种现象的出现,其实与中国古代"家天下"之观念有关。自秦以降,皇帝专制日盛,所谓国事,实被看作一家一姓之事。何者为外,何者为内,很难从理论上区分清楚。皇后作为皇帝之妻,而太后作为皇帝之母,对于家事有所预闻,亦是情理之中,故她们无论愿意与否,都必然与政治有所联系,只是或多或少的区别。尤其后者,诚如张星久先生所言:"对子女来说,父母给之以生命,抚之以亲情,教之以知识和技能,他们都是人生最初的导师与尊长;父母的权威是人类最原初、最天然的权威,远比后世的政治权威更深沉、更久远、更牢固、更自然。无论皇帝被怎样地神化,到底也是有性繁殖,是人类所生,父母所养,也不可能绝对超越人类这种最原初的秩序与权威。更何况我们的文化最讲孝道,我们的帝国又素重伦理治国。因此,在传统的孝道思想支配下,身为人子的君主在父亲死后尊重和秉承母后的意志,身为臣子的官员尊重母后对国事(同时也是'家事')的发言权,于情于理也可以说得过去,从而为母权提供了道义上的合法性,为母后干政打开了一个缺口。"②母子关系本为人类最基本、最平常的关系之一,母抚子以爱,子事母以孝,乃中国传统家庭伦理之常情。但把此种平常关系况之帝王之家,则另有含义:母抚子以爱,包括保护、教育儿子,使之成才,若丈夫不在,则应帮助

---

① 司马迁:《史记》卷72《穰侯列传》,第2323页。

② 见张星久:《母权与帝制中国的后妃政治》,载《武汉大学学报》(社会科学版)2003年第1期。

儿子主持家务;于帝王之家而言,先帝已然离世,辅助年幼儿子处理国事,实属母爱,亦为母亲责任,真宗遗诏所谓"保兹皇绪,属于母仪"①,正揭示出此点。子事母以孝,意味着儿子对母亲的尊重与顺从;而皇帝对母亲的顺从,不但体现在家事,更体现在国事之上,况若君主年幼,于母后之决策,亦只有顺从。故儒家的孝道理念,实为后妃作为母亲干预政事的理论基础,而母子关系则是母后临朝听政的伦理基础,此亦即母子关系的政治价值所在。

天禧四年(1020),寇准与李迪先后被贬出朝,王曾看到政治形势不利于太子,于是借钱惟演之口,向刘皇后传达了一番话:

> 太子幼,非中宫不立,中宫非倚皇储之重,则人心亦不附。后厚于太子,则太子安,太子安,乃所以安刘氏也。②

王曾所论及者,正是这种母子关系的政治价值,其短短百言,已包含对前代历史、宋代政治环境及当时形势的分析。"太子幼,非中宫不立",此乃当时形势的实情。当时真宗久病,一部分皇权已旁落刘皇后之手,女主预政已成事实。张星久先生言:"女后或外戚掌握最高统治权既然没有君主本人当权那样具有合法性,遇到的阻力或反对力量必然会更大,当然就会倾向于更多地诉诸暴力镇压,更多地采取一些非程序化的、秘密的手段,从而使他们的

---

① 《宋大诏令集》卷7《乾兴遗诏》,第30页。
② 李焘:《长编》卷96,天禧四年闰十二月乙亥条,第2233页。

统治表现出更加突出的残酷性与阴谋性。"①此种现象在前代屡见不鲜，离宋代不远的唐代，即有武后以母亲身份，两度废黜皇帝，继而自立，当中采用的流血暴力手段甚多。就宋真宗末年而言，王曾说此话之时，寇准与李迪均因保扶太子，得罪于刘皇后而被罢相远贬，周怀政更因此丧命。故王曾能敏锐看到，若强烈反对刘皇后预政，必欲除之而后快，自己的结果或更甚于寇准、李迪。若刘皇后不以母子之情为念——况刘皇后的确不是仁宗生母——废太子而立其他皇室子弟②，则仁宗性命堪虞，而朝廷亦必发生大规模暴力流血事件，宋朝即使不因此被颠覆，赵宋皇室亦会元气大伤，故对刘皇后的权力以限制而不以反对为主，实为当时最有利于太子及赵氏皇族的选择。

"中宫非倚皇储之重，则人心亦不附"，其实是更进一步向刘皇后表明母子关系的重要性。仁宗虽非皇后所生，而皇后却在他出生后立即认作自己的儿子，原因前文已述，乃真宗欲为刘氏立后创造条件。刘氏在成为皇后之前，即有倚重皇储之势。宋代政治环境亦与前代不同，世家大族的势力，遭五代乱离，已被消灭殆尽。宋代从太宗起，重用文臣，至真宗末年，经两朝经营，已建立起一套

---

① 张星久：《母权与帝制中国的后妃政治》，载《武汉大学学报》（社会科学版）2003 年第 1 期。

② 在当时朝臣看来，废立太子未必不会发生，《旧闻证误》引傅献简《嘉话》云："真宗寝疾，仁宗幼冲，流言有夺嫡之议。"此段记录被李心传证误，原因是涉及高琼，而高琼当时已然去世。但空穴来风，未必无因，该记录正反映出当时士大夫们的忧虑。而事实上，刘后亦曾养荆王子于禁中，此举为刘后或无他想，然于士大夫们，则是非常敏感的举动。见李心传：《旧闻证误》遗补，第 69 页；李焘：《长编》卷112，明道二年四月己未条，第 2612 页；苏辙：《龙川别志》卷上，第 78 页。

系统的适于皇帝实施专制统治的文官制度。朝廷上与皇帝共商朝政的,不再是公卿大族,而是通过科举进入官场的文人士大夫。换言之,朝廷内外不论何人,均已无家族势力可依,皇后亦不例外。就刘氏而言,她出身寒微,本家家族之人,从未见记于史,其所谓外戚者,只是从前之龚美、现在之刘美的家族,但亦不成气候。而宋真宗末年,宦官尚未能如北宋末年之童贯等人,可左右朝政,故刘皇后欲依靠宦官统治朝廷,亦不可能,且以刘后之智,对宦官亦不可能信任。① 故刘后所能真正赖之管理朝政者,唯士大夫也。而科举出身的士大夫,其心所向者,唯皇帝而已,纵然皇帝年幼,太后辅政,乃代为行使最高权力的权宜之计;若太后越过皇帝单独行使最高权力,则被士大夫们视为非法。故王曾乃清楚向刘皇后表明,若皇后要继续保持现状,行使皇权,则必须以母亲的身份保护幼主,并代为执政,如果废太子而另立他人,或效法武后自立为帝,则朝中人心离散,刘氏家族在朝中势力又无法与汉之吕氏、唐之武氏相比,必遭灭亡。故王曾最后说:"后厚于太子,则太子安,太子安,乃所以安刘氏也。"实欲告诉刘皇后母与子在政治中的互动和辩证关系,使其能够做到母慈子孝,从而使真、仁两朝顺利过渡。事实证明,这种劝谕深为刘皇后接受,以至于"两宫由是益亲,人遂无间"②,效果优于寇准与李迪的激烈抵抗。

---

① 关于刘后时期之外戚与宦官,可参见下文。
② 李焘:《长编》卷96,天禧四年闰十二月乙亥条,第2233页。

二、刘后对仁宗的保育与控制

刘后对王曾的话深表同意,对仁宗的保育与培养也甚是周到:"太子动息,后必躬亲调护,暂去左右,则继遣询问,至于乳保、小臣,皆择谨愿岁久者,旦夕教其恭恪。"①事实上,大量史料证明,刘后在保育仁宗方面尽了自己的努力,这种努力,无论在生活上、学业上,还是在道德观、价值观的培养上,均能体现。

首先是生活上的,此乃保育孩子的最基本方面。司马光曾说,仁宗在立后之前,"居处不离章献卧内"②,再加上"太子动息,后必躬亲调护,暂去左右,则继遣询问"的记载,可以看到,刘皇后一直在仁宗身边,陪伴他走过从婴儿到少年的成长道路。对于这个时期的孩子来说,父母的陪伴是非常重要的,否则分离恐惧将影响其日后的心理与性格。所以在这一点上,刘氏确实尽了母亲的责任,至少让仁宗在童年时期不缺母爱。此外,据司马光所载:"上幼冲即位,章献性严,动以礼法禁约之,未尝假以颜色,章惠以恩抚之。上多苦风痰,章献禁虾蟹海物不得进御,章惠尝藏弄以食之,曰:'太后何苦虐吾儿如此。'"③在此故事中,刘太后乃代替真宗扮演严父的角色,她在生活上对仁宗严谨细致,有些事情的确对仁宗身体无益,她会坚决反对,但她的最终目的,是为了仁宗的身体。

① 李焘:《长编》卷98,乾兴元年二月甲寅条,第2270页。
② 范祖禹:《上宣仁皇后乞保护圣体》,载赵汝愚:《宋朝诸臣奏议》卷29《帝系门·嫔御》,第283页。
③ 司马光:《涑水记闻》卷8《章惠皇后及其弟杨景宗》,第153页。

其次,在学业上,刘太后对仁宗的培养,也是尽心尽力。真宗去世不久,刘太后即下诏说"(皇帝)双日虽不视事,亦当宣召近臣入侍讲读,冀不废学也"①。她为仁宗任命的老师,乃当时名儒孙奭与冯元,陪读的学士李维与晏殊,均是著名的文学之士。并且,为了仁宗能够学习更多,刘太后还下令,从此以后,"虽只日亦召侍臣讲读"②。此外,刘太后为让仁宗更好地接受知识,亦颇费心思。她命宋绶等人"择前代文字可资孝养、补政治者,以备帝览"③。同时,她"又纂郊祀仪仗为《卤簿图》三十卷,诏翰林待诏高克明等绘画之,极为精妙,叙事于左。令傅姆辈日夕侍上展玩之,解释诱进"④。

关于刘太后对仁宗道德观的培养,史籍所记不多,较常见的是她跟仁宗共同听政时,指点介绍一些大臣,跟仁宗谈论他们的道德

① 李焘:《长编》卷98,乾兴元年三月戊寅条,第2277页。
② 李焘:《长编》卷99,乾兴元年十一月辛巳条,第2303页。其原文如下:"始御崇政殿西阁,召翰林侍讲学士孙奭、龙图阁直学士兼侍讲冯元讲《论语》,侍读学士李维,晏殊与焉。初,诏双日御经筵。自是,虽只日亦召侍臣讲读。王曾以上新即位,宜近师儒,故令奭等入侍。上在经筵,或左右瞻瞩,或足敲踏床,则奭拱立不讲,体貌必庄,上亦为竦然改听。"从仁宗读书之仪表与态度看,显然仍有孩童心性,刘后委鸿儒培育之,实欲其专于学业。刘后对仁宗的教育,于此可见。
③ 李焘:《长编》卷104,天圣四年闰五月甲子条,第2409页。
④ 王明清:《挥麈录》后录卷1《章献太后命儒臣编书,镂板禁中》,第42页。

修养。① 在价值观培养方面，《曲洧旧闻》提供了很好的例证：

> 祖宗平僭乱，凡诸国瑰宝珍奇之物，皆藏于奉宸库，自建隆以来，有司岁时点检之而已，未尝敢用也。至章献明肃皇后垂帘日，仁宗入近习之言，欲一往观，后以帝春秋鼎盛，此非所以示之也。乃诏择日开库，设香案而拜，具言祖宗混一四海，创业艰难，此皆诸国失德不能有，故归我帑藏，今日观之，正可为鉴戒。若取以为玩好，或以供服用，则是蹈覆车之故辙，非祖宗垂训之意也。②

仁宗欲玩赏奉宸库内的宝物，刘太后并没有直接拒绝他，而是趁机给他上了深刻的一课，让他知道祖宗江山得来不易，故不能玩物丧志，重蹈覆辙。这其实很好地规范了仁宗的价值观，使他知道江山和宝物该如何取舍。这段史料还可注意的一点是，仁宗身边已出现宦官惑主的迹象。历史证明，很多宦官之所以能够专权，乃来自皇帝的宠信，而他们与皇帝的关系，多是从小培养的。刘太后既然"晓书史"，当然亦深通此理，故一开始就在仁宗身边给他选择

----

① 如余靖曾提及："上初即位，富于春秋，庄献皇太后五日一垂帘，御长春殿共断天下事。故事，大尹上殿，职官一员同陟殿陛，与大尹东西立黼扆前，腰笏对展奏牍，听上裁决。一日奏事退，庄献指公语上曰：'此林某（林从周）也。'近侍咸闻焉。公之奏事常出文法之外，故两宫多之。"见余靖：《武溪集》卷19《宋故两浙提点刑狱尚书度支员外郎林公墓碣铭》，载《宋集珍本丛刊》第三册，第311页。《广东通志》亦载其事，见郝玉麟监修，鲁曾煜编纂：《广东通志》卷44《人物志·林从周》，景印文渊阁四库全书本，台北：台湾商务印书馆，1986年，第564册，第59—60页。

② 朱弁：《曲洧旧闻》卷1，北京：中华书局，2002年，第97—98页。

"谨愿岁久者"。而当出现这种宦官惑主的苗头,刘太后是"词色严厉,中官皆恐惧流汗",故朱弁评论道:"后之用心,岂不深且远哉!"①

当然,为仁宗选择身边之人,无疑亦是刘太后控制仁宗的手段。她要通过保育仁宗而实施专政,则必须让仁宗对自己言听计从。在亲情上,仁宗此时尚认为太后是自己生母,对母亲当然千依百顺,但太后亦恐防仁宗身边之人挑拨其母子关系,甚至道出事实真相,如此则极不利于她继续掌握朝廷大政,故她亲自挑选人员侍奉仁宗,亦是情理之中。而最能体现这一点的,当是为仁宗挑选皇后。

天圣二年(1024)九月,"皇太后手书赐中书门下,以故中书令郭崇孙女为皇后"②。但郭氏并非没有竞争对手,当时仁宗所意属者,记录在史书中的有两人。其一为蜀中商人王蒙正的女儿王氏,《挥麈录》云:"先是,昭陵聘后蜀中,有王氏女,姿色冠世,入京备选。章献一见,以为妖艳太甚,恐不利于少主,乃以嫁其侄从德,而择郭后位中宫,上终不乐之。"③事实上,王蒙正女为刘从德妻的记载,最早出现于天圣元年(1023),故仁宗不可能在二年欲立其为后。然而,仁宗后来依恋王氏的记载并不少见,当中更引出了富弼封还仁宗恢复王氏遂国夫人封号词头的美事。王氏作为刘从德的

---

① 朱弁:《曲洧旧闻》卷1,第98页。
② 李焘:《长编》卷102,天圣二年九月庚子条,第2367页。《长编》与《宋史·郭皇后传》俱云郭氏为郭崇孙女,然《宋史·郭崇传》云崇子守璘,守璘子允恭,郭氏乃允恭之女,以此推算,郭氏当为郭崇曾孙女。见脱脱等:《宋史》卷242《郭皇后传》,第8616页;卷255《郭崇传》,第8903页。
③ 王明清:《挥麈录》后录卷2,第80页。

遗孀，是刘太后的外家媳妇，经常入宫觐见并不是怪事，仁宗由此接触并迷恋上她，也不奇怪。王明清在《挥麈录》中记载仁宗想让她当皇后，估计是从后来的事情中附会出来的。①

王氏的家庭出身，也决定了她不可能当上皇后。在刘太后立郭氏为皇后的手书中，就有"赠中书令郭崇孙女，衣冠令族，汾晋名家，积庆流光，遂生贤淑"②之语。换言之，她心目中的皇后人选，要从衣冠名族里面选的。她曾对大臣们说："自古外戚之家，鲜能以富贵自保，故兹选于衰旧之门，庶免他日或扰圣政也。"③从这两段材料，可以看出刘太后立郭氏的意图。首先，是选后于衰旧之门。显然，所谓"衰旧之门"，并非门第低下，而是昔日曾经显赫过，而今门庭衰落的家庭。张邦炜教授认为，宋初后妃的出身门第，并非甲姓大族。④ 这个观点没有问题，但不能否认的是，在刘太后之前，宋初的每一位皇后（死后被追封者除外）都或出自前朝名门，或宋朝的开国名将之家。如太祖宋皇后的母亲，是后汉的永宁公主；太宗符皇后，是魏王符彦卿之女；明德李皇后，是开国大将李处耘之女；真宗章怀潘皇后，是大将潘美的女儿；章穆郭皇后，是宣徽南院使郭守文的女儿；等等，不一而足。⑤ 宋初皇后的选择之所以如此，可能与太祖曾经许下的诺言有关。他曾对大将们许诺道："我且与尔

---

① 见李焘：《长编》卷100，天圣元年七月己巳条，第2325页；卷133，庆历元年九月戊午条，第3174页。
② 《宋大诏令集》卷18《皇太后降立郭皇后手书》，第89页。
③ 李焘：《长编》卷102，天圣二年九月庚子条，第2367页。
④ 见张邦炜：《试论宋代"婚姻不问阀阅"》，载氏著：《宋代婚姻家族史论》，第39—61页。
⑤ 以上相关皇后的出身，可参见脱脱等：《宋史》卷242《后妃上》，第8606—8628页。

曹约为婚姻,君臣之间,两无猜疑,上下相安,不亦善乎!"①这一承诺在宋初的确是得到实践的,而且被作为一条不成文的家法。在章献刘皇后以前及以后,宋代皇后多选于将门,只有神宗向皇后来自己故宰相门第。这种状况,一直到哲宗废孟后,立昭怀刘氏为后,才有所改变。② 事实上,宋初士大夫对于皇后的人选,虽不计较是否三代公卿、甲姓大族,但还是比较注重其门第出身的,刘太后自己被立之时,就深有感受,而且她以卑微的出身成为皇后,在宋初是一个特例。

此时,离真宗驾崩、仁宗继位不过两年时间,刘太后为仁宗立后,目的是要让仁宗"正家",然后使天下安定,两朝皇帝能够顺利过渡,当然也为了使她自己垂帘听政能够顺利进行。为了减少阻力,更重要的是为了避免大臣们对她有所非难,她以出身门第作为立后的门槛,自然不可避免。在后来册立郭皇后的制书中,很明确写有"历选门阀,为求淑良"之语,并认为郭氏是"将相之家,簪缨不绝"③。制书由词臣所写,体现的却是刘太后的意思,这反映出当时太后与朝廷大臣在立后问题上的共识,故仁宗即便当真意属王蒙正之女,刘太后也必定不会同意。后来仁宗亲政,废郭皇后,重新立后时,本想选商人陈子城之女,但也遭到大臣们的反对,最终不得不立开国大将曹彬的孙女曹氏为皇后。④ 由此可见,北宋大臣对于皇后的门第出身依然非常在意。

---

① 李焘:《长编》卷2,建隆二年七月戊辰条,第50页。
② 见脱脱等:《宋史》卷243《后妃下》,第8630—8638页。
③ 《宋大诏令集》卷18《立郭皇后制》,第89页。
④ 见李焘:《长编》卷115,景祐元年九月辛丑条,第2700页。

郭氏的另一位竞争者，乃宋初骁骑卫上将军张美的曾孙女张氏，据《长编》记载，当时仁宗想以她为皇后，但由于刘太后"固欲立郭后"，此事才作罢。[①] 不过张氏也被纳入宫中，成为仁宗的妃嫔。为何刘氏"固欲立郭后"，笔者认为原因有二，其一还是门第出身问题。张氏虽也是出身将门，可她的曾祖父却远远比不上郭崇，因为郭崇是后周的开国功臣，在后周时已经是"同平章事"，相当于带了个宰相的头衔，而入宋之后又被加赠侍中，甚至死后被追赠为中书令。[②] 张美则是刀笔吏出身，他不受周太祖郭威待见，后来是得到了柴荣的提拔。尽管他是将军，但更多还是处理财政上的事务。[③] 郭氏还有另外一层关系，她的祖母乃太宗明德李皇后的姐姐，出自五代宋初的名将家族上党李氏[④]，而上党李氏的另外一个姻亲，则是真定曹氏[⑤]，也就是宋初名将曹彬的家族，仁宗的下一个皇后也就出自曹家。这几家在一起，基本织就宋初武将家族的关系网，这也是张美家不能相比的。

其二则是她对大臣所说的"庶免他日或扰圣政"[⑥]。此话有两层意思。表层的意思是新立的皇后不能干扰朝政，也不能使皇帝无心学业与国事；更深一层的意思则是，作为垂帘太后，刘太后既"君临天下"，又是六宫之主，她希望皇后能对她俯首听命，不干扰

---

① 李焘：《长编》卷 104，天圣四年四月丁巳条，第 2405 页。
② 见脱脱等：《宋史》卷 255《郭崇传》，第 8901—8903 页。
③ 见脱脱等：《宋史》卷 259《张美传》，第 8997—8998 页。
④ 见脱脱等：《宋史》卷 255《郭崇传附郭守璘传》，第 8903 页。
⑤ 据何冠环先生考证，李继隆次女嫁曹彬子曹玹。见何冠环：《攀龙附凤：北宋潞州上党李氏外戚将门研究》，香港：中华书局，2013 年，第 421 页。
⑥ 李焘：《长编》卷 102，天圣二年九月庚子条，第 2367 页。

其垂帘"圣政",同时,皇后也要有利于她与皇帝之间的关系。对刘太后来说,如果所立新后非出己意,自己未必能有效控制。仁宗所中意的张氏,在太后眼中便属此类。事实上,刘太后所立之郭氏,在太后驾崩之前,一直对她非常恭顺,甚至"挟庄献势,颇骄"[1],这也为日后仁宗废后埋下祸患。[2] 在那个时代,母亲为儿子娶妇,乃理所当然之事,刘太后在此次立后中,扮演的是一个母亲的角色,她跟其他母亲一样,按照自己的意愿,为儿子订立亲事,然于政治上,这门亲事对刘太后也是有利的。

就立后之事而言,刘太后固有私心,但其通过郭皇后对仁宗的控制,亦可从另一角度视为约束。随着仁宗渐长,血气方刚,对于身边宫娥嫔妃亦颇欲宠幸,但郭皇后则是"恃章献骄妒,后宫莫得进"[3]。刘太后未必赞成郭皇后"骄妒"的行为,但对于郭皇后遏制"后宫莫得进",她却是很赞成的,她不愿意年轻的仁宗因沉溺后宫而荒废学业和国事,婆媳俩在这方面结成了天然的同盟。其实刘太后所考虑的不无道理,在她去世后不久,年方二十五岁的仁宗便"稍自纵,宫人尚氏、杨氏骤有宠"[4]。结果是身体日渐衰弱,甚至

① 《长编》卷113,明道二年十二月乙卯条,第2648页。
② 关于仁宗废后,可参见杨果、刘广丰:《宋仁宗郭皇后被废案探议》,载《史学集刊》2008年第1期。
③ 司马光:《涑水记闻》卷8《郭后之废》,第157页。
④ 李焘:《长编》卷113,明道二年十二月乙卯条,第2648页。

一度"不豫"①。

综上所述，刘太后虽然不是仁宗生母，但作为养母，她不但尽了母亲的责任，而且母代父职，替真宗严格管教仁宗。她在仁宗的生活、学业、道德观和价值观的培养上克尽己能，即便是后来认为她过分干政的士大夫们，对此亦充分肯定。诚如司马光认为："章献明肃皇太后保护圣躬，纲纪四方，进贤退奸，镇抚中外，于赵氏实有大功。"②这其实也是当时士大夫的普遍看法。

天禧末年，以寇准为首的"太子党"跟以丁谓为首的"皇后党"引发的大规模政治争斗，其实质乃真宗死后最高权力如何行使的争论。在这次争斗中，太子党的寇准与李迪，以及他们的支持者大多被贬出朝，皇后党似乎获得胜利。但王曾的一席话，向刘后揭示出母子关系的政治价值所在，终成功使刘后认清当时形势，并以保扶仁宗为己任。真宗崩后，刘后通过宣布真宗遗命得以垂帘听政，丁谓却欲隔断内外独自掌权，刘后借助王曾之力将之铲除，并与朝臣厘定了一系列垂帘听政的仪式。至此，刘后终于能够掌握控制年幼的仁宗，她垂帘听政，在事实上得到众大臣的承认，且在当时亦具有合法性。但这只是一个开始，在今后的十一年中，女主垂帘

---

① 仁宗不豫之原因，可参考石介给王曾的信："正月以来，闻既废郭皇后，宠幸尚美人，宫庭传言，道路流布。或说圣人好近女室，渐有失德。自七月、八月来，所闻又甚，或言倡优日戏上前，妇人朋淫宫内，饮酒无时节，钟鼓连昼夜。近有人说圣体因是尝有不豫。《春秋传》曰：'是为近女室，疾如蛊，非鬼非食，惑以丧志。'斯不得不为虑也。"由此可知仁宗不豫乃因过于接近女色。见李焘：《长编》卷115，景祐元年八月戊辰条，第2694页；庚午条，第2694—2695页。

② 司马光：《温国文正司马公文集》卷25《上皇太后疏》，四部丛刊初编本，上海：商务印书馆，1929年，本卷第5页a。

政治该如何运行？刘太后与朝臣们的关系如何？他们之间如何合作，又如何博弈？刘太后与逐渐年长的仁宗又如何分配权力？这一系列问题，均是当时士大夫需要探索解答的；而这些问题，亦构成仁宗初年之政治画面。

第三章　宰执集团

　　宋代之宰执,包括宰相与执政。宰相不庸多言,而执政者,在宋代包括有副宰相之称的参知政事、枢密院的枢密使及其他枢密院正副官员。[1] 这些宰执官员,构成了当时朝廷的主要决策集团,国家大政方针,皆由所出。换言之,刘太后若要在其统治期间顺利处理国家大政,必须有效驾驭这一集团。然而,宰执集团权力相当大,尤其是身为政府首脑的宰相,其权力甚或可制约皇权。宰相对皇权之制约,主要体现于对诏书的署名权上,没有宰相署名的诏书,是为非法,不能作为正式公文发布。史称:"凡制敕所出,必自宰相。"[2]士大夫们认为,"不由凤阁鸾台,盖不谓之诏令"[3],"命令,帝王之枢机,必经中书参试,门下封驳,然后付尚书省施行,凡不由

---

① 如知枢密院事、枢密副使、同知枢密院事、签署枢密院事、同签署枢密院事等。

② 李焘:《长编》卷 18,太平兴国二年四月乙卯条,第 403 页。

③ 徐松辑:《宋会要辑稿》职官 1 之 79,第 2369 页。

三省施行者,名曰'斜封墨敕',不足效也"①。如前所述,真宗欲立刘氏为贵妃,诏书已然拟定,却还是被宰相李沆驳回,此即宋初宰相封驳权的典型例子。再如刘太后统治之天圣四年(1026),仁宗欲于第二年元旦先率群臣上皇太后寿,然后再接受百官朝拜,宰相王曾反对,仁宗欲成此事,亦只得"以墨诏付中书"②。中国古代皇帝诏书一般用朱砂写成,如用黑色墨水书写,则表明事出特殊,不足效法。

此外,宋代一些大臣喜欢面折廷争,以规范皇帝的行为,上文涉及的人物之一寇准即属此类。③ 张邦炜先生指出:"宰相等外朝官员面折廷争,不是为了削弱皇帝的正当权力,更不是为了动摇皇帝的最高统治者地位,目的仅仅在于防止皇权滥用,即从根本上维护皇权。宋代的皇帝对此一般是清楚的,因而往往加以肯定。"④张先生所言有理,但刘太后并非宋朝真正合法的皇帝,而只是皇权的暂时代理人,宰执集团(如鲁宗道者)对她的面折廷争,实际上是对她的制约、质疑甚至是反对,这无疑为刘太后的统治增加了一层压力。

出于各种原因,刘太后不能像前代主政后妃那样,用铁腕手段铲除异己。所幸的是,她与仁宗分享皇权,并且实际行使最高权

---

① 脱脱等:《宋史》卷405《刘戢传》,第12247页。

② 李焘:《长编》卷104,天圣四年十二月丁亥条,第2428页。

③ 寇准于朝廷上面折廷争的事例很多,限于篇幅,这里不⋯细述,可参考张其凡、刘广丰:《寇准的宦历、性格及思想》,载北京大学中国古代史研究中心主编:《邓广铭教授百年诞辰纪念论文集(1907—2007)》,第424—437页。

④ 见张邦炜:《论宋代的皇权和相权》,载《四川师范大学学报》(社会科学版)1994年第2期。

力,而皇权对于宰执大臣有一关键权力,即任免权。张其凡先生指出:"(宋代)相权虽隆,却从未危及皇权,令皇帝恐惧。究其缘由,是因为宰相虽握行政大权,但其本身的进退,完全操于皇帝之手,任命宰相时敕书之副署,往往使相行之,纯属象征意义。所以,即或专权如赵普者,太祖一纸令下,即行罢免了。这样,对于手握大权的宰相,就能够有效制约,不致演出前代权相擅权之事。……宋代宰辅之任职,不是凭门第,而是凭一己的才干,皇帝的赏识;他们一旦去职,即从政治上退出,不再给政治以重大影响了。宋人笔记中,每每特书一家几代为相者,正反映了此种情况之稀少。因此,宋代皇帝进退宰相之权是对相权的重大限制。"①刘太后在其统治之初,正是运用这种权力,配合真宗提出的"异论相搅"政治理论,使宰执集团的结构达到有利于己的平衡效果;其后,刘太后势力日固,地位日隆,她于天圣七年(1029)引发了一次政治风潮,使得王曾与曹利用两大势力同时退出中央朝廷,此后的宰执集团亦多为她的心腹官员,而少有异己者了。

第一节　"异论相搅"的政治实践

前文已然提及,宋神宗时,曾公亮曾说:"真宗用寇准,人或问真宗,真宗曰:'且要异论相搅,即各不敢为非。'"②所谓"异论相搅",就是同时任用政见不合,或关系不睦的大臣,让他们在朝廷上

---

① 见张其凡:《"皇帝与士大夫共治天下"试析——北宋政治架构探微》,载《暨南学报》(哲学社会科学版)2001 年第 6 期。
② 见李焘:《长编》卷213,熙宁三年七月壬辰条,第5169页。

互相制衡,不能独大,从而维护皇帝的最高权威。根据史料,"异论相搅"一词是真宗提出来的,故很多学者都把这种政治实践的开端定义在真宗朝①;当然,也有学者认为这种政治实践最早发生在太祖、太宗时期。② 然而,学界基本认同的是,"异论相搅"乃北宋的祖宗之法,其实践一直延续到北宋末期,甚至是南宋初期。③ 然而,就笔者目前所见,学界大多数成果对于"异论相搅"的讨论,均是从理论层面上将其作为其他研究观点的佐证,真正具体研究"异论相搅"的实际案例者,只有田志光与赵俊其两位先生的论文。④ 赵文篇幅有限,故论述相当粗浅,难以说明问题;而田文所论之史实,乃在"异论相搅"提出之前,其时或已存在"异论相搅"的现象,但未真正形成相关的政治理论。即如多数学者所认同的真宗拜王钦若为相而又用寇准,其实并非史实。王钦若于天禧元年(1017)八月拜相,三年(1019)六月罢相,而寇准随后拜相,时间上是错开的。⑤

---

① 如张邦炜:《两宋无内朝论》,载《河北学刊》1994 年第 1 期;何忠礼:《略论北宋前期的制度革新》,载《浙江社会科学》2011 年第 3 期。

② 见田志光:《宋初"异论相搅"祖宗法考论——以宰相赵普权力变迁为中心》,载《宋史研究论丛》2017 年第 1 期。

③ 见邓小南:《祖宗之法——北宋前期政治述略》,第 520 页;丁建军:《论中国古代的法律诚信缺失——以宋朝为对象的考察》,载《宋史研究论丛》2012 年第 1 期。

④ 田氏文章见前揭文,赵氏文章见赵俊其:《浅议"异论相搅"存在的合理依据——以欧阳修奏议为例》,载《山西青年》2016 年第 16 期。

⑤ 见徐自明著,王瑞来校补:《宋宰辅编年录校补》卷 3,第 134—136 页。当然,这也不能否认真宗是"异论相搅"这一政治理论的提出者,因为在真宗朝,宰执集团中确实同时存在政见不同,或关系不睦的大臣。如寇准任枢密使时,曹利用任副使;王钦若任枢密使时,马知节任副使。当然,如同笔者在上一章所言,真宗让寇准回朝很可能是为了制衡刘后,所以寇准"异论相搅"的对象,应该是皇后,而非某个大臣。

沈松勤认为,至仁宗时期,"异论相搅"的原则才具体化、制度化①,这种说法是有道理的,但仁宗朝"异论相搅"的肇始,乃刘太后的统治前期。也正是因为刘太后作为女主,其统治合法性遭到质疑,故她执政后亟需巩固自身的统治,同时避免来自士大夫集团的威胁。她最初以丁谓为首相,但后者的权力欲让她感受到威胁。②丁谓被贬后,宰执集团发生较大变化,一些素称正直的大臣,如吕夷简、鲁宗道等得入政府,成为参知政事,而一力推倒丁谓的王曾,亦得以拜相。枢密院方面基本维持人员不变,只是身为外戚之钱惟演由枢密副使升为枢密使。然而就在钱惟演拜枢密使的同年,他就因被同僚弹劾而罢,这使刘太后感到安插外戚、亲信官员在政府以为自己所用,并非易事;当时她也没有能力和势力,可以抛弃王曾等人而独立主政。故此,刘太后在天圣七年(1029)以前,乃娴熟地运用"异论相搅"的理论,削弱士大夫的权力,并暗中巩固和发展忠于自己的势力。这种现象,在当时的宰执集团中非常突出,可以说是北宋"异论相搅"政治实践的经典案例。③

一、乾兴元年至天圣七年初的宰执结构

丁谓被贬后,宋朝宰执集团在人员上发生一些变化,从乾兴元

---

① 见沈松勤:《北宋台谏制度与党争》,载《历史研究》1998 年第 4 期。

② 关于丁谓的权力欲,可参见王瑞来:《宰相故事——士大夫政治下的权力场》,第 193—248 页。

③ 如前所述,"异论相搅"的概念乃由真宗提出,但刘太后在真宗时已经参与政治,对真宗的政治手段耳濡目染,此时沿袭其一贯做法,亦是理所当然之事。

年(1022)七月至天圣七年(1029)初,宰执集团相对稳定①,其结构变化,实质体现刘太后在其统治初期的用人思想。以下笔者专列四表,以清楚反映这段时期宰执集团的人员变动问题。

表 1:乾兴元年七月后至天圣七年初之宰相拜罢表②

宰相姓名	拜相日期	离职日期	离职原因	备注
冯拯	天禧四年十一月庚午	天圣元年九月丙寅	以病求罢,未几卒	自吏部尚书、检校太傅、同平章事、枢密使迁右仆射兼中书侍郎、太子少傅、同平章事、充景灵宫使、集贤殿大学士。乾兴元年(1022)二月丙寅,加司空,并兼侍中。③
王曾	乾兴元年七月辛未	天圣七年六月甲寅	玉清昭应宫灾,曾以使领不严,累表待罪	自礼部尚书、参知政事除中书侍郎、同平章事、集贤殿大学士、充会灵观使。天圣三年十二月癸丑,授行门下侍郎、兼户部尚书、同中书门下平章事、充玉清昭应宫使、昭文馆大学士、监修国史。

---

① 从以下四表可以看出,从乾兴元年(1022)七月重新任命宰执,到天圣七年(1029)初曹利用罢枢密使这段时期,宰执人员除个别以外,少有被罢免者,他们离职的原因,往往是卒于任上或得到擢拔升迁。政治争斗导致权力洗牌的情况,只出现于天圣七年,在此前后,刘太后一直维持着宰执集团的稳定性。

② 以下四个表格,其史料若无特别说明,则均来自徐自明著,王瑞来校补:《宋宰辅编年录校补》卷4,第159—197页。

③ 见李焘:《长编》卷98,乾兴元年二月丙寅条,第2237页。

续表

宰相姓名	拜相日期	离职日期	离职原因	备注
王钦若	天圣元年九月丙寅	天圣三年十一月戊申	卒于任上	自刑部尚书、知江宁府召拜守司空、兼门下侍郎、同平章事、充玉清昭应宫使、昭文馆大学士、监修国史再入相。
张知白	天圣三年十二月癸丑	天圣六年二月壬午	卒于任上	自枢密副使、行尚书右丞充祥源观使授工部尚书、同平章事、充会灵使、集贤殿大学士。
张士逊	天圣六年三月壬子	天圣七年二月丙寅	坐营救曹利用	自枢密副使、行尚书左丞、充祥源观使授礼部尚书、同平章事、充集贤殿大学士。

表2:乾兴元年七月至天圣七年初参知政事拜罢表

参知政事姓名	拜参政日期	离职日期	离职原因	备注
吕夷简	乾兴元年七月辛未	天圣七年二月丙寅	拜相	自龙图阁直学士、右谏议大夫、权知开封府迁给事中除。
鲁宗道	乾兴元年七月辛未	天圣七年二月庚申	卒于任上	自龙图阁直学士、兼侍讲、判流内铨迁右谏议大夫除。

表 3：乾兴元年七月至天圣七年初枢密使拜罢表表

枢密使姓名	拜枢密使日期	离职日期	离职原因	备注
曹利用	天禧三年十二月辛卯	天圣七年正月癸卯	坐从子曹汭不法事而罢，寻遭贬死	自检校太尉、宣徽北院使、知枢密院事兼群牧制置使除。 天禧四年（1020）七月庚子加同平章事。 乾兴元年（1022）二月丙寅，加左仆射，兼侍中。①
钱惟演	乾兴元年七月丙子	乾兴元年十一月丁卯	遭首相冯拯弹劾而罢	自枢密副使除，依前兵部尚书、充枢密使、祥源观使。
张耆②	天圣三年十二月乙丑	明道二年四月己未	缘为太后所用，仁宗亲政后罢免	自淮南节度使、检校太师、同平章事充。旻寻改名耆。

---

① 见李焘：《长编》卷 98，乾兴元年二月丙寅条，第 2237 页。
② 张耆原名张旻，本文为行文统一，通篇称之为张耆，其改名事，见李焘：《长编》卷 103，天圣三年十二月乙丑条，第 2395 页。

表4:乾兴元年七月至天圣七年初枢密副使拜罢表

枢密副使姓名	拜枢密副使日期	离职日期	离职原因	备注
张士逊	天禧五年正月丁酉	天圣六年三月壬子	拜相	自枢密直学士、右谏议大夫迁,依前兼太子詹事。①
张知白	乾兴元年十一月壬午②	天圣三年十二月癸丑	拜相	自翰林侍讲学士、尚书右丞、知南京召除,兼祥源观使。
晏殊	天圣三年十月辛酉	天圣五年正月己未	遭监察御史曹修古弹劾而罢	自翰林学士兼侍读学士、礼部侍郎、知制诰除。
夏竦	天圣五年正月戊辰	天圣七年二月丁卯③	除参知政事	自翰林学士、兼侍读学士、龙图阁直学士、起复尚书左司郎中、知制诰迁右谏议大夫除。④
姜遵	天圣六年三月癸丑⑤	天圣八年九月乙丑⑥	卒于任上	自右谏议大夫、知永兴军除。

---

① 关于张士逊拜枢密副使,《宋宰辅编年录校补》未见记载,现参见李焘:《长编》卷97,天禧五年正月丁酉条,第2240页。

② 《宋宰辅编年录校补》正文云张知白拜枢密副使与钱惟演罢枢密使同日,即十一月丁卯,然王瑞来先生已于校补中正其谬误,今从李焘:《长编》卷99,乾兴元年十一月壬午条,第2304页。

③ 李焘:《长编》卷107,天圣七年二月丁卯条,第2496页。

④ 《宋宰辅编年录校补》正文为"龙图阁学士","直"字依王瑞来先生校补提示,参考李焘:《长编》卷105,天圣五年正月戊辰条,第2435页添加。

⑤ 李焘:《长编》卷106,天圣六年三月癸丑条,第2468页。

⑥ 李焘:《长编》卷109,天圣八年九月乙丑条,第2544页。

续表

枢密副使姓名	拜枢密副使日期	离职日期	离职原因	备注
范雍	天圣六年三月己未①	明道二年四月己未	缘为太后所用,仁宗亲政后罢免	自龙图阁直学士、右谏议大夫、权三司使除。②

从上列四表可以看出,刘太后在乾兴元年(1022)丁谓被贬后提拔任用的有王曾、吕夷简、鲁宗道、张知白与钱惟演等人。钱惟演之用,当然有刘太后的私心,其原因正如冯拯所言"惟演以妹妻刘美,实太后姻家"③,刘太后欲把他安排在宰执之列,以培养自己势力,亦是可以料想之事。然而事与愿违,由于钱惟演为人并不受时人称道,朝廷上下恶其为人者大有人在,故在其拜枢密使四个月后,即遭首相冯拯弹劾罢免。钱惟演被罢,使刘太后认识到,在宋朝环境下,士大夫们根本不容许她重用外戚,况且她的外戚势力很小,不足以独当大任。除钱惟演以外,其余被提拔任用的四位大

---

① 李焘:《长编》卷106,天圣六年三月己未条,第2469页。

② 《宋宰辅编年录校补》正文为"龙图阁学士","直"字参考李焘:《长编》卷106,天圣六年三月己未条,第2469页添加。

③ 李焘:《长编》卷99,乾兴元年十一月丁卯条,第2300页。

臣，均是史上之贤臣能吏，令名昭卓①，后来有漕臣以余粮邀功，刘太后即曰："卿识王曾、张知白、吕夷简、鲁宗道乎？此四人岂因献羡余进哉！"②由此可见，刘太后任用贤臣、能臣为宰执，均其自愿，这反映出她初政期间，实欲借这些大臣之手，处理好当时朝政。③

然而，刘太后的好意，士大夫们未必接受，他们所尊崇拥戴者，乃未成年的仁宗皇帝，只有他才是大宋王朝的合法君主，而刘太后仅是皇权的代理人而已，如何抑制刘太后，以免其权力过大，致使发生前代所谓"女主之祸"，是士大夫们要考虑的问题。故此，这些士大夫虽然得到刘太后的重用，但在皇权问题上，只要刘太后有所僭越，他们都会据理力争，以保障仁宗的法统与权益。而即便是其他琐碎之事，若刘太后有不当之举，他们亦会力争到底。如鲁宗

---

① 王曾、张知白、鲁宗道三人被认为是正直大臣，如司马光言："大臣忠厚如王曾，清纯如张知白，刚正如鲁宗道，质直如薛奎者，殿下当信之、用之，与共谋天下事。"见司马光：《上慈圣皇后论任人赏罚要在至公名体礼数当自抑损》，载赵汝愚：《宋朝诸臣奏议》卷 26《帝系门·皇太后》，第 250 页。吕夷简是否正直，争议较大，然论为能臣，当亦符合史实。关于吕夷简，可参见陈峰：《试论北宋名相吕夷简的政治"操术"》，载《中州学刊》1998 年第 6 期；陈峰、张瑾：《吕夷简与北宋中叶的政风》，载《西北大学学报》（哲学社会科学版）2001 年第 1 期；姚红：《北宋宰相吕夷简奸臣说献疑》，载《人文杂志》2008 年第 3 期；王志双：《吕夷简与宋仁宗前期政治研究》，硕士学位论文，保定：河北大学，2000 年。近年来学界关于王曾的为人也有争议，下文提及他与张知白的矛盾中，他与鲁宗道的行为也算不上光明磊落。见顾宏义：《谁增"权"字：宋仁宗继位初年丁谓、王曾政争发覆》，载《中山大学学报》（社会科学版）2023 年第 4 期。
② 脱脱等：《宋史》卷 242《刘皇后传》，第 8615 页。
③ 刘太后对大臣的考察，或出于自己的观察，如王曾者，之前帮助刘太后推倒丁谓，早已显示出其才能，故刘太后能重用之；真宗推荐亦是刘太后选择执政的重要因素，如鲁宗道，则是真宗"尝以语太后，太后识之，于是并夷简皆首蒙擢任"。见李焘：《长编》卷 99，乾兴元年七月辛未条，第 2291 页。

道,曾多次当面谏阻、驳斥,甚至顶撞刘太后。如天圣六年(1028)京师富民陈氏杀佣作之事,《能改斋漫录》记载道:

> 鲁简肃公宗道,仁宗时,参政事。京师富民陈子城殴杀磨工,初有诏立赏追捕,数日,中旨罢之。鲁公争于帘前曰:"陈某家豪,不宜保庇。"章献怒曰:"卿安知其家豪?"鲁公曰:"若不家豪,安得关节至禁中。"章献默然。①

这种面折廷争的压力当然不只来自鲁宗道一人,王曾、曹利用等其他宰执大臣,亦曾经当面反对刘太后一些举措,而在当时朝廷中,刘太后并无自己的势力可制约这些宰执大臣。但是,刘太后有自己的方法去驾驭他们,此即所谓"异论相搅",即让当时宰执分为意见相左的派系,使他们互相制约,以此达到权力制衡,从而使宰执的权力不致侵害刘太后的既得权力。

---

① 吴曾:《能改斋漫录》卷13《记事·真宗书鲁宗道刚直于殿柱》,上海:上海古籍出版社,1979年,第389页。《长编》亦记其事,云:"开封富民陈氏杀佣作者,而诬以自经死,事觉,辄逃匿不获。判官、侍御史李应言指其豪横结权要,请严捕之。壬辰,出应言知河阳,而事遂缓。应言寻徙寿州。"然《长编》记载未与吴氏所载相抵牾,或鲁、李二人分别对刘太后提及此事。见李焘:《长编》卷106,天圣六年二月壬辰条,第2466页。关于鲁宗道与刘太后正面交锋之记载尚有很多,如《长编》于鲁宗道卒条云,"太后临朝,宗道屡有献替,太后问唐武后何如主,对曰:'唐之罪人也,几危社稷。'后默然。时有上言请立刘氏七庙者,太后以问辅臣,众不敢对,宗道独曰:'不可。'退谓同列:'若立刘氏七庙,如嗣君何!'帝与太后将同幸慈孝寺,欲以大安辇前帝行,宗道曰:'妇人有三从,在家从父,嫁从夫,夫殁从子。'太后命辇后乘舆"。见李焘:《长编》卷107,天圣七年二月庚申条,第2494页。

二、中书与枢密院的相互制衡

从上列四表可以看出，乾兴元年（1022）七月到天圣七年（1029）初，一直位居政府的有五位大臣，即王曾、曹利用、张士逊、吕夷简和鲁宗道，而这五位大臣恰恰形成中书与枢密院的两大政治势力。中书方面，王曾自乾兴元年拜相，一直至天圣七年六月方罢相，任职可谓长久，而吕夷简与鲁宗道也是从乾兴元年开始任职中书，为参知政事，亦是至天圣七年（1029）才离职。诚如诸葛忆兵先生所言："参知政事的任命，往往体现宰相的意志。与宰相政见相同或相近者，关系密切或私交甚笃者，善阿谀奉承宰相者，总是优先被宰相引入中书，除拜执政。从另一方面来说，宰相只有推荐与他能相对保持一致的人选出任参知政事，才能保证自己的施政方针得以顺利贯彻实施。欲在政坛上有所作为或喜独揽大权的宰相，更加注意参知政事人选的选择。"① 若非工作沟通无间，他们三人何能合作七年。② 王曾早年在王旦的推荐下已认识吕夷简，且私

---

① 见诸葛忆兵：《宋代参知政事与宰相之关系初探》，载《北京师范大学学报》（社会科学版）1999 年第 1 期。

② 宋代宰执因同僚关系不好而调职乃常见之事，如同为刘太后统治之天圣七年（1029），刚在二月由枢密副使调任参知政事的夏竦，即于八月重新回到枢密副使任上，原因是"竦与夷简不相悦，故以（陈）尧佐易之"。当时吕夷简独相，把与己不协的夏竦调走，正好与诸葛忆兵先生的判断相印证。见徐自明著，王瑞来校补：《宋宰辅编年录校补》卷 4，天圣七年八月辛卯条，第 189 页。

交甚笃①,此时两人在一起工作,结成一派,亦是理所当然。至于鲁宗道,其性格孤直,《国老谈苑》云:"鲁宗道以孤直遇主,公家之事,知无不为。每中书罢归私宅,别居一小斋绘山水,题曰'退思岩',独游其间,虽家人罕接焉。"②单以这种性格而言,鲁宗道似非易与他人结成一派。然除"孤"这一性格以外,"直"同样是鲁宗道的一大性格特点,前述他敢当面顶撞刘太后,即是其证,他也由于这一性格,获得"鱼头参政"的外号。③ 他欲抑制刘太后权力的想法,正与王曾不谋而合,而对于其他宰执一些不当之事,他总是面加指责,不留情面,如曹利用、王钦若、张知白,都曾经成为他的指责对象。但就目前材料看,并未有发现鲁宗道与王曾忿争,甚至只是意见上有稍微相左的记录,而鲁宗道所指责的对象,多是与王曾不协之人,故把他划入王曾一派,应算属实,至少他的言行在客观上有利于王曾。

枢密院方面,自钱惟演被罢枢密使后,曹利用即在枢密院一人独大。他是先朝元老,在澶渊之盟中立下功勋,天禧三年(1019)被

---

① 王旦向王曾推荐吕夷简,可参见徐自明著,王瑞来校补:《宋宰辅编年录校补》卷4,明道二年四月己未条,第195页。原文云:"初,王曾为知制诰,一日至中书,见宰相王旦。旦谓曾曰:'吕夷简器识远大,君其善交之,异日当与君对秉钧轴。'"其后,吕夷简在王曾推荐下拜相;而仁宗亲政后,王曾亦在吕夷简推荐下先后拜枢相和宰相。但后来二人关系恶化,于景祐四年(1037)在朝廷上忿争,双双罢相。见徐自明著,王瑞来校补:《宋宰辅编年录校补》卷4,景祐元年八月庚午条,第205页;景祐二年二月戊辰条,第209页;景祐四年四月甲子条,第212页。

② 佚名:《国老谈苑》卷2,景印文渊阁四库全书本,台北:台湾商务印书馆,1986年,第1037册,第642页。

③ 《长编》云:"时目为'鱼头参政',因其姓,且言骨鲠如鱼头也。"见李焘:《长编》卷107,天圣七年二月庚申条,第2494页。

正式拜为枢密使,其后又帮助刘太后推倒寇准,真宗逝世后又以侍中拜枢相,其势力不容忽视。枢密副使张士逊,早于天禧五年(1021)入枢府,至天圣六年(1028)拜相,在枢府任职多年,其得以拜相,亦是上司曹利用推荐,故二人关系甚好。若说王曾等三人代表的是中书集团,则曹利用与张士逊乃枢密院集团的代表。这两股政治势力在刘太后统治初期,实为两股相互抗衡的力量。天圣初年,朝廷政治表面上风平浪静,而实际上这两股势力却是暗中较劲。

依史料记载,中书一方鲁宗道经常向曹利用发难:"曹利用恃权骄横,宗道屡折之帝前。"①按理说曹利用以侍中为枢相,地位比鲁宗道高很多,鲁宗道之所以敢在仁宗面前向曹利用发难,应该是基于宋代士大夫抑制武人的习惯②,身为文臣的鲁宗道根本看不起武职出身的曹利用。对跟曹利用亲厚的张士逊,鲁宗道亦不放过。《长编》同条云:"执政多任子于馆阁读书,宗道曰:'馆阁育天下英才,岂纨绔子弟得以恩泽处邪!吾子诚幼,已任京官,然终不使恩国恩。'"此处只云执政,似乎没有特殊指向,但吕中《宋大事记讲义》对同一事件之记载明确指出:"天圣六年,宰相张士逊请以其子为校勘,上曰:'馆阁所以待天下之英俊,不可私授。'鲁宗道曰:'馆

---

① 李焘:《长编》卷107,天圣七年二月庚申条,帝2494页。
② 陈峰先生认为,"崇文抑武"乃宋代的家法。然而,也有学者如何冠环先生认为,主张宋代存在"崇文抑武"现象的讨论,"似乎忽略了宋代君主(包括女主)的角色",而对于外戚、武将的抑制,更多是出于文人。鉴于笔者目前未能发现宋朝有明令抑制武人,故更倾向于何先生的观点。见陈峰:《武士的悲哀——北宋崇文抑武现象透析》,西安:陕西人民教育出版社,2000年,第1—3页;何冠环:《攀龙附凤——北宋潞州上党李氏外戚将门研究》,第396—397页。

阁育天下英才,岂纨袴子弟得以处耶!'"①显然,鲁宗道所指者,乃为曹利用推荐的新任宰相张士逊。

上述两事,其实均是小事,王曾与曹利用的真正交锋,乃在于天圣三年(1025)末宰执大臣叙班的问题上:

> 国朝故事,叙班以宰相为首,亲王次之,使相又次之,枢密使虽检校三师、兼侍中、尚书、中书令,犹班宰相下。咸平初,曹彬以枢密使兼侍中,位户部侍郎、平章事李沆下,循故事也。乾兴初,王曾由次相为会灵观使,曹利用由枢密使领景灵宫使,时以宫观使为重,诏利用班曾上,然议者深以为非。至是,曾进昭文馆大学士、玉清昭应宫使,同集殿庐,将告谢,而利用犹欲班曾上,阁门不敢裁。帝与太后坐承明殿,久之,遣押班江德明趣阁门,阁门皇惑,莫知所出。曾抗声目吏曰:"但奏宰相王曾等告谢。"班既定,利用郁郁不平,帝使张士逊慰晓之。庚申,诏宰相、枢密使叙班如故事,而利用志骄,尚居次相张知白上。②

大臣排班次序,体现的实际是权力之大小与地位之高低。以宰相为班首,实乃宋朝制度,且宋代从来未有枢密使班在宰相之上

---

① 吕中撰,张其凡、白晓霞整理:《类编皇朝大事记讲义》卷9《仁宗皇帝·馆阁》,上海:上海人民出版社,2014年,第193页。
② 李焘:《长编》卷103,天圣三年十二月癸丑条,第2394页。

的。① 乾兴以后的叙班次序，其实是刘太后对中书与枢密院的一种平衡手段。当初让曹利用叙班于王曾之上，是因为王曾当时是次相；首相冯拯已然居首，若序列第二者仍是中书的宰相，则不符合"异论相搅"的权力平衡原则，故刘太后以"宫观使为重"为由，让曹利用居于次席，但这已经是有违祖制。冯拯死后，继任首相者乃王钦若，而非王曾，故曹利用仍可位居王曾之上。但至天圣三年（1025）末，王曾已然升任首相，若曹利用再位居王曾之上，则是以枢相为班首，这一来不符合刘太后权力平衡的原则，二来更是完全破坏了宋朝开国以来的制度。故此，曹利用的要求是根本不可能实现的，而王曾于此事上亦是据理力争。其实班次排序并没有改变原来的权力格局，王曾以次相升首相，权力与地位的确比之前有所提升，然就宰执结构而言，中书与枢密院的权力依然平衡，中书依旧是两位宰相、两位参知政事；而枢密院还是曹利用一人独大，枢密副使算上新任的晏殊，也还是两位；曹利用的班次依然位居新任次相张知白之上。这次事件，实乃曹利用不明事体的意气之争，但此事亦使刘太后感觉到曹利用的骄横，为日后刘太后铲除他留下伏笔。

三、中书与枢密院的内部制衡

除了中书与枢密院两大宰执势力权力相互制衡，此两机构内

---

① 文彦博曾云："国朝枢密使无位宰相上者，独曹利用尝在王曾、张知白上。"见王称撰，吴洪泽笺证：《东都事略笺证》卷 67《文彦博传》，第 739 页。

部也有权力制衡,以避免一人独大,形成不可遏制的政治势力。在这两个机构的内部制衡中,"异论相搅"的政治理念得到充分发挥,几乎每位宰执,尤其是宰相与枢密使,都会受到另一名宰执的制约。正是这种制约,使得宰执之权力不致过大,从而侵害皇权,乃至皇权的代理人刘太后本身的既得权力。

首先是中书方面,王曾虽帮助刘太后推倒丁谓,并得以被提拔成为宰相,但论资排辈,冯拯本为次相,丁谓下台后便升为首相。此后,冯拯"颇欲蹑谓故迹",即欲效法丁谓独揽朝政,而"王曾独晓以祸福,且逆折之,拯不敢肆"①。当然,以冯拯"随波逐流"②的性格,并非独当大事之人,故能被王曾所镇;而王曾位列冯拯之下,自然受冯拯领导,这种相互制约的权力格局,正是刘太后希望看到的。

天圣元年(1023)九月,冯拯以疾求罢,未几逝世。按道理,王曾应升为首相,但刘太后估计已看到中书势力形成,并以王曾为首,故欲压制王曾,未以他为首相。就在冯拯罢相当天,回朝不久的王钦若即被擢为首相。刘太后这一任命并非临时决定,实已准备有时。王钦若本真宗宠臣,天禧四年(1020)时已欲重新任其职于政府,但当时宰相丁谓用计阻之,使事不能成;其后,丁谓又再用计,使王钦若获罪被贬分司南京。③ 至天圣元年(1023)时,王钦若

---

① 李焘:《长编》卷99,乾兴元年八月乙巳条,第2296页。
② "随波逐流"一语,出自何冠环先生对冯拯的评价,可参见何冠环:《宋初朋党与太平兴国三年进士》,第167页。
③ 见徐自明著,王瑞来校补:《宋宰辅编年录校补》卷3,天禧元年八月庚午条,第127页;天禧三年六月甲午条,第134页;李焘《长编》卷96,天禧四年十二月丁酉条,第2230页;卷97,天禧五年十一月甲申条,第2257页。

已累迁至刑部尚书知江宁府。当时刘太后见冯拯病重，即密召王钦若回朝：

> 冯拯病，太后有复相王钦若意。钦若时以刑部尚书知江宁府，上尝为飞白书"王钦若"字，适钦若有奏至，太后因取字缄置汤药合，遣中人赍以赐，且口宣召之，辅臣皆不与闻。己未，钦若至国门，始命中书徙知润州、光禄卿王随代钦若。①

刘太后深知冯拯病重，为政不能长久，若其一朝去职，王曾将失去制衡。此非刘太后所欲见之中书局面，因为她知王曾不会攀附于她，故不想对他过早提拔；但要找人位居其上，此人资历必须高于王曾方可。其时朝野之中，曾任宰相且尚在人世的只有三人：寇准、李迪与王钦若。前面二人乃刘太后主政的反对者，也是天禧政争的失败者，此时刘太后断不可能召他们回朝任相。王钦若乃太宗淳化三年（992）进士②，并且于真宗朝先后拜枢密使与宰相，资历比王曾高出甚多，以他制衡王曾，实为上选。但王钦若在真宗时首倡封禅泰山之事，为官名声并不甚好，且与当时中书王曾等大臣

---

① 《长编》卷101，天圣元年八月己未条，第2332页。《国老谈苑》对此事亦有记载，其文云："仁宗既即位，每朝退，多弄翰墨。一日学书，适遇江陵王钦若奏章上达，因飞帛大书'王钦若'三字，既罢，左右取之呈于太后。是时钦若有再命相之议，太后遂令中使赍其字缄为汤药，驰驿以赐钦若，即口宣召之。钦若至阙下故寂无知者。"见佚名：《国老谈苑》卷1，景印文渊阁四库全书本，第1037册，第635页。由此可见，所谓仁宗飞白书，实乃刘太后借仁宗名义宣召王钦若回朝。

② 见马端临：《文献通考》卷30《选举三》，考286上。

不协,其"五鬼"之名声,更出自王曾之口①,故刘太后乃密召王钦若入朝,以堵众议。从另一角度看,王钦若不可能跟王曾结为同党,这符合刘太后"异论相搅"的政治需求。

王钦若拜相后,日子并不好过,同列大臣往往对他横加批评,钦若不堪,曰:"王子明在政府日,不尔也。"鲁宗道曰:"王文正先朝重德,固非他人可企。公既执政平允,宗道安敢不服。"②由此可见,最为反对王钦若的,是王曾一方的鲁宗道。③ 天圣三年(1025)七月,知邵武军、职方员外郎吴植行贿案发,事情牵连王钦若,宰执大臣们又把矛头对准他:"时宰相晨朝,集待漏院,鲁宗道视钦若独不语,意象愠甚。既明,欲上马,忽有鼠突出,颇惶扰,宗道曰:'汝犹敢出头!'钦若甚愧焉。"④刘太后出于中书权力制衡考虑,并未追究他的责任,但王钦若却因此事,至本年末郁郁而终。⑤ 笔者于正史未见有王曾与王钦若于此时期正面交锋的记载,然于其他史料中,亦可见一二,如赵善璙记载云:

　　王钦若再秉大政,屡以宫观钦奉疏简不若昔时为言,明肃

---

① 仁宗曾对辅臣说:"钦若久在政府,观其所为,真奸邪也。"王曾对曰:"钦若与丁谓、林特、陈彭年、刘承规,时谓之'五鬼'。"见脱脱等:《宋史》卷283《王钦若传》,第9564页。

② 李焘:《长编》卷101,天圣元年九月丙寅条,第2333页。

③ 吕中甚至指出:"王钦若在政府,鲁宗道常与之争事。"见吕中撰,张其凡、白晓霞整理:《类编皇朝大事记讲义》卷14《神宗皇帝·参政损宰相省阅文书自唐介始》,第265页。

④ 李焘:《长编》卷103,天圣三年七月辛巳条,第2384页。《青箱杂记》云发吴植事者,乃王曾本人,见吴处厚:《青箱杂记》卷6,中华书局,1997年,第63页。

⑤ 李焘:《长编》卷103,天圣三年十一月戊申条,第2393页。

依违未能决。王沂公一日于帘前奏曰："天道远，人道迩。天禧中，灵文降，言先帝圣寿三万日。时钦若率先庆抃曰：'三万日，八十三岁。'太后必亦记之，后乃无验。然则今日钦奉之礼自不须过当。"钦若赧然而退，自尔不复言。①

由此可见，当时中书二相实属不和，而刘太后沿袭真宗"异论相搅"的宰执任免思路，亦能得到充分体现：王曾在首相王钦若与枢密院势力的制约下，权力受到限制；而首相王钦若亦未因其地位而获得过大权力，反而处处受制于人。李焘认为，王钦若此次拜相"不复能大用事如真宗时矣"②，但平心而论，他此次拜相亦未做出真宗朝时种种奸邪之事。相反，他于此时期朝廷政事方面屡有献替，实有利于刘太后统治时期的稳定与发展。如其拜相之初，即提出"方劝农，岂可常赋外复有追扰"③，旨在减轻京东、京西两路百姓的负担。再如在用人方面，他先后推荐张逸、陈从易、蔡齐、章得象等人④，这些大臣均是宋代历史上有名的贤臣。

王钦若死后，王曾一度短时期独相，但刘太后显然不欲就此结束这种权力制衡的格局，起码她目前尚未有足够势力驾驭只有一人独相的中书，故此必须别任一相，以制衡王曾。此时王曾已在中书任相三年，并经历两任首相，若再找一人任首相驾驭王曾，非但

---

① 赵善璙：《自警编》卷6，景印文渊阁四库全书本，台北：台湾商务印书馆，1986年，第875册，第344页。

② 李焘：《长编》卷101，天圣元年九月丙寅条，第2333页。

③ 李焘：《长编》卷101，天圣元年九月甲戌条，第2333—2334页。

④ 见《长编》卷102，天圣二年七月己亥条，第2362页；卷103，天圣三年正月壬子条，第2375—2376页；103，天圣三年三月己酉条，第2378页。

于理不通,且无合适人选①,故王曾被升为首相,而新任次相则是从枢密院擢升的张知白。② 这一任命显然是想以枢密院制衡中书,其后张士逊的任命亦意在于此。但如前所述,张知白与王曾等人同被誉为正直之臣,而史料上亦未见有关于他与曹利用等人相友善的记载,更遑论勾结,他此前虽为枢密副使,但应该不属于曹利用势力之内。张知白与王曾虽同为贤臣,但他们之间却曾发生矛盾。《宋史》其本传云:"时同列王曾迁给事中,犹班知白上,知白心不能平,累表辞之。"③此事发生于天禧元年(1017)张知白与王曾同在中书为参政之时。李焘记载此事时,在其注中辩称:"著位自有定制,知白何不平之有? 恐史官或加润饰耳。"④定制虽如此,但人心未必服,就王曾与张知白并相时期之事实看,二人的确有隙,据《长编》记载:

> 或言知白与虞部员外郎杨侂者善,自西川罢归,知白欲令审官先与除授,(王)曾不可,曰:"百执事厘务,自有次序,侂安可先也。"未几,曾以疾谒告,参知政事鲁宗道迎知白意,议先与侂官,知白欣然从之。后宗道乃对上发其事,知白惊愧自

① 其时资历在王曾之上者,恐怕只有当年与刘太后为敌的李迪,或被贬海外的丁谓了,但显然对刘太后而言,这两人均非合适的人选。
② 在涉及这段历史的论著或论文中,甚少有学者关注张知白,就笔者目前所见,只有何忠礼先生论及此处,曾曰:"天圣三年十一月,王钦若病卒,(刘太后)又擢曾经因立班上下而与王曾产生过矛盾的张知白为相。"然何先生亦只一语带过,并未深入阐述。见何忠礼:《宋代政治史》,杭州:浙江大学出版社,2007年,第138页。
③ 脱脱等:《宋史》卷310《张知白传》,第10187页。
④ 李焘:《长编》卷89,天禧元年二月癸未条注,第2043页。

失,退而引咎,谢曾,因之抑郁,数月而没。故知白不喜宗道,常语人曰:"铨曹中取一最不材选人,军巡狱中求一最无行者,亦当优于此人矣。"①

鲁宗道此举甚为阴损,似乎与其性格不符,故李焘在此条注中亦认为"知白素号贤相,宗道亦雅有直声,恐未必尔也。更须参考之"。但细细分析此中文字,可发现此中权谋术数与王曾隐忍性格甚为相符,他于推倒丁谓时,亦曾用此智数。再者,张知白被鲁宗道揭发进官不按次序之事,应向仁宗或刘太后谢罪,而文中只提及他"退而引咎,谢曾",可见他深知此事乃王曾授意鲁宗道所为。张知白号称贤相,实乃后人对他的评价,而在同为贤相的王曾看来,他只是政敌,对付政敌的办法,就如当初对待冯拯与王钦若一样"逆折之",鲁宗道既然认同王曾的为人与为政理念,当然亦不在乎用各种手段"逆折"王曾的政敌。在张知白死后,朝廷为他初议之谥号为"文节",太宗朝名臣王禹偁之子王嘉言认为"知白守道徇公,当官不挠,可谓正矣,请谥文正",王曾却以一句"文节,美谥矣"否决了这一提议。② 由此可见,王曾对张知白确实存有芥蒂。从王

---

① 李焘:《长编》卷106,天圣六年二月壬午条,第2466页。
② 见李焘:《长编》卷106,天圣六年二月壬午条,第2465页。当然,亦有记载说"文正"一谥甚为难得,如《梁谿漫志》记载云:"谥之美者,极于文正,司马温公尝言之而身得之。国朝以来,得此谥者惟公与王沂公、范希文而已。若李司空(昉)、王太尉(旦)皆谥文贞,后以犯仁宗嫌名,世遂呼为文正,其实非本谥也。如张文节、夏文庄,始皆欲以文正易名,而朝论迄不可。此谥不易得如此,其为历世之具深矣!"见费衮:《梁谿漫志》卷2《文正谥》,上海:上海古籍出版社,1985年,第19页。"文正"一谥虽然难得,然当时王曾阻止朝廷为张知白议此谥号,却也是事实。

曾处心积虑对付张知白看,张知白与王曾政见相左的情况应该甚多①,只是两人均号称当时贤相,史家或择善而载,或如李焘虽记载之,但又竭力为两人辩解,故难于现在寻找相关材料。其实二人之争,亦无损其贤相称誉,尤其是张知白,他虽与王曾政见不同,但他性格清纯,生活简朴,后人对他的评价是"常以盛满为戒,虽显贵,其清约如寒士"②。在抑制刘太后方面,张知白与王曾应无异议,《长编》曾记载他请罢各种土木工程,而这些工程建设,实为刘太后所主张。刘太后亦曾示意其夫人为他购买侍婢,被他断然拒绝。③ 事实上,刘太后对于张知白,所能利用者,非其对自己的忠心,而是他与王曾之间的矛盾,这种矛盾,使他们互相制衡,以实践"异论相搅"的政治思路。

天圣六年(1028)二月,张知白卒于任上,王曾又再独相,但不久,刘太后又重新任命一位新宰相,以制衡王曾的权力,他与张知白一样,乃从枢密副使擢升至中书任相,所不同的是,他乃曹利用的同盟张士逊,而他得以任相,亦是出于曹利用的推荐。根据《长编》记载,在选择宰相时,除曹利用推荐张士逊以外,王曾也推荐了他的属下吕夷简,刘太后欲相张士逊,但王曾极力劝阻,刘太后不

---

① 如有记载说,王曾曾主张校《道藏经》,但张知白则附和仁宗,表达不同的意见。见李焘:《长编》卷104,天圣四年二月庚戌条,第2401页。

② 李焘:《长编》卷106,天圣六年二月壬午条,第2465页。《宋史》对张知白的评价是:"在相位,慎名器,无毫发私。常以盛满为戒,虽显贵,其清约如寒士。"见脱脱等:《宋史》卷310《张知白传》,第10188页。《隆平集》对他的评价是:"其在相位,清约如寒士,慎重名器,人服其公。"见曾巩撰,王瑞来校证:《隆平集校证》卷5《张知白传》,北京:中华书局,2012年,第171—172页。

③ 罢土木营造事,见李焘:《长编》卷105,天圣五年六月癸未条,第2441—2442页;拒绝刘太后侍婢事,见王辟之:《渑水燕谈录》佚文,中华书局,1997年,第133页。

得已答应,但由于吕夷简辞让,故还是让张士逊为相。① 其实刘太后欲相张士逊的思路很清楚,还是想让枢密院出身的大臣制衡王曾,以免他的势力独主中书;王曾当然想摆脱这种掣肘,所以推荐吕夷简,从记载看,他在与刘太后的辩论中已经获胜。吕夷简乃一精明之人,他看到刘太后同意让他拜相实非自愿,于是主动向刘太后示好。事实证明,吕夷简的好意为刘太后所接受,为他日后得到刘太后信任而能在中书独相埋下伏笔。

刘太后欲相张士逊,其实还有一个原因,在此必须探讨一下这几年中枢密院结构的变化。其实从一开始,刘太后就有心把枢密院打造成自己的政治基地,钱惟演拜枢密使就是其中关键的一步,可惜他最终不能在这位置上坚持下来。曹利用本来是刘太后的心腹,在天禧政争中他一直站在刘太后一边,故在天圣三年(1025)以前,枢密院基本以曹利用单独任枢密使,而佐以两名枢密副使,这可以看出太后对他的信任。天圣三年(1025)张知白虽升为宰相,但此前不久晏殊被委任为枢密副使,故此原来结构并无变化。然而,曹利用与王曾争班次之事,让刘太后逐渐觉得他桀骜不驯,枢密院让他一人独大似乎并不安稳,故此,就在张知白任相不久,刘太后即召张耆回朝,与曹利用并任枢密使。张耆何许人也？他是真宗的藩邸旧臣,亦是刘太后的媒人与恩人。当初刘太后得入真宗藩邸,全仗张耆牵线;而刘太后被逐后,亦曾长期受张耆照顾,故二人交情深厚。可以说,张耆是刘太后真正的心腹,把他安插在枢密院当枢密使,一来可以制衡曹利用,使他不能在枢府一人独大,

---

① 见李焘:《长编》卷 106,天圣六年三月壬子条,第 2468 页。

二来也是刘太后的重新布置,在宰执集团中安插自己的势力。天圣五年(1027)晏殊被罢枢密副使,史载其根本原因乃他曾经反对张耆任枢密使。① 但笔者认为,从张耆拜枢密使到晏殊罢枢副,时隔一年左右,刘太后欲因此事罢晏殊,当可在张耆拜枢密时进行。估计是晏殊不但反对张耆拜枢密使,且在枢府与他不协,刘太后才有此决定。可见,刘太后对张耆"临朝最所优异"②。王曾曾对刘太后说:"太后不相夷简,以臣度圣意,不欲其班枢密使张耆上尔。耆一赤脚健儿,岂容妨贤至此!"③刘太后对此虽加以否认,但王曾所言何尝不是实情,吕夷简既为王曾势力内之人,若以他为相,班于张耆之上,不但打破宰执集团既定的权力结构,而且也不利于刘太后在枢密院培养势力。

综上可知,在天圣七年(1029)刘太后权力尚未稳固以前,她在政治上娴熟运用了真宗的"异论相搅"理论。在宰执集团中,她让中书与枢密院互相牵制;而在中书,她又让政见各异的大臣同时担任宰相;在枢密院,她则逐步排斥异己,将之打造成为自己的势力范围。在这种政治模式之下,尽管中书大臣并不一定完全服从太后,但也不敢轻易挑战太后的权威,从而让刘太后的统治得以稳定下来。实际上,刘太后对于"异论相搅"理论的实践并不限于宰执

① 见李焘:《长编》卷105,天圣五年正月庚申条,第2435页。
② 曾巩撰,王瑞来校证:《隆平集校证》卷10《张耆传》,第318页。
③ 李焘:《长编》卷107,天圣七年二月丙寅条,第2495页。王曾说张耆为一赤脚健儿,实不公允。张耆在真宗朝战功显赫,且在真宗劝谕之下勤修苦读,史称"颇知传记及术数之学,言象纬辄中",可谓能文能武;且其人格并非营苟逢迎之辈,在真宗修建玉清昭应宫时,张耆就曾"奏疏谓殚国财力,非所以承天意",见脱脱等:《宋史》卷290《张耆传》,第9709—9711页。

集团,她还大力发展台谏势力,以牵制宰执;同时也扶植特殊政治势力,如宦官、贵族妇女等,从而牵制士大夫集团。① 若如沈松勤所言,至仁宗时期"异论相搅"的原则才具体化、制度化②,则刘太后便是这种理论在实践中具体化、制度化的肇始者。

有宋一代,皇权得到加强,而士大夫们所维护的皇权,乃皇帝本人的权力。太后垂帘听政,虽然是北宋时期的政治特色之一,但太后本人也只是在皇帝缺位的情况下代为行使皇权而已,故太后权力的合法性并不稳固。刘太后作为北宋的第一位垂帘太后,也算是北宋太后垂帘制度的草创者,故从她掌握最高权力之日起,便受到士大夫们的掣肘。如何在垂帘之初树立威信,把控权力,将成为她的首要考虑。若是前代太后,或可依靠外戚家族秉政,但刘太后本人并无亲族,而所谓外戚者,也只是义兄刘美(原名龚美)的家族罢了,故此,"异论相搅"的实践对她而言,不失为一种驾驭朝局的办法。

"异论相搅"当然会导致行政效率的下降,而行政效率也一直是北宋政治饱受诟病之处。然而"异论相搅"理论的实践,也有其值得称道之处。大臣们互相牵制,好过权臣当道时胡作非为。《国老谈苑》云:"天圣初,朝廷清明,赏罚必信。时王钦若、王曾、张知白、鲁宗道皆以忠义许国,故风采耸动,虽姚宋佐唐、萧曹出汉,无以方此数君子者。"③把王钦若归结为"忠义""君子",显然与事实

---

① 关于刘太后时期的台谏集团与特殊政治势力,可分别参见下文第五章与第四章的相关论述,此不赘述。

② 见沈松勤:《北宋台谏制度与党争》,载《历史研究》1998 年第 4 期。

③ 佚名:《国老谈苑》卷 2,景印文渊阁四库全书本,第 1037 册,第 641 页。

不符,但这段论述,无疑把刘太后统治时期的政治环境总结出来:无论王钦若抑或是王曾等人,都"各不敢为非",在权力制衡之下,他们都只能安分守己,做好本职工作,从而营造出仁宗初期相对清明的政治环境。同时,由于宰执大臣政见各异,台谏官员风闻言事,于是在朝堂上大臣们各抒己见,从而营造出相对宽松的政治环境,而这一环境,一直持续到"熙丰变法"之前,成为北宋中期政治的重要特色。

第二节　天圣七年的政治风潮

在枢密院,除张耆之外,自晏殊罢枢副后,刘太后先后任用了夏竦、姜遵、范雍三人为枢密副使,夏竦与范雍均于明道二年(1033)仁宗亲政后被罢,原因是为刘太后所用,而姜遵进用,实质亦是逢迎刘太后的结果。① 至天圣七年(1029)以前,刘太后的势力虽未能占据中书,但在张士逊升任宰相后,枢密院已然架空曹利用,她的势力已经成熟,只需一场政治风潮进行权力洗牌,届时权力格局将会改变,她亦不需再以"异论相搅"的办法控制宰执。而这场权力洗牌的政治风潮,正发生在天圣七年。可以说,这一年乃刘太后统治时期政治格局前后阶段的分水岭。

---

① 夏竦、范雍因为刘太后所用而罢政事,见李焘:《长编》卷112,明道二年四月己未条,第2612—2613页。姜遵逢迎刘太后事,见李焘:《长编》卷106,天圣六年三月癸丑条,第2468页。

一、曹利用事件

曹利用是仁宗朝初年的重臣,他于真宗天禧三年(1019)十二月被拜为枢密使。真宗驾崩、仁宗继位,他又加侍中,可谓位极人臣。天圣七年(1029)正月十四,枢密使曹利用罢,以保平节度使、守司空、检校太师兼侍中判邓州。事情原因如下:

> 利用从子汭为赵州兵马监押,而州民赵德崇诣阙告汭不法事;奏上,(罗)崇勋方侍,自请往按治,乃诏龙图阁待制王博文、监察御史崔暨与崇勋鞫汭于真定府。即罢利用枢密使,制辞犹以利用累章请外为辞。利用既受命,请对,不许。而崇勋等穷探其狱,狱具,汭坐被酒衣黄衣,令军民王旻、王元亨等八人呼万岁;且傅致汭辞,云利用实教之。[1]

随后,曹利用又被贬为左千牛卫上将军,知随州,其侄子曹汭被处死。至二月,曹利用私贷景灵宫中公使钱未还事发,又再被贬为崇信节度副使,房州安置,并命内侍杨怀敏护送之,又另外选官知房州及监押、巡检。而与他有关的人,如其子、其弟、其婿、其舅等,以及其他与他亲厚友善的官员,均被贬官、夺官或勒停,其赐第也被没收。至是年闰二月,曹利用在去房州途中,行经襄阳驿,被

---

① 李焘:《长编》卷 107,天圣元年正月癸卯条,第 2492 页。

内侍杨怀敏逼迫自杀。①

从曹利用被贬，到他被逼自杀，前后不到两个月，这场政治风潮似乎来得很突然，而且迅猛异常。其实，这是刘太后精心策划的一次政治事件，目的就是要把曹利用以及他在朝中的势力彻底铲除。天圣六年(1028)次相张知白卒于任上，张士逊从枢密副使升任宰相，枢密院除曹利用外，还有张耆、夏竦、姜遵与范雍，但这几位都可以说是刘太后的心腹大臣，实际上，曹利用在枢密院的权力已被架空。②《宋史·孙继邺传》云："枢密使曹利用欲用之，继邺恶其权盛，阴知利用将有祸，数以疾辞。"③孙继邺在曹利用权盛之时，能"阴知"其"将有祸"，可见刘太后对于此事早有策划。其后，王博文与罗崇勋一同调查曹汭不法之事，据陈均记载，"博文希太后旨，纵崇勋穷按其狱"④。太后之旨，当然就是穷按曹汭之狱，按照宋朝案例，穿黄衣、被人山呼，乃可严办可不办之事，如寇准在真宗时为庆祝自己生日，也"晚衣黄道服，簪花走马"，此举一度引起

① 以上史实可参见李焘:《长编》卷107,天圣七年正月丙辰条,第2492页;二月甲子条,第2494—2495页;二月癸酉条,第2496—2497页;闰二月辛卯条,第2498页。
② 事实上,当时首相王曾推荐吕夷简任相,且已成功说服刘太后,但后来吕夷简自己跑去跟刘太后说了一番话,据《长编》记载,是吕夷简自己谦让,但这似乎不合常理。天圣七年(1029)后吕夷简一直受刘太后重用,很可能跟这次谈话有关,而这次谈话,也很有可能是一次密谋。太后让张士逊当宰相,其实就是为了在枢密院架空曹利用的权力。见李焘:《长编》卷106,天圣六年三月壬子条,第2468页。
③ 脱脱等:《宋史》卷290《孙继邺传》,第9709页。
④ 陈均:《皇朝编年纲目备要》卷9,中华书局,2006年,第192页。

真宗愤怒,但终究为宰相王旦所劝而未追究。① 太后穷治此狱之目
的,是要借机铲除曹利用,王博文能希太后旨,说明他也早知道太
后的意图,可见刘太后于此事其实早有准备。

然则,刘太后为何要以如此迅猛之势铲除曹利用呢?那是因
为曹利用的一些作为不但招致太后讨厌,而且还有可能危及太后
的统治。天圣三年(1025)以前,曹利用一直独主枢密院,《隆平集》
云:"利用狃奉使之劳,骤居大任,遂自骄肆。"②所谓"奉使之劳",
是指曹利用在澶渊之盟时,代表赵宋朝廷与契丹谈判,最终达成能
使双方和睦百年的盟约。③曹利用自然可因此事居功自大,但这并
非刘太后重用他的原因。他之所以能独主枢府,实因天禧末年及
乾兴元年(1022)帮助刘太后先后铲除寇准与丁谓,在此之后,刘太
后自然视他如心腹,让他独当大任。然而他既恃功,又恃宠,越发
骄肆。天圣三年(1025)他与王曾在上朝排班顺序上发生争执,他
自以为资格比首相王曾要老,应以他为班首,但忘记了宋朝开国以
来从未有以枢密使为班首的先例。④ 刘太后也因此认为不能让他
独掌枢密,于是把张耆召回与之并使。但曹利用未知收敛,各种越

① 见王巩:《闻见近录》,影印文渊阁四库全书本,台北:台湾商务印书馆,1986年,第
1037册,第200页。其实其他一些大臣也经历过子弟参与反叛之事,但基本未被
重责。如庆历年间,张耆子张得一谋反受诛,也未见牵连张耆本人。可见,关于宰
执是否参与谋反或越礼之事,只要没有确实证据,皇帝是可问可不问的。见王称
撰,吴洪泽笺证:《东都事略笺证》卷50《张耆传》,第554—555页。
② 曾巩撰,王瑞来校证:《隆平集校证》卷10《曹利用传》,第309页。
③ 关于曹利用在澶渊之盟中所扮演的角色,可参见李焘:《长编》卷58,景德元年十二
月癸未条,第1290页;何冠环:《曹利用(971—1029)之死》,载氏著:《北宋武将研
究》,香港:中华书局,2008年版,第203—282页。
④ 见李焘:《长编》卷103,天圣三年十二月癸丑条,第2394页。

权僭礼之事层出不穷,以致馆阁校勘彭乘感叹曰:"曹公权位如此,不以逼近自嫌,而安于僭礼,难以久矣。"①或者说,曹利用乃武官出身,胸无文墨,不懂人情世故,但他身为枢相,位居政府,理应知道朝廷礼制,而种种越礼行为,不但是其权盛的反映,更是对皇权的侵犯。

除有越礼表现以外,曹利用的气焰也令刘太后讨厌,以致有记载云:"太后亦严惮利用,称侍中而不名。利用奏事帘前,或以指爪击带鞓,左右指以示太后曰:'利用在先帝时,何敢尔耶!'太后颔之。"②再者,他甚至把矛头对准刘太后身边的宦官。刘太后当政期间,先后任用一些宦官以监察官员,这也属于她"异论相搅"的政治布局之一。故此,"中人与贵戚稍能轩轾为祸福",但"利用以勋旧自居,不恤也。凡内降恩,力持不予,左右多怨"。太后身边宠信宦官罗崇勋获罪,太后让曹利用警戒他,"利用去崇勋冠帻,诟斥良久,崇勋耻恨"③。正是因为曹利用平日自恃功臣和枢相,经常折辱宦官,宦官们才会对他怀恨在心,曹汭之狱罗崇勋穷究极治,而襄阳驿杨怀敏逼死曹利用,都是宦官们心中积怨的结果。平心而论,曹利用抑制宦官,实有裨益于当时政治;且刘太后也不想宦官权力过大,所以才有让曹利用警戒罗崇勋的事情发生。如"凡内降恩,力持不予"之事,若他本身为人正直,言行一致,也不至于落人口实。

然而,他抵制中旨,欲恩从己出,这才是最招刘太后反感之处,史载:"利用奏抑内降恩,或屡却而复下,则有黾勉从之者。久之,

① 司马光:《涑水记闻》卷3《钓鱼宴》,第55页。
② 李焘:《长编》卷107,天圣七年正月癸卯条,第2491页。
③ 李焘:《长编》卷107,天圣七年正月癸卯条,第2491—2492页。

人测知其然，或给白太后曰：'蒙恩得内降，虽屡却于枢密院，今利用之家媪阴诺臣请，其必可得矣。'下之而验。太后始疑其私，颇衔怒。"①何谓"内降"，如李涵先生所言，"刘太后特别喜欢从宫中直接降旨决定政事，即不通过两府大臣的商议讨论。通常称为'内降'"②，而"内降恩"则是直接进行人事任免和加恩。这种做法虽为非法，但刘太后既然行使最高权力，则也可算是皇恩的一种。若曹利用出于抑制内降，从而抑制刘太后滥用皇权，则合情合理，刘太后本身也自觉理亏。但他表面上抑制内降，内里却恩从己出，这不但侵害了皇权，还有架空刘太后权力之嫌。进一步讲，曹利用此举一方面是挑战刘太后行使最高权力的合法性，而另一方面又不断利用自己手中的权力来扩大势力。当时朝廷上很多官员的任免，都跟曹利用有关，如天圣六年（1028）陈执中罢右正言就是如此。陈执中在真宗时即与曹利用的女婿卢士伦有龃龉，而此时曹利用乃利用自己手中的权力对他进行打击：

> 上复命殿中丞陈执中为右正言。壬申，以执中知汉阳军，复官才五日也。天禧中，曹利用婿卢士伦除福建转运使，惮远不即行，利用为请，乃改京东。执中时在言职，尝劾奏之。及是，利用方用事，言执中资浅，宜试治民，乃命出守。③

① 李焘：《长编》卷 107，天圣七年正月癸卯条，第 2491—2492 页。
② 见李涵：《章献刘皇后擅政与寇准之死》，载北京大学中国中古史研究中心编：《纪念陈寅恪先生诞辰百年学术论文集》，第 307—314 页。
③ 李焘：《长编》卷 106，天圣六年八月壬申条，第 2479 页。

　　但他似乎忘了,陈执中乃太后任命的言官,也是她监督朝廷官员的耳目。① 如此弄权的行为,在刘太后看来,乃权臣所为,而对于权臣,刘太后从不留情,即如当初之丁谓,虽于刘太后立有大功,但稍欲摄政自为,即遭远贬。

　　当然,如果单单是弄权,还不足以让太后对曹利用进行严厉打击,真正威胁皇权与太后自身安危的,恐怕还是他的势力。曹利用长期担任枢密使,曾经举荐过很多人才,朝中大臣与之有旧者不在少数。如前所述,张士逊当宰相乃他所推荐,而他的岳父则是前三司使李士衡。② 其他如王禩、韩琚和司马池等,都曾受过他的推荐。③ 朝廷文臣如此,戍守边疆的武将也大多出自曹氏之门,前文提及之孙继邺,其实乃曹利用故旧,早年曾随他出征宜州(今广西宜州),他虽拒绝了曹利用的好意,但曹利用擢升故人以扩充势力之意图,可见一斑。曹利用被贬后,“朝廷以利用尝所荐擢者多领兵守边,欲悉罢去”,而朝中也有人准备了一份“文武四十余人”的名单④,从中可以窥见,他势力之大,非其他大臣可比。势力如此之大,且有弄权之心,无怪刘太后为之寝食不安,偏偏曹利用又不懂韬晦之道,最终招致败亡。

---

① 台谏集团实乃刘太后制约宰执集团的另一途径,详细分析可参见第五章第一节。陈执中虽遭外贬,然仍带右正言之衔,但诚如贾玉英先生所言:“陈执中天圣九年(1031 年)以前虽带有右正言称谓,但他不是谏官,因为他不在谏院供职。”见贾玉英:《宋代监察制度》,第 117 页。

② 见脱脱等:《宋史》卷 299《李士衡传》,第 9938 页。

③ 见脱脱等:《宋史》卷 291《王禩传》,第 9750 页;韩琦:《安阳集》卷 46《三兄司封行状》,载《宋集珍本丛刊》第六册,第 588 页;李焘:《长编》卷 107,天圣七年正月癸卯条,第 2493 页;二月甲戌条,第 2497 页。

④ 见《长编》卷 107,天圣七年二月甲戌条注,第 2497—2498 页。

曹利用罢政后，他一些亲属的不法之事也被逐步揭发，如其弟曹利涉在赵州"强市邸店，役军士治第"，其舅韩君素"颇恃势，放息钱侵民，又私酝酒其家"①，等等。这些事情可能是刘太后等人罗织的罪名，也有可能是"其党畏罪，从而毁短者甚众"②的结果，但在中国古代，高官家族利用权力寻租而为不法之事，也不是什么奇怪的事情，朝廷对此也不可能不知道。曹利用被贬，他的这些亲友故吏，无论是守法之人，还是仗权横行者，也随之遭殃，当中包括宰相张士逊与曾任三司使的李士衡。李士衡为曹利用岳父，被贬是理所当然之事；张士逊乃当时宰相，其被贬谪，乃因他是曹利用的党羽。史载："士逊得宰相曹利用之荐也，利用长枢密，凭宠自恣，士逊居其间，未尝有是非之言，时人目之为'和鼓'。利用得罪，士逊又营救之。利用既斥，士逊随亦罢。"③所谓张士逊营救曹利用，实乃为其辩解而已，而当时为曹利用辩解者，除张士逊之外，还有首相王曾。④ 张士逊之罢，其实体现出刘太后彻底铲除曹利用势力的决心，她已不容许与曹利用亲厚的人留在朝廷，更何况位居政府。王曾一向是曹利用的政敌，故虽为他辩解，却未因此受罚。

李焘对曹利用的盖棺定论是："其在朝廷，忠荩有首，始终不为屈柔，死非其罪，天下冤之。"⑤何冠环先生也认为他是冤死的，因为

---

① 事见李焘：《长编》卷 107，天圣七年二月癸酉条，第 2496—2497 页。

② 李焘：《长编》卷 107，天圣七年正月丙辰条，第 2493 页。

③ 李焘：《长编》卷 107，天圣七年二月丙寅条，第 2495 页。

④ 《长编》载张士逊辩解语云："此独不肖子为之，利用大臣，宜不知状。"太后大怒，将并逐士逊，而王曾徐亦为利用解，太后曰："卿尝言利用横肆，今何解？"曾曰："利用恃恩素骄，臣每以理折之。今加以大恶，则非臣所知也。"见李焘：《长编》卷 107，天圣七年正月癸卯条，第 2492 页。

⑤ 李焘：《长编》卷 107，天圣七年闰二月辛卯条，第 2498 页。

他开罪了"狡黠权诈、翻脸不认人"的刘太后。[1] 他在朝中抑制侥幸,实质是抑制刘太后滥用皇权,同样有此主张的王曾虽于同年罢政,却只是贬知外郡,下场并没有曹利用悲惨。刘太后当然不希望王曾在政事上抑制自己,但士大夫们抑制她,是要维护仁宗的皇权与法统,她本身并无篡位的心力,对此虽有芥蒂,但也不致置人于死地。曹利用之死,实乃恃宠弄权所致,他本身未必有独揽朝政之心,也未必有架空刘太后权力之意,但其种种弄权之举,及其不断扩充自己势力之行为,已引起刘太后警觉,并招其讨厌。当初丁谓被贬,也是"未必真有祸心"[2],但刘太后作为女主,其统治合法性一直受到质疑,当有权臣崛起,挟年少之天子以自为政事,自己能否应付? 面对挟天子之权的权臣,士大夫是否会站在自己一边,实难预料。故此,把权臣扼杀在摇篮之中,是她保护皇权,而又保护自己的举措。丁谓一案已经如此,曹利用未能吸取教训,反而恃宠生骄,横行专恣,此乃其招败之由也。

曹利用当然是死非其罪,他的罪名都是刘太后为除掉他而罗织起来的。真定府曹汭一案,诚如张士逊所言,乃"不肖子为之"[3]。而即便是曹汭案本身,也存在很大疑问,据说曹汭乃因与告密者赵德崇之妻通奸,才招致赵德崇的报复。[4] 但曹利用也不能算是冤枉,在枢密使的位置上,他肯定有利用手中权力以为不法之

---

[1]　见何冠环:《曹利用(971—1029)之死》,载氏著:《北宋武将研究》,第203—282页。

[2]　李焘:《长编》卷98,乾兴元年六月癸亥条,第2286页。

[3]　李焘:《长编》卷107,天圣七年正月癸卯条,第2492页。

[4]　见李焘:《长编》卷107,天圣七年正月丙辰条注,第2493—2494页;王铚:《默记》卷上,第14页。

事。如真定府狱，若真如《长编》注释及《默记》所言，曹汭即便没有大不敬之心，但起码也是仗势欺民，平民赵德崇对通奸之罪无可奈何，才想出诬陷其穿黄衣并接受山呼的大不敬之罪。① 至于曹利用自己贷景灵宫钱不还、曹利涉"强市邸店"、韩君素"放息侵民"等事，未必就不存在。在事发之前，就有士大夫对曹利用的行为非常不满，如御史孔道辅曾向太后上言曰："利用及上御药罗崇勋窃弄威权，宜早斥去，以清朝廷。"②可见他的一些作为也不甚讨好。值得注意的是，曹汭案让曹利用受到的最大惩罚，也就是贬为左千牛卫上将军、知随州而已。真正让他房州安置的，还是私贷景灵宫钱一案，在此事上，"法寺定利用为首"③，但这只是涉及官员贪污问题，在刘太后统治时期，也是可问可不问的罪名。曹利用之前有宰相王钦若，之后有三司使胡则，他们都曾涉嫌贪污受贿，但刘太后并未追究他们，反而予以重用。④ 其实所谓贪赃枉法，并非其获罪之原因，乃只是公诸天下的理由罢了，毕竟以贪腐的名义惩治大臣，不但不会有太大的阻力，还会赢得吏治的名声。刘太后借此击倒曹利用，可以说既铲除了心腹大患，也顺应了朝野士心，一举两得。至于他是否冤枉，恐怕已非政治斗争所需考虑的事情了。

然而，曹利用一案也为宋朝开了一个不好的先例：前文提及，

---

① 事实上，地方的奏疏进入朝廷后，被曹利用匿藏数日，最终还是知定州曹玮派镇定走马任守信入告朝廷，才揭发此事。见李焘：《长编》卷107，天圣七年正月丙辰条注，第2493页。

② 李焘：《长编》卷108，天圣七年十二月辛亥条，第2529页。

③ 李焘：《长编》卷107，天圣七年二月癸酉条，第2496页。

④ 王钦若事，见李焘：《长编》卷103，天圣三年七月辛巳条，第2384页；胡则事，见脱脱等：《宋史》卷299《胡则传》，第9941—9942页。

宋朝有"不杀大臣"的约定,而曹利用身为枢相,当然属于大臣之列。他虽非朝廷下旨处决,但被逼死于途中,即便并非太后本意,也成为刘太后统治的污点,毕竟内侍杨怀敏并没有因此受到任何处罚,故也可认为刘太后默认了杨怀敏的行为。李焘认为曹利用"死非其罪,天下冤之"①,实际上已隐含对刘太后对此事处置的不满。但平心而论,刘太后对此事的处置也非没有可取之处,她最终听取殿中侍御史鞠咏之言,没有扩大打击范围,追究所有曾经被曹利用推荐过的守边者,从而稳定了朝局。② 从某种程度上说,这也是一种和解之术。

二、玉清昭应宫灾与王曾罢政

在曹利用一案审理期间,中书另一位执政逝世,此即鱼头参政鲁宗道③,作为王曾集团的干将,他的死让王曾势力大打折扣。其后,由于张士逊罢相,参知政事吕夷简拜相,则中书没有参知政事,于是刘太后对宰执结构作了一次重大调整:枢密副使夏竦调职中书任参知政事,其职位由权知开封府陈尧佐补上,而权三司使事薛奎亦拜参知政事。④ 至此,乾兴元年(1022)所任用的宰执大臣,就只剩下王曾与吕夷简二人。同年六月,王曾罢相,这标志着他的势力也随之瓦解。

---

① 李焘:《长编》卷 107,天圣七年闰二月辛卯条,第 2498 页。
② 见李焘:《长编》卷 107,天圣七年二月甲戌条,第 2497 页。
③ 见李焘:《长编》卷 107,天圣七年二月庚申条,第 2494 页。
④ 见李焘:《长编》卷 107,天圣七年二月丁卯条,第 2496 页。

　　王曾罢相,缘于玉清昭应宫的大火。玉清昭应宫乃真宗"天书封祀"的遗物,修建于大中祥符二年(1009),而毕功于大中祥符七年(1014),"凡东西三百一十步,南北四百三十步",其落成之时,"宫宇总二千六百一十区",规模之大,世所罕见。① 延至天圣七年(1029)六月,由于雷雨,玉清昭应宫大火,"宫凡三千六百一十楹,独长生崇寿殿存焉"。次日,太后对辅臣泣曰:"先帝力成此宫,一夕延燔殆尽,犹幸一二小殿存尔。"枢密副使范雍以为太后有重修此宫之意,于是极力劝谏,宰相王曾与吕夷简也赞同范雍之言,太后默然。②

　　就在宫灾同月,同时兼任玉清昭应宫使的王曾即因使领不严而累表请罪,刘太后随即让其罢相。李焘认为,王曾罢相,乃因得罪刘太后:"始,太后受尊号册,将御天安殿,曾执不可。及长宁节上寿,曾执不可如前,皆供张别殿。太后左右姻家稍通请谒,曾多所裁正,太后滋不悦。"③但笔者认为并不尽然。李焘提到王曾抑制刘太后的几件事,均史有明载。王曾坚持不让刘太后于天安殿受

① 真宗召修玉清昭应宫,见李焘:《长编》卷71,大中祥符二年五月丁巳条,第1606页;建宫规模,见卷71,大中祥符二年六月壬子条,第1617页;修建完成时间及完成时规模,见卷83,大中祥符七年十月甲子条,第1899页。
② 见李焘:《长编》卷108,天圣七年六月丁未条,第2515页。此宫乃殚宋初三朝之积储,至仁宗时,宋朝实已无国力再行修建,刘太后作为主政者,当知当时实际情况,故笔者认为,刘太后之语未必欲重修此宫,实乃对真宗之追思罢了。事实上,这种追思非刘太后独有,仁宗何尝不因此而伤感。其后刘太后欲诛杀守宫侍卫,众大臣皆上言劝阻,史载"上及太后皆感悟",可知仁宗也因此追思真宗。后来仁宗下诏,明确不复修宫之意,并改存留下来的长生崇寿殿为万寿观。见李焘:《长编》卷108,天圣七年七月乙丑条,第2519页。有趣的是,长生崇寿殿乃天禧三年(1019)应当时的太子之言所建。见李焘:《长编》卷94,天禧三年十一月甲戌条,第2172页。
③ 李焘:《长编》卷108,天圣六年六月甲寅条,第2517—2518页。

册之事,发生在天圣二年(1024),"两制定皇太后于崇政殿受尊号册,上以其礼未称,甲辰,诏改就文德殿,发册于天安殿。然太后意欲就天安殿受册,王曾言不可,乃止"①。王曾此举实欲抑制刘太后,从而维护赵宋王朝的制度与法统。天安殿乃宋皇城内正南门的正殿,是北宋皇城的首要宫殿,《宋会要辑稿》云:"正至朝会、册尊号御此殿;飨明堂、恭谢天地,即此殿行礼;郊祀,斋宿殿之后阁。"②可见此殿只有皇帝可用。其实刘太后于文德殿受册已然越礼,若再进一步在天安殿受册,则与皇帝之礼同,如此太后与皇帝无异,乃士大夫们最不愿意看到的。故王曾作为宰相,无论如何都要刘太后受册之礼比仁宗低一等。至于长宁节上寿事,见天圣四年(1026)末:

> 上谓辅臣曰:"朕欲元日率百官先上皇太后寿,然后御天安殿受朝贺,其令太常礼院草具其仪。"皇太后曰:"岂可以吾故而后元会之礼哉?"王曾对曰:"陛下以孝奉母仪,太后以谦全国体,请如太后命。"因再拜称贺。上固欲先上太后寿,既退,出墨诏付中书。③

仁宗此举其后遭到范仲淹质疑,他认为:"天子有事亲之道,无为臣之礼;有南面之位,无北面之仪。若奉亲于内,行家人礼可也;

---

① 李焘:《长编》卷 102,天圣二年九月甲辰条,第 2367 页。
② 徐松辑:《宋会要辑稿》方域 1 之 3,第 7320 页。
③ 李焘:《长编》卷 104,天圣四年十二月丁亥条,第 2428 页。

今顾与百官同列,亏君体,损主威,不可为后世法。"①王曾当时也考虑到这一事实,只是碍于仁宗坚持,且以尽孝为理由,又用墨诏付中书,以坚持己见,所以无可奈何。从上文"长宁节上寿,曾执不可如前,皆供张别殿"的材料看,刘太后在何处接受仁宗上寿,当时也有争议,估计她又想把上寿之仪设在天安或文德殿,但王曾坚持不可,结果是"上率百官上皇太后寿于会庆殿"②。最后"太后左右姻家稍通请谒,曾多所裁正",最明显的是马季良之事。马季良为刘美女婿,属于刘太后外戚,刘太后想擢升他为龙图阁待制,王曾反对。恰好王曾病告,刘太后"谕中书,令亟行除命,执政承顺且遣",除授命令才得以执行。王曾此举实属抑制外戚,从而抑制刘太后在朝中的势力,故当时"朝论哗然,益重曾之守正云"③。

以上种种,俱是王曾得罪于刘太后的事实,其目的均是要裁损并抑制太后的权力,从礼制上突显仁宗的地位。刘太后对于王曾这些举措感到不快,这是肯定的,但是否会因此将他罢相呢?王曾与鲁宗道、吕夷简和张知白均是乾兴元年(1022)丁谓罢政后被她提拔上来的,他们均号称当时的贤臣能吏,是她赖以处理朝政的宰执班子。就王曾本人而言,他更是帮助刘太后推倒丁谓的主力干将。刘太后对王曾的想法应该十分清楚,故此一直以枢密院制衡他所领导的中书,并且在中书以与他不协的人为另一宰相,以分散

---

① 李焘:《长编》卷 108,天圣七年十一月癸亥条,第 2526—2527 页。
② 李焘:《长编》卷 105,天圣五年正月壬寅条,第 2434 页。根据《宋会要辑稿》记载,会庆殿同样位于后宫,"春、秋诞圣节锡宴此殿",实为宴殿而已,与"皆供张别殿"的材料符合。见徐松辑:《宋会要辑稿》方域 1 之 5,第 7321 页。
③ 李焘:《长编》卷 106,天圣六年六月丁亥条,第 2475 页。

他的权力。但与此同时,刘太后在政事上又多倚重王曾,在史料上经常可以找到她向王曾问政的记载,如陈尧咨出知天雄军一事,即很能反映上述观点:

> 以翰林学士、兼龙图阁学士、权知开封府陈尧咨为宿州观察使、知天雄军,枢密直学士陈尧佐权知开封府。尧咨自负其能,冀速登用,颇不快于执政者,尝有谤言达于上。太后惑焉,他日以问王曾等,曾既具对,且曰:"臣等职在弼谐,敢不心存公正,然谗人罔极,亦不可不察也。"太后犹未信,曾曰:"是非曲直,在于听断之审,请以药物谕之,医方谓药有相使相反恶者,而甘草为国老,以其性能和众药,故汤剂中不以寒温多用之。而斑猫有毒,若与众药同用,必致杀人。此其验也。"太后大悟,不数日,尧咨有换官出镇之命。尧咨内不平,上章固辞。时太后当以双日垂帘,特用只日召见,敦谕之,不得已乃拜受。①

在此记载中,王曾以药理使刘后释疑,而刘后亦因应王曾之言而敦谕陈尧咨,当中信任之情,可谓流露其间。就时间上说,上述

---

① 李焘:《长编》卷 105,天圣五年八月丙戌条,第 2445—2446 页。关于此事,《石林燕语》亦有记载:"天圣间,陈康肃以翰林学士知开封府,亦换宿州观察使,加检校司徒,知天雄军。陈不乐行,力辞。明肃后以只日御朝,而谕之曰:'天雄,朔方会府,房人视守臣为轻重,非文武兼材不可。'陈不得已受命,自是加留后,遂建节。"见叶梦得:《石林燕语》卷 4,第 53 页。此记载未见王曾,然刘后敦谕之语甚详,可供参考。另《长编》中天圣七年以前记载有大量以仁宗名义问政于王曾之事,笔者认为,当时实乃太后主政,特别是天圣初年,仁宗尚幼,问政者当为太后。

王曾得罪刘太后之事,最早发生在天圣二年(1024),若刘太后果真介怀王曾这些举措,则必不待天圣七年(1029)才让他罢相,她完全可以像对付丁谓与曹利用一样对付王曾。天圣四年(1026)时,王曾因暴雨成灾而上表求罢①,若刘太后已对他生厌,也可顺势让他罢相。王曾不同于丁谓与曹利用,他虽处处抑制刘太后权力,但确实只是从维护赵宋皇室法统以及仁宗利益的角度出发,并未尝为己谋求私利,更没有僭越制度,或侵害皇权,故刘太后对之虽然处处防备,但亦在人前加以赞许。

然则,刘太后何以至天圣七年(1029)时要将王曾罢相呢?其原因有三。首先,是因为曹利用罢枢密使之事。前文已述,中书之王曾与枢密院之曹利用,实际是当时宰执集团中相互制衡的两股势力。而至天圣七年(1029),曹利用已然贬死,枢密院由刘太后亲信张耆独主,其下枢密副使俱是刘太后安插之人,故枢密院实际已成为刘太后的势力,再无需王曾制衡。其次,乃吕夷简拜相。张士逊罢相后,吕夷简得以拜相②,尽管他应该已经向太后表达了某种忠心,但他毕竟是王曾极力推荐之人,再加上与王曾政见相似的薛奎此时也成为参知政事,这使得中书再无别的宰相可制衡王曾之权力,虽然夏竦被从枢密院安排至中书,但也不能改变中书由王曾势力独主的局面。换言之,中书集团已经失衡,这不符合刘太后一贯的主政理念。从更深远的角度看,也许王曾的罢免,早在曹利用事件之前已经布置好,现在只是等待一个合适的时机和理由。

上述两条理由均从政治角度考虑,然而未能完全解释刘太后

---

① 事见李焘:《长编》卷104,天圣四年六月壬辰条,第2411页。
② 见李焘:《长编》卷107,天圣七年二月丙寅条,第2495页。

此时让王曾罢相的原因，因为即便中书由王曾势力独主，但其权力仍有刘太后势力占据的枢密院制衡，且新任宰相吕夷简的为政理念未必与王曾相同，他并不与王曾一样敢于得罪刘太后，反而更多时候为刘太后设想。让王曾离开中书，固然能使刘太后少一些掣肘，但让他留在中书，于刘太后亦无害处。其实，政治事件的发生，未必全因政治原因，政治人物的私人感情也应该考虑在其中，故有时一些偶然的因素，也会引发一些政治事件。笔者认为，玉清昭应宫的火灾，无论从政治上还是感情上，都是王曾罢政最好的理由。如前所述，玉清昭应宫乃真宗为"天书封祀"运动修建的道教宫殿，其规模浩大，耗费了真宗朝大部分的国用，因此在政治家与史学家看来，此宫之建实乃劳民伤财之举，是真宗毕生的污点。但作为真宗妻子的刘太后看法却会有所不同。刘太后与真宗的爱情基础深厚，此宫乃其心爱的丈夫一生心血所在，从其建造到完成，刚好也是刘太后从修仪一直进位至皇后的过程。此宫完成之后，真宗每年皆参拜游幸，而刘太后是"帝每巡幸，必以从"[1]，此宫实际上见证了真宗与刘太后之间的爱情，也记载了他们的美好回忆。此时，真宗已逝，太后已老，她只能睹物凭吊，且可凭吊之物，将会逐渐减少，而玉清昭应宫则是她的凭吊之所。[2] 然而，一场大火，几乎把玉清昭应宫夷为平地，刘太后盛怒难遏，必然要有人负责，王曾作为玉清昭应宫使，乃此宫长官，刘太后由此迁怒于他，也是情理中事。

---

[1] 李焘：《长编》卷 79，大中祥符五年十二月丁亥条，第 1810 页。

[2] 天圣二年，真宗御容被安放在玉清昭应宫，其后常有刘太后与仁宗幸玉清昭应宫的记载，见李焘：《长编》卷 102，天圣二年七月癸丑条，第 2364 页；卷 104，天圣四年十二月壬午条，第 2427 页；卷 105，天圣五年正月庚申条，第 2435 页；六月甲戌条，第 2441 页。

事实上，受罚者并非只王曾一人，领玉清昭应宫判官宋绶被落学士之职，知宫李知损被编管陈州，其余内侍为都监、承受者停降赎铜有差，而宫中道士被杖脊者四人，决杖者五人。刘太后一度欲诛杀宫中守卫，只因言官强烈反对方且作罢。[1] 值得注意的是，王曾是"以使领不严，累表待罪，乃罢相出守"[2]，亦即王曾乃主动承担责任，上表求罢，而刘太后一则出于愤怒，二则综合考虑各种因素，才同意王曾罢相的。[3]

王曾罢相，标志着天圣七年(1029)政治风潮的结束，同时也标志着乾兴元年(1022)以来宰执集团中两大政治势力的瓦解，新的宰执集团正在形成，并又重新趋于稳定，同时也更有利于刘太后的统治。

第三节　天圣七年以后的宰执集团

在天圣七年(1029)前后，宰执集团结构发生了重大变化，中书乃吕夷简一人独相，他并非如王曾一样极力抑制刘太后权力，除十分重大的事件以外，他于政事上对刘太后一般依违而行；而枢府则由刘太后的亲信张耆独主，这种格局显示出刘后势力的成熟，她已

---

[1] 见李焘：《长编》卷108，天圣七年七月乙丑条，第2519页。

[2] 李焘：《长编》卷108，天圣七年六月甲寅条，第2518页。

[3] 田况关于此事的记载，其意亦与笔者相似，其文云："天圣岁六月中宵，暴雨震电，咫尺语不相闻。俄而光照都城如昼。黎明，宫灾无余，大像穿碑，悉坠煨尽，见者无不骇叹。明肃皇后垂帘，对两府大臣雨泣，追念先志，罢宫使王曾相柄，黜判官翰林学士宋绶归西垣。"见田况：《儒林公议》卷上《真宗建玉清昭应宫》，北京：中华书局，2017年，第20页。

不需要太多的权力制衡来驾驭宰执集团,因为中书与枢府的长官均是她的亲信,这使宰执集团基本围绕在她身边维护她的统治。虽然中书内尚有"质直如薛奎者"[1],但亦无损这种权力格局,而这种质直的贤臣,恰好可为任事之人,且能保持朝中有不同的声音。

一、宰执集团亲贤参用

天圣七年(1029)除曹利用事件以及王曾罢政两件事之外,还有一点值得注意:天禧末政争中遭贬黜的官员陆续得到提拔和任用。最明显的是李迪与王曙。李迪因极力反对刘后预政,乃于天禧四年(1020)被罢相出朝,其后被一再贬官,至衡州团练副使,而传旨使者甚至有诛杀之意。而丁谓败政后,他被起任为秘书监、知舒州(治今安徽潜山),之后历任江宁府(今江苏南京)、兖州(治今山东兖州),至天圣七年(1029),李迪早已迁知青州(治今山东青州),而此时又被复为兵部侍郎,徙知河南府(今河南洛阳)。[2] 其时,他入朝京师,刘太后问他说:"卿昔者不欲吾预国事,殆过矣。今日吾保养天子至此,卿以为何如?"李迪回答说:"臣受先帝厚恩,今日见天子圣明,诚不知太后圣德乃至此。"刘太后听了十分高兴。[3] 君臣对答,显示二人已泯过去恩怨,刘太后不再追究李迪,而李迪对刘太后也是心悦诚服。王曙乃寇准女婿,故寇准罢政后,他

---

[1] 司马光:《上慈圣皇后论任人赏罚要在至公名体礼数当自抑损》,赵汝愚:《宋朝诸臣奏议》卷26《帝系门·皇太后》,第250页。

[2] 以上见脱脱等:《宋史》卷310《李迪传》,第10174页。

[3] 李焘:《长编》卷108,天圣七年九月壬午条,第2523页。

也随即被贬出朝。天圣七年（1029）初，他被召回京任御史中丞；王曾罢政后，刘太后对宰执集团又作了调整，王曙也在此次调整中被任命为参知政事。①

刘太后肯升迁李迪与重用王曙，是因为天禧末年的政争已过去一段时间，她是否预政的问题也不再是朝廷争论的焦点。此时，太后的势力已经成熟，她的权力已经经过、并能够继续经受考验，故此，她对天禧末被贬的大臣也不再顾忌。而刘太后对二人的升迁，也体现出她对和解艺术的理解：过去的争斗是围绕皇权的行使权，但他们在政治道路上并不是永远的敌人。只要对自己没有威胁，即可达成和解，这更有利于刘太后争取士大夫之心，同时也能体现出她为政的胸襟。真、仁之际的政治，乃以朝廷政争为开端，但那次政争没有演变为党争，更没有影响太后驾崩之后的政局，从而为仁宗朝的稳定奠定基础，这不得不说是得益于刘太后的政治智慧。此外，从李迪的话语中，可看出他认可刘太后的施政，之所以如此，是因为刘太后在过去七年中，确实未有取赵氏而代的意图和举动，相反，她对仁宗本人的教育与培养，更为后世称道。显然，刘太后只欲以女主预政、辅助仁宗的心态得到李迪等大臣的认同，因而才会受到他们的赞许，而得到曾经政敌的认同与赞许，这又是一件让太后心里快慰的事了。

---

① 王曙为寇准婿，见脱脱等：《宋史》卷 286《王曙传》，第 9632 页；王曙任御史中丞事，见李焘：《长编》卷 107，天圣七年二月乙亥条，第 2498 页；任参知政事事，见卷 108，天圣七年八月辛卯条，第 2521 页。其实至天圣七年（1029），天禧末年被刘太后贬谪外地的官员早已陆续北迁，若寇准此时依然在生，恐怕也有回归中原的可能。事实上，在寇准去世五天后，朝廷签发了让他从雷州北迁至衡州的诏书，只是他没有等到而已。见李焘：《长编》卷 101，天圣元年闰九月戊戌条，第 2336 页。

　　天圣七年(1029)八月宰执集团的调整,基本确立了此后一段时期内的宰执结构:中书仍由吕夷简独相,原参知政事薛奎继续留任,王曙拜参知政事,原参知政事夏竦因与吕夷简不协,被调回枢密院,而枢密副使陈尧佐则调职中书出任参政;枢密院方面,张耆独掌枢府,夏竦、姜遵、范雍分别为枢密副使。① 这种格局一直维持至明道元年(1032),中间除姜遵逝世,赵稹入补枢副外,并无其他变化。至明道元年,宰执集团结构才再有变化,但并不甚大:是年二月,张士逊再度拜相;七月,王曙以疾求罢参知政事;八月,晏殊拜枢密副使,随即改参知政事;杨崇勋拜枢密副使,十二月除枢密使。② 自后,至刘后逝世后,宰执集团始再有变化。

　　从上述宰执结构可以看出,在天圣七年(1029)以后,宰执集团的结构重归稳定,刘太后对于宰执的任免思路,亦不再以权力制衡为主,而是亲贤参用,即既任用亲信,又任用贤臣,其中以亲信为主,贤臣为辅。所谓亲信者,中书之吕夷简、枢密院之张耆,皆已成为刘太后信任之人③,此二人在刘太后统治时期,并未见有弄权记载,故一直主持二府事务,直至刘太后去世。至于其他执政,姜遵乃希刘太后之旨以进,而陈尧佐、夏竦、范雍等均是刘太后所倚信之人。④ 姜遵去世后,入补枢副之赵稹,乃因缘刘美家婢以进,故亦

①　见李焘:《长编》卷108,天圣七年八月辛卯条,第2520—2521页。
②　以上史实可参见徐自明著,王瑞来校补:《宋宰辅编年录校补》卷4,第191—193页;王曙以疾求罢,见李焘:《长编》卷111,明道元年七月乙酉条,第2564页。
③　张耆前节已述,吕夷简本人比较复杂,故接下来以一目专门论述。
④　此三人在刘太后逝世后,因为刘太后所用,而被仁宗罢政出朝,见李焘:《长编》卷112,明道二年四月己未条,第2612页。

算是刘太后亲信。①

晏殊比较特殊,前节述及,他曾于天圣五年(1027)与枢密使张耆不协而被罢枢副,但至刘太后逝世后,他又因为刘太后所用被仁宗再次罢政。其实,晏殊为人应算正直,但性格懦弱且易于妥协。他于天禧年间政争中,虽心中有愧,但仍为丁谓草制复相制。② 其实,刘太后对晏殊一向不错,丁谓罢政后,刘太后即特加命他为给事中③,其后又提拔他任职枢副。他之所以与张耆不协,估计还是不愿以文人身份屈居武人之下。后来他又重新回朝任御史中丞,虽然《长编》记载此乃出于仁宗之意,但亦必得到刘太后首肯。此次回朝后,刘太后对晏殊似乎颇为信任,天圣七年(1029)六月,"命资政殿学士兼翰林侍读学士晏殊、龙图阁待制孔道辅马季良看详转对章疏及登闻检院所上封事,类次其可行者以闻"④。而晏殊对于刘太后亦显妥协之迹,最明显的是天圣七年他在范仲淹上书后的表现:

> 晏殊初荐仲淹为馆职,闻之大惧,召仲淹,诘以狂率邀名且将累荐者。仲淹正色抗言曰:"仲淹缪辱公举,每惧不称,为

---

① 《长编》记载云:"刘美家婢出入禁中,大招权利,枢密直学士、刑部侍郎赵稹厚结之。己巳,擢稹为枢密副使。命未出,人驰告稹,稹问:'东头,西头?'盖意在中书,世传以为笑。"见李焘:《长编》卷109,天圣八年九月己巳条,第2544页。

② 《长编》记载云:"(丁)谓既复相,其制亦卒不行。谓始传诏召刘筠草复相制,筠不奉诏,乃更召晏殊。筠既自院出,遇殊枢密院南门,殊侧面而过,不敢揖,盖内有所愧也。"见李焘:《长编》卷96,天禧四年十一月己巳条,第2225页。

③ 见李焘:《长编》卷99,乾兴元年七月癸酉条,第2292页。

④ 李焘:《长编》卷108,天圣七年六月辛卯条,第2515页。

知己羞。不意今日反以忠直获罪门下。"殊不能答。仲淹退，
又作书遗殊，申理前奏，不少屈，殊卒愧谢焉。①

　　其实这很符合晏殊的性格，他虽自知愧疚，但又懦弱怕事，不
敢得罪刘太后。平心而论，晏殊为人尚算正直，且有吏干，亦有文
学才华，能办实事。他回朝后于朝廷政事多有献替，而能推荐范仲
淹，亦足见他有知人之明，刘太后让他再入政府亦是因此而已。故
此，晏殊虽对刘太后妥协，为她所用，但亦算是贤臣，刘太后亦深知
此点，故叙班之时，亦以其"位赵稹上"②。

　　与晏殊几乎同时入政府的是杨崇勋，前章已述，他于天禧末年
政争中曾帮助刘太后挫败周怀政的阴谋。刘太后待他亦不薄，仁
宗即位后，他历迁殿前都虞候、马军副都指挥使、殿前都指挥使、振
武军节度使③，成为禁军第一人。杨崇勋与张耆一样，同是真宗藩
邸旧臣，王称更认为"耆、崇勋材质庸下，致位将相，盖出幸会
云"④，由此可见，他得以进入政府，并拜枢密，实为刘太后亲信的缘
故。除此之外，刘太后能用杨崇勋，亦是因为追思真宗，杨崇勋拜
枢密使时，刘太后对仁宗说："先帝最称崇勋质信，可任大事。"这与
前者鲁宗道拜参政是一样的，可见真宗对大臣的评价，实为刘太后

---

① 李焘：《长编》卷108，天圣七年十一月癸亥条，第2527页。
② 李焘：《长编》卷111，明道元年八月丙午条，第2585页。
③ 见脱脱等：《宋史》卷290《杨崇勋传》，第9713页。
④ 王称撰，吴洪泽笺证：《东都事略笺证》卷50《臣称曰》，第556页。

用人的参考依据。① 杨崇勋后来没有与吕夷简、张耆等人同时被仁宗罢免，可知仁宗并不认为他是刘太后亲信。或者说，杨崇勋拜枢密使之时，刘太后时日已所剩无几，故他于刘太后的亲信作用并未能表现出来。

在宰执集团中，能称得上贤臣而又非刘太后亲信者，除王曙以外，还有薛奎。薛奎于曹利用被贬后即进入中书任参知政事，刘太后能任用薛奎，亦是来自真宗的推荐，《宋宰辅编年录》云："奎拜参知政事，入谢，太后曰：'先帝尝以卿为可任，今用卿，先帝意也。'"②薛奎虽为刘太后所提拔，但其性格实与鲁宗道一样刚强不屈③，在其任政期间，虽未见他与刘太后有过多冲突，然于大事上，

---

① 刘太后与仁宗之语，可见李焘：《长编》卷111，明道元年十二月壬寅条，第2596页。另《东轩笔录》云："太宗以元良未立，虽意在真宗，尚欲遍知诸子，遂命陈抟历抵王宫，以相诸王。抟回奏曰：'寿王真他日天下主也。臣始至寿邸，见二人坐于门，问其姓氏，则曰张旻、杨崇勋，皆王左右之使令者。然臣观二人，他日皆至将相，即其主可知矣。'太宗大喜，是时真宗为寿王。异日，张旻侍中，杨崇勋使相，皆如抟之相也。"另张端义之《贵耳集》亦有相似记载，只是当中陈抟所相中者，多夏守赟一人。此虽小说家之言，然亦可备一说。若真有其事，以刘太后与真宗之亲，当知其事，此时乃以其有生之年，使陈抟之语应验，亦算是对真宗的追思。见魏泰：《东轩笔录》卷1，第6页；张端义：《贵耳集》卷中，中华书局，1959年，第34页。
② 徐自明著，王瑞来校补：《宋宰辅编年录校补》卷4，天圣七年二月丙寅条，第187页。《长编》记"太后曰"为"上谕奎曰"，然笔者认为，真宗在生时，仁宗尚处幼年，未必能知真宗之意，而知真宗意者，当为刘太后，故对薛奎所说之语出于刘太后，应更为合理一些。见李焘：《长编》卷107，天圣七年二月丁卯条，第2496页。
③ 薛奎性格质直，《儒林公议》云："薛奎参预宰政，颇质厚任真。"而《宋史》本传则言其"性刚不苟合，遇事敢言"，其谥号曰"简肃"，而鲁宗道谥曰"肃简"，可知二人性格相似。见田况：《儒林公议》卷上《薛奎参预宰政》，第54页。脱脱等：《宋史》卷286《薛奎传》，第9631页；《鲁宗道传》第9629页。

他亦敢于直谏僭越之举。[1] 因此,仁宗亲政后,"夷简等皆黜补郡,独奎留焉,意将可以为相"[2]。

其实刘太后任用薛奎与任用鲁宗道一样,她看重的是他们的才华与吏干,而并不介意他们的质直。天圣七年(1029)以前,刘太后沿袭真宗"异论相搅"的理念,制衡宰执集团的权力;天圣七年以后,宰执中大部分是刘太后的亲信,或愿为其所用者,故无论是鲁宗道还是薛奎,均无法损害刘太后的权力。相反,他们刚直敢言的性格,正能随时指出刘太后身边各大臣的缺点、错误,甚至掣肘他们,使他们不敢造次。鲁宗道死后,刘太后随即任用与之性格相似的薛奎,正好说明她的确需要这种质直大臣为她指出时政缺失。他们对刘太后旨意多有逆折,故刘太后一直只让他们为执政,而不赋予更大的权力。天圣七年以来,刘太后的势力已经得到发展壮大,她不再主要依靠"异论相搅"的办法制衡宰执大臣的权力,而是通过这种以亲者为主、贤者为辅的宰执任免思路,使宰执大臣基本围绕在她身边,以她的意见为主,这样可减少宰执大臣间的争执与不和。在王曾罢政以后,的确很少见到史料上有宰执大臣如此互相攻讦的记载,这实际有利于朝政的稳定,政出一门,亦有利于刘太后的专制统治。并且,宰执中不乏贤臣能吏、可办大事之人,这又使得此时期之政治不致佞人任事、荒唐可笑,同时亦可建立刘太后敢于用人、善于用人的正面形象。

---

[1] 《宋史》其本传说他"及参政事,谋议无所避",见脱脱等:《宋史》卷286《薛奎传》第9632页;而其最著名的,乃明道元年(1032)谏阻刘太后服衮冕朝谒太庙之事,可参见李焘:《长编》卷111,明道元年十二月辛丑条,第2595页。

[2] 田况:《儒林公议》卷上《薛奎参预宰政》,第54页。

二、刘太后时期的宰相吕夷简

　　吕夷简乃刘太后统治后期的重要人物,天圣七年(1029)以后,他在中书独相两年多,可知刘太后对他的信任。但是,如前文所述,他应属于王曾一派,他能拜相,亦是王曾推荐,刘太后何以对他如此信任? 在刘太后的亲信与贤臣当中,他又处于什么位置呢? 其实,在刘太后心目中,吕夷简首先是一贤臣,此前述及刘太后于谮臣刘绰面前提及的四位贤臣,就有吕夷简的名字。天圣七年以前,从劝谕刘太后埋葬真宗天书,到茶法改革失败后主动承担责任,吕夷简均是以一贤臣形象出现。① 然而,刘太后时期的宰执大臣,并不缺乏贤臣干吏,如鲁宗道、薛奎者,亦只能位居参政,何以吕夷简能独掌中书呢? 这正如明道二年(1033)时郭皇后对仁宗所说:“夷简独不附太后耶? 但多机巧,善应变耳。”②郭皇后之语正中关键,吕夷简能在中书独相,实乃其表面上依附、顺从刘太后的结果。

---

① 埋葬天书一事,《长编》记载乃“用王曾、吕夷简之议也”,但李焘于此条注中表明,据《国史》记载,建议者实只有吕夷简,王曾乃根据魏泰之《东轩杂记》增补。见李焘:《长编》卷99,乾兴元年九月己卯条,第2297页。茶法改革失败后,刘太后追究责任,张士逊“因言措置更革,皆不出己”,显然推卸责任;而吕夷简则言:“天圣初,环庆等数路奏刍粮不给,京师府藏常阙缗钱,吏兵月俸仅能取足。自变法以来,京师积钱多,边计不闻告乏。中间蕃部作乱,调发兵马,仰给有司,无不足之患。以此推之,颇有成效。”仍然肯定茶法改革的有效。见李焘:《长编》卷104,天圣四年三月甲辰条,第2404页。关于茶法改革,可参见本书第六章第二节。
② 李焘:《长编》卷112,明道二年四月己未条,第2613页。郭后为刘太后在宫中亲信,当知吕夷简附会刘太后之事。

其实吕夷简性格恬退,初为执政之时,已深懂韬晦之道。宰执大臣加官时,他亦会自我裁损。① 当王曾举荐他任宰相时,他能谦让太后所意属之张士逊,这种隐忍谦逊的性格,确能得到刘太后欢心,故刘太后"嘉其能让"②,在张士逊罢相后,即任他为相。吕夷简在中书基本没有过多权力掣肘,在王曾罢相后,他不但独相,且刘太后故意调走与他不协的夏竦,而代以与其友善的陈尧佐③,情况与王曾为相时刚好相反。笔者认为,吕夷简与刘太后之间应该达成某种协议或共识,使得刘太后对他完全信任,视他如亲信。事实上,吕夷简独相期间,宰执集团对于刘太后各种政治举措几乎语默,处于认同状态④,即使在明道元年(1032)末,刘太后欲穿衮冕朝谒太庙之时,亦只有刚直的薛奎敢直言劝谏,而其他辅臣"皆依违不决"⑤。宰执集团对刘太后行为的集体失语,作为该集团首脑的吕夷简实在不无责任。

---

① 如天圣二年(1024)南郊后,"故事,辅臣例迁官,参知政事吕夷简与同列豫辞之"。李焘:《长编》卷102,天圣二年十一月辛亥条,第2369页;另《春明退朝录》亦有相关记载,见宋敏求:《春明退朝录》卷上,北京:中华书局,1997年,第15页。而明道元年(1032)加官时,"初,授夷简中书侍郎、兼兵部尚书,固辞兵部尚书,乃令学士院贴麻,仍遣内侍都知蓝继宗就阁门赐之",见李焘:《长编》卷111,明道元年二月庚戌条,第2576页。

② 李焘:《长编》卷106,天圣六年三月壬子条,第2468页。

③ 据《长编》记载:"祠部员外郎、秘阁校理陈诂知祥符县,治严急,吏欲动朝廷使罢诂,乃空一县逃去,太后果怒。而诂妻,宰相吕夷简妹也,执政以嫌不敢辨。事下枢密院,副使陈尧佐独曰:'罪诂则奸吏得计,后谁敢复绳吏者。'诂由是获免,徙知开封县。"由此可见,陈尧佐此虽为正义之举,但客观上也是为吕夷简亲属开脱,故必能获得其善意。见李焘:《长编》卷107,天圣七年三月戊寅条,第2503页。

④ 如大臣上书刘太后还政而遭贬谪、刘太后大封外戚等事,均只见台谏或其他大臣上书谏阻,而几乎没有宰执集团的声音。

⑤ 李焘:《长编》卷111,明道元年十二月辛丑条,第2595页。

刘太后与吕夷简达成何种协议,现今已难于史料中觅得真相,但吕夷简应能洞悉刘太后并无篡位野心,否则,以其深受儒家思想影响,必不能妥协。事实上,吕夷简似乎并不反对女主预政,刘太后逝世后,仁宗过度纵欲,导致身体羸弱,吕夷简即就太后预政问题对蔡齐说:"蔡中丞不知,吾岂乐为此哉!上方少年,恐禁中事莫有主张者尔。"①可见吕夷简认同太后预政,但只能限于辅助、约束皇帝,使其能成为儒家理想中之仁君。他早在参政位上,已以辅助皇帝之语劝谕刘太后②,到其位居宰相,他虽然对刘太后恭默顺承,但若刘太后或有危及仁宗帝统之事,他不会置之不理。朱熹《五朝名臣言行录》记载云:

> 太后尝欲进荆王为皇太叔,公(吕夷简)力争,以为不可,遂止。又以荆王子养于宫中,既长而弗出。公因对言及,以为不可。后曰:"无他,欲令与皇帝同读书耳。"公言:"皇帝春秋方盛,自当亲接儒臣,日闻典训。今与童稚处,无益,乞早令就邸。"他日又极言,后曰:"何至如此?"公曰:"前代母后多利于幼稚,试披史籍,即可见。嫌疑之际,不可不谨。臣今只在中

---

① 李焘:《长编》卷 115,景祐元年八月壬申条,第 2696 页。
② 《长编》云:"初,太后欲具(真宗)平生服玩如宫中,以银罩覆神主。参知政事吕夷简言:'此未足以报先帝也。今天下之政在两宫,惟太后远奸邪,奖忠直,辅导皇帝,成就圣德,则所以报先帝者宜莫若此。'"见李焘:《长编》卷 99,乾兴元年十月己未条,第 2299 页。

书听旨。"后瘳，即日遣令出宫。①

　　刘太后未必有以宗室幼子代仁宗而立的野心，但士大夫们鉴于前代经验，只要有些许嫌疑，即要把它扼杀，以防止事情真的发生。明道元年（1032）皇宫大火，燔及仁宗与刘太后寝宫，第二天晨朝时，百官朝拜仁宗于拱宸门楼下，独吕夷简不拜，仁宗使问其故，他说："宫廷有变，群臣愿一望清光。"仁宗举帘见之，他才下拜。② 吕夷简此举，乃效法真宗即位时吕端的办法，以防止刘太后趁乱掉包，其于仁宗的忠心，确实应该肯定。故王称认为："夷简为相，方章献临朝，内外无间言，天下晏然，夷简之力为多。"③苏辙也认为："吕许公当国，是时太后临朝，仁宗尚幼，公能以智辑睦二宫，

① 朱熹：《五朝名臣言行录》卷6之1《丞相许国吕文靖公》，四部丛刊初编本，本卷第7页。朱熹自云所据者，乃吕夷简的行状，但笔者未见该行状的传世文本。《长编》与《宋史》均有相关记载，但并未有以荆王为皇太叔之语，而张方平所撰之《吕夷简神道碑铭》也没有相关记载。故笔者认为皇太叔之语应为谬误，因为《宋史·赵元俨传》称："仁宗冲年即位，章献皇后临朝，自以属尊望重，恐为太后所忌，深自沉晦。因阖门却绝人事，故谬语阳狂，不复预朝谒。"如此深通韬晦，恐非愿涉险境而为皇储之人，且仁宗当时尚在幼，未有立储的必要。其实刘太后并不只养荆王子于宫中，据《宋史》记载，她亦曾养元僖之孙赵宗保于宫中，至七岁方归本宫，然此事未见于其他记载，亦未见有大臣劝谏。见李焘：《长编》卷112，明道二年四月己未条，第2612页。脱脱等：《宋史》卷245《赵宗保传》，第8698页；《赵元俨传》，第8706页；卷311《吕夷简传》，第10208页。张方平：《乐全先生文集》卷36《故推诚保德宣忠亮节崇仁协恭守正翊戴功臣、开府仪同三司、守太尉致仕、上柱国、许国公、食邑一万八千四百户食实封七千六百户、赠太师、中书令、谥文靖吕公神道碑铭并序》，载《宋集珍本丛刊》第六册，第160—164页。
② 见李焘：《长编》卷111，明道元年八月壬戌条，乙丑条，第2587页。
③ 王称撰，吴洪泽笺证：《东都事略笺证》卷52《吕夷简传》，第574页。

无纤毫之隙。"①

郭后曾言吕夷简"多机巧,善应变",实质乃指其游移两宫之间,同时讨得太后与仁宗欢心。除对刘太后顺承恭默之外,他亦能做到事事为刘太后设想,亦为刘太后分忧。朱熹记载云:"契丹遣使借兵伐高丽,明肃欲与之,文靖公坚执不可。后云:'适已微许其使矣,不与,恐生怨,奈何?'公曰:'但以臣不肯拒之。'既而后语其使曰:'意非不欲应,但吕相公坚不可耳。'使人无语而去。"②而最能体现他设身处地为刘太后着想者,乃仁宗生母宸妃葬礼一事,在此事中,吕夷简可谓处事圆滑、两边讨好,同时亦消弭了刘太后逝世后的一场政治危机。③ 刘太后去世后,仁宗起用因请刘太后还政而被贬的刘涣,并对吕夷简说:"向者枢密院亟欲投窜,赖卿以免。"吕夷简回答说:"涣疏外敢言,大臣或及此,则太后必疑风旨自陛下,使母子不相安矣。"上喜,以夷简为忠。④ 使母子相安,正是吕夷简此时的政治理念,因为这对母子并非普通人家的母子,而是天子之家的太后与皇帝,若这对母子不相安,大宋朝廷则会面临重大危

---

① 苏辙:《龙川别志》卷上,第78页。

② 朱熹:《五朝名臣言行录》卷6《丞相许国吕文靖公》,四部丛刊初编本,本卷第8b—9a页。按此记载,事当在天圣七年吕夷简拜相后,然陈亮云:"天圣初,契丹借兵伐高丽,明肃太后微许其使,吕夷简坚以为不可而塞之。"则此事当在天圣初吕夷简未拜相之时。但考诸《辽史·圣宗纪七》,契丹分别于开泰七年(宋天禧二年)十月与开泰八年(宋天禧三年)八月两次讨伐高丽,而高丽王亦于八年十二月乞贡方物,契丹于开泰九年(宋天禧四年)五月释高丽王罪,终圣宗世,《辽史》本纪未再见有与高丽战事。或圣宗崩前(圣宗崩于太平十一年,即宋天圣九年),曾欲再与高丽开战,请兵于宋,而终未战,亦未可知。见陈亮:《陈亮集》卷2《论正体之道》,北京:中华书局,1974年,第29页;脱脱等:《辽史》卷16《圣宗七》,第184、186、187页。

③ 由于宸妃葬礼一事涉及其他问题,故放在第五章第三节单独讨论。

④ 李焘:《长编》卷113,明道二年十一月戊寅条,第2644页。

机,甚至有颠覆可能,故吕夷简在此点上,确可被称为忠心。当然,如陈峰先生所言:"在章献太后听政时期,由于吕夷简善施'操术'应变,对消弭两宫之间的矛盾及稳定政局发挥了重要作用,因而博得了两宫的一致好感,从而得以'深结人主',稳定了自己的地位。"①

综上所述,刘太后在天圣七年(1029)以前,对于宰执任免,主要沿袭真宗"异论相搅"的思路,她把宰执分为中书与枢密院两大势力,同时也使每位宰执俱受到权力制衡,以此使宰执势力得以平衡。天圣七年,刘太后势力壮大,这种制衡的局面亦已无补于当时政治。就在此年,刘太后发动了一次政治风潮,使枢密使曹利用及其同党张士逊罢政;同年,王曾亦因玉清昭应宫灾罢相,宰执中两大势力均被瓦解。在此之后,刘太后对于宰执任免乃以亲者为主,贤者为辅,以至于刘太后统治后期,宰执对于她种种越礼行为几乎集体语默。无论天圣七年之前的权力制衡之术,还是之后的亲贤参用之法,刘太后均能成功驾驭两府宰执集团,此实乃刘太后能够顺利实施统治的必要因素。然而,除宰执集团以外,宋代官僚乃一庞大机构,宰执集团虽可帮刘太后分忧,但同时亦会分去刘太后之权,如何使大权掌握在自己手中,同时又能应付朝廷官僚,实乃刘太后思量之所在。然而,刘太后并非宋朝的真实统治者,其合法性一直受到官僚士大夫们的挑战,要有效控制这一官僚集团,从而能顺利统治如此庞大的皇朝,一些特殊的政治势力对女主来说,恐怕在所难免。

---

① 陈峰:《试论北宋名相吕夷简的政治"操术"》,载《中州学刊》1998年第6期。

第四章　特殊势力

　　所谓特殊政治势力,是指通过非正常渠道得以参与甚至干预政治的群体,在中国古代历史上,通常包括外戚、宦官、女性等。在以男权为中心的帝制中国,这些特殊群体并非政治的主流,但总能因为各种原因左右当时的政治。女主作为女性,当然属于特殊政治势力之一,因为她们并不具备统治整个王朝的合法性。张星久先生认为:"由后妃、外戚掌握最高权力,本身就在某种程度上意味着统治秩序的失调和紊乱,意味着可能导致对另一些人利益的侵犯与剥夺,当然会降低其支持率。再加上男权至上、男尊女卑观念的长期浸润与影响,一般人都把男性当权视为理所当然,而习惯性地把女性当政视为阴盛阳衰,当做是一种阴阳失调的不祥之兆加以反对。所以,无论后妃干政有多少条理由,也无论后妃事实上多么有德有才,从专制制度的基本精神来看,都比不上君主本人亲自掌权名正言顺,令人心服口服,从而使后妃干政一开始就潜伏着合法性危机。"纵观中国古代历史,中原汉人建立的政权,若出现女主当政,多数会遭到朝中大臣的非议、质疑甚至反对,当中发生的流血冲突事件更不绝于书。正是由于后妃主政的合法性从一开始即潜伏着危机,故主政的后妃不能完全依赖一直质疑她们的大臣或士大夫,因此她们必定会培植自己的势力以巩固自己的地位,其手段之一,乃"重用外戚,利用裙带关系和血缘关系建立后党派系,扩大统治基础"①。除外戚以外,唐代一些女主亦任用女性为自己的政治服务,如武则天、韦皇后等,她们身边有太平公主、安乐公主、上官婉儿等帮忙参议政事,此可谓唐代女主政治之一特色。延至宋代,刘太后作为首位主政女主,与前代女主一样,她亦曾想重用外戚,而对于女性群体的任用,虽不如唐代明显,但亦有迹可循。在刘太后统治时期,宦官同样得到重用,成为她手下三种特殊政治势力之一。必须注意的是,刘太后虽在其统治期间,任用外戚、宦官与一些上层女性,但他(她)们并未如前代同类,有害于当时朝政,而仅仅是刘太后制衡士大夫们的一种手段而已,这也可以视为刘太后对"异论相搅"理论的一种实践。当然,士大夫们对于这些特殊政治势力也没有妥协,一些尊重儒家法统的朝中大臣,往往会主动抑制这些特殊政治势力,以达到限制刘太后权力的目的。

第一节　外戚势力

关于外戚,张邦炜先生认为:"所谓外戚,通常是指皇帝的母族

---

① 此句及上引文段,可参见张星久:《母权与帝制中国的后妃政治》,载《武汉大学学报》(社会科学版)2003 年第 1 期。

和妻族,也包括皇帝姐妹、女儿的夫族。"①对于刘太后来说,其外戚当然是指她自己的刘氏家族。与历代女主一样,刘太后也曾想培植自己的外戚势力,然而,唐末五代的乱离,世家大族没落衰亡,直接导致后族势力难以形成。据张邦炜先生统计,"唐代的 369 名宰相集中地分布在 98 个家族当中,并且'一门十相者良多'",延至宋代,"134 名宰相零星地分布在 126 个家族当中,继世为相的现象极少"②。此外,科举制度不断发展且录取范围不断扩大,据张其凡先生统计,宋太宗时进士科平均每榜录取 186 人,而在唐代,平均每榜录取仅 28 人③,此实乃科举录取人数的突破。正由于此,大批庶族地主或贫民子弟通过考试入仕,如张邦炜先生所言,宋代于政治上出现"贱不必不贵"的现象。在宋代,宰相之家没落的例子不少,"宋代的官僚不能同从前的门阀相比,其政治地位虽高,但不稳定,一方面是骤然得来,另方面又不能传之子孙,至多及身而止"④。

世家大族的没落与衰亡,直接导致后族势力难以形成。纵观前代,汉之吕氏、窦氏、王氏、邓氏等,俱以大族与皇族联姻得以成

---

① 见张邦炜:《宋朝的"待外戚之法"》,载氏著:《宋代婚姻家族史论》,第 439—460 页。其实按照张邦炜先生的标准,寇准也算是外戚,因为他的妻子是宋延渥之女,也就是太祖宋皇后的妹妹。换言之,寇准与宋太祖是连襟关系。但笔者没有看到有历史记载把他视之为外戚。见孙抃:《莱国寇忠愍公旌忠之碑》,载杜大珪编,顾宏义、苏贤校证:《名臣碑传琬琰集校证(上)》卷 2,上海:上海古籍出版社,2021 年,第 39、48 页;脱脱等:《宋史》卷 242《宋皇后传》,第 8608 页。

② 见张邦炜:《两宋时期的社会流动》,载《四川师范大学学报》(社会科学版)1989 年第 2 期。

③ 见张其凡:《论宋太宗朝的科举取士》,载《中州学刊》1997 年第 2 期。

④ 见张邦炜:《两宋时期的社会流动》,载《四川师范大学学报》(社会科学版)1989 年第 2 期。关于宋代宰相家族没落的例子,在张先生文章中列举甚多,此处不再冗叙。

为后族；这些成为女主控制朝政的皇后，实际上成为外戚家族在皇权结构中的代表。唐代武则天的家族虽未能跻身甲族，但文水武氏尚在世族之列，故此武则天当政时期亦可大封诸武，其势力影响一直延至玄宗时代。但至宋代，这种现象即被改变，宋初皇帝选择皇后，虽多以大臣名将之家为对象，但由于这些所谓大臣名将者，多是五代枭雄或布衣卿相①，且其家族由于历史原因而未能形成势力，故与唐代相比，这些所谓"后族"根本微不足道，太祖宋皇后与太宗李皇后在两代帝位传承之际不能按自己意图册立君主，当中原因之一，实乃其后族势力薄弱。此外，从宋初开始，赵宋皇室统治者惩于前代外戚干政之弊，即于制度设计上防止这种现象出现。② 宋初太祖"杯酒释兵权"，即许诺与武将们"与结婚姻"③，至刘太后以前，宋代皇后均于武将家族中拣取，而众所周知，宋代武将虽可统兵，却无调兵之权。故此，这些所谓后族，根本不能形成势力。

至刘太后本人，其实更无外戚可言。《宋史》其本传对其家世的介绍是："其先家太原，后徙益州，为华阳人。祖延庆，在晋、汉间

---

① 关于这些乱世枭雄与布衣卿相与皇族联姻的举例，可参见张邦炜：《试论宋代"婚姻不问阀阅"》，载氏著：《宋代婚姻家族史论》，第39—61页。

② 刘子健先生认为："宋代起于姻亲夺位，从此于外戚加意防范。"见刘子健：《宋太宗与宋初两次篡位》，载《中国史研究》1990年第1期。不能说宋代绝对没有出现外戚干政现象，如北宋时期之韩忠彦、郑居中者，曾位至宰相，南宋时韩侂胄、贾似道更是一时权臣，但此种现象于宋代实属少数，如张邦炜先生言："同汉、唐两代相比，差别显而易见。"见张邦炜：《宋代的"待外戚之法"》，载氏著：《宋代婚姻家族史论》，第439—460页。再者，宋代这些外戚宰相，出现于北宋中后期和南宋中后期，本书讨论之北宋前期，实无此种现象。

③ 司马光：《涑水记闻》卷1《杯酒释兵权》，第12页。

为右骁卫大将军;父通,虎捷都指挥使、嘉州刺史,从征太原,道卒。"①前文已述,刘氏立后时,朝中很多大臣即以其出身卑微而加以反对,翰林学士杨亿甚至要求"请三代",实际是对刘氏这种官方家世履历的公开质疑。不管这种履历是真是伪,事实上刘太后的父祖除下葬、追封、避讳等问题,以及她与刘美本传中追述他们身世的记述以外②,其事迹从未见记于史书之上。再者,刘太后"襁褓而孤,鞠于外氏"③,其父族根本无亲可言。再观其母族,除了知她母亲为庞氏,并未见有记载其舅家事迹,仅知其姨庞氏,其姨夫龚知进,或为龚美(刘美)之父母。④ 且终刘太后之世,未见她任用或有恩典于母家庞姓族人。由此可以判断,庞氏族人或已经消亡殆尽。⑤ 由此可见,刘太后之亲属宗族均已辞世,她实只乃一孤女而

---

① 脱脱等:《宋史》卷242《刘皇后传》,第8612页。

② 刘太后父母下葬在天禧二年(1018)六月,其仪式十分隆重,且追封后父刘通为太师,但明显是真宗因刘太后之故而为之。刘太后成为太后后,又加赠三代,以刘通为彭城郡王。其后,"礼仪院请避皇太后父祖讳,诏唯避父彭城郡王讳。仍改通进司为承进司"。见李焘:《长编》卷92,天禧二年六月己未条,第2119页;卷98,乾兴元年四月丙午条,第2279页;卷99,乾兴元年十月己酉条,第2299页。脱脱等:《宋史》卷124《凶礼三》,第2906页;卷242《刘皇后传》,第8612页;卷463《刘美传》,第13548页。

③ 脱脱等:《宋史》卷242《刘皇后传》,第8612页。

④ 《长编》云:"母庞氏,赠徐国太夫人。"见李焘:《长编》卷92,天禧二年六月己未条,第2119页;徐松辑:《宋会要辑稿》仪制12之2,第2040页。

⑤ 从史料上看,刘太后颇重情义,据毕仲游记载,刘太后因追思毕士安在真宗藩邸时之作为,曾欲迁其子孙官。若刘太后对其母家有所追念,依其性格,即使其人已不在世,亦必大肆追封。但纵观刘太后之世,她只追封其本族尊长,其后刘美之子刘从德死,刘太后甚至封赠其家门人。但于母家,朝廷封赠仅及其姨庞氏及姨夫龚知进,这估计是刘美之故。由此可以推断,庞氏或无男丁。见毕仲游:《毕文简公士安传》,载杜大珪编,顾宏义、苏贤校证:《名臣碑传琬琰集校证(下)》卷4,第1798页;徐松辑:《宋会要辑稿》仪制12之2,第2040页。

已,并无外戚可言。刘太后作为女政治家,当然知道外戚势力对自己地位的重要性,故此在真宗生前身后,均想方设法为自己寻找世家大族当外戚。张舜民记载云:

> 刘综知开封府,一日奏事毕,真庙延之,从容曰:"卿与中宫近属,已拟卿差遣,当知否?"综变色,作秦音:"启陛下,臣本是河中府人,出于孤寒,不曾有亲戚在宫中。"未几出知庐州。[①]

此事应发生在大中祥符五年(1012)至七年(1014)之间[②],此时刘太后刚成为皇后,但因家世卑微遭受质疑及反对,故真宗此举,实乃为她找寻门第较高的外戚,以塞悠悠众口。仁宗即位后,刘太后亦未曾放弃寻找世族外戚的努力,《长编》记载云:

> 是月,以龙图阁直学士、刑部郎中刘烨知河南府。烨先世代郡人,后魏迁都,因家河南。唐末五代之乱,衣冠旧族多离去乡里,或爵命中绝,而世系无所考,惟刘氏自十二代祖北齐中书侍郎环隽以下,仕者相继。环隽生隋大理卿坦,坦生唐渝国公政会,由政会至烨十一世,皆葬河南,而世牒具存。烨尝

[①] 张舜民:《画墁录》,景印文渊阁四库全书本,台北:台湾商务印书馆,1986年,第1037册,第169页。

[②] 《长编》卷76云:"明年五月(刘)综始知开封。"则此事当在大中祥符五年五月后。又《长编》卷82云:"枢密直学士、吏部郎中刘综得风疾,求典河中。上以太宁宫庙长吏奉祠,综艰于拜起,虑不克恭事,弗许。己亥,命知庐州。"议中宫事当在此前。见李焘:《长编》卷76,大中祥符四年九月癸酉条注,第1734页;卷82,大中祥符七年三月己亥条,第1868页。

权发遣开封府事,独召见,太后问曰:"知卿名族,欲一见卿家谱,恐与吾同宗也。"烨曰:"不敢。"他日,数问之,烨无以对,因为风眩,仆而出,乃免。①

若说之前刘综自称"孤寒",则刘烨实可称为世家大族。② 刘太后一再逼问刘烨取其家谱,反映她欲营建外戚势力的迫切心情。然而无论刘综还是刘烨,均恭恪自守,不敢也不想妄攀皇后与太后,这或许如张邦炜先生所言:"达官显宦与皇族联姻,通常并不是他们实权增大的象征,往往倒是实权缩小的表现。"③又或许这些士大夫们根本不想以谎言获取仕途,甚至不欲因此而助长女主权力。无论何种原因,刘太后高攀官宦之家与世家大族的梦想破灭,要营造自己的所谓"外戚"势力,她不得不依靠在她身边的自己人。

刘太后见记于史的外戚,只有她从前的监护人(或为其表兄),后来改姓刘、成为她兄长的龚美,即刘美,以及他的族人。虽然刘太后本人不断为自己寻找高贵出身,但她对刘美及其家族一直眷顾甚浓,可以说,这是她营造外戚势力最基本、最可靠的力量。由于刘美曾经给事于真宗藩邸,故真宗在世之时,已给予刘美较高的待遇。第二章已述及,天禧三年(1019),刘美进为侍卫马军都虞候,与夏守恩同掌禁兵,成为刘后羽翼;其后,寇准与章频先后揭发刘美家不法之事,真宗亦因刘后之故而不问。但不幸的是,身为高

---

① 李焘:《长编》卷 103,天圣三年四月庚辰条,第 2380 页。
② 关于刘烨家族在唐宋时期的发展,可参见陈桂莘:《唐宋时期河南刘氏家族研究》,硕士学位论文,武汉:湖北大学,2024 年。
③ 见张邦炜:《宋朝的"待外戚之法"》,载氏著:《宋代婚姻家族史论》,第 439—460 页。

级军官的刘美并没有机会在刘太后统治时期辅助她,因为他早于天禧五年(1021)先真宗而逝,所遗下的只有年幼稚子,未能成器。当然,与往常一样,其子从德、从广虽然年幼,但皆有迁官,旁亲迁补者亦数人,其亡妻宋氏亦被追封为河内郡夫人①,但这些只能算是宋代对已故外戚的例行手续,所谓旁亲迁补者连姓名都没有,于刘太后势力而言显然微不足道。

　　仁宗即位、刘太后主政后,真正受到重用的外戚只有钱惟演与马季良。前文已述,钱惟演以妹妻刘美,他在真宗时已是枢密副使,丁谓罢相远贬后他立即被刘太后提拔为枢密使,但未几即被首相冯拯弹劾而遭罢免。然而,钱惟演并没有放弃再入二府的努力,天圣元年(1023)六月,他被徙知亳州,赴任时,入京朝觐,试图入相,但被监察御史鞫咏谏阻而不能成事,其后,他又于天圣三年

---

① 李焘:《长编》卷 97,天禧五年八月辛酉条,第 2252 页。刘从德死于天圣九年(1031),《宋史》记载为二十四岁,则此时应只有十四岁,但《长编》载刘从德死时为四十二岁,若是,则其当生于淳化元年(990),但其去世时官只官至蔡州团练使、知相州,当时另一外戚钱惟演已位至使相,马季良亦为龙图阁直学士,若刘从德早已成年,应不只有如此官职,故《长编》或为笔误。《宋史·刘从德传》同时亦载其弟刘从广是岁始生,亦即刘美死时,从广尚在襁褓之中。刘美亡妻宋氏,未见记于其他史料,而众所周知,刘美的妻子当为钱惟演之妹,其卒于天圣元年(1023)五月,故此宋氏应非笔误,或于刘美娶钱氏之前已逝,故未有记载。见脱脱等:《宋史》卷463《刘从德传》,第 13550 页。李焘:《长编》卷 100,天圣元年正月庚寅条注,第2315 页;卷 110,天圣九年十一月丁酉条,第 2571 页。

(1025)十二月得拜使相。① 天圣八年(1030)四月,钱惟演托病入京,久留京师,至次年正月方且离京。在此期间,他又再试图入相,但亦被范讽、郭劝等朝臣阻止。② 终钱惟演之世,他未得再入二府,故他曾说:"吾平生所不足者,惟不得于黄纸尾押字矣。"③马季良本家茶商,乃刘美女婿,原来只是光禄寺丞,真宗去世后,刘太后立即召其试馆职,马季良本是庸才,于是太后"遣内侍赐食,促令早了。主试者分为作之"④。其后,刘太后更先后让他成为龙图阁待制与龙图阁直学士⑤,但终刘太后之世,其官职不过如此而已。⑥

其实,刘太后主政的十一年中,外戚干政十分有限,见记于史

① 见李焘:《长编》卷100,天圣元年六月丙申条,第2324页;卷101,天圣元年八月甲寅条,第2331页,钱惟演拜使相亦见本条注。钱惟演之所以进京试图入相,实乃缘首相冯拯病重之契机,而他能得知这一消息,应在朝中有人内应,他敢于进京图相位,或许得到刘太后某些暗示。未几王钦若即代冯拯为首相,由此可见,王钦若其实是刘太后未能相钱惟演的另一选择,且从刘太后秘密召王钦若进京看,她应该是吸取了钱惟演进京的教训。

② 钱惟演以疾求赴京师,见李焘:《长编》卷109,天圣八年四月辛亥条,第2539页;图入相事,见卷110,天圣九年正月辛未条,第2553页。

③ 徐自明著,王瑞来校补:《宋宰辅编年录校补》卷4,乾兴元年十一月丁卯条,第169页。

④ 李焘:《长编》卷98,乾兴元年四月壬寅条,第2279页。李焘于本条注云主试者乃学士晏殊,这又是晏殊懦弱妥协性格的体现,且在此事上,他确实有助于刘太后。

⑤ 马季良任龙图阁待制,前章述王曾罢相时已有论述,今不冗叙;其任龙图阁直学士不知何时,《长编》于刘从德死时,已以龙图阁直学士称之,《宋史》其本传亦将迁龙图阁直学士之事置于刘从德卒前。然欧阳修则认为是刘从德时,"马季良以刘氏婿为龙图阁直学士"。见李焘:《长编》卷110,天圣九年十一月丁酉条,第2571页;脱脱等:《宋史》卷463《马季良传》,第13552页;欧阳修:《欧阳修全集》卷29《翰林侍读学士右谏议大夫杨公墓志铭》,北京:中华书局,2001年,第441页。

⑥ 关于马季良家世及事迹的考述,可参见何冠环:《从茶商到外戚:宋真、仁宗朝开封茶商马季良事迹考》,载氏著:《货殖经营:宋代商人家族研究初探》,香港:新龙门书店,2024年,第23—80页。

者仅寥寥数事而已。首先是钱惟演,他于真宗时帮助刘太后与丁谓先后使寇准与李迪罢相,后来更位居枢副,作为外戚预政可谓明显。但这只能说明真宗对他的眷顾与宠信,事实上,仁宗即位后,钱惟演虽经历丁谓罢相一事,但实际出力甚少;其后他虽成为枢密使,但在位不久即被罢免。他在刘太后主政时虽位使相,但于朝政之事实已无从插手,亦无所献替。其次则是马季良,由于他一直于朝廷馆阁任职,故参与政事甚多,但亦是屡屡遭朝中官员逆折。如天圣七年(1029)六月,刘太后令他与晏殊、孔道辅"看详转对章疏及登闻检院所上封事,类次其可行者以闻",但未几即遭右司谏范讽上奏反对,"不逾月,诏罢看详"①。在龙图阁待制任上,马季良曾建言曰:"京师贾人常以贱价居茶盐交引,请官置务收市之。"因马季良乃刘太后外戚,方用事,有司不敢逆其意,但盐铁副使司封员外郎王鬷坚决反对,曰:"与民竞利,岂国体耶!"其事遂罢。② 其实马季良以外戚身份被提拔,此两事只能反映他参与朝政,实未至于干预。真正有干预朝政之嫌疑者,乃刘美之子刘从德。他于父亲逝时虽只十四岁,但随着刘太后主政日久,他亦逐渐成长,虽未得任职中央,但已独知州府。他对朝廷政事的干预,主要在用人方面。《长编》记载云:

> 赐和州刺史刘从德敕书奖谕。从德知卫州,辟屯田员外

---

① 李焘:《长编》卷 108,天圣七年六月辛卯条,第 2515 页。
② 见李焘:《长编》卷 110,天圣九年闰十月癸亥条,第 2569 页。朝廷罢其事不见记于《长编》,可参见王称撰,吴洪泽笺证:《东都事略笺证》卷 55《王鬷传》,第 599—600 页。

郎戴融为通判。融，楚人，善谄佞，因率州人以千数，妄言治有
异状，乞刻碑记之，朝廷虽不许，以太后故，犹降褒诏。从德，
美之子也。县吏李熙辅者，善事从德，乃荐熙辅于朝，太后喜
曰："儿能荐士，知所以为政矣。"即日擢熙辅京官。从事河南
郑骧因缘从德，亦擢美官。时监司以太后故，多假借从德，独
转运使王立按举无所容。①

向朝廷荐士，本州府官员所当为，但刘从德所荐者，多庸碌无
为之才、谄媚希合之辈，且得其荐者甚至可得京官，若非为太后外
戚，实不能如此。然荐此种小官尚算小事，前述赵稹于天圣八年
（1030）代病逝之姜遵为枢密副使，实乃厚结刘美家婢所致，但刘美
已死，没有刘从德的关系，只一家婢，何所作为？荐人位至二府，实
已将势力伸展至中央宰执机构。我们可再进一步比较刘从德与马
季良：马季良虽在朝中任事，其所建言多遭反对，而朝廷，亦即刘太
后也非定要执行马季良之议；但刘从德所荐之人，即便进入二府，
刘太后未有不允，即使反对者甚众，刘太后亦一力为之。刘从德卒
于天圣九年（1031），刘太后"悲怜尤甚，录内外姻戚门人及童隶几
八十人"，其亲属如马季良、钱暧、王蒙正者，皆缘遗奏，各迁两官。
前述之戴融，亦迁为度支判官，台官曹修古、郭劝、杨偕、推直官段
少连等交相论列，刘太后非但不听，反将他们贬出朝廷。② 由此可
见，刘太后甚为爱惜刘从德，此非其他外戚如马季良者可比。自刘
美死后，刘太后一直想培养刘从德，他虽因年少未能入职京师，但

① 李焘：《长编》卷109，天圣八年六月乙巳条，第2541页。
② 见李焘：《长编》卷110，天圣九年十一月丁酉条，第2571页。

其影响却是很多京官所不及的。

《宋史·外戚传序》设问:"仁、英、哲三朝,母后临朝听政,而终无外家干政之患,将法度之严,礼统之正,有以防闲其过欤?抑母后之贤,自有以制其戚里欤?"①这种设问,实际认为北宋此三朝无外戚之患,乃因法严礼正,且母后贤明。根据张邦炜先生的研究,宋代"待外戚之法"的两个基本点,乃"崇爵厚禄,不畀事权"。就"不畀事权"之具体而言,张先生认为宋代外戚"不得任文资""不任侍从""不得为监司、郡守""不令管军""不令预政""戚里应守法"等,正是这种种措施办法,使得宋代外戚不能干政。② 然则,在刘太后主政之朝,朝廷及刘太后本人待外戚之法,是否亦如《宋史》及张先生研究所得呢?

笔者认为,就张先生所总结的几点特征而言,刘太后朝的个别外戚似乎并不完全符合。如马季良者,以尚书工部员外郎先后任龙图阁待制、直学士,其后又迁兵部郎中,显然既任文资,又为侍从。③刘从德独知州府,显然与"不得为监司、郡守"不符。再往上看,刘美在真宗时任侍卫马军都虞候,统领禁军;钱惟演职在二府,是为宰执,由此看来,刘太后的一些外戚可谓既管军,又预政,以致司马光认为刘太后时"外亲鄙猥之人或忝污官职"④。然而看深一

---

① 脱脱等:《宋史》卷463《外戚传序》,第13535页。
② 见张邦炜:《宋朝的"待外戚之法"》,载氏著:《宋代婚姻家族史论》,第439—460页。
③ 马季良简历见脱脱等:《宋史》卷463《马季良传》,第13552页。所谓侍从,南宋洪迈认为:"国朝官称,谓大学士至待制为'侍从'。"见洪迈:《容斋随笔》三笔卷12《侍从两制》,北京:中华书局,2006年,第572页。
④ 司马光:《上慈圣皇后论任人赏罚要在至公名体礼数当自抑损》,赵汝愚:《宋朝诸臣奏议》卷26《帝系门·皇太后》,第250页。

层，未必完全如是，刘美虽统领禁军，但并非一人独大，其上还有夏守恩为殿前都虞候、曹璨为殿前都指挥使；①钱惟演虽为宰执，但毕竟时间不长，刘太后对此亦无坚持。事实上，刘太后在主政期间，对外戚虽是恩宠过盛，但未委以重任。外戚的确过于"崇爵厚禄"，刘太后对祖上大肆追封，超越前代；②一些不当授予外戚的官职亦由外戚担任，对于刘美家的族人、门人，亦是恩赏过滥。但是，刘太后这些恩赏，并不独用于其外戚，对于赵氏内属亦是如此，《郧溪集》记载云："章献太后时，优待内属，率得遂其私谒。"③对于"不界事权"，刘太后虽未贯彻执行，然在其主政期间，虽钱惟演、马季良曾参与政治，刘从德甚至对朝廷用人有所干预，但实在未到碍政、害政的地步。至于其余外戚如驸马柴宗庆者，甚至求为使相而不得。④

在"戚里应守法"方面，刘太后一些外戚的确罔顾法纪，他们的不法行为可谓不绝于书，当中最明显者乃刘从德的岳父王蒙正。据《宋史》记载，此人为嘉州豪右，"以厚赂结纳至郎官，为郡守"⑤。他的女儿嫁给刘从德，他亦缘此成为外戚。自此之后，王蒙正自持

---

① 见李焘：《长编》卷93，天禧三年五月己未条，第2145页；曹璨天禧三年（1019）七月卒于任上，故此时仍是三衙首长，见《长编》卷94，天禧三年七月壬申条，第2162页。

② 岳珂曾考外戚赠王爵之制，于章献刘太后外戚封赠处花有较大篇幅论述，其祖上封赠追至曾祖，及曾祖母，其父刘通于天圣三年封魏王，更是"外戚追封一字王之制始见于此"，足见刘太后对祖上追封甚过。见岳珂：《愧郯录》卷15《外戚赠王爵》，北京：中华书局，2016年，第191—196页。

③ 郑獬：《郧溪集》卷22《霍国夫人康氏墓志铭》，载《宋集珍本丛刊》第十五册，第201—202页。

④ 见李焘：《长编》卷104，天圣四年正月甲辰条，第2400页。

⑤ 脱脱等：《宋史》卷463《刘从德传》，第13550页。

太后外戚身份,多为不法之事。他在荆南驻泊都监任上,"挟太后姻横肆",知府李若谷欲绳之以法,反被徙知潭州;其在凤州任上,又因贿赂通判种世衡不果,而设计陷害他;此外,王蒙正在老家四川亦是横行不法,刘敞记载,王蒙正曾挟太后之旨欲占盐井,为刘敞之父刘吉之制止;其祖上留下良田,他意欲独占,不分予其祖昆弟,但吴仅一断以法,析田授之。① 除王蒙正之外,其他一些外戚亦有不法之事,如马季良,曾"冒立券,庇占富民刘守谦免户役"②。更有一些不法之徒,与刘太后外戚交通,恃势欺民,如《宋史》记载:"有僧海印国师,出入章献皇后家,与诸贵人交通,恃势据民地,人莫敢正视,(陈)希亮捕治置诸法,一县大耸。"③对于这些外戚不法之事,刘太后不可能不知道,但她并未如宋初太祖、太宗朝那样,对外戚严厉执法④,她的态度是纵容与包庇,如王蒙正所为不法事如此之多,虽有遭揭发,有遭劝阻,但他在刘太后垂帘期间,从未为这些事情负上任何责任;至于所谓海印国师之事,最终被捕论罪的只

① 李若谷事,见李焘:《长编》卷105,天圣五年三月戊申条,第2437页;王蒙正构陷种世衡事,见脱脱等:《宋史》卷335《种世衡传》,第10741页;在蜀占盐井事,见刘敞:《公是集》卷51《先孝益州府君行状》,载《宋集珍本丛刊》第九册,第767页;吴仅析王蒙正家田事,见郑獬:《郧溪集》卷21《尚书都官郎中吴君墓志铭》,第192页。
② 脱脱等:《宋史》卷463《马季良传》,第13552页。
③ 脱脱等:《宋史》卷298《陈希亮传》,第9918页。
④ 如太祖时,"河决澶州,东汇于郓、濮,坏民田。上怒官吏不时上言,遣使按鞫。是日,通判、司封郎中姚恕坐弃市,知州、左骁卫大将军杜审肇免归私第"。杜审肇乃太祖之母杜太后之弟。太宗时,外戚"多遣亲信市竹木秦、陇间,联巨筏至京师,所过关渡称制免算。既至,厚结执事者,悉官市之,多取其直"。太宗闻奏后大怒,结果外戚杜彦珪、刘知信等"皆坐责降",驸马都尉王承衍、石保吉、魏咸信各罚俸一年。见李焘:《长编》卷12,开宝四年十一月庚戌条,第273页;卷21,太平兴国五年八月己丑条,第478页。

有海印国师一人，而未有其他外戚牵连在内。最明显者乃王蒙正之子王齐雄杀人一事，《长编》记载：

> 王蒙正子齐雄捶老卒死，妻与子以病告，乞毋验尸，(程)琳察其辞色异，令有司验劾，得捶死状。蒙正连姻太后家，太后因琳对，曰："齐雄非杀人者，乃其奴尝捶之耳。"琳曰："奴无自专理，且使令与己犯同。"太后默然，遂论如法。①

刘太后在这事上，甚至出面维护王齐雄。《长编》记载虽"遂论如法"，但晁补之对此事的记载更为传神，甚至记载太后连续派十名内侍督令尽早结束验尸，最后王齐雄虽得入罪，但"已而太后族人有特旨原"②，可见他最终并未受到责罚。不过值得注意的是，刘太后虽然包庇违法外戚，但就上文所见，除种世衡之外，其他揭发外戚不法之事的官员均未受到处罚，如李若谷者只是平调而已。

综上所述，刘太后临朝，对待外戚的态度是恩宠、放任但又不十分倚重。刘太后不倚重外戚的原因有二。其一，无可倚重之人。刘太后之所谓"外戚"，只有刘美家族，然刘美本小手工业者出身，其子弟年少，姻家亦多商人，均非循正途入仕，资质才能有限。如马季良者，馆阁考试需令人代作，其才能可见一斑。钱惟演虽为可任之才，然性喜邀结，攀附权贵，为士论所鄙，即使刘太后意欲重用，亦不容于朝廷。其二，士大夫们对外戚抑制尤甚。早于刘太后

---

① 李焘：《长编》卷110，天圣九年九月己巳条，第2566页。
② 晁补之：《鸡肋集》卷33《书陈泊事后》，景印文渊阁四库全书本，台北：台湾商务印书馆，1986年，第1118册，第647—648页。

垂帘听政不久，丁度即献《王凤论》于太后，以戒外戚。① 在上述讨论中其实亦可看到，虽然很多官员对外戚是依违而行，但每当有外戚进拜或为不法事之时，总有一些官员不畏权贵，或敢言直谏，或执法严明，不法外戚虽并未因此受到责罚，但这些官员的努力，从某种程度上抑制了外戚势力的发展与膨胀。

刘太后非但没有依靠外戚势力，有时候她亦有抑制外戚之举。有记载云："（刘太后）赐族人御食，必易以铅器，曰：'尚方器勿使入吾家也。'"②天圣六年（1028）时，"太后幸赠侍中刘美第，左司谏刘随奏疏劝止，太后纳其言，自后不复再驾"③。这些均是刘太后自谦自抑之象，她或许已经认识到"自古外戚之家，鲜能以富贵自保"，故这种所谓自我抑制，实际是一种保护。④ 刘太后对外戚恩宠、放任其实也可以理解，她以女主临朝，本无宗族，外戚人数甚少，若把违法之王蒙正、马季良等逐一法办，则其外家人丁越来越少，这意味着刘氏家族的削弱与消亡，实非刘太后所愿见到的局面。且刘太后得以结缘真宗，刘美与张耆一样，实为媒人，她对刘美感恩图报，故宠遇放任其家人，也是人之常情。刘太后这种对待外戚的态度，给宋代其他后妃起了极好的示范作用。其后的宋代垂帘太后，

---

① 李焘：《长编》卷100，天圣元年四月辛丑条，第2320页。
② 李焘：《长编》卷112，明道二年五月癸酉条，第2616页。
③ 李焘：《长编》卷106，天圣六年三月戊申条，第2467页。
④ 引言见李焘：《长编》卷102，天圣二年九月庚子条，第2367页。此乃刘太后手书诏谕以郭氏为仁宗皇后之语。事实上，刘太后逝世后，外戚如王蒙正、马季良者虽遭贬谪，但刘姓族人均得以保全。如刘从广后来娶荆王元俨女，官至真定府路马步军副都总管；刘从德子刘永年，更为一代良将，镇守一方，官至步军副都指挥使。见脱脱等：《宋史》卷463《刘从广传》，第13550—13551页；《刘永年传》，第13551—13552页。

自知在权力与地位上远远不如刘太后,若要保全自己家族,则必须效法刘后,甚至比刘后的态度严厉得多,从而形成了宋代后妃对外戚自我抑制的现象。

第二节 宦官势力

刘太后之所谓"外戚",其实仅寥寥数人而已,即使刘太后欲加以利用,亦不能遂愿。真正为刘太后所利用者,应是宦官势力。宋朝的宦官问题,正如吕海所言"因循前弊尚多,久未更革"①,张邦炜先生认为:"北宋宦官的职责的确与唐代相似,绝不限于'掌宫掖中事'。"②宋代的皇城司多由宦官担任主官(勾当皇城司),而走马承受,更是"官品至卑,一路已不胜其害"③。宋初刘太后以前,已有很多宦官参与政治事务,如窦神宝、李神福、李神祐、秦翰者,曾随军出征,并立有战功;如王继恩者,甚至率军讨平李顺之叛,除此之外,他还参与策划宋初两朝帝位传承,只是前次成功,而后次失败而已;再如真宗朝之刘承规,与丁谓、王钦若等并称"五鬼",曾大力支持真宗"天书封祀"。④ 由此可见,宋初之时,已有宦官参与政治,且不在少数。

---

① 吕海:《上英宗论差中官为陕西钤辖》,赵汝愚:《宋朝诸臣奏议》卷 62《百官门·内侍中》,第 685 页。

② 张邦炜:《北宋宦官问题辨析》,载《四川师范大学学报》(社会科学版) 1993 年第 2 期。

③ 见马端临:《文献通考》卷 62《干办皇城司》考 532 中;吕海:《上英宗论差中官为陕西钤辖》,赵汝愚:《宋朝诸臣奏议》卷 62《百官门·内侍中》,第 685 页。

④ 以上事实可参见脱脱等:《宋史》卷 466《宦者一》中各人传记,第 13600—13628 页。

　　宋初宦官虽未达到干政、专政或害政的地步,但宦官参与政治的环境,却对刘太后利用这一势力十分有利。其一,宦官制度在宋朝发展已几十年,其人数有一定规模,换言之,刘太后可利用的宦官,实多于外戚。其二,宋代宦官参与政治,并非自刘太后始,宦官监军、统军已有先例,而朝廷一些低级官职以宦官担任,甚至形成制度。① 正由于此,刘太后于政事上利用宦官势力为其服务,在法理上比利用外戚更为合适,并且有先例可援。

　　纵观刘太后主政时期,宦官职责主要有五方面。其一,监督工程建设。天圣、明道间,刘太后曾进行过一些寺庙工程建设,另外如滑州等地,因河决而须修筑河堤,这些工程多由宦官主持,或由宦官监督。如刘太后修建景德寺,即"遣内侍罗崇勋主之"②;天圣五年(1027)七月,"以马军副都指挥使彭睿为修河都部署,内侍押班岑保正为钤辖,礼宾副使阎文应、供备库副使张君平并为都监"③;姜遵得以成为枢密副使,乃希太后旨营建浮屠,当时主持这项工程者,正是内侍曾继荪。④

　　其二,刺探百官及民情。据魏泰记载:

---

① 除上述皇城司、走马承受外,如东宫官中,"主管左、右春坊事二人,以内臣兼;承受官一人,以内侍充"。在工部,军器所"旧就军器监置,别差提举官,以内侍领之"。在秘书省,"天禧初,令以三馆为额,……以内侍二人为勾当官,通掌三馆图籍事"。太仆寺之群牧司,其副使"以阁门以上及内侍都知充"。凡此种种,不一而足。见脱脱等:《宋史》卷162《职官二·东宫官》,第3825—3826页;卷163《职官三·工部》,第3864页;卷164《职官四·秘书省》,第3874页;卷164《职官四·太仆寺》,第3894页。
② 李焘:《长编》卷105,天圣五年六月癸未条,第2441页。
③ 李焘:《长编》卷105,天圣五年七月丁巳条,第2444页。
④ 李焘:《长编》卷106,天圣六年三月癸丑条,第2468页。

明肃太后临朝，袭真宗故事，留心庶狱，日遣中使至军巡院、御史台，体问鞫囚情节。又好问外事，每中使出入，必委曲询究，故百官细微，无不知者。有孙良孺为军巡判官，喜诈伪，能为朴野之状。一日，市布数十端，杂染五色，陈于庭下。中使怪而问之，良孺曰："家有一女，出适在近，与之作少衣物也。"中使大骇，回为太后言之，太后叹其清苦，即命厚赐金帛。①

韩琦亦记载云：

（杜起）通判宿州事，尝与郡守因议事不相合，时章献皇后临朝，中贵人过郡，知而奏之，乃与郡守两得罪，公即授海州监税。②

又如《长编》记载：

蜀民岁为社，祠灌口神，有妖人自名李冰神子，置官属吏卒，聚徒百余，（程）琳捕其首斩之，而配其社人于内地，道路或以为冤。事闻，朝廷遣内侍张怀德驰视，怀德视蜀既无事，还奏得解。③

① 魏泰：《东轩笔录》卷9，第100页。
② 韩琦《安阳集》卷47《故尚书都官员外郎赠工部郎中杜公墓志铭》，第600页。
③ 李焘：《长编》卷109，天圣八年十月癸卯条，第2547页。

由此可见，无论是"百官微细"，抑或是民间神祠之事，刘太后均遣宦官打探明白。天圣三年（1025）丁谓得以由崖州北迁雷州，亦是揣知刘太后这种心思。他修书一封，付门人交予洛阳留守，并嘱咐曰："俟有中贵人至，与留守宴，即投之。"门人依其吩咐而行，洛阳留守刘烨当然知道宦官有刺探百官微细之责，恐有勾结权奸之嫌，故不敢拆信，乃即上奏，从而使得丁谓的信能直达刘太后与仁宗。①

其三，参与审问有罪的朝廷官员。如天圣四年（1026）茶法改革失败，内侍江德明即参与审讯相关责任官员②；至天圣七年（1029）初的真定府曹汭案，甚至后来审讯被牵连的曹利用，均有宦官在场。

其四，领兵作战。最明显者乃以内侍王怀信、周文质分别担任环庆路钤辖与泾原都钤辖，统兵西陲，守御边防，可惜此二人并非将才，导致宋军败绩。③

其五，参与编修真宗朝国史。《挥麈录》云："天圣中，章献明肃太后临朝，诏修《三朝国史》。时巨珰罗崇勋、江德明用事，以为史院承受故官属，每遇进书，推恩特厚，下至书史庖宰，亦沾醲赏。后来因之。"事实上，当国史修成之时，内侍韩守英、罗崇勋、蓝元用、

---

① 见王称撰，吴洪泽笺证：《东都事略笺证》卷 49《丁谓传》，第 547 页。其说只云留守，留守为刘烨，乃据《长编》，见李焘：《长编》卷 103，天圣三年十二月癸亥条，第 2395 页。

② 李焘：《长编》卷 104，天圣四年三月甲辰条，第 1404 页。

③ 见李焘：《长编》卷 103，天圣三年七月辛卯条，第 2385 页。

皇甫继明等"并迁官职"①。

　　就上述五方面,即可知刘太后把宦官用得恰到好处,使他们在各方面都有利于自己的施为。首先,建设营造等事,很多士大夫本来就反对,故刘太后不能指望士大夫主动主持这些建设工程,因而只能派遣她比较信任的宦官主持。其次,以宦官刺探百官及民情,亦是刘太后不得已之事,其实这也是专制制度本身形成的弊病。专制制度要求一国之君事事亲力亲为,但其本身能力与体力实在有限,故若要能下情上达,则需依靠朝廷及地方官员。然而,专制帝王往往不太信任外派的官员,而某些官员的贪墨行为,亦确实令皇帝失望,正如张邦炜先生所言:"由于宦权在通常情况下依附并服务于皇权,因而皇帝的看法与士大夫大不相同,他们恰恰是把信用宦官作为振兴王纲的一个重要手段。"②故皇帝最后能信任者,只能是身边最亲近的宦官。刘太后作为女主,又与真正的皇帝不同,太后的身份决定她不能超越皇帝,于外朝听政,而士大夫们又一直对她行使最高权力的合法性有所质疑,故她不可能完全通过士大夫来了解下情;为了抵御士大夫的反对,她必须利用另一种势力与之抗衡。如前所述,刘太后外戚势力并不强大,且事事受到士大夫

---

① 见王明清:《挥麈录》后录卷1《天圣中诏修〈三朝国史〉》,第42—43页;李焘:《长编》卷109,天圣八年六月癸巳条,第2540页。据《长编》记载,天圣五年刘太后只下诏修《真宗国史》,并非如《挥麈录》所言之《三朝国史》,见李焘:《长编》卷105,天圣五年二月癸酉条,第2436页。《挥麈录》原文之断句恐怕有误,当改为:"时巨珰罗崇勋、江德明用事,以为史院承受,故官属每遇进书,推恩特厚,下至书史庖宰,亦沾醲赏。"如此更加合理。

② 张邦炜:《北宋宦官问题辨析》,载《四川师范大学学报》(社会科学版)1993年第2期。

们的掣肘。宦官则不然，他们人数众多，以中旨外出办事，先朝已有制度成例，实乃名正言顺，而借办事之名，亦实可为刘太后打探到不少情报。再者，以宦官参与审理有罪官员的案件，其实可以使刘太后的旨意直接渗透给主审官员，从而使审理结果符合刘太后心意。上面列举之茶法改革一案，其实当初力主改革者乃刘太后本人①，如今改革失败，当然要有人承担责任，而此人肯定不能是刘太后，故以内侍江德明参与审理此案，实质是把这层意思透露给主审官员。曹汭一案，虽说曹利用得罪宦官在先，因而遭到报复，但若非刘太后首肯，单以宦官的权力，根本不能拉下堂堂一位枢相，故主审官员王博文乃"希太后旨"而已，而非希内侍之旨。再次，以宦官率兵镇边，实因前朝做法。最后，以宦官参与修史，其实亦是好让刘太后控制史书编修而已。李焘于记载天禧三年（1019）因发乾祐天书而大赦天下之事时，在其注中交代，真宗朝实录与国史均未载乾祐天书之事，他认为是因为周怀政、朱能等失败，故史官将此事讳饰不提。② 真宗实录与国史乃修于天圣年间，故对乾祐天书一事讳饰者，实乃刘太后本人，因为此事不仅关乎真宗声誉，且亦牵连刘太后，故她不愿再提。刘太后自太宗朝即为真宗女伴，所以真宗朝发生的历史事件，有相当部分与刘太后有关，特别是其身世之事，一直备受质疑，因此她亦必须利用宦官，篡改国史与实录，以

---

① 关于此点，详见第六章第二节。
② 见李焘：《长编》卷94，天禧三年八月丁亥条注，第2163—2164页。

使自己的身世履历更加得体。①

　　史料上关于刘太后时期的宦官，负面评论甚多，如《长编》记载云："初，太后临朝，威震天下。中人与贵戚稍能轩轾为祸福。"②司马光在《涑水记闻》中，亦记载当时宦官能够"荣枯大臣如反掌耳"③。《宋史》刘太后本传更认为由于刘太后的重用，宦官"以此势倾中外"④。这些史料所下之评论俱是事实，宦官由于受刘太后利用，有一定权势，故常有不法横行之事，雷允恭恃宠擅移皇堂，即是当中典例。如蔡齐、司马池、王冲等大臣，因得罪宦官而遭外贬，甚至获罪。⑤ 相反，一些官员却因交结宦官而得进位，如姜遵，修建浮屠虽然是希太后旨，但同时亦是尽力协助当时主持该项工程的曾继莘；范讽能拜右司谏，乃因为"讽知广德军，寻以疾监舒州灵仙

---

① 张邦炜先生认为，刘太后并非如《宋史》其本传所言，乃太原刘氏旧族，而实乃太原刘氏之假冒牌。见张邦炜：《宋真宗刘皇后其人其事》，载氏著：《宋代婚姻家族史论》，第233—264页。笔者曾经与张其凡先生讨论过这一问题，张先生认为，宋代皇帝其实已控制官方修史，故刘太后完全有权力与能力篡改国史，伪造履历，故于刘太后身世的史料，笔记小说或比正史更可信一些。当然，就刘太后改嫁及相关事件，笔者经过考证，认为《宋会要辑稿》中之官方记录更为可信，具体论述可参见本书附录二。
② 李焘：《长编》卷107，天圣七年正月癸卯条，第2491页。
③ 司马光：《涑水记闻》卷10《李及不阿权贵》，第195页。
④ 脱脱等：《宋史》卷242《刘皇后传》，第8615页。
⑤ 蔡齐时为翰林学士，乃因拒绝罗崇勋，不肯上《景德寺记》而被谗遭贬，他实非不愿上此记，而是不欲与宦官邀结，其后刘太后让宰相取记，蔡齐即奉上；司马池时任职群牧司，上奏宦官皇甫继明在群牧司之不法事，因而受谗言贬责；王冲乃秘书丞知陈留县，因阻止宦官罗崇勋非法获得官田，而遭罗崇勋诬陷获罪，被贬雷州。见李焘：《长编》卷106，天圣六年七月丙辰条，第2477页；卷107，天圣七年三月癸未条，第2506页；卷110，天圣九年五月己巳条，第2558页。王冲事亦可参见刘敞：《公是集》卷53《尚书屯田郎中提举兖州仙源县景灵宫王公墓志铭》，第782页。

观,上御药张怀德至观斋祠,讽颇要结之,怀德荐于太后,遂召还"①。虽然宦官有如此种种不法行为,其势力亦足以进退一般朝廷官员,但刘太后还不断提高宦官地位,天圣四年(1026)二月,置上御药供奉四人,据《长编》记载:"御药院掌按验秘方、和剂药品以进御,及供奉禁中之用。至道三年,始置,以入内供奉官三人掌之,或参用士人。于是,别置上御药供奉,其品秩比内殿崇班,专用内侍。其后多至九人。"至明道元年(1032),"诏上御药院自今比内殿承制,上御药供奉比崇班,仍居本品之上"②。刘太后宠宦罗崇勋、张怀德等,俱供职于上御药院。明道元年宫中大火后,更"自上御药而下至内品,凡迁擢十五人"③。无怪乎张邦炜先生认为"北宋宦官用事始于真宗刘后垂帘听政时"④,实有一定道理。

然而,值得注意的是,天圣、明道间宦官势力虽然壮大,且已在很大程度上涉足朝廷政事,但并未酿成祸患。宦官们所涉足之政治,层面并不甚高,且无碍赵宋皇朝之政治发展。诸如谗害大臣等行为,是有一定影响,但比起太宗时王继恩参与两朝帝位传承之策划、真宗朝周怀政阴谋作乱,刘太后时的宦官实在不算有所作为。而且,虽然刘太后可以提高亲信宦官的地位,对他们的所作所为亦多有包庇,但没有一名宦官能如王继恩官至宣政使,或如刘承规能得真宗欢心,甚至为之求节度使;与北宋末年之童贯位至二府相

----

① 李焘:《长编》卷108,天圣七年五月甲戌条,第2514页。
② 见李焘:《长编》卷104,天圣四年二月戊申条,第2401页;卷111,明道元年十一月癸巳条,第2595页。
③ 李焘:《长编》卷110,明道元年九月庚午条,第2589页。
④ 张邦炜:《北宋宦官问题辨析》,载《四川师范大学学报》(社会科学版)1993年第2期。

比,更是遥不可及。① 再者,纵观刘太后时得宠之宦官如罗崇勋、江德元、江德明、张怀德、皇甫继明者,无一人得入《宋史·宦者传》。由此可见,当时宦官虽然专横不法,但亦确实受到限制。

刘太后时宦官所受限制主要来自两个方面,其一,是朝廷官员的抵制。虽然宦官外出办事,比外戚名正言顺,但一些官员仍然鄙视宦官,面对他们趾高气扬的气焰不卑不亢,对他们的不法之事,官员们甚至严厉抵制。真宗刚去世之时,丁谓与雷允恭勾结,欲独掌朝政,当时王曾已经提出"两宫异处而柄归宦者,祸端兆矣"②。丁谓罢相后,冯拯成为首相,对宦官也甚为鄙视,有记载说"宦者传诏至中书,(冯拯)不延坐"③。曹利用之所以得罪宦官,也是因他屡屡折辱宦官。两府大臣如此,一般臣僚中亦有鄙视宦官者,如翰林学士章得象,"太后每遣内侍至学士院,得象必正色待之,或不交一言"④;御史中丞李及,则是"中贵人用事者至,亦无加品"⑤。至

① 真宗为刘承规求节度使,由于遭到宰相王旦反对而未得实行,但刘承规死前确能官至节度观察留后,死后追封建节,并或赠美谥。以上史实可参见李焘:《长编》卷36,淳化五年八月甲午条,第792页。脱脱等《宋史》卷466《刘承规传》,第13609页;卷468《童贯传》,第13658页。欧阳修:《欧阳修全集》卷22《太尉文正王公神道碑铭》,第347页。

② 李焘:《长编》卷98,乾兴元年二月庚申条,第2273页。

③ 徐自明著,王瑞来校补:《宋宰辅编年录校补》卷4,天圣元年九月丙寅条,第170页。

④ 脱脱等:《宋史》卷311《章得象传》,第10205页。

⑤ 李焘:《长编》卷106,天圣六年五月丁巳条,第2473页。据《涑水记闻》记载,刘太后亲信宦官江德明奉使至杭州,当时李及为知州,对江德明只如对待一般内侍,"既而德明谓及僚佐曰:'李公高年,何不求一小郡以自处,而久居余杭繁剧之地,岂能办邪?'僚佐走告及曰:'果然,江使者之言甚可惧也。'及笑曰:'及老矣,诚得小郡以自逸,庸何伤?'待之如前,一无所加,既而德明亦不能伤也"。见司马光:《涑水记闻》卷10《李及不阿权贵》,第195页。

于抵制宦官不法之事,史载甚多,前述司马池与王冲被外贬甚至被定罪,俱是因此而至。此外,庞籍曾上言论奏内侍杨怀敏非法借马一事[1];孔道辅亦曾上言刘太后:"(曹)利用及上御药罗崇勋窃弄威权,宜早斥去,以清朝廷。"[2]内侍张怀信受刘太后之命主持建设山谷寺,"督役严急,州将至移疾不敢出,(刘)沆奏罢怀信归"[3]。

然而,大臣士大夫仅能从外部对宦官进行抑制,换言之,他们是宦官势力不能迅速发展,权力不能迅速扩大的外因,真正从内部节制宦官者,应是刘太后本人,此为其二。纵观宋代历史,无论哪一种势力得以进拜任用,均是得君之专,这是君主专制的天然规则。北宋后期徽宗重用的童贯、梁师成、李彦三名宦官,与大臣蔡京、王黼、朱勔三人合称"六贼",他们亦曾遭到朝廷官员甚至太学生们的反对,但徽宗倚用如故,众人亦无奈何。刘太后对于宦官势力,实在说不上倚用,而只能说是利用,经过雷允恭之事,她本人亦实在不愿宦官权力过大,进而危及自身。《长编》于曹利用案中,载曹利用曾折辱罗崇勋,因而与之结怨,但实质是罗崇勋犯错在先,刘太后吩咐曹利用诘责之。欧阳修对罗崇勋所犯过错有明确记载:

> 曹侍中在枢府,务革侥幸,而中官尤被裁抑。罗崇勋时为供奉官,监后院作岁满叙劳,过求恩赏,内中唐突不已。庄献

---

[1] 李焘:《长编》卷107,天圣七年三月癸未条,第2506页。
[2] 李焘:《长编》卷108,天圣七年十二月辛亥条,第2529页。
[3] 李焘:《长编》卷113,明道二年八月丙申条,第2631页。

太后怒之，帘前谕曹，使召而戒励。①

由此可见，罗崇勋其实已经触犯刘太后底线，激怒刘太后，才有被戒斥之事。再者，刘太后并不专信一名宦官，她身边宠信宦官有姓名者已有好几人，可见他们并非一人独大，以致大权独揽，而是互相掣肘，互相监督。如内侍周文质、王怀信兵败西陲，另一内侍张怀德即以他们二人"大板寨拥兵玩寇之状闻"，使他们因此受罚。② 天圣六年（1028），内侍蔡齐卿被派往存问江、淮、两浙水灾州军，回朝后太后即问及当时在扬州的杜衍，蔡齐卿以治上对，刘太后曰："吾知之久矣。"③刘太后之所以"知之久矣"，显然是因为除蔡齐卿以外，又另派使者到当地巡察。其实这并非个案孤例，天圣七年（1029）五月，刘太后即先后遣内侍杨怀敏与綦仲宣前往澶州勘视决河之事。④

由此可见，刘太后所利用的是整个宦官集团的势力，以补充其外戚不足的先天性缺憾，并以此监察并制衡士大夫。他们当中没有一人权力可大至左右朝政，亦无任何一人可说得到刘太后的完全信任。对于宦官的不法行为，刘太后虽亦有包庇纵容，但其目的是要保护整个宦官势力不被破坏，当其中有少数宦官企图突破这一界限而获取更大权力，或者所作之事有破坏整个宦官集团势力的可能，刘太后亦会毫不犹豫地予以打压，这与其力求保护外戚中

---

① 欧阳修：《归田录》卷1，北京：中华书局，1997年，第13页。
② 见李焘：《长编》卷103，天圣三年九月庚寅条，第2389页。
③ 李焘：《长编》卷106，天圣六年七月丙辰条，第2477页。
④ 李焘：《长编》卷108，天圣七年五月壬申条，第2513—2514页。

每一个人,又有明显区别。还有一点值得注意的是,刘太后不但对于单个外戚有保护之意,即使对于整个外戚集团,她亦从未加以防范。但对于宦官集团之整体,刘太后虽然加以利用,但亦有防范之意。天圣元年(1023),"诏自今传宣营造屋宇,并先下三司计度实用功料,然后给以官物。时上与皇太后宣谕辅臣曰:'比来诸处营造,内侍直省宣谕,不由三司,而广有支费。且闻伐材采木,山谷渐深,辇致劳苦,宜检约之。'乃降是诏"①。可见当时宦官借营造之机,虚支费用甚多,已突破刘太后所能容忍的界限,所以才下旨约束。该诏令所针对的是整个宦官集团,而非个别宦官。此时只是刘太后主政之初期,如前所述,刘太后以宦官主持各种营建工程并没有因此而止,可见她对宦官集团既利用又制约。天圣七年(1029)玉清昭应宫大火,其后,朝廷即"诏入内内侍省自今抽差亲从、亲事官,须凭皇城司文字抽差,不得令使臣直行勾取",因"先是,有内侍邓德用传宣亲从第一指挥勾抽副校黄遂以下二百六十人赴昭应救火,无文字关本司,上以为非便,故有是诏"②。内侍邓德用抽调皇城司官兵,实乃救火之用,不但无过,反而有功,但刘太后显然认为,内侍能随便抽调负责皇宫宿卫的皇城司官兵,实不利于皇宫治安,亦有可能会危及仁宗及自己,故必须加以限制。

综上所述,刘太后时期对宦官的任用的确有所增强,并且造成一些不良影响,但并非毫无节制,若就此论定该时期宦官当道,阉人用事,从而否定刘太后时期之治绩,实在过头。李焘认为刘太后

---

① 李焘:《长编》卷100,天圣元年三月甲申条,第2318页。
② 李焘:《长编》卷108,天圣七年六月甲寅条,第2518页。

时期"左右近习亦少所假借"①,其实也承认刘太后对于宦官的利用有一个度的限制。此外,如前文第二章第三节略有所述,刘太后并不愿仁宗过分接近宦官,更不愿他为宦官所惑,李尊勖曾问及刘太后何时还政,刘太后回答曰:"我非恋此,帝年少,内侍多,尚恐未能制之耳。"②此虽为刘太后拒绝还政的借口,但于制约内侍以防止他们诱惑仁宗这点上,她确实尽了保护并教育仁宗的责任。相反,某些大臣士大夫为了获得更大权力,不惜与宦官勾结,如刘太后前期之丁谓与雷允恭,即是例证;而在其统治后期,宰相吕夷简亦曾与宦官阎文应勾结,后来他们更合力促成亲政后之仁宗废黜郭皇后。③ 可见对宦官的任用并不止于女主,这其实只是专制政治演化出来的怪胎而已,实际上,这种现象在男性独裁者统治下出现更多,且影响更大。

第三节　参与政治的上层女性

唐代女主主政时期,有大批女性参与政治,且造成很大影响,深通历史的刘太后对此当然亦有所了解。在刘太后主政时期,女性参与政治并不如唐代武、韦时期之广泛,但亦可从史料中窥知一二。在整个真、仁之际期间,除太后以外,其他上层女性参与政治

① 李焘:《长编》卷112,明道二年五月癸酉条,第2616页。
② 李焘:《长编》卷122,宝元元年八月庚辰条,第2878页。
③ 关于此事之史料,见李焘:《长编》卷112,明道二年四月己未条,第2613页;卷113,明道二年十二月乙卯条,第2648页。亦可参见杨果、刘广丰:《宋仁宗郭皇后被废案探议》,载《史学集刊》2008年第1期。

可以分为以下三个方面。

第一，宫廷女性参与政治。根据前章论述可知，刘太后大部分时间均在内朝之承明殿与仁宗共同听政，即便她欲在外朝接受册命，亦受到士大夫们的强烈抵制。由此可以推断，刘太后大部分时间僻处内宫，很少有机会与外人接触。在这种情况下，她接触最多的只有三种人，即皇帝、宦官与宫廷女性，而她要顺利实行自己的统治，亦要借助此三种人的力量。前章已提及刘太后保育仁宗，实际是控制他以掌控朝政；上一节亦论述了她对宦官集团的利用；而宫廷女性，当然也是她需充分利用的对象。史料中对于该时期宫廷女性参与政治有比较明确说法的只有仁宗乳母林氏，《长编》云："封上乳母福昌县君林氏为南康郡夫人。林氏，钱塘人，大中祥符初，繇刘美家入宫，天禧末，皇太后内管政事，林氏预掌机密云。"①由这条史料可以看出，林氏乃刘美介绍入宫，且其开始参与政治，乃天禧时期，亦即真宗在世之时。天圣六年（1028），林氏被晋封为蒋国夫人②，换言之，林氏在天圣年间一直参与政治。直至刘太后去世后，有记载云李尊勖曾"密论后乳母晋国夫人林氏前多干预国事，中外病之，宜居之别院，限其进见，以厌众论"③。由此可见，终刘太后之世，林氏预政未曾间断。

除林氏以外，后宫应还有另一女性参与政治，此即太妃杨氏。

---

① 李焘：《长编》卷98，乾兴元年四月庚子条，第2278页。
② 见李焘：《长编》卷106，天圣六年十月戊辰条，第2483页。
③ 李焘：《长编》卷122，宝元元年八月庚辰条，第2878页。《长编》此前涉及林氏，均曰"上乳母"，此时却曰"后乳母"。但以理推之，刘太后逝世时已64岁，其乳母年龄至少比她年长十五年，且刘太后自小家贫，应无乳母之说，故笔者怀疑此处乃《长编》及其采用之史料的笔误。

贾志扬先生认为:"虽然我们没有任何有关摄政期间她(杨太妃)的行为的记载,但是,刘氏在其遗诰中提出由杨氏继续摄政。这一遗诰被二十多岁已成年的仁宗及其宰臣们愤怒地拒绝了,其事颇具神秘色彩。这一方面说明刘氏怀疑仁宗承当统治责任的能力,这一点对别的皇帝似乎合理,可对仁宗却是不合理的。但这一遗诰也说明了两个女人之间不同寻常的亲密关系和信任程度。"①贾先生所言甚是,杨氏与刘太后关系亲密,且如前文所述,杨氏能成为太妃,乃因真宗遗命,而真宗遗命,乃出自刘太后之口。然而,贾先生虽然肯定了刘太后对杨氏的信任,但亦未敢轻易认为杨氏于刘太后主政时期有参与政治,原因是至目前为止很难找到史料直接证实这一点。但以情理推测,杨氏当时应该有参与政治,因为林氏以一宫婢身份,也能"预掌机密",杨氏作为太妃,与刘太后关系亲密,又是未成年之仁宗的监护人之一,实有利于刘太后监控仁宗,刘太后似乎没有理由把她拒于政治门外。再者,若杨氏没有政治经验,刘太后何以会把垂帘听政的责任延续到她身上呢? 其实,杨氏参与政治并非无迹可寻,上一章曾提及鲁宗道议论京城富民陈子城殴杀磨工一事,鲁宗道认为陈子城得以脱罪,乃因结交宫中权要。据《长编》记载,仁宗废郭后,欲再立后时,亦提及陈子城:"陈氏父号陈子城者,始因杨太后纳女宫中,太后尝许以为后矣。"②由此可见,陈子城当与当时尚为皇太妃的杨氏有交结,鲁宗道所言之权要,应该就是杨太妃。虽然杨氏只是开脱罪人,但亦足见其权力

① [美]贾志扬:《刘太后及其对宋代政治文化的影响》,载漆侠主编:《宋史研究论文集:国际宋史研讨会暨中国宋史研究会第九届年会编刊》,第126—141页。
② 李焘:《长编》卷115,景祐元年九月辛丑条,第2700页。

实际已延伸至当时主审此案的地方官府,而根据《长编》记载,侍御史李应言因议论此事而被出知河阳。①

第二,朝廷官员们的妻子。严格来说,这些官员的妻子只是被动地为刘太后所用。按照惯例,官员们的妻子若被封为命妇,一般会不定时地入宫参见皇后或太后。如夏竦妻子以善妒闻,"因率命妇朝后宫,章献后苛责之"②;而另据苏颂记载:"夫人六七岁时,从其祖母邠国宋夫人入参禁中,章献太后见其姿貌异,指而问之,赐以茶茗。"③由此可见,命妇入参乃常事,对她们而言,入宫参见皇后或太后,只是上层女性的社交活动,当然亦是为丈夫牟取政治利益的机会。如宰相冯拯之女曾入宫为丈夫求知开封县,只不过刘太后非但没有应允,反而贬黜其夫。④ 在刘太后看来,这种命妇的参谒,正是她了解外朝士大夫的机会。如她在与张知白夫人交往时,得知其夫生性节俭;⑤韩维亦记载云:"逾年,文正公(王旦)薨,召入禁中,赐冠服籍,通掖庭,以时进谒。庄献皇太后每召前问家事,夫人占对详闲,太后常为动容。"⑥通过女眷垂询大臣家事,表面上看只是太后与命妇闲话家常,但实际上刘太后可从命妇的言谈中,了解官员们的为人、作风以及日常交往,这样实有利于她不出宫

① 见李焘:《长编》卷 106,天圣六年二月壬辰条,第 2466 页。

② 文莹:《玉壶清话》卷 3,第 31 页。

③ 苏颂:《苏魏公文集》卷 62《寿昌太君陈氏墓志铭》,北京:中华书局,2004 年,第 956 页。此处的夫人,乃指故枢密使陈尧叟之孙女,其夫乃真宗朝宰相毕士安之孙毕从古。

④ 见李焘:《长编》卷 105,天圣五年四月丙申条,第 2440 页。

⑤ 王辟之:《渑水燕谈录》佚文,第 133 页。

⑥ 韩维:《南阳集》卷 30《太原县君墓铭》,景印文渊阁四库全书,台北:台湾商务印书馆,1986 年,第 1101 册,第 758 页。

门,而又能掌控全局。此外,有些话刘太后不方便直接对官员们说,亦会通过这些命妇之口传达她们的丈夫。有记载云:"吕文静夷简、鲁肃简宗道初参预政事,二妻入谢,章宪太后语之曰:'尔各归语其夫,王某在政府多年,终始一节,先帝以此重之,宜为师范也。'"①

　　第三,刘美家的侍婢。这类女性比较特殊,她们严格说并不属于上层女性,但是史料记载她们的确参与了政治。此前论述之枢密副使赵稹,即因与刘美家侍婢交结而得进用。除此之外,亦有记载说有一名叫娄文成之人,"因刘美家婢及思忠请托禁中"②。刘美家之侍婢何以可以直入禁中请托? 原因是她们可跟随刘家命妇入内。虽然史料对此未曾明载,但从其他材料看,侍婢的确可以跟随命妇进入内宫。前引刘太后见张知白夫人的材料即云:"天圣中,张文节在政府,国封岁时入见。庄献母仪天下,见其二侍婢老且陋,怪其过自贬约。"③笔者认为,刘美家之侍婢及其主人,对天圣明道间之政治应有一定作用,至少她们是刘太后与宫外外戚联系的纽带。宋朝对于宫禁管理甚严,即使是男性外戚,除一般朝请以外,基本很难入宫见到太后。刘太后此前亦偶有驾御刘美府邸,但天圣六年(1028)时左司谏刘随即就此事谏阻刘太后,太后自此"不复再驾"④。刘随此举无疑阻截了刘太后与外戚单独见面的通道,

---

① 江少虞:《宋朝事实类苑》卷12《王文正》,第140—141页。此处之王某,乃真宗朝宰相王旦。正文引用均对照原文,然"吕文静"当为"吕文靖","章宪"当为"章献",此或原文笔误。

② 李焘:《长编》卷112,明道二年七月辛巳条,第2622页。

③ 王辟之:《渑水燕谈录》佚文,第133页。

④ 见李焘:《长编》卷106,天圣六年三月戊申条,第2467页。

在一定程度上抑制了外戚势力。然而,外命妇却可以入宫参谒太后,当时刘美已逝,其妻钱氏亦于天圣元年(1023)五月逝世①,故刘家可入宫参谒太后之命妇,只有刘美之女、马季良之妻,以及刘从德之妻。她们确实能与刘太后内外连通,互通有无。如王蒙正及其家人行不法之事,刘太后竟能迅速得到消息,以行包庇,估计还是刘家这两位外命妇及时通报所致;而她们身边的侍婢,因贴身随行,亦能见到刘太后,故能得以请托,甚至影响二府大臣的任命。

其实,刘太后主政时期上层妇女参与政治规模很小,产生的影响也很有限。刘太后之所以要任用或利用这些妇女,一则是为了作为自己权力的补充,以在宫内辅助自己;二则是为了从多角度审视考察朝中臣僚,并且得到相关情报。所有主动或被动参与政治的上层妇女,其场所一般只限于宫内,并没有走出外朝,更不能与朝廷大臣分庭抗礼。也正是朝中官员极力限制刘太后走出外朝,她才致力于建立自己在宫内的政治班子,并广泛利用宫外的妇女获得消息。

综上所述,刘太后的外戚非常有限,且任用外戚又遭到士大夫极力反对,故她对外戚的态度是放任、包庇而非重用。与之相反,她更多的是利用宦官集团以及某些上层妇女。但必须指出的是,刘太后对这三种特殊政治势力的利用是有限度的,外戚与上层妇女自不必多言,即使是她利用较多的宦官集团,凭借身份与权力对各级官员颐指气使,甚至专横跋扈,为害一方,但刘太后始终把他们控制在一定范围,以使他们未至于害政。而对于一些欲突破这

---

① 见李焘:《长编》卷100,天圣元年正月庚寅条注,第2315页。

一范围的宦官,刘太后并不似对待外戚那样加以保护,而是予以斥责,甚至严厉打击。由此可见,这些特殊势力并非太后真正倚信的对象,他们只是为太后所利用,借以平衡朝中权力格局,并作为自己权力的补充,太后能赖之以处理朝政的,仍然是士大夫集团。宋代第一位、也是权力最大的一位太后如此,后来的垂帘太后也纷纷效法,她们在权力定位中往往利用这些特殊政治势力,但又与他们保持相当距离,并以此换取士大夫对她们的信任,从而更好地找到适合自己的政治位置。

第五章　政治博弈

有论者认为，宋代相权甚盛，甚或压制皇权。[①] 此说在某种程度上有一定道理，但两千多年来中国一直处于专制政权统治之下，皇权不可能完全受到士大夫的限制，皇帝纵然昏聩无能，亦必有其自专之处。尤其到宋代，皇帝专制更加趋于制度化，如张邦炜先生所言："宰相等外朝官员面折廷争，不是为了削弱皇帝的正当权力，更不是为了动摇皇帝的最高统治地位，目的仅仅在于防止皇权滥用，即从根本上维护皇权。"[②]由此可见，宋代的士大夫并不是且未能真正限制皇权，只是从旁规范而已。相反，皇帝或者皇权的代理人有各种办法限制士大夫，如第三章所述，刘太后于宰执集团中沿

---

① 参见王瑞来：《论宋代相权》，载《历史研究》1985 年第 2 期；《论宋代皇权》，载《历史研究》1989 年第 1 期。此外，王瑞来先生的论著《宋代的皇帝权力与士大夫政治》，除进一步阐述他的这一观点外，还认为宋代其他士大夫对皇帝权力实有制约作用，见王瑞来：《宋代の皇帝権力と士大夫政治》，东京：汲古书院，2001 年。

② 张邦炜：《论宋代的皇权和相权》，载《四川师范大学学报》（社会科学版）1994 年第 2 期。

袭了真宗"异论相搅"的任免思路，即是其中手段之一。除了宰执集团内部制约，朝廷上参与政治的还有其他政治势力，如第四章谈及的外戚与宦官，实际也是专制皇权的产物。当然，外戚与宦官乃属特殊政治势力，他们得以参与政治，大多不循正途，故他们并不属于"士大夫"的一部分。

在刘太后统治时期，士大夫中能有效制约宰执集团的是台谏集团，他们于朝廷政事有弹劾权，故此能成为人君耳目，在很大程度上能有效监察包括宰执大臣在内的官僚士大夫。当然，这些台谏官员并非只是监督朝廷官员，他们对于皇帝的缺失过错，均有上书谏奏的权力，而对于一直存在合法性问题的代为行使最高权力的刘太后，他们更是力行规谏，甚至不惜得罪刘太后，以使她不能做出有害于赵氏皇权的行为。刘太后对于台谏集团，是既欲利用，又不让他们侵害自己的既得权力；台谏集团也利用宋初这一特殊时期，使自己的势力得以壮大，成为宋代朝廷官僚集团中重要的政治势力之一。

随着刘太后听政时间的推移，仁宗逐渐成长，但恋权的刘太后仍然大权独揽，毫无还政之意。仁宗虽在生活上受到刘太后的保护，并在刘太后的安排下得到良好的教育，但在政治上却处处受到刘太后的压制，事事不能自作主张，这种情绪的压抑使他逐渐滋生对刘太后的不满，但碍于亲情与孝道，他的不满一直未能得以发泄，甚至连自己也意识不到。仁宗的成长无疑影响着士大夫的态度，同时也是对刘太后继续听政的合法性与合理性的挑战，既然国有长君，太后垂帘听政这一权宜之策似乎没有必要继续下去，故此，随着时间的推移，虽有一部分官僚士大夫欲谄媚刘太后以获取权力,但也有坚持大宋正统者极力反对刘太后继续预政,他们从多方面抑制刘太后的权力,而刘太后亦想方设法摆脱这种抑制,以使自己权盛不衰,这种博弈的高潮,则是士大夫们还政的呼声日高一日。

在这种博弈过程中,刘太后进入了迟暮之年,其心态也逐渐发生变化。与她同一时代的契丹国主耶律隆绪和党项首领赵德明相继逝去。耶律隆绪的皇后齐天皇后萧氏之死,更或使刘太后深有感触,她不得不考虑自己的身后事。天圣十年(1032),仁宗生母宸妃李氏逝世,宰相吕夷简极力规谏刘太后厚葬宸妃,这同样是士大夫集团与刘太后博弈的典型例子。刘太后经过与吕夷简反复较量,最终接受吕夷简意见,此举实为保护自己死后的名声及其家族不受牵连陷害。次年,刘太后去世,仁宗亲政,他在得知生母另有其人后,虽然"反章献之政",但在范仲淹等正直士大夫的规谏之下,也没有追究刘太后及其家族。

第一节　台谏集团的崛起

刁忠民先生的文章曰:"在明道二年(1033)前后,台谏官(包括随后入官者)曾有三大行动深合仁宗之心:一是论外戚恩赏太厚,二是请太后还政,三是反对再立太后参决军国事。这三大行动无疑对维护仁宗统治、促成仁宗天下独尊的局面有莫大帮助。所以仁宗亲政后不久,便召回因论外戚而被贬的御史,又将论后二事的孙祖德、范仲淹、刘涣、滕宗谅等提拔为谏官。仁宗的一系列除授,无疑带有极重的感情色彩,他对台谏官的信用,可说是发自内心的。"①此说无疑认为,仁宗亲政乃宋代台谏制度发展之一契机,而这一契机之所以能够形成,乃因在刘太后主政之时台谏官员们对她的抑制。事实上,在刘太后主政的十一年中,台谏制度确实有一定发展,而台谏官员也利用制度发展的契机,壮大自己的实力,更形成在朝廷上一股新的政治势力。他们的谏净之声涉及太后、宰执等,刘太后对他们是既借重,又防范。

一、天圣、明道间台谏制度的发展

天圣、明道年间,台谏集团虽未发展至如庆历时之强大,但比前代确实有一定发展,台谏官员的声音,经常出现于此时期的史料记载中,而台谏制度也在这一时期发生了一些变化,并且成为此后一段长时期内的定制。台谏集团在这段时期的发展,刘太后功不可没,但其滥觞,实始于真宗之时。天禧元年(1017)蝗灾刚过,"外廷浮议,谓朝廷鲜纳谏净",真宗因此"诏别置谏官、御史各六员,增其月俸,不兼他职,每月须一员奏事,或有急务,听非时入对,及三

---

① 刁忠民:《论北宋天禧至元丰间之台谏制度》,载《四川大学学报》(哲学社会科学版)1999 年第 3 期。

年则黜其不胜任者"①。真宗此一诏令,于宋代台谏制度实具有划时代意义,入宋以来,"国朝左右谏议大夫、司谏、正言多不专言责,而御史或领他局"②,真宗这道诏令,实际使台谏机构内部拥有专职言官,以开言路。但事实上,这道诏令执行却未尽人意。天圣元年(1023)四月,有臣僚上奏云:

> 自古以来,置谏官、御史者,所以防臣僚不法、时政失宜,朝廷用之为纪纲,人君视之如耳目。先帝忧劳庶政、思闻谠言,特下诏书、举旧典,置谏官、御史更互言事,深有裨益。一二年间,执政之臣,潜所畏忌,优加任使,因使罢之。累曾上言,复乞差除,中书终不复差,盖臣僚不务公忠,惧其纠举。是致频年已来,贵近之臣多违宪法,比至彰败,已损纪纲。伏望陛下常振朝纲,广开言路,深防回邪或生蒙茸,复置谏官、御史三五员,令其察臣下之非违,言时政之得失,防微杜渐,无出于兹。③

---

① 李焘:《长编》卷89,天禧元年二月丁丑条,第2040页。《宋会要辑稿》更记录了真宗当时所发的诏令,内容较为详细,其中云:"其或诏令不允、官曹涉私、措置失宜、刑赏逾制、诛求无节、冤滥未伸,并仰谏官奏论,宪臣弹举。"这实际规定了台谏官员的言事范围;"虽言有失当,必示曲全;若事难显行,即令留内"一语,更显示出这道诏令,实乃后来宋朝台谏"风闻言事"的滥觞。刁忠民先生据此道诏令,总结出两宋台谏的三个基本特征,即建员少、事权重、选择精。由此可见,天禧元年这道诏书,实乃宋代台谏制度发展划时代的标志。见徐松辑:《宋会要辑稿》职官3之51,第2423页;刁忠民:《论北宋天禧至元丰间之台谏制度》,载《四川大学学报》(哲学社会科学版)1999年第3期。
② 李焘:《长编》卷100,天圣元年四月丁巳条,第2321页。
③ 徐松辑:《宋会要辑稿》职官3之51至52,第2423页。

从奏章中可以看到，真宗的诏令执行了一两年就难以为继了，至天圣元年（1023），台谏官员的数量不要说各六名，连"复置谏官、御史三五员"，都成为这位上书臣僚的卑微请求，至于每月都能有奏事之人，就更不可能了。从此奏疏还可看出，台谏官员缺失的原因，实乃中书宰执大臣不愿接受监察纠举，故不愿差除，以致"员阙不补"①。从另一角度亦可知，天圣元年以前，台谏官员的任命多自中书②，换言之，台谏实由中书掌握。此前虽有宰相因台谏举奏而被罢③，但只是个别情况，特别是经历"天书封祀"之闹剧后，台谏集团甚至集体失语，朝廷大事其实操掌于宰执之手。

正是由于上述臣僚上疏论奏，朝廷于天圣元年（1023）即"诏翰林学士至三司副使、知杂御史，各举太常博士以上一员堪充谏官、御史者以名闻"④。随即，太常博士鞠咏、王轸、曹修古被任命为监察御史，孔延鲁（孔道辅）、刘随被任命为左正言。⑤ 这次选任台谏官员，虽为朝臣推荐，但与以前不同的是，举荐者并非中书或枢密

---

① 李焘：《长编》卷100，天圣元年四月丁巳条，第2321页。

② 如真宗时，寇准为相，"喜用寒畯，每御史阙，辄取敢言之士，他举措多自任，同列忌之，尝除官，同列屡昌吏持例簿以进，准曰：'宰相所以器百官，若用例，非所谓进贤退不肖也。'因却而不视"。大中祥符三年（1010）四月，真宗更下诏"御史台今后委台官勘事，如阙人即申中书"。见李焘：《长编》卷62，景德三年二月丁酉条，第1389页；《宋会要辑稿》职官17之5，第2736页。

③ 因被御史弹劾而罢的宰相，乃真宗朝之张齐贤，事发于真宗咸平三年（1000），但张齐贤被罢相，非因政事，实乃朝会时被酒失仪，且弹劾者乃台长御史中丞赵昌言。见徐自明著，王瑞来校补：《宋宰辅编年录校补》卷3，咸平三年十一月丙申条，第89—90页。赵昌言任御史中丞在咸平三年夏至咸平五年（1002）三月，可参见刁忠民：《两宋御史中丞考》，成都：巴蜀书社，1995年，第21页。

④ 李焘：《长编》卷100，天圣元年四月丁巳条，第2321页。

⑤ 鞠咏与王轸之命，在五月；曹修古、孔延鲁、刘随之命，在八月。见李焘：《长编》卷100，天圣元年五月癸亥条，第2322页；卷101，天圣元年八月乙巳条，第2331页。

院的宰执大臣,而是翰林学士、三司副使、知杂御史等一些与宰执不相统属的官员,这种举荐方式,其实有利于台谏官员对大臣的监督。当然,也有例外的,如天圣五年(1027)程琳任权御史中丞,"宰相张知白最器琳,当除命,喜曰:'不辱吾笔矣'"①。但纵观有关天圣、明道间的史料,笔者仅见此例,故此种举荐并非常态。明道二年(1033)仁宗亲政后,重申宰相不能任命台官,认为"祖宗法不可坏也。宰相自用台官,则宰相过失无敢言者矣"②。之前的论述已经可以证实,这里所谓宰相不得任命台官的祖宗之法,其实在天圣元年以前并未得到很好的实施,甚至在天禧以前,连专职的台官也很少有,故由宰执以外官员举荐台谏,实始盛行于天圣以后。天圣元年之时,仁宗初立,且处幼冲,故重新任命专职台谏官员一事,应是当时听政的刘太后主持的,她此举一则是追述真宗先志,二则是要建立自己从谏如流的正面形象,但在客观上,她的确促进了宋代台谏制度的发展。

当然,台谏制度在天圣、明道间的发展并未就此驻足。乾兴元年(1022),当时新任御史中丞的刘筠即对御史台官员奏事实施改革:"先是,三院御史言事,皆先白中丞,筠举旧仪,榜三院门,令台属各举纠弹之职,毋白丞、杂知。"③所谓三院,即御史台下设的台院、殿院与察院,台院设侍御史,殿院设殿中侍御史,察院设监察御史,而御史中丞与侍御史知杂事分别为台长与副台长,此乃唐朝定

---

① 李焘:《长编》卷105,天圣五年九月己未条,第2450页。
② 李焘:《长编》卷113,明道二年十二月丁未条,第2647页。
③ 李焘:《长编》卷99,乾兴元年十一月庚午条,第2300页。

制，而宋初因之。① 此前，三院御史欲奏事，必须把奏章交予两位台属长官，然后由他们评议认为可奏者，方代为上奏，此举乃"循唐旧制"②，但明显不利于御史言事。刘筠的改革，实际上使御史台除长官之外，其他御史官员均获得直接上奏权，故吕中认为："自仁宗即位，刘中丞令台属各举纠弹之职，而后台臣之职始振。"③与刘筠的改革相配合，刘太后亦于天圣元年（1023）"诏承明殿垂帘日，许三司、开封府、御史台与属官一员同奏事"④，此举其实是参照真宗天禧元年（1017）的诏书而行，不同的是真宗诏书乃令台谏官员每月奏事，而刘太后之诏令，乃于承明殿垂帘日许御史台属官一员奏事。如前章所述，刘太后与仁宗于承明殿垂帘听政，乃五日一次，如此可知，刘太后时台官奏事的频率，实高于真宗诏书所定。再者，这道诏令距离鞠咏、王轸新除监察御史仅数日而已，可见刘太后重用台谏官员的决心。在刘太后主政期间，关于三院御史奏事

---

① 见脱脱等：《宋史》卷164《职官四·御史台》，第3869—3871页；徐松辑：《宋会要辑稿》职官55之1，第3599页。

② 见刁忠民：《论北宋天禧至元丰间之台谏制度》，载《四川大学学报》（哲学社会科学版）1999年第3期。

③ 吕中撰，张其凡、白晓霞整理：《类编皇朝大事记讲义》卷9《仁宗皇帝·台谏》，第189页。

④ 李焘：《长编》卷100，天圣元年五月甲戌条，第2322页。

的史料俯拾皆是,涉及面也甚广①,其中更有一些涉及刘太后本人,此容后再述。

天圣七年(1029),仁宗重置理检使,以御史中丞王曙为之,此后以御史中丞为理检使成为定制,其职责是"其称冤滥枉屈而检院、鼓院不为进者,并许诣理检使审问以闻"②。所谓理检使,实际上就是鼓院跟检院的长官,百姓到鼓院和检院诉冤均不被受理者,可以直接到理检使处要求再次审查,并上报给皇帝。理检使是刘太后时期的一种制度创新,其目的是让民情能够顺利上达到皇帝与太后那里去;而让台长御史中丞兼任理检使,则是加强御史台的监察功能。

同年,三院御史的任用资格得到进一步确定,据《长编》记载云:"上封者言:'三院御史,故事,多出知州。比来王沿、李纮、朱谏并自知县除省府推官,遂为转运使副,擢任太速。请自今御史并举

———————————

① 如天圣元年(1023)八月,有芝生于天安殿柱,诏群臣就观,新任监察御史鞠咏随即上言:"陛下新即位,河决未塞,霖雨害稼,宜思所以应灾变。臣愿陛下以援进忠良、退斥邪佞为国宝,以劝励兵农、丰积仓廪为天瑞。草木之怪,何足尚哉!"再如天圣四年(1026),监察御史曹修古上言,论官员应七十致仕,朝廷从之,且著为令;又天圣五年(1027),南郊肆赦,中外以为丁谓将复还,殿中侍御史陈琰即上疏论奏,阻止此事。凡此种种,例子甚多,此不赘述。见李焘:《长编》卷101,天圣元年八月乙卯条,第2331页;卷104,天圣四年九月乙丑条,第2422页;卷105,天圣五年十二月甲午条,第2458页。

② 见李焘:《长编》卷107,天圣七年闰二月癸丑条,第2501页。此事乃"会上读唐史,见匦函故事,与近臣言之,夏竦因请复置使领,上从其议"。可见乃出于仁宗之意,而夏竦一力成之。但当时刘太后尚且垂帘听政,此朝廷大事,亦必得其同意,且夏竦乃刘太后心腹,奏请仁宗复置此职,亦是体现刘太后意思。另《宋会要》云初领理检使者,乃王臻。见徐松辑:《宋会要辑稿》职官3之66,第2430页。

历知州、同判人,其见在台资浅者,且令出知州.' 从之。"① 从前述天圣元年(1023)诏荐台谏官员的史料可知,当时对御史的要求是官在太常博士以上而已,对资历并未作具体规定。根据这位上封言事的臣僚所言,天圣七年(1029)以前的御史多出于知县,资历较浅,而此后能出任御史者,必须有知州或同判的经历,这种御史资序法可谓对御史的资格作了严格的要求。② 但刁忠民先生认为:"一名文士,从取得进士资格,担任初等职事,只算是不入流的'选人'。他们要经过多年的努力,才能改官入流,担任知县一类职事。自知县三任可为通判,自通判三任可为知州。可见在正常情况下,由进士及第(状元等前数名除外)仕至通判、知州,须经一二十年的努力,其间还须有劳绩,不犯大错,实属不易。在这些通判、知州中,又必须官阶在太常博士以上,且才堪御史者,方能入选。所以,这个资格要求是相当高的。当然,上述官阶、差遣只是最低的要求,它在官阶方面还有一个上限,即必须是前行(吏部、兵部)员外郎以下。因为三院御史的官阶是一定的,监察御史略高于太常博士,前行员外郎则为侍御史任满序迁之官。官阶太低固然不能入台,官至前行员外郎,入台反为降级,自然也是不可的。那么,仅就官阶而论,三院御史的选择只能在太常博士、中行(户部、刑部)员外郎之间进行,其可选面是很窄的。"③ 由此可见,这种严格的资格

---

① 李焘:《长编》卷 108,天圣七年八月戊戌条,第 2521 页。
② 贾玉英先生认为天圣七年的对御史擢用资格的要求,实际上是宋代御史资序法产生之始。见贾玉英:《宋代监察制度》,第 84 页。
③ 刁忠民:《论北宋天禧至元丰间之台谏制度》,载《四川大学学报》(哲学社会科学版)1999 年第 3 期。

要求,实际上缩小了御史官员的擢用范围,从而导致御史任命难以得人,笔者甚至怀疑,这是其他大臣抑制台谏官员的一种办法。

宋代御史台有参与司法审判的职能,其中很大部分是"承诏治狱",而御史台狱通常都是严重的冤假错案或涉及朝廷重要官员的枉法案件,或者是涉及谋反等重大罪名的案件。① 如前章所述,曹利用侄子曹汭之狱,虽遣宦官罗崇勋鞫问,但主审官员仍然是龙图阁待制王博文与监察御史崔暨。然而,在仁宗以前,御史台的审判并未能独立,此种情况至天圣八年(1030)才有改变:"初,真宗以京师刑狱多滞冤,置纠察司,而御史台诏狱亦移报之。于是,御史言其非体,乃诏御史台狱自今勿复关纠察司。"②自此,御史台诏狱才获得独立审判权。

以上论述之制度变化,多只涉及台官,而谏官甚少,其原因如刁忠民先生所言,乃谏官"建员既少,缺员更少,又谏官事务远不及御史繁重,不必急于一时,故史籍中少见命官荐举的记载"③。然而,谏官制度在此时期并非没有发展,据张方平记载云:"真宗天禧中,诏置谏院,定除谏官六员,而难用人,员常不足,乃命于三院选二员充言事御史。"④由此可知,在天禧诏书颁布以后,谏官依然未能补足,且常以御史兼任谏官。前面已然述及,天圣元年(1023)刘太后即以孔延鲁、刘随为左正言,此后,正言、司谏之任虽仍未能满

---

① 贾玉英:《宋代监察制度》,第56—58页。
② 李焘:《长编》卷109,天圣八年六月癸巳条,第2540页。
③ 刁忠民:《论北宋天禧至元丰间之台谏制度》,载《四川大学学报》(哲学社会科学版)1999年第3期。
④ 张方平:《乐全先生文集》卷39《太原郡开国公、食邑二千九百户、食实封五百户、赐紫金鱼袋王公墓志铭》,第213页。

员，但亦总有人担任。① 在刘太后主政时期，谏官制度变化最为瞩目的应属天圣十年（1032）谏院之设，《长编》记载："以门下省为谏院，徙旧省于右掖门之西。先朝虽除谏官而未尝置院，及陈执中为谏官，屡请之。置谏院自此始。"从此以后，宋代谏官便有了自己独立的办公场所。②

---

① 宋代须在谏院供职者，方为谏官，如《长编》云："国朝承五代之弊，官失其守，故官、职、差遣，离而为三。今之官，裁用以定俸入尔，而不亲职事。谏议大夫、司谏、正言，皆须别降敕，许赴谏院供职者，乃曰谏官。"见李焘：《长编》卷110，天圣九年七月甲戌条，第2564页。谏官中当有谏议大夫之职，然元丰改制以前的谏议大夫，实只官职而已，通常使领其他职事，而不赴谏院供职。如天圣、明道间之御史中丞，多以谏议大夫权之，见刁忠民：《两宋御史中丞考》卷2，第33—50页。又如天圣四年，张师德罢知制诰，为谏议大夫，知汝州，实只带职而已。见李焘：《长编》卷104，天圣四年闰五月辛未条，第2409页。刁忠民先生对此持反对观点，他认为："宋初谏官多兼领京局或出居外任，但不论从朝廷法令或社会意识方面，他们都是被视作谏官的。"见刁忠民：《关于北宋前期谏官制度的几个问题》，载《中国史研究》2000年第4期。

② 引文见李焘：《长编》卷111，明道元年七月辛卯条，第2585页；相似记载另见徐松辑：《宋会要辑稿》职官3之52，第2423页。刁忠民先生认为宋朝国初便有谏院之设，而至迟到真宗时期，谏院便有独立的办事机构，而天圣十年在原门下省置谏院，实只是其办公场所的扩大而已。见刁忠民：《关于北宋前期谏官制度的几个问题》，载《中国史研究》2000年第4期。笔者认为，刁先生的观点有一定道理，因为据《长编》记载，天圣元年（1023）之前，"龙图阁直学士兼侍讲、户部员外郎冯元主判谏院"，可见当时已有谏院之称，但从这则史料亦可看出，主判谏院乃由其他官员兼职，冯元本人的传记中，亦只记载他的主要职责是当仁宗的老师，而非言官。故笔者认为，天圣十年（1032）以前，所谓谏院只是一个模糊的概念，谏官有职、有印，却没有具体的办公场所，故天圣十年谏院之设，并非办公场所的扩大，而是设立。见李焘：《长编》卷101，天圣元年八月乙巳条，第2331页；脱脱等：《宋史》卷294《冯元传》，第9821—9822页。另天圣十年即明道元年，当年十一月始改元，见李焘：《长编》卷110，明道元年十一月甲戌条，第2591页。本书涉及该年记述，在改元前用天圣十年，改元后用明道元年，而引用《长编》史料时所注条目，则按其体例，用明道元年。

二、刘太后对台谏官员的任用与防范

　　台谏制度的发展与变化,为台谏集团的崛起带来契机,但再好的制度,均必须用人得当,才能与之配合。天圣、明道间台谏集团能够充分发挥言事者的作用,实在与刘太后能适当用人有关。在台官方面,以御史中丞为例,此时期刘太后所任命之台长,大多是鲠言且直之人。如刘筠"性不苟合,临事明达,而其治尚简严";薛奎"性刚不苟合,遇事敢言";王臻"刚严善决事,所至有风迹";李及"资清介,所治简严";晏殊"性刚简,奉养清俭";王曙"方严简重,有大臣体,居官深自损益";蔡齐"方重有风采,性谦退,不妄言";等等。[1] 以上诸人,皆宋之名臣,且如薛奎、晏殊、王曙、蔡齐者,后来更位居二府。即使是名声有亏之程琳,亦是"为人敏厉深严,长于政事",王随"外若方严"[2],他们在御史中丞任上,均屡有献替。台长如此,其属下御史官员亦有很多敢言直谏之人,如当时御史鞠咏、曹修古、杨偕、郭劝、段少连、张存、陈琰等,均是一时以质直闻名之臣。谏官方面如前所述,经常缺员,故此时期之谏官其实不

---

[1] 见脱脱等:《宋史》卷305《刘筠传》,第10089页;卷286《薛奎传》,第9631页;卷302《王臻传》,第10010页;卷289《李及传》,第9909页;卷311《晏殊传》,第10197页;卷286《王曙传》,第9633页;卷286《蔡齐传》,第9638页。

[2] 见脱脱等:《宋史》卷288《程琳传》,第9677页;卷311《王随传》,第10204页。程琳最为人所鄙薄者,乃向刘太后献《武后临朝图》一事,然笔者对此事另有看法,详见下一节。

多，主要有刘随、孔延鲁、范讽以及陈执中等数人。① 此数人中，刘随"以清直闻"，孔道辅更是"性鲠挺特达，遇事弹劾无所避，出入风采肃然"②。孔延鲁即孔道辅，是孔子后人，其能成为谏官，乃因他亦是严守法度之人，即使对待孔氏族人，也能公正严明。③ 范讽虽因宦官进拜，且其德行不称于史，但在此时期，他在言职上亦是敢言直谏。④ 陈执中后来在相位不被称道，乃因他无所作为。但他之前因得罪曹利用而被贬外出，可见其在谏职，亦是切直之人。

台谏制度有所发展，台谏官员任用得当，难怪罗家祥先生认为："对台谏而言，天圣、明道间的活动可以说是台谏势力崛起的一个十分重要的里程碑。"⑤但笔者认为，以上两个条件只是这时期台谏势力崛起的契机的一部分，刘太后以女主身份垂帘听政，也是组

---

① 如前所述，刘随与孔延鲁于天圣元年（1023）并命为左正言，后刘随于天圣五年三月被任命为司谏；孔延鲁后改名为孔道辅，他于天圣五年（1027）末被任命为左司谏、龙图阁待制；范讽乃于天圣七年（1029）五月由太常博士直接被任命为右司谏；陈执中于天圣六年（1028）八月即被任命为右正言，但随即因曹利用之言而被贬出知汉阳军，然仍带正言衔，至天圣九年（1031）始命他于谏院供职。见李焘：《长编》卷101，天圣元年八月甲寅条，第2331页；卷105，天圣五年三月癸丑条，第2438页；十二月己丑条，第2457页；卷106，天圣六年八月壬申条，第2479页；卷108，天圣七年五月甲戌条，第2514页；卷110，天圣九年七月甲戌条，第2564页。

② 见脱脱等：《宋史》卷297《刘随传》，第9889页；《孔道辅传》，第9885页。

③ 《长编》记载孔延鲁的事迹云："初为宁州军事推官，数与州将争事。有蛇出天庆观真武殿中，一郡以为神，州将帅官属往奠拜之，欲上其事，延鲁径前以笏击蛇，碎其首，观者初大惊，已而莫不叹服。后知仙源，主孔氏祠事，孔氏故多纵放者，延鲁一绳之以法。"见李焘：《长编》卷101，天圣元年八月甲寅条，第2331页。

④ 田况记载云："范讽，齐人，性疏诞，不顾小节。尝忤外计，乃弃官，求监舒州灵仙观。庄献太后临朝，闻其俊迈，召拜谏官。好大言捭阖，时亦有补益，当涂者皆畏之。"见田况：《儒林公议》卷下《范讽》，第68页。

⑤ 罗家祥：《试论北宋仁、英两朝的台谏》，载《西南师范大学学报》（人文社会科学版）1989年第1期。

成这一契机的重要部分,因为在该时期台谏表现最为突出的,正是
从各方面规谏刘太后,并限制她的权力,甚至后来直接质疑她的合
法性,且要求她还政。如在真宗灵柩出城的问题上,一开始有关官
员即请求毁坏灵柩经过的城门、庐舍,侍御史知杂事谢涛即上言
曰:"先帝东封西祀,仪物大备,犹不闻有所毁撤。且遗诏务从俭
薄,今有司治明器侈大,以劳州县,非先帝意,愿下少府裁损之。"刘
太后不肯,谢涛还是要求"城门卑者当毁之,民居不当毁也",刘太
后这才同意。① 其后,钱惟演罢枢密使,知河阳,请曲赐镇兵特支
钱,刘太后已然许可,知杂御史蔡齐立即弹劾曰:"赏罚者,上之所
操,非臣下所当请。且天子新即位,惟演连姻后家,乃私请偏赏以
自为恩,必摇众心,不可许。"②再后,至天圣元年(1023)钱惟演图
谋入相,监察御史鞠咏当即上奏谏阻曰:"惟演恺险,尝与丁谓为婚
姻,缘此大用。后揣知谓奸状已萌,惧牵连得祸,因出力攻谓。今
若遂以为相,必大失天下望。"在私下,鞠咏亦对左正言刘随说:"若
相惟演,当取白麻廷毁之。"③后来在天圣九年(1031)钱惟演再度
觊觎相位,殿中侍御史郭劝即"请督惟演上道",并且上言曰:"惟演
不当为其弟求迁,且求总兵权,乞罢之。"④最为瞩目的是天圣九年
十一月,刘太后因其侄刘从德之死而大封亲属,御史曹修古、杨偕、
郭劝、段少连不畏仕途受阻,"交章论列",虽然刘太后因此大怒,把

① 见李焘:《长编》卷99,乾兴元年九月辛卯条,第2298页。
② 李焘:《长编》卷99,乾兴元年十一月丁卯条,第2300页。
③ 李焘:《长编》卷101,天圣元年八月甲寅条,第2331页。
④ 李焘:《长编》卷110,天圣九年正月辛未条,第2553页。

他们降官外贬,但御史官员联合上奏抵制皇权滥用,在宋代实属首次。①

　　天圣、明道间,台谏集团的声音远比北宋前三朝强大,尤其在抑制刘太后方面,他们均是理直气壮、不畏权威、敢言直说。之所以如此,实因刘太后以女主身份操控皇权,合法性大打折扣。仁宗初即位时年纪尚幼,以女主行使最高权力,实乃不得已之事,但士大夫们总想将此限制在一定范围,故对刘太后与其外戚诸多抑制,防止她滥用皇权,亦从中保护仁宗利益。随着仁宗渐长,刘太后继续听政的合法性更进一步受到质疑,反对声音也越来越多。台谏集团在此时期能大胆直言,对抑制,甚至反对太后垂帘听政的态度无所避讳,乃因他们认为自己身在言职,是正统合法皇权的维护者,只有敢言直谏,尽力抑制女主,才能尽到保护皇权法统的责任,故此富弼后来上奏仁宗,认为刘太后不敢行武后之事,"盖赖一二忠臣救护之,使庄献不得纵其欲,陛下可以保其位"②,实有一定道理,至少从臣僚的角度看,他们的确尽了自己的责任。正是因为有了天圣、明道间敢言直谏的经验,台谏集团才能摆脱国初三朝集体喑默的境况,并且开创了仁宗时期"许以风闻,而无官长,风采所系,不问尊卑"③的言风,这正如吕中所言:"干父之蛊易,干母之蛊难。以太后亲政之时,而晏殊、仲淹、修古之徒,敢于忤旨,则直言

---

① 见李焘:《长编》卷110,天圣九年十一月丁酉条,第2571页。段少连当时只是推直官,并无御史之衔,但仍是台属官员。此外,在刘太后垂帘听政中后期,台谏集团亦有发出要求其还政的呼声,此点可详见下文。

② 李焘:《长编》卷113,明道二年十二月乙卯条,第2652页。

③ 苏轼:《上神宗论新法》,赵汝愚:《宋朝诸臣奏议》卷110《财赋门·新法二》,第1200页。

之风虽奋发于庆历之时,而实胚胎于天圣之初矣。"①

　　台谏集团在此时期能有崛起之势,与当时最高统治者刘太后有莫大关系,上述种种台谏制度的发展,以及台谏官员的选择任命,大多出自刘太后手笔,试想若刘太后对台谏官员力行禁遏,或其听政之初即不欲发展这种势力,则台谏集团仍会停留在真宗逝世时的状态。然而,台谏对刘太后并未肆行讨好,反而处处抑制,且后期更质疑其继续听政的合法性,这一切对刘太后的统治似乎均是有害无益,何以刘太后仍然一力发展台谏制度,并任用台谏官员呢?除前文提及追述真宗先志,并建立自己从谏如流的正面形象以外,笔者认为,刘太后重用台谏的原因尚且有三,其一,以此掣肘宰执集团。正如宋人所云:"以天下之责任大臣,以天下之平委台谏,以天下之论付士夫,则人主之权重矣。"②台谏任在言职,所论之事并非单单指向刘太后,朝中官僚,尤其是宰执大臣的缺失过错,均是他们的议论范围。前章所述天圣五年(1027)晏殊被罢枢副一事,根本原因乃他在枢密院与枢密使张耆不协。但刘太后不能以此借口将之罢免,否则难调悠悠众口。据《长编》记载,晏殊罢枢副的直接原因,乃"从幸玉清昭应宫,从者持笏后至,殊怒,撞以笏,折其齿",这无疑是失仪之举,监察御史曹修古、王沿当即上奏弹劾曰:"殊身任辅弼,百僚所法,而忿躁无大臣体。古者三公不按

---

① 吕中撰,张其凡、白晓霞整理:《宋大事记讲义》卷8《仁宗皇帝·尊太后·抑外家》,第173页。
② 黄履翁:《古今源流至论·别集》卷2《君权》,景印文渊阁四库全书本,台北:台湾商务印书馆,1986年,第942册,第532—533页。

吏，先朝陈恕于中书榜人，即时罢黜。请正典刑，以允公议。"①这样，刘太后才有一个体面的借口罢免晏殊。再如曹利用被罢之前，左司谏孔道辅已向刘太后上言，认为他"窃弄威权，宜早斥去"②。由此可见，台谏集团实乃刘太后用以约束宰执的工具之一，正是由于台谏官员们能敢言直谏，使得宰执大臣不敢胡作非为，从而使刘太后稳操权柄。

其二，用以规谏仁宗。仁宗即位之时，乃少年天子，孩童心性，若未能好好教育，则有可能向庸君、昏君的方向发展，这是宋代士大夫们最不想看到的。从前章所述刘太后对仁宗的教育看，她也想把仁宗培养成为合格的君主，在这一点上，她与士大夫们的看法应该是一致的。任用敢言的台谏官员，实际亦可从旁规谏仁宗，使他不致误入歧途。如仁宗即位之初，"诏下成都府，召优人许朝天等补教坊，左正言刘随以为贱工不足辱诏书，监察御史李纮言：'陛下即位，尚未能显岩穴之士，而首召伶官，非所以广德美于天下。'朝天等随罢归"③。仁宗召伶官入朝，未必有宠遇之心，但台谏大臣谏阻，亦是防患于未然。

其三，以台谏为耳目，博采外朝及地方信息，并且派遣台谏审

---

① 李焘：《长编》卷105，天圣五年正月庚申条，第2435页。

② 李焘：《长编》卷108，天圣七年十二月辛亥条，第2529页。

③ 李焘：《长编》卷102，天圣二年八月丙辰条，第2364页。下诏召伶官入朝，应为仁宗所为，因刘太后于天圣二年（1024）九月曾表示终身不愿听乐，后虽经仁宗与辅臣再三劝请勉而听之，但李焘记召伶官事在八月，此事当在此前后，若伶官为刘太后所召，则与其后来态度相抵牾。再者，仁宗亲政后，曾有流言说"倡优日戏上前，妇人朋淫宫内"，可见他年轻时甚爱看伶官唱戏，只是刘太后在生时对他有所抑制，而刘太后去世后的一段时期内，他甚为恣意放纵。见李焘：《长编》卷102，天圣二年九月丁未条，第2367页；卷115，景祐元年八月庚午条，第2695页。

理地方狱讼。如"钟离瑾因奏计多载奇花怪石纳禁中,且赂权贵。殿中侍御史鞠咏、右司谏刘随皆劾瑾,咏请付御史台治,帝面谕瑾亟还所部,于是又条约之"。鞠咏、刘随既是弹劾,实际上亦把外朝的信息带入朝廷,使刘太后与仁宗知道外面的情况,并且下诏"淮南、江、浙、荆湖制置发运使奏计京师,毋以土物馈要近官"①。再如天圣九年(1031),殿中侍御史杨偕"言金耀门外有沙庙,又碧澜桥侧有木神,人多祷祠,皆假托鬼神以惑众,请行禁止,从之"②。以御史处理地方狱讼,亦是使朝廷意志达于地方,实际上是使刘太后的专制统治权力延伸至京师之外。真定府曹汭之狱,刘太后让宦官与御史共同审理,即是显例。再如稍前之天圣三年(1025),福州知州陈绛与福建路提点刑狱劝农使王耿互奏不法案,在众多官员鞠问不实后,刘太后最终派监察御史朱谏审理得实。③

当然,刘太后主政时期对于台谏,并未如苏轼所说"言及乘舆,则天子改容;事关廊庙,则宰相待罪"④,她对于台谏之言,只是选择性接受,而非言听计从。如王钦若死后,刘太后有诏塑其像于茅山,列于仙官,左正言刘随曰:"钦若赃污无忌惮,考其行,岂神仙耶? 宜察其妄。"但此奏的结果是"不报",亦即没有下文。⑤ 孔道辅在弹劾曹利用时,其实亦同时弹劾宦官罗崇勋,但其后曹利用遭

---

① 见李焘:《长编》卷108,天圣七年十月丁未条,第2525页。
② 李焘:《长编》卷110,天圣九年六月甲申条,第2562页。
③ 见李焘:《长编》卷103,天圣三年六月辛酉条,第2382页。《东轩笔录》亦载此事,且言刘太后首先获得情报,得知陈绛不法,才令中书派人鞠问。见魏泰:《东轩笔录》卷8,第88—89页
④ 苏轼:《上神宗论新法》,赵汝愚:《宋朝诸臣奏议》卷110《财赋门·新法二》,第1200页。
⑤ 见李焘:《长编》卷103,天圣三年十一月戊申条,第2393页。

贬死,而刘太后宠信之罗崇勋却安然无恙。① 再如天圣八年(1030)刘太后以胡则权三司使,侍御史知杂事鞠咏认为胡则乃丁谓之党,且为人贪墨,但刘太后不听,仍然一意孤行。其后至天圣九年(1031),刘太后再以胡则为工部侍郎、集贤院学士,侍御史知杂事刘随奏胡则"奸邪贪滥闻天下,比命知池州,不肯行,为三司使,以罪去;骤加美职,何以风劝在位",殿中侍御史郭劝"请追则除命",结果同样是不报。② 从上述史料可以看出,刘太后对于台谏的建议,虽亦能择善而从,但她自己所坚持的用人与决策,却很少受到台谏的影响。此外,她对台谏的强势手腕,仍然表现出一位专制统治者的风范,当台谏提出的诤言可能危及她的统治地位时,她亦会毫不犹豫地把他们赶出朝廷,天圣九年(1031)曹修古等四位台属官员因反对大封刘从德家属门人而遭贬责,即是最好的例子。但是,苏轼所言宋代祖宗对台谏"纵有薄责,旋即超升"③的态度,在刘太后时期的确得到充分体现,一些被贬的台谏官员,在一段时间后又可见他重新回到台谏任上,甚至有所升迁,如监察御史鞠咏于天圣元年(1023)被出同判信州(治今江西上饶),天圣四年(1026)

---

① 见李焘:《长编》卷108,天圣七年十二月辛亥条,第2529页。
② 见李焘:《长编》卷109,天圣八年九月丙寅条,第2544页;卷110,天圣九年八月壬辰条,第2565页。其实刘太后重用胡则有自己打算,胡则虽无廉名,但颇善于财政管理,其时刘太后正致力于盐法改革,故亦借重于胡则。《宋史》胡则本传亦称他在这时期"通京东西、陕西盐法,人便之"。可参见脱脱等:《宋史》卷299《胡则传》,第9941—9942页。有关盐法改革,可详下章。
③ 苏轼:《上神宗论新法》,赵汝愚:《宋朝诸臣奏议》卷110《财赋门·新法二》,第1200页。

又被重新任命为监察御史①;天圣五年(1027),监察御史曹修古因言禁中服玩事被出知歙州(治今安徽歙县),天圣九年他又以侍御史的身份论大封刘从德门人亲属之事②;天圣六年(1028)左司谏刘随因请太后还政而被出知济州(治今山东巨野),但至天圣九年即见他以侍御史知杂事身份上言③;再如左司谏孔道辅于天圣七年末(1029)被出知郓州(治今山东东平),至天圣九年,又有记载云"左司谏、龙图阁待制孔道辅出知宣州,寻改徐州,又改许州"④,由此可见,在此两年当中,孔道辅又再重新回朝担任左司谏之职。刘太后如此任命台谏官员,一则是出于台谏资格过严,执行过程中难得人才;二则亦是她知道台谏集团对于平衡朝廷权力的重要作用,虽然台谏的反对声音对她的统治有反向作用,但台谏的建议对她亦不无裨益。对于前者,刘太后深信自己手握最高权力,能够有效控制,使这些反对声音不致危害自己的统治。

综上所述,天圣、明道年间,台谏制度迅速发展,为仁宗及整个宋朝的"敢言直谏"之风奠定了制度基础,而这一时期的台谏官员,也一振过往颓风,作为一股势力进入政治舞台。女主政治给了台谏官们足够的发声理由,在限制女主权力方面,他们不遗余力,并

---

① 见李焘:《长编》卷101,天圣元年十月戊子条,第2340页;卷104,天圣四年七月乙卯条,第2413页。

② 见李焘:《长编》卷105,天圣五年八月壬申条,第2444—2445页;卷110,天圣九年十一月丁酉条,第2571页。

③ 见李焘:《长编》卷106,天圣六年七月乙巳条,第2476页;卷110,天圣九年十月己卯条,第2567页;丙戌条,第2568页。

④ 见李焘:《长编》卷108,天圣七年十二月辛亥条,第2529页;卷110,天圣九年十二月庚申条,第2571页。

以维护赵宋皇室根本利益为己任,这一风气在仁宗亲政后得以延续。作为女主,刘太后不但积极发展台谏制度,并予以台谏官们足够的宽容,保证了他们的发声平台。究其原因,这其实也是她"异论相搅"的政治手段的体现,她是想以台谏抑制宰执集团,并让他们起到下达意志、采集民风的作用。然而,根据"异论相搅"的原则,刘太后并没有完全倚重台谏集团,宰执、台谏、宦官等势力,在她的操控下达到平衡,从而更有利于巩固她的统治。但不管如何,天圣、明道时期,是台谏从集体失语,到重新崛起、振兴言路的转折时期,也是这一制度发展的一个里程碑。当中女主政治与台谏势力之间的互动,起到了关键的作用。

第二节　士大夫的态度

仁宗即位之时已经十三岁,虽然尚年少,但并非襁褓小儿,刘太后垂帘听政乃扶持幼主的权宜之计,这个不得已的办法所需持续的时间并不太长,如前所述,按照中国历代的规例,皇帝十五岁即算成年,可以亲政。然而,刘太后并未因仁宗成长而还政,反而一直稳操皇权,施行自己的专制统治,这在皇权一元的宋代实在显得尴尬。这当然并非维护赵氏皇室正统的士大夫所愿意看到的,故此,在刘太后垂帘听政的这十一年中,一些士大夫乃欲抑制刘太后行使最高权力,并且越到后来,他们要求刘太后还政的呼声越高,以致刘太后不得不采取一些手段来维持现状。

一、幼主渐长

其实在这一时期,作为皇帝的仁宗,其态度不容忽视,要探究这一点,我们不妨把刘太后逝世后的一幕提前展现:刘太后死于明道二年(1033)三月二十九日(甲午)①,第二天,仁宗"御皇仪殿之东楹,号恸见辅臣",四月初二(丁酉),"群臣上表请听政,不允,五上,乃从之",四月初七(壬寅),"追尊宸妃为皇太后",四月初九(甲辰),"诏改葬(宸妃)于永定陵,大行皇太后山陵五使并兼追尊皇太后园陵使"②。从刘太后之死到宸妃改葬,前后只有十二天,仁宗刚为死去的一位母亲"号恸",没几天又为另外一位母亲"号恸累日不绝"③。我们不必怀疑仁宗的痛哭是否源于其真情实感,但这里有个疑问:对正常人来说,得知生母另有其人,实在不是一件容易接受的事情,何以仁宗能在短短几天之内④,就能接受这一现实,并为从来没有相处过,可以说是毫无感情而言的李宸妃"号恸累日不绝"呢? 还有,据《默记》记载:

> 章懿李太后生昭陵,而终章献之世,不知章懿为母也。章

---

① 见李焘:《长编》卷112,明道二年三月甲午条,第2609页。按《长编》记载,当年四月丙申为朔日,故以上推,三月甲午当为二十九日,此段以下涉及之日期,亦如此类推。《宋史》言刘太后于三月二十七日崩于宝慈殿,与《长编》记载不同,见脱脱等:《宋史》卷123《凶礼二》,第2870页。

② 见李焘:《长编》卷112,明道二年三月乙未条,四月丁酉条、壬寅条,第2610页。

③ 李焘:《长编》卷112,明道二年四月壬寅条,第2610页。

④ 仁宗并非于刘太后逝世当日即得知其不是生母的现实,故不能以十二天计算。

懿卒，先殡奉先寺。昭陵以章献之崩，号泣过度。章惠太后劝帝曰："此非帝母，帝自有母宸妃李氏，已卒，在奉先寺殡之。"仁宗即以犊车亟走奉先寺。撤殡观之，在一大井，上四铁索维之。既启棺，而形容如生，略不坏也。时已遣兵围章献之第矣，既启棺，知非鸩死，乃罢遣之。①

章惠太后者，即刘太后在生时的太妃杨氏，她一直甚为保护关爱仁宗，故不欲仁宗因丧母而伤心痛哭，从而说出宸妃的事，亦言之成理。然而，仁宗纵然能迅速接受李妃为其生母之事实，亦不至于听信谗言②，派兵包围刘氏府邸。故此，笔者认为，仁宗于刘太后逝世后这一系列举动，实乃其长期受压抑的情绪的一次爆发。

仁宗何以会有这种长期压抑的情绪呢？其实还是缘于刘太后一直以来对他的教育与管理。在本书第二章已述及，刘太后对仁宗的教育甚为严格，其目的一则是要把他培养成为皇朝优秀的君主，二则是要把他控制住，以维护刘太后本身的权力。在生活上，

---

① 王铚：《默记》卷上，第9页。

② 《默记》载仁宗知道李妃"非鸩死"，即说明有人对仁宗说李妃乃为刘太后所毒杀，据《长编》记载"或言太后（李氏）死非正命"，并未透露是谁说出此语；而《宋史》则认为是"燕王为仁宗言'陛下乃李宸妃所生，妃死以非命'"，燕王者，太宗幼子元俨也。《宋史》其本传云："仁宗冲年即位，章献皇后临朝，自以属尊望重，恐为太后所忌，深自沉晦。因阖门却绝人事，故谬语阳狂，不复预朝谒。"如此深懂韬晦之人，似乎亦非说是非者。而且此谗言是可能把刘氏一门陷于绝地的，但不久之后，刘太后的侄子刘从广即娶元俨女为妻，若此语出自元俨，其后必不可能与刘氏结成姻亲。故笔者认为，说李妃死于非命者，或为仁宗左右曾受刘太后遏制的宦官。见李焘：《长编》卷112，明道二年三月壬寅条，第2610页；脱脱等：《宋史》卷242《李宸妃传》，第8617页；卷245《赵元俨传》，第8706页；卷463《刘从广传》，第13550页。

刘太后对仁宗管理甚严,"未尝假以颜色"①;在政治上,出于独掌权力的需要,她对仁宗更是处处压制。在《长编》中,从天圣元年(1023)开始,李焘在很多事情上即以"上"为主语,亦即把大部分朝廷上的军国大事记录为仁宗亲自施行,这往往使人误会在天圣、明道年间仁宗实际上能亲自处理政事,至少亦令人们难以分清哪些事情是刘太后施为,哪些事情是仁宗意见。其实李焘这样记载,只是出于正统史书的需要,很多在他的记录中以"上"为主语的事情,在其他史料上均可找到刘太后的身影。② 其实有一条史料,很能说明当时刘太后权力所涉的范围,天圣九年(1031),翰林学士宋绶上言曰:

> 唐先天中,睿宗为太上皇,五日一受朝,处分军国重务,除三品以上官,决重刑;明皇日听朝,除三品以下官,决徒刑。今宜约先天制度,令群臣对前殿,非军国大事及除拜,皆前殿取旨。③

从宋绶的上言中可以看出,刘太后并未如唐睿宗当太上皇时

---

① 司马光:《涑水记闻》卷 8《章惠皇后及其弟杨景宗》,第 153 页。
② 如上节所述之陈绛一案,《长编》记录为仁宗亲自处理,而魏泰的《东轩笔录》则记载是刘太后最先过问此事;再如天圣三年(1025)丁谓北迁雷州一事,《长编》亦是以"上"为主语,而《东都事略》则认为是刘太后与仁宗共同为之。此种事例不胜枚举,故不在此一一列举。见李焘:《长编》卷 103,天圣三年六月辛酉条,第 2382 页;天圣三年十二月癸亥条,第 2395 页;魏泰:《东轩笔录》卷 8,第 88—89 页;王称撰,吴洪泽笺证:《东都事略笺证》卷 49《丁谓传》,第 547 页。
③ 李焘:《长编》卷 109,天圣九年十月己卯条,第 2567 页。

那样，只处理军国大事，而是事无大小，包括除三品以下官、决徒刑这些并不十分重要之事，她都染指处理。宋绶上此言的政治前提是"上未始独对群臣"①，可见当时已经二十二岁的仁宗尚未能单独处事，更不用说在政治上能随便施行自己的意见。再如天圣十年（1032）吕夷简奏请厚葬李宸妃一事，当时刘太后"引帝偕起。有顷，独出"②，足见刘太后能完全控制仁宗，导之左右。由此可见，当时的刘太后诚如李涵先生所言，"成为事实上的皇帝"③，而仁宗即使对朝政有任何意见，亦必须得到刘太后同意。

现代心理学认为："由于青春期的青少年产生了一种强烈的成人感，进而产生了强烈的独立意识，他们对一切都不愿顺从，不愿听取父母、老师及其他成年人的意见。……常处于一种与成人相抵触的情绪状态中。""存在于青少年身上的反抗性还有复杂的性质。有时是想通过这种途径向外人表明，他已具有了独立人格；有时又是为了撑起个样子给自己看，以掩饰自己的软弱。""他们对于任何事件都喜欢自己进行分析与判断，不愿意接受现成的观念和规范。因此，他们对于以前一贯信奉的父母的许多观点都要重新审视，而审视的结果与父母的意见常常不一致。"④这就是我们现在所说的青春期叛逆。仁宗以少年天子登位，刘太后整个统治时期，

① 李焘：《长编》卷 109，天圣九年十月己卯条，第 2567 页。
② 李焘：《长编》卷 111，明道元年二月丁卯条，第 2577 页。厚葬宸妃一事，可详见下节。
③ 见李涵：《章献刘皇后擅政与寇准之死》，载北京大学中国中古史研究中心编：《纪念陈寅恪先生诞辰百年学术论文集》，第 307—314 页。
④ 见许泽高：《赢在此时——青春期逆反心理分析与对策》，武汉：武汉大学出版社，2007 年，第 5 页、第 19 页。相似论点可参见李魁文：《浅析青少年的"逆反心理"》，载《天津教育》1987 年第 4 期。

正是他由少年到青年的转变过渡时期,当然亦具有普通青少年的心理状态。他在刘太后时期的叛逆性格并不明显,但亦有迹可循。如刘太后为仁宗立郭氏为后,但他本身意属者乃张氏,当时只有十五岁的他当然不敢反对刘太后的决定,但仍然把张氏纳于宫中,并先后于天圣四年(1026)与天圣六年(1028)进封她为才人与美人。① 政治上,仁宗对刘太后一些人事任免其实亦不以为然,如晏殊因与张耆不协而被罢枢副,"上意初不谓然,欲复用之"②;再如张士逊,他虽因牵涉曹利用事件而被罢相,但作为东宫旧臣,他一直得到仁宗的眷顾,天圣十年(1032)他再次拜相,而后来刘太后逝世后被罢免的宰执名单中并无其名,可见他此次拜相虽得刘太后同意,但其始应为仁宗之意。③ 第三章提及王曾曾评论王钦若为"五鬼",而开此话题者实乃仁宗,他于天圣七年(1029)三月对辅臣们说:"王钦若久在政府,察其所为,真奸邪也!"④由此可见,仁宗对刘太后重用王钦若一事,也是不太认同的。

　　然而,上述的事实在天圣、明道这十一年间只是冰山一角,仁宗对于刘太后大部分时间是恭默顺承,并无表现出逆反行为。之所以如此,是因为在现代家庭环境相对民主宽松、父母习惯纵容孩子的社会大环境下,这种逆反心理才会使孩子反父母所期待之道而行。但在中国古代,社会提倡仁信孝悌、礼义廉耻等价值观,孩子们的逆反心理大多只能埋藏在心里,而不敢甚至不会发泄出来。

---

① 见李焘:《长编》卷104,天圣四年四月丁巳条,第2405页;卷106,天圣六年九月癸丑条,第2482页。
② 李焘:《长编》卷106,天圣六年八月乙酉条,第2480页。
③ 见李焘:《长编》卷111,明道元年二月庚戌条,第2567页。
④ 李焘:《长编》卷107,天圣七年三月戊寅条,第2503页。

更何况，宋代作为儒家复兴的朝代，士大夫对"孝"这一道德理念非常提倡，无论皇帝还是平民百姓，他们的教育都会被约束在"孝"的规范之中，仁宗作为皇朝的年轻君主，无论刘太后抑或是朝廷大臣，都主张对他进行严格的教育，他从小便遍读儒家经典，并每日聆听儒臣讲学，而刘太后更特意选择《孝经》《论语》等宣扬儒家伦理道德的著作供他阅读，他在这种环境下耳濡目染、潜移默化，实不敢做出反对母亲的不孝行为。除孝道以外，亲情也是束缚仁宗情绪的枷锁，这是人类最基本的感情所在，它跟孝道一样，使儿子不愿违背母亲的意愿，不过孝道出于道德的规范，而亲情是天性使然。儿子对母亲天然的感激与爱戴，无论平民还是皇帝都是一样的，在刘太后去世以前，仁宗一直认为她是亲生母亲，纵然他对刘太后在生活上的管束或政治上的压抑有所不满，他也不会表露出来，即便是他内心，也会将之认为是一种理所当然，而最多感到无奈。故此，在刘太后去世之前，虽然也偶见关于仁宗对刘太后的管束有所不满的记载，但很少见到仁宗与她直接冲突。相反，在一些礼仪、制度上，仁宗出于孝道，不顾朝廷大臣的反对，尽量满足刘太后的要求。如从天圣五年（1027）开始，每逢元旦，仁宗均会先率百官向刘太后祝贺，然后再到天安殿接受百官朝贺，前文已述及，提出这一意见者乃仁宗本人，虽宰相王曾极力反对，但他还是以墨诏促成此举。① 此后，刘太后每年生日之长宁节，仁宗均会率百官于会庆殿向她祝贺，至天圣八年末，刘太后不欲明年再"御会庆"，于是仁宗下诏，"长宁节百官上寿于崇政殿"②。上述事例，均是仁宗

① 见李焘：《长编》卷104，天圣四年十二月丁亥条，第2428页。
② 李焘：《长编》卷109，天圣八年十二月乙未条，第2548—2549页。

向刘太后尽孝的具体表现,天圣六年(1028)以后,要求刘太后还政的呼声越来越高,但无论如何,仁宗从来没有让母亲还政的意思。

当然,无论仁宗的行为如何符合"孝"的规范,其逆反心理始终存在。刘太后垂帘听政,的确对仁宗造成心理上的压抑,这种受压抑的情绪日积月累,总有爆发的一天。仁宗能迅速接受宸妃为生母的事实,正是他不满刘太后生前对他过分压制的反映,甚至在他内心深处,并不愿意有一位如此强势的母亲,只不过这种想法可能深埋他的心底,连他自己也不能察觉。刘太后去世不久,仁宗在政治上清算朝廷大臣,在生活中废黜皇后,并终日沉迷酒色,亦正是受压抑情绪爆发的表现。但必须注意的是,这些都发生在仁宗知道自己身世之后,在此之前,所有的压抑和管束都只是潜移默化的量变。刘太后在生时,仁宗一直受到孝道和亲情的规范,长期的教育和与母亲的相处,会使他觉得,母亲所做的一切都是理所当然,即便自己有不满,也不应该违逆母亲的意思。从刘太后去世,到仁宗身世被揭发这短短几天时间里,仁宗的确深深陷入丧母之痛当中,为此,他"号泣过度",可见,孝道与亲情在他心中的作用是非常巨大的。

二、程琳献图辨

刘太后在仁宗成年后,继续以母亲身份垂帘听政,虽合法性备受质疑,但仍得到一部分士大夫的支持,原因是他们欲以此获得进取,攀上权力高位。真宗在生时丁谓即此中典型,而丁谓败后,宰执大臣中亦不乏以谄媚进位者,这于第三章已有详论,此不赘述。

除宰执大臣以外，官僚集团中亦有一些人为求进取而谄媚太后，如"有漕臣刘绰者，自京西还，言在庾有出剩粮千余斛，乞付三司"；再如"小臣方仲弓上书，请依武后故事，立刘氏庙"等。①

在天圣、明道间，程琳是一个值得注意的人物。他以举服勤辞学科入仕，在刘太后听政期间，从太常博士，迁为右谏议大夫权御史中丞，其后出知益州，再迁给事中权知开封府。② 有记载说，他曾向刘太后献《武后临朝图》③，此事不知发生在什么时候，但在《宋史·刘皇后传》里，乃与方仲弓建议立刘氏七庙记载在一起，两事发生时间应该相仿。前文已述，刘太后曾以立刘氏七庙之事问鲁宗道，亦即方仲弓之建议当在鲁宗道卒前，据此推测，程琳献《武后临朝图》一事，抑或在此前，即天圣七年（1029）以前。明代史著《经济类编》与《山堂肆考》均认为程琳上图之事乃在三司使任上，而据《宋史·程琳传》，程琳为三司使乃在仁宗亲政之后，但在刘太后时，他曾因权三司使范雍出使契丹而短时期任发遣三司使，此职在其天圣五年（1027）任御史中丞前，则上图之事若如明人所言，亦应在此之前。④ 此事对程琳带来一定的负面影响，如《宋史·程琳传》本对他有较好的评价，认为他"为人敏厉深严，长于政事，辨议一出，不肯下人"，但在评论最后，亦说他"章献太后时，尝上《武后

① 脱脱等：《宋史》卷 242《刘皇后传》，第 8615 页。
② 可参见脱脱等：《宋史》卷 288《程琳传》，第 9673—9674 页。
③ 见脱脱等：《宋史》卷 242《刘皇后传》，第 8615 页。除《宋史》以外，亦有其他史料记载此事，如《东都事略》《隆平集》《长编》《龙川别志》等，下文或会再提及一些，今不一一列举。
④ 见冯琦、冯瑗：《经济类编》卷 17《宫掖类一·太后》，景印文渊阁四库全书本，第 960 册，第 539；彭大翼：《山堂肆考》卷 38《皇太后·权处国事》，景印文渊阁四库全书本，第 974 册，第 618 页；脱脱等：《宋史》卷 288《程琳传》，第 9673—9675 页。

临朝图》，人以此薄之"①。明人何乔新更就此事有一番议论：

> 甚哉，程琳之不忠也。夫琳以词学发身，岂不知母后当阳，非朝廷美事耶？抑岂不知武后唐之罪人，几危社稷耶？今也庄献称制，而琳以《武后临朝图》为献，是导之以易姓受命也。幸而庄献材质偏弱，非武曌之比，其宗族寒微，非承嗣三思之俦。故掷其图于地而不纳。使不幸因琳有献而萌觊觎之心，则置嗣君何地哉？若琳者，国之贼也，其免于诛夷，幸矣。然琳之献此，觊入政府耳。抑不知富贵有时而消歇，恶名终古而不磨。奈何欲得志于一时，而遗臭于万世耶？嗟夫！三代以下，义利不明，偭义以干进如琳者多矣。读史至此，尚亦掩卷深省哉。②

显然，无论宋代抑或是后世士大夫，皆认为程琳献图乃欲图进取而谄媚刘太后之举。然而，考察程琳在刘太后时期的为人，并不似以上图求进取之人。天圣九年（1031），程琳从右谏议大夫进为给事中，权知开封府，在此职任上，他做了两件抑制外戚，得罪刘太后的事。第一件就是第四章提到的王蒙正之子王齐雄杀人一事。据晁补之记载，刘太后在验尸之时已连续派十几名宦官催促了事；而《长编》记载，在查明死者死因后，刘太后曾亲自对程琳说："齐雄非杀人者，乃其奴尝捶之耳。"而程琳却认为"奴无自专理，且

---

① 见脱脱等：《宋史》卷288《程琳传》，第9677页。
② 何乔新：《椒邱文集》卷5《史论·宋》，景印文渊阁四库全书本，台北：台湾商务印书馆，1986年，第1249册，第74—75页。

使令与己犯同",使王齐雄"论如法"。第二件事,乃外戚吴氏离开其丈夫李咸熙,并带走了他的侄女,李咸熙到开封府告妻子,程琳命吴氏归还李氏女,吴氏曰:"已纳宫中矣。"程琳立即请命于仁宗,并且说"臣不言,恐净臣有以议陛下者"①。此处之所谓外戚吴氏,未必是刘太后的外戚,但有一点可以肯定的是,对于仁宗身边的女侍,刘太后多会亲自挑选,故此"后宫为庄献所禁遏,希得进",仁宗亦曾说:"曩者太后临朝,臣僚戚属多进女口入宫。"②由此可见,李氏女也应是被刘太后选中纳入宫中的。程琳请求仁宗归还此女,也有逆太后之意。

通过对上述史实的叙述分析,容易让人产生一个疑问:程琳既然上《武后临朝图》以媚刘太后,何以又做出一些逆刘太后意的事情呢?再细想一下,程琳上《武后临朝图》乃天圣五年(1027)以前的事,当时刘太后势力尚未十分稳固,此点可从第三章宰执集团结构变化的分析中探知,更由于当时宰执尚未完全依附于刘太后,故程琳欲以此以图进取,有一定难度,更不用说如何乔新所言"规入政府"了,因其资序不足。但延至天圣九年(1031),刘太后的权力正如日中天,此时她欲升黜大臣,仅一旨而已,如上节所述之胡则,虽被台谏三番四次弹劾,但刘太后仍然保他位居三司。程琳若真乃一谄媚小人,此时实不应忤刘太后之旨,相反,他应尽力迎合,以图有进一步的升迁。

---

① 以上两事均记载于李焘:《长编》卷110,天圣九年九月己巳条,第2566页。晁补之关于王齐雄案之记载,见晁补之:《鸡肋集》卷33《书陈泪事后》,景印文渊阁四库全书本,第1118册,第647—648页。
② 见李焘:《长编》卷113,明道二年十二月戊申条,第2647页;乙卯条,第2648页。

据此,笔者不得不对程琳上《武后临朝图》一事重新审视。据笔者所能够涉猎的关于此事的史料看,大部分均记载程琳上图后,刘太后立即将之掷于地上,并表态曰:"吾不作此负祖宗事。"由于刘太后表态十分迅速,故这些史料中并未记载程琳有任何接续行动。当然,有一个例外,苏辙的《龙川别志》把方仲弓与程琳之事记载在一起:

> 章献垂箔,有方仲弓者,上书乞依武氏故事立刘氏庙。章献览其疏,曰:"吾不作此负祖宗事。"裂而掷之于地。仁宗在侧,曰:"此亦出于忠孝,宜有以旌之。"乃以为开封司录。及章献崩,黜为汀州司马。程琳亦尝有此请,而人莫知之也。仁宗一日在迩英谓讲官曰:"程琳心行不忠,在章献朝尝请立刘氏庙,且献七庙图。"时王洙侍读闻之。仁宗性宽厚,琳竟至宰相,盖无宿怒也。①

这段史料与其他不同,苏辙不但把刘太后"不作此负祖宗事"一语记在方仲弓之事上,而且更指出程琳曾明确表示请立刘氏七庙。然而,与其他史料相比,实令人怀疑苏辙此段记载乃把两事混淆。②《长编》于程琳卒日对他有所评论云:"章献时,尝上《武后临朝图》,外人莫知,帝后于迩英讲读,谓近臣曰:'琳心行不佳。'盖指

① 苏辙:《龙川别志》卷上,第78页。
② 其实苏辙在《龙川别志》中把两事混淆为一事,并非只此一例,如他述及寇、丁之争时,即把寇准上书请太子监国、罢丁谓一事,与周怀政谋乱一事混为一谈,见苏辙:《龙川别志》卷上,第75页。

此也。然琳卒蒙大用,议者谓上性宽厚无宿怨云。"①《东都事略》在《程琳传》最后亦评论云:"当仁宗之初,章献在御,而琳乃以《武后临朝图》为献,尊崇母后,以求容悦。及仁宗亲政,非特无怨,而竟用琳,出入将相几二十年。非仁宗之盛德,亦岂能容之?"②此两条史料均书于南宋,时间比苏辙为晚,但行文间内容与苏辙所记相仿,可知他们亦曾参考《龙川别志》的记载。但与苏辙所记不同的是,他们均认定了程琳所上者,乃《武后临朝图》,而非七庙图;再者,他们均只描述仁宗对此事的态度,而并没有明确指出程琳除献图外另有建议。由于没有找到程琳的明确表态,仅据上述史料,我们可以认为程琳上图,乃暗示刘太后仿武后之举,代赵氏而自立;但我们同样可以把程琳上图,理解为一种试探,看刘太后是否有代立之意,然后再图举措。若是如此,程琳这种引蛇出洞的试探办法,虽非正直士大夫光明磊落之举,但亦非如历代所传,有劝篡之心,况且如鲁宗道之梗直,亦曾以引蛇出洞之法对付张知白③,可见这只是当时朝臣惯用的政治手段而已。

正是由于程琳没有后续的表态,这事实在可以留给后人很多猜测的空间,显然,历代以来,无论士大夫抑或是史学家,均把此事理解为前者,故程琳亦因此颇遭非议。但笔者认为,程琳献图的确有可能是一种试探,这当然只是笔者的一种大胆猜测,并不是特意推翻成说,标新立异。因为,若按照以往说法所言,实在无法解释程琳在刘太后统治期间前后两种矛盾的态度。再者,仁宗所谓"无

---

① 李焘:《长编》卷182,嘉祐元年闰三月丁酉条,第4400页。
② 王称撰,吴洪泽笺证:《东都事略笺证》卷54《程琳传》,第593—594页。
③ 关于鲁宗道与张知白事,可参见第三章相关论述。

宿怒",是否的确如此呢? 刘太后逝世后,建议立刘氏七庙的方仲弓即被仁宗远贬,此后再无见其记载;但程琳在仁宗朝可谓步步高升,刘太后逝世后,他再权御史中丞,后来任三司使、参知政事等,在其晚年,更出守大藩,成为使相。从苏辙与李焘的记载中可以看出,程琳献图乃秘密之举,但刘太后垂帘,仁宗必然在侧,若程琳果真心行不轨,仁宗又岂会在刘太后逝世后立即对他提拔重用。①

三、还政的博弈

当然,纵然程琳没有不臣之心,但谄媚太后的依然大有人在。然而,与这些谄媚的臣僚相比较,一些士大夫仍然是以维护赵宋法统为己任,极力抑制刘太后的权力,如前述宰执中王曾、鲁宗道、薛

① 笔者在做《章献刘太后年谱长编》时,对程琳献图之事甚为疑惑,故在写作初稿时,对此事做了以上的大胆猜测。后在修改时,发现明代著名学者程敏政对此事的观点与笔者相似,他认为"仲弓所陈者,刘氏七庙之疏;公(程琳)所上者,《武后临朝之图》,一佞一忠,事实相反,故章献于仲弓之疏,颇欲借众议而从之;于公之图,直怒其讽谏太甚",并且指出程琳献图的目的是"章献在当时,如御正殿、受嗣君之朝、服仪天冠衮衣而祀太庙,群臣之附已者进,不附者黜,天下之人知有太后而已,其渐至于废君称制无难焉。公预知之,以为太后妇人也,谏之以言则难入,证之以事则易见,武后之罪恶,人所共知者也,太后欲称制,则武后矣,因为图以献,即世之所谓影子者也,其所以警之者深矣"。程敏政之论据与笔者大致相同,且论述考证过程更为严密,他最后甚至指出,程琳献图之所以被诬为谄媚,乃因苏辙于《龙川别志》中构陷,而其他史官未审其详而采用之,因而以讹传讹。而苏辙构陷程琳的原因,是"辙之兄轼与伊川先生(程颐)有隙,尝谓伊川为奸邪,而力诋之,门人子弟遂相植党为仇家。公则伊川之从伯父也,所以诬之者"。程敏政为程琳后人,故此论述或有为先人辩诬之嫌,但其论述,亦可作为一说,以资参考。见程敏政:《篁墩文集》卷37《书先文简公宋史本传后》,景印文渊阁四库全书本,台北:台湾商务印书馆,1986年,第1252册,第644—646页。

奎等大臣,即是当中之佼佼者;在第四章亦述及一些官员不畏权威,敢于违逆刘太后宠信的宦官与外戚。除此之外,一些官员在刘太后垂帘之初,便不承认她的权威,一心面向仁宗。如前所提及欲绳刘太后外戚王蒙正于法的李若谷,在天圣二年(1024)时被任命为契丹妻生辰使,但他在辞行之日,"不俟垂帘请对,遽诣长春殿奏事",由此引致刘太后不悦,临时换人。[1] 即便是刘太后亲手提拔的官员,亦有抑制太后,反其旨而行者,范讽即是当中典型。如前所述,范讽乃因缘刘太后宠信宦官张怀德,而被刘太后提拔为右司谏的,其后他又进位为天章阁待制,但他并未因此刻意奉承刘太后,反而尽力抑制外戚。《长编》于天圣九年(1031)条记载:

> 改新判陈州钱惟演判河南府。时惟演托疾久留京师,既除陈州,迁延不赴,且图相位。天章阁待制范讽奏曰:"惟演尝为枢密使,以皇太后姻属罢之,示天下以不私,今固不可复用。"殿中侍御史郭劝亦请督惟演上道,而惟演自言先垅在洛阳,愿司宫钥。遂命惟演守河南,促其行。他日,讽入对,太后谓曰:"惟演去矣。"讽曰:"惟演奴仆皆得官,不去尚奚以为!"[2]

随着仁宗逐渐成长,特别是刘太后统治后期,与宰执集团集体

---

① 李焘:《长编》卷102,天圣二年七月丁未条,第2364页。

② 李焘:《长编》卷110,天圣九年正月辛未条,第2553页。范讽在刘太后去世后,更弹劾钱惟演与马季良,使之遭受贬责,见《长编》卷113,明道二年九月丙寅条,第2635页;甲申条,第2636页。

语默相比,朝廷内外官员反对刘太后的声音越来越大,如天圣七年(1029)三月刘太后令群臣转对,群牧判官庞籍上言曰:

> 旧制,不以国马假臣下,重武备也。枢密院以带甲马二借内侍杨怀敏,群牧复奏,乃赐一马。三日而复借之,数日而复罢。枢密掌机命,反复如此!平时百官奏事上前,不自批章,止得送中书、枢密院,盖防偏请,以启幸门。近岁传宣内降,浸多于旧,臣恐法度自是隳也。往者王世融以公主子殴府吏,法当赎金,特停任。近作坊料物库主吏,宫掖之亲,盗三物,辄自逃,三司捕未获,遽罢追究。今日圣断乃异于昔,臣窃惑焉。又祥符令检吏稍严,胥吏相率空县而去,令坐罢免。若是则姑息者获安,而清强者沮矣。①

庞籍此次上言,每条均可谓直指刘太后:枢密院借马于杨怀敏一事,杨怀敏乃刘太后宠信宦官,自不必多言,而当时为枢密使,乃只刘太后亲信之张耆一人;"传宣内降,浸多于旧",更是指刘太后内降恩幸太滥,破坏朝廷法度;作坊料物库主吏盗物而逃,也因宫掖之亲而免遭追究;陈诂一事如前所述,得枢密副使陈尧佐化解,但其事发之始,"太后果怒"②,足见庞籍论此事,亦是认为太后处置不当。除朝廷官员外,一些地方臣僚也在刘太后统治后期极力抑制宦官与外戚,如在刘太后故乡益州任转运使的高觌"在益州时,有宦者挟富人请置场采金于彭州广碛、丽水二峡,觌以聚众山

---

① 李焘:《长编》卷107,天圣七年三月癸未条,第2504—2505页。
② 李焘:《长编》卷107,天圣七年三月戊寅条,第2503页。

谷间,又逼蛮部,非远方所宜,且得不偿失,奏罢之。王蒙正恃太后亲,多占田嘉州,诏勿收赋,觌又极论其不可"①。除约束刘太后身边之人,或制约刘太后权力以外,天圣六年(1028)开始,以挑战刘太后继续垂帘听政合法性为目的的还政呼声,更是一浪高于一浪,此点容后详述。

刘太后越到晚年,就面对越来越多的官员挑战自己的执政权威,对此,她有何应对之策呢?在其统治后期,她在力图稳定宰执集团结构的基础上,对官员的任免,多凭自己的喜好,只要她有所决定,身边无论是谁都不能左右,胡则就是这种典型例子。当然,刘太后此时期任用的官员并非只有胡则这样的贪墨之臣,一些正直大臣亦能得到刘太后重用,天圣八年(1030)任命唐肃为龙图阁待制即可证明此点:

> 度支副使、刑部郎中唐肃为龙图阁待制。肃清直廉俭,于仕进恬如也。在度支,会官籴麦京师,数且足,有豪姓欲入官者以数十万石,因权幸以干掖庭。太后面命肃,肃曰:"麦贮于仓率不过二岁,多则朽腐不可食,况挠法耶?"卒不受。②

可见,唐肃又是一位能面逆太后之意的人,但刘太后对他亦照样任用。然则,刘太后如何能够在任用贤臣的同时,保持其权威不败呢?其实,早在天圣六年(1028)朝廷命大臣荐才的一道诏令上,即能体现刘太后任用官员的原则:"诏钱惟演以下至御史知杂五十

---

① 李焘:《长编》卷111,明道元年正月己丑条,第2575页。
② 李焘:《长编》卷109,天圣八年三月己卯条,第2538页。

五人举殿直以上材武、方略、晓边事者各一员,其未历亲民及两府亲戚、走马承受、阁门祗候者,毋得举。"①这道诏令,容易令人联想到《默记》中一段关于刘太后的著名史料:

> 章献太后智聪过人。其垂帘之时,一日,泣语大臣曰:"国家多难如此,向非宰执同心协力,何以至此。今山陵了毕,皇亲外戚各已迁转推恩,惟宰执臣僚亲戚无有恩泽。卿等可尽具子孙内外亲族姓名来,当例外一一尽数推恩。"宰执不悟,于是尽具三族亲戚姓名以奏闻。明肃得之,遂各画成图,粘之寝殿壁间。每有进拟,必先观图上,非两府亲戚姓名中所有者方除之。②

显然,刘太后任用官员的原则之一,乃非两府官员之亲戚,这样一来,普通官僚集团与宰执集团即不能轻易结成一致,换言之,此两大集团间亦无太多一致的利益关系。只要刘太后能成功控制宰执集团,使他们在某些事情上集体失语,则无论其他官员反对之声如何强大,都不会真正触及她权力的根本。再者,无论刘太后抑或仁宗的旨意,只要经过中书门下发出,便为合法,刘太后能成功控制宰执集团,即能随时根据自己的旨意黜陟官员,以镇压他们的反对声音。

当然,刘太后与官僚集团的博弈并非只是反对与镇压这么简单,她要维护自己的统治,就必须维持有足够数量的士大夫集团,

---

① 李焘:《长编》卷106,天圣六年八月甲申条,第2480页。
② 王铚:《默记》卷上,第10页。

以为她所用。在当时成百上千的朝廷内外官员中，献媚以图进位者固属少数，但不畏权威，敢直言抗疏者，见记于史的亦只数十辈而已。也就是说，士大夫中的大部分人，其实是走中间路线，他们既不赞成，也不公开反对刘太后垂帘听政，而只是在自己的仕途上默默耕耘。刘太后所赖以构成统治者，正是这些士大夫中的多数群体。而对于一些虽然逆她的旨意而行，而又未真正挑战其统治权力根本者，她亦往往拉拢任用，以在其他士大夫中树立榜样，并能为她招徕来善于用人的美好名声，唐肃如此，前述宰执中鲁宗道、薛奎、王曙等，以及台谏中刘随、孔道辅、鞠咏等亦是如此。然而，随着仁宗逐渐成长，刘太后主政的合法性越来越弱，对此进行挑战，要求她还政的声音越来越多，也越来越强，面对这些敢于挑战其合法性的士大夫，刘太后对手中权力从未放松，双方的博弈也因此走向高潮。

其实，刘太后早在仁宗即位之初，便提出"候上春秋长，即当还政"①，在她的手诏中，亦流露出"期见抱孙之欢，永遂含饴之乐"②的想法，但从其日后的行为看，这似是敷衍，而非出于真心。从上述分析便可知道，直到她逝世以前，她一直掌控着朝中大权，仁宗只是她的傀儡而已。但是，刘太后得以垂帘听政，其合法性的根本乃来源于她与仁宗的母子关系，仁宗以幼主即位，她乃以家长的身份辅助儿子处理国事。然而，仁宗即位之时已经十三岁，按照中国古代传统，皇帝十五岁便算成年，可以亲政，亦即是说，刘太后本该在天圣二年（1024）之时还政于仁宗。但事实证明，作为仁宗

---

① 李焘：《长编》卷99，乾兴元年八月乙巳条，第2296页。
② 《宋大诏令集》卷14《真宗大祥后皇太后赐宰臣等手书》，第68页。

成年的礼物,刘太后只是在他身边安排了一位皇后,而从未提及还政。或许她认为,十五岁的仁宗尚处于懵懂少年之期,未能够独立处理政事。

延至天圣六年(1028),仁宗已经十九岁,按照传统观念,他无论在生理或心理上都算一个成人了。也就在这一年,一些士大夫终于忍不住了,左司谏刘随喊出了要求刘太后还政的第一声:"帝既益习天下事,而太后犹未归政,随请军国常务专禀帝旨。"[1]刘随何以不迟不早,偏要在天圣六年要求刘太后还政呢? 笔者认为,原因在于当年较早时候发生的一件事:"(四月)戊辰,诏审官、三班院、吏部流内铨、军头司,各引对公事。自帝为皇太子,辅臣参决诸司于资善堂,至是始还有司。"[2]资善堂本为成年皇子在宫内读书之所,但天禧四年(1020)的政争后,真宗欲令太子参与国事,故"诏自今中书、枢密院诸司该取旨公事仍旧进呈外,其常程事务,委皇太子与宰臣、枢密使已下,就资善堂会议施行讫奏"[3]。当时身为太子的仁宗只有十一岁,根本没有能力参决政事,真宗此举表面上是令宰执大臣辅助太子理政,而实际的运行模式却是"太子虽听事资善堂,然事皆决于后"[4]。由此可见,资善堂乃辅臣辅助太子之所,亦可以说,辅臣在资善堂参决政事,即意味着仁宗尚未成熟,尚需辅助。天圣六年辅臣退出资善堂,"始还有司",亦就意味着太子已经成长,可以独立处理政务。刘随在其奏疏中亦提到:"爰自先朝不

---

[1] 李焘:《长编》卷106,天圣六年七月乙巳条,第2476页。
[2] 李焘:《长编》卷106,天圣六年四月戊辰条,第2470页。
[3] 李焘:《长编》卷96,天禧四年十一月庚午条,第2226页。
[4] 李焘:《长编》卷96,天禧四年闰十二月乙亥条,第2233页。

豫,万机倦勤,皇帝养德东朝,选贤咨善,太后预闻政事,参决居多。"但现在资善诸贤均已退出,且"天下治矣,王业崇矣,皇帝长矣,太后勤矣",刘太后作为母亲辅助幼主确实劳苦功高,但亦可功成身退了,所以"臣愚欲乞今后军国常务,并逐日专取皇帝处分。所贵清神养素,延圣母万寿之期;内侍问安,成皇帝孝治之德"①。很明显,这是刘太后垂帘听政以来第一次有人挑战她的权威,并要求她交出权力。刘太后本人当然很不高兴,刘随亦知此事非其一人可以促成,他上此疏,估计是想表明士大夫的姿态与态度,并且欲开天下之先,期待其他官员轮番上疏奏请还政。他自知此疏上后必不容于太后,故立即请求外任,而刘太后亦顺水推舟,命他出守济州。②

但是,刘随的一石之音,并未立即激起士大夫千层之浪,刘随出朝之后一年多的时间里,并未再有士大夫提出让刘太后还政的要求,这可能与当时的政局有关,第三章已经论述过,天圣七年(1029)大宋朝廷的政局并不稳定,朝中宰执大臣自曹利用始,被刘太后一一更换,其他官员更害怕曹利用之事会牵连自己,因而人心惶惶。至天圣七年末,政局总算稳定下来,于是又有士大夫再兴还政之声,这次上疏的是素以天下为己任,有"先天下之忧而忧,后天

---

① 刘随:《上章献皇后乞还政》,赵汝愚:《宋朝诸臣奏议》卷26《帝系门·皇太后》,第249页。《诸臣奏议》编者云刘随上此奏章在天圣八年,其时为侍御史知杂事,考诸《宋史》本传及《长编》,刘随确于天圣八年十月被任命为侍御史知杂事,但此后未见其有要求太后还政事,故赵汝愚所注恐误。事实上已有学者指出,《诸臣奏议》关于刘随奏章系年舛误甚多,见仝相卿:《〈续资治通鉴长编〉载"刘随罚铜事"质疑》,《宋史研究论丛》第十七辑,保定:河北大学出版社,第465—478页。
② 李焘:《长编》卷106,天圣六年七月乙巳条,第2476页。

下之乐而乐"之志的范仲淹。当年十一月九日(癸亥)乃冬至之日,仁宗竟如每年元旦那样,先率百官在会庆殿向刘太后祝贺,然后再到天安殿受朝。秘阁校理范仲淹奏疏言:"天子有事亲之道,无为臣之礼;有南面之位,无北面之仪。若奉亲于内,行家人礼可也;今顾与百官同列,亏君体,损主威,不可为后世法。"疏入,不报。其后,他"又奏疏请皇太后还政,亦不报"。于是范仲淹像刘随一样,"遂乞补外。寻出为河中府通判"①。

值得注意的是,无论刘太后对刘随或范仲淹如何不满,他们出守或通判外郡,均非出自刘太后贬谪之意,而是他们自求出朝。换言之,刘太后在天圣七年(1029)以前,并未对要求她还政的士大夫大加打击。范仲淹之后将近两年的时间里,朝廷重新回归平静,士大夫亦无要求还政的言论。至天圣九年(1031),翰林学士宋绶才又重新发出这一呼声。宋绶的奏言在上文已经论及,乃请求刘太后像唐睿宗当太上皇那样,五日一听朝,并只处理军国重务,而把其他次要的政务归还仁宗亲自处理。严格来说,宋绶的请求并非要求刘太后一次放弃全部权力,而只是一种循序渐进的办法。但此书一上,即"忤太后意",刘太后立即降宋绶为龙图阁学士,出知应天府。显然,这次与以往不同,宋绶并非自求外出,而是刘太后因愤怒而将他赶出朝廷。当时已回朝任御史知杂的刘随,与殿中侍御史郭劝"并言绶有辞学,当留在朝,不宜处外,不听",足见刘太后对此事的固执。②

而在此之后,士大夫们要求刘太后还政的呼声越来越频密,天

---

① 李焘:《长编》卷108,天圣七年十一月癸亥条,第2526—2527页。
② 见李焘:《长编》卷110,天圣九年十月己卯条,第2567页。

圣十年（1032）五月，进士林献可"抗言请皇太后还政"①；八月，滕宗谅与刘越因应皇宫大火一事，认为"国家以火德王天下，火失其性，由政失其本"，因此请太后还政②；其他大臣如孙祖德、刘涣、石延年等，亦纷纷奏请刘太后还政。③ 其实大臣在此时上书请求刘太后还政，也是可以理解的。唐代武则天易姓称帝，也是在长久垂帘听政之后，且她称帝时，年六十六岁。天圣十年时，刘太后已经六十四岁，虽然她并没有大肆诛杀赵氏宗室，在其垂帘过程中亦无重大革易之事，她本身虽然支持建造佛寺浮屠，却亦没有像武则天那样有利用佛教证明其称帝合法性的倾向④，然而刘太后在仁宗成年后久未还政，士大夫们实在不能猜透她内心的真实想法。此外，天圣九年（1031）刘太后因刘从德之死而大封其宗族门人，并为此一连罢免四名御史，这一举动，已使得"人心惶惑，中外莫测"⑤，引起士大夫的担忧。既然无法探知刘太后的真实想法，但又要维护仁宗以及赵宋皇室的正常法统，士大夫唯有轮番上奏，要求刘太后还政仁宗。

然则刘太后的真实想法是什么呢？《宋史·李遵勖传》记

---

① 此事记于《长编》卷112，明道二年四月庚戌条，第2611页。李焘云："按苏舜钦作林书生诗，云生得罪未十旬，禁中火，则生奏封事盖五月间。"见李焘：《长编》卷111，明道元年六月丁未条注，第2582页。

② 李焘：《长编》卷111，明道元年八月丁卯条，第2588页。

③ 孙祖德事，见李焘：《长编》卷112，明道二年四月己未条，第2614页；刘涣事，见卷113，明道二年十一月戊寅条，第2644页；石延年事，见卷116，景祐二年二月丁卯条，第2721页。

④ 关于武则天利用佛教之事，可参见陈寅恪：《武曌与佛教》，载氏著：《金明馆丛稿二编》，北京：生活·读书·新知三联书店，2001年，第153—174页。

⑤ 李焘：《长编》卷110，明道元年六月丁未条，第2582页。

载云：

> 初,天圣间,章献太后屏左右问曰:"人有何言?"遵勖不答。太后固问之,遵勖曰:"臣无他闻,但人言天子既冠,太后宜以时还政。"太后曰:"我非恋此,但帝少,内侍多,恐未能制之也。"①

刘太后此言未必不是出于真心,她的确至死都不放心仁宗独立处理政事,故留下遗诰,让杨太妃为太后,继续垂帘听政。但笔者认为,刘太后不肯还政,虽没有废赵宋而代立的野心,但也是她对权力的偏执以及她对失去权力的恐惧,此点在其晚年表现尤为明显。宋绶只是提议归还部分权力给仁宗,便立即遭到贬责;其后,虽然史书上没有记载滕宗谅、刘越、石延年等因请求还政之事而被责;但林献可却因此而被"窜于岭南";刘涣差点被"黥面配白州",只因"太后疾革,宰相吕夷简为稽,故不即行"。孙祖德也是趁刘太后之病加重,才敢奏请还政,"已而疾少间,祖德大恐"②。孙祖德之所以"大恐",正是因为有样板在前,他深怕刘太后会因此重重责罚他,由此可知,刘太后责罚要求还政的官员,并不是个案特例。

---

① 脱脱等:《宋史》卷 464《李遵勖传》,第 13568 页。
② 以上史实见李焘:《长编》卷 112,明道二年四月庚戌条,第 2611 页;己未条,第 2614 页;卷 113,明道二年十一月戊寅条,第 2644 页。

第三节　女主的心态

　　事实上，臣僚的担心是多余的，历史已经证明，刘太后并未效法武氏称帝，故现代一些论者认为刘太后并非武则天第二。① 前人的观点，多逐点批驳历来认为刘太后有武氏之心的依据，或从制度、大臣防范、外戚势力薄弱等角度出发，论述刘太后不敢效法武氏自立的原因。这些观点都很有道理。然而笔者认为，刘氏本人的心态，对解释她何以不效仿武氏故事的原因至关重要。不仅如此，刘太后何以在天圣九年（1031）以后对要求其还政者大力镇压，她在李宸妃葬礼的问题上为何与吕夷简发生龃龉，这些问题都可以通过对她心态的分析而得以解答。②

---

① 可参见张邦炜：《宋代皇亲与政治》，第175—199页；杨果：《宋代后妃参政述评》，《江汉论坛》1994年第4期。

② 本节研究，将采用心态史学的方法。历史是由人创造的，而人是有感情的动物，故历史的发展往往会受到人物心理的影响。中国传统史学，往往注重源流、制度与传承，人物当然也是传统史学重点考察的对象，但对于人物心理，过去的历史学家"往往只限于零星地、小范围地、时断时续地记述人们的心理状态"。近代的心态史学出现在20世纪的欧洲，它是历史学与心理学交融的产物，为历史研究提供了新的方法，也为历史增添了不少动感与光彩。法国历史学家吕西安·费弗尔（Lucien Febvre）把心态史学分为三个分支，即集团心理学、特殊心理学和差别心理学，当中其实就包含了人群心理的共性，以及不同历史人物心理之间的差异性。简单来说，生活在同一时代环境下的特定人群，应该都会有共同的心理，但由于每个人在身体、成长环境及人生经历上都大有差异，于是也会产生不同的心理。而历史，正是由这些在心理上既有共性，又有差异性的人物共同创造的。以上可参见彭卫：《心态史学研究方法评析》，《西北大学学报》（哲学社会科学版）1986年第2期。

一、不效武氏的心态

刘太后之所以在掌控朝廷大权的同时,能一心保护仁宗以及保存赵氏家族,跟她与真宗的感情不无关系,她参与政治的能力,以及行使皇权的野心,都是来自真宗。刘氏与武则天的出身在当时来说都相对较低,但两者却大不一样。武氏家族只是未能跻身甲族,但毕竟是官宦之家。武则天十四岁入宫,她与母亲道别时曾有"见天子庸知非福"①之语,可见其入宫乃欲改变命运,其野心亦可窥见。但刘氏则本贫家女子,若非年轻的真宗认为"蜀妇人多材慧"②,把她招入王府,则其可能以开封街头一卖艺妇人而终老一生,根本不能涉足政治。故她在入王府以前,不可能有任何政治野心;即便她被真宗招入王府,但当时真宗尚未成为太子,其上有两位兄长,而刘氏本人后来又被太宗下令逐出王府,两人前途祸福尚未可知,何谈政治远见。不过,真宗坎坷的皇帝之路,让他们共同面对了太宗朝的各种风风雨雨③,两人的感情也不断加深,这一点,她与武则天是很不一样的。真宗即位后,立即把刘氏接入皇宫,郭皇后死后,他更不顾朝中大臣反对,立她为后。刘氏被立为皇后时

① 欧阳修、宋祁:《新唐书》卷76《武后传》,第3474页。
② 李焘:《长编》卷56,景德元年正月乙未条,第1225页。
③ 真宗乃太宗的第三子,太宗本意属长子元佐,但元佐不满太宗对待太祖诸子及秦王廷美的手段,装疯佯狂;而太宗二子元僖又趁机谋夺储位,但死于非命;后来太宗从寇准之议,立三子元侃为太子,但李皇后又在太宗面前对他多番诽谤,甚至在帝位传承之际欲发动政变改立元佐,故太宗立储之事,牵涉很多宫廷内外的斗争,真宗的皇帝之路,可谓艰险重重。相关事件及其论述,可参见何冠环:《宋初朋党与太平兴国三年进士》,第71—129页。

已经四十四岁，容貌不复当年，可见她与真宗之间是一种长期而真挚的爱情①，而非流于庸俗的情色关系。

正是在爱情的基础上，真宗逐步培养出刘氏参与政治的能力与野心。宋代从太祖开始，即向集权独裁政权发展，太祖、太宗已创立的各种制度，迫使真宗本人必须实行独裁统治。② 如前文所述，真宗的能力实在有限，他需要让渡出一部分皇权，以减轻他自身的压力。他选择了他深爱的女人——刘氏。于是，"帝每巡幸，必以从。……帝退朝，阅天下封奏，多至中夜，后皆预闻之"③，当真是形影不离。这种选择于历史而言是偶然的，但于真宗而言却是必然的，因为他需要有人帮他解开心中的郁结，并分担他的苦闷，而多年来陪伴他经历风雨的刘氏，正合适不过。真宗对刘氏有知遇之恩，刘氏的知识、才能，以及政治能力、政治地位，无一不是来自真宗。她与真宗的相遇是偶然的，但从此改变了她的命运。刘太后与真宗的感情基础十分深厚，正如前文所述及，在她垂帘听政期间，一些官员的任免以及一些政策的出台施行，均闪现出真宗的影子，这也反映了刘太后对真宗的思念之情。既然真宗对刘氏有恩，刘氏对真宗独子的保护，对其家族的关怀，对其帝国的妥善经营，何尝不是一种报恩的心态呢？④

当然，刘氏并非不贪图权力，尽管她最初并没有政治野心，但当了皇后之后，她在真宗的纵容下，不断品尝最高权力的快感，而

---

① 见脱脱等：《宋史》卷 242《郭皇后传》，第 8612 页；《刘皇后传》，第 8612—8614 页。
② 刘静贞：《北宋前期皇帝和他们的权力》，第 204—205 页。
③ 李焘：《长编》卷 79，大中祥符五年十二月丁亥条，第 1810 页。
④ 关于刘太后对赵宋皇族的关怀，详见下文第七章。

且对之也越来越迷恋。因此,当朝中有大臣试图剥夺她的权力时,她会毫不犹豫地予以反击,寇准在政治争斗中惨败就是最好的例证,而仁宗继位后,宰相丁谓一度欲架空太后独自掌权,也被她远贬于海上。既然如此,她如何在报答真宗之恩与继续掌控皇权之间做出平衡呢?无论古人先哲学者,抑或现今学界同仁,均多把刘太后与武则天作比较,却少有较之以同时期的辽景宗皇后萧绰(小字燕燕)。其实,刘太后并没有效仿唐之武则天,她的行事举措,反与辽之萧绰多有相似。事实上,三位皇后均有一个相似的经历,即她们都因夫皇在世时体弱多病而参与政治。[①] 就权力方面而言,萧绰与武则天其实更为相似:武则天在高宗时已与他称"天皇""天后",共决朝廷大政;萧绰"以女主临朝,国事一决于其手。大诛罚,大征讨,蕃汉诸臣集众共议,皇后裁决,报之知帝而已"[②]。辽景宗亦于保宁八年(宋开宝九年,976)二月"谕史馆学士,书皇后言亦称'朕'暨'予',著为定式"[③],可见在景宗生前,萧绰已获得与武则天一样的权力,能以代理皇帝的身份在外朝听政。然而,武、萧二后在夫皇死后的表现却大不相同:武则天为获得最高权力,多番迫害李氏族人甚至是自己的亲生儿子,并最终自立为帝;萧绰乃受景宗遗诏参决朝政,据《契丹国志》记载:

> 先是,后未归政前,帝已长立,每事拱手。或府库中需一

---

① 关于辽景宗皇后萧绰,据《契丹国志》记载,景宗"及即位,婴风疾,多不视朝""刑赏政事,用兵追讨,皆皇后决之,帝卧床榻间,拱手而已"。见叶隆礼:《契丹国志》卷6《景宗孝成皇帝》,上海:上海古籍出版社,1985年,第57页。
② 叶隆礼:《契丹国志》卷6《景宗孝成皇帝》,第60页。
③ 脱脱等:《辽史》卷8《景宗上》,北京:中华书局,1974年,第95页。

物，必诘其所用，赐及文武僚庶者，允之，不然不与。

帝既不预朝政，纵心弋猎，左右狎邪与帝为笑谑者，太后知之，重行杖责，帝亦不免诟问。御服、御马皆太后检校焉。或宫嫔谗帝，太后信之，必庭辱帝。每承顺，略无怨辞。①

从这则材料可以看出，萧绰在景宗崩后，一直掌握朝中大权，但她并没有代立之心，反而是一心一意培养儿子圣宗，使其成为辽国的优秀君主。史书上没有明载刘太后垂帝听政的心态乃效仿萧绰，且刘太后作为中原大国之女主，从主观心态上也不可能主动效仿戎敌女主的做法。但萧氏这种培养教育方式与刘太后教育仁宗的方法大致相仿，也就是说，两位皇后均以维护夫家利益为己任。刘太后的政治作为与萧绰相仿，保扶并培养仁宗，其实也容易理解。宋、辽自签订澶渊之盟以来，双方停止战争，处于和平状态，每年双方君主寿辰与正旦节日，均互派使节通好，故此，萧绰的事迹得以传播中原。刘太后长期陪伴真宗身边，并帮他处理政事，必然对契丹之事有所接触，故她对这位"叔母"②也是了解甚深。萧太

---

① 叶隆礼：《契丹国志》卷7《圣宗天辅皇帝》，第71页。
② 世传宋、辽两国在澶渊之盟中约为兄弟之国，但在盟约中并没有体现。但双方交涉过程中，契丹表示出"南北通和，实为美事，国主年少，愿兄事南朝"之意。后来真宗驾崩后，辽圣宗也曾表示"与南朝约为兄弟，垂二十年"。此外，在宋朝对契丹的外交文书中，也有"兄大宋皇帝致书于弟大契丹圣文神武睿孝皇帝阙下"之语，更可证实两国约为兄弟之国。既然圣宗于真宗为弟，则萧太后当属真宗"叔母"。见李焘：《长编》卷58，景德元年十二月癸未条，第1291页；辛丑条注，第1299页；卷98，乾兴元年六月乙巳条，第2282页。王珪：《华阳集》卷24《皇帝请契丹皇帝达皇太后正旦礼物书》，景印文渊阁四库全书本，台北：台湾商务印书馆，1986年，第1093册，第174页。

后辅助圣宗,实际上也是掌控圣宗,以操掌契丹朝中大事。但其保护培育天子之举,使她死后令名长留青史,契丹臣民及圣宗本人对她也是感恩戴德。同样是要操掌国家最高权力,在刘太后看来,萧绰的做法显然比武则天高明,虽然萧氏没有迈出称帝自立的一步,但也没有像武则天那样在史书上留下骂名。[1]

刘太后明白宋朝的实际政治环境令她不能像武则天那样称帝自立,而她自己也不愿意辜负真宗对她的恩遇,在这一大前提下,她对自己的期许并不止步于对生前权力的掌握,同时也注重身后名声的保全,即要成为名留青史的一代女主。刘太后虽非主动效仿萧绰,但多年来萧氏的政治形象与政治行为在她心目中潜移默化,她对萧氏的做法产生了认同与共鸣,从而在政治作为上与之相仿。理解此点,才能解释刘太后问鲁宗道“唐武后何如主”,鲁宗道回答说“唐之罪人也,几危社稷”时的心态。据史书记载,当时刘太后听到此话后,态度“默然”[2]。显然,她想获得武则天的辉煌成就,却不想像武则天那样,成为“宋之罪人”。再如程琳献以《武后临朝图》试探,太后即掷图于地曰:“吾不作此负祖宗事。”[3]因为她深知,若作此负祖宗事,不但对不起真宗,自己也必会受后人诟病,这也是她极不愿意的。既想在听政期间有所作为,又想留下身后美好名声,刘太后有了这种心态,在政治行为上,自然更靠近与她处于同一时代的萧绰,而非唐之武则天了。

---

[1] 《辽史》对萧绰的评价是:“后明达治道,闻善必从,故群臣咸竭其忠。习知军政,澶渊之役,亲御戎车,指麾三军,赏罚信明,将士用命。圣宗称辽盛主,后教训为多。”见脱脱等:《辽史》卷71《睿智萧皇后传》,第1202页。

[2] 李焘:《长编》卷107,天圣七年二月庚申条,第2494页。

[3] 脱脱等:《宋史》卷242《刘皇后传》,第8615页。

此外,刘太后与萧太后能免去武则天朝激烈的政治斗争而顺利掌握朝廷大权,乃因当时情况与武则天时不同。唐高宗逝世时,太子已经成年,故武则天根本没有垂帘听政的借口,即便是高宗遗诏,也只要求"军国大事,有不决者,兼取天后进止"①,换言之,日常事务,可由嗣皇自己处理,武则天要攫取最高权力,一番斗争在所难免。但辽圣宗即位之时,只有十二岁②,尚未成年,萧太后已奉遗诏参决朝政,大权在手,不必再作争斗。刘太后的境况与萧太后相仿,仁宗十三岁即位,刘太后已经稳操大权,也不必选择武则天的道路而自毁名声。因此,当时无论从哪方面的条件与角度考虑,保扶幼主、从而掌控朝政的执政模式,对刘太后来说都是最为有利的,而这也正是当年萧绰在契丹的执政模式。

然而,相似的模式在文化背景不同的地方,产生的效果也肯定不会一样。中原宋朝的实际情况与契丹大不相同,双方文化背景差异较大。契丹向来是皇族耶律氏与后族萧氏同治天下,无论哪一任皇帝在位,均可见其皇后预政的影子。但在儒家文化背景下的大宋皇朝,女主专政一直不能得到士大夫的认同,他们认为这是"牝鸡之晨,唯家之索"③,故在仁宗成年后,士大夫们纷纷要求刘太后还政。太后对此是早有心理准备的,在执政的大部分时间里,她都能以平常心态对待这些反对的声音,但随着她逐渐步入晚年,老年人的一些心理在她身上也开始发挥作用,再加上邻国发生的一些事情,让她晚年的统治心态发生了巨大的变化。

---

① 宋敏求:《唐大诏令集》卷11《大帝遗诏》,第68页。
② 可参见叶隆礼:《契丹国志》卷7《圣宗天辅皇帝》,第63页。
③ 孔颖达正义:《尚书正义》卷11《牧誓》,载阮元刻:《十三经注疏》,第183页。

二、邻国之殇

如前所述，天圣九年（1031）以后，刘太后对待要求还政者的态度有了明显的变化，之所以如此，笔者认为，这跟老年人的心理有关。现代心理学认为，随着年龄增长，记忆衰退，以及身边一些不幸之事的发生，老年人会有一定的心理困扰，如挫败感，甚至会出现抑郁、焦虑和愤怒等情绪。而在产生消极情绪方面，女性的比率高于男性。① 天圣九年，刘太后已经六十三岁，与她相知相爱40年的丈夫早已离她而去，尽管把持一国皇权，享尽人间荣华，但在寂寞深宫之中，也必然备感孤独。而正在这一年，她一向疼爱的侄子刘从德又死了，这让她悲伤不已，负面情绪不断增加。也是同一年，契丹发生的一件大事，更让刘太后感到惶恐。宋天圣九年，即辽太平十一年（1031），六月，契丹国主耶律隆绪逝世，谥曰"圣宗"。圣宗死后，其子耶律宗真即位，是为兴宗。圣宗遗诏，本以其正妻齐天皇后萧菩萨哥为皇太后，以兴宗生母顺圣元妃萧耨斤为皇太妃。但元妃匿藏此道遗诏，自为皇太后，并令人诬告齐天皇后谋反，将她以囚车押赴上京囚禁，又杀其左右百余人。不久之后，又派人赴上京缢杀齐天。②

以上所叙述者，乃契丹一段宫廷政变，这段史实虽引起辽史研

① 参见刘碧英：《老年人心理特点与心理保健》，《中国临床心理学杂志》2005年第3期；王莹、傅崇辉等：《老年人的心理特征因素对生活满意度的影响》，《中国人口科学》2004年增刊。
② 以上史实见李焘：《长编》卷110，天圣九年六月丁丑条，第2559—2560页。

究学者的关注①,但很少受到宋史研究学者的注意。笔者认为,这
段历史其实与刘太后晚年一些行事施为很有关系。为何有此结
论,可试比较刘太后与齐天皇后一些相似之处。其一,他们均是当
时皇帝的正妻,根据真宗与圣宗订立的"澶渊之盟",两位皇帝以兄
弟相称,两位皇后亦可谓是姒娣关系。其二,刘太后无亲生儿子;
萧氏曾有子,但"皆不育"②,换言之,两位皇后均是膝下无子。其
三,真宗嗣子乃后宫李氏所生,李氏者实乃刘皇后的侍女而已,仁
宗出生后,刘皇后即"以为己子,使杨淑妃保视之"③;而在辽圣宗
朝,"宫人(萧)耨斤生兴宗,后养为子"④,可见萧氏与刘太后在抚
育皇子上,有相似的经历,而皇子的亲生母亲,均是后宫宫婢。但
是,萧菩萨哥并没有刘太后如此强势的手腕,且契丹皇族的婚姻制
度,也注定了她的悲剧。⑤ 刘太后与萧菩萨哥虽从未见面,但已神
交多年。早在乾兴元年(1022)仁宗即位之初,辽圣宗即对菩萨哥

---

① 可参见蔡美彪:《辽代后族与辽季后妃三案》,载《历史研究》1994 年第 2 期;孟凡
云:《论辽代后权的双重性及齐天后失败之原因》,载《内蒙古社会科学》(文史哲
版)1997 年第 6 期;吴凤霞:《辽代宫廷变乱与其制度的关系》,载《河北学刊》2001
年第 4 期。

② 李焘:《长编》卷 110,天圣九年六月丁丑条,第 2559 页。

③ 脱脱等:《宋史》卷 242《李宸妃传》,第 8616 页。

④ 脱脱等:《辽史》卷 71《仁德萧皇后传》,第 1202 页。

⑤ 蔡美彪先生认为,连同此案在内的辽代后妃三案,其根本乃萧姓后族内部不同族
系互相斗争所致。孟凡云先生则认为,齐天太后之败,乃缘于契丹长期以来的皇
后"宜子制度",亦即皇后必须生育皇子,否则必然要被废去,故此,宫人萧耨斤觊
觎后位,实乃后位本该为她所有,而菩萨哥长期占据后位,是圣宗保护所致,乃辽
国历史之特例。可参见蔡美彪:《辽代后族与辽季后妃三案》,载《历史研究》1994
年第 2 期;孟凡云:《论辽代后权的双重性及齐天后失败之原因》,载《内蒙古社会
科学》(文史哲版)1997 年第 6 期。

说："汝可致书大宋皇太后,使汝名传中国。"①从此以后,两位皇后在每年的正旦及双方寿辰,皆互通使节,此时菩萨哥被陷害致死,对刘太后而言实乃不小的震撼。刘太后作为当局者,并不会且亦没有足够时间去认真研究邻国皇族的婚姻制度,她所着眼的乃如何从此事中吸取教训。

显然,辽圣宗并没有像宋真宗那样,为萧菩萨哥保守皇子并非亲生的秘密,相反,他除册封兴宗生母为元妃以外,还大力扶持元妃家族,使其"三兄二弟皆封王"②,故此,在圣宗逝世后,能真正掌控新皇帝的乃元妃萧耨斤而非皇后菩萨哥。据《辽史·兴宗本纪》记载,圣宗崩于太平十一年(1031)六月,就在当月二十五日,自立为皇太后的萧耨斤虽未立即把菩萨哥杀害,但也已把她的亲属萧锄不里与萧匹敌赐死,萧延留等七人弃市,并将菩萨哥本人迁于上京囚禁。③据《长编》记载,契丹告哀使在七月初一来到开封宋廷,元妃自立为太后之事,也必连同圣宗逝世、兴宗即位的消息一起,正式通知宋朝。④

所谓兔死狐悲,刘太后与萧菩萨哥可谓同病相怜,又岂会不为其事感到惊惧呢? 宋绶上书请刘太后把部分权力归还仁宗,即遭刘太后力行贬责,这正是刘太后内心恐惧的反映。她深知自己远

---

① 李焘:《长编》卷98,乾兴元年六月丁巳条,第2282页。
② 叶隆礼:《契丹国志》卷13《后妃传》,第144页。
③ 旦脱脱等《辽史》卷18《兴宗一》,第211、212页。
④ 见李焘:《长编》卷110,天圣九年七月丙辰条,第2563页。其实刘太后不必等到正式的官方报告,便能知道契丹国内的这场宫廷政变。据《长编》记载,雄州于六月二十三日便把圣宗逝世的消息送到开封,可见宋朝在契丹派有间谍和探子,随时报告对方动向。见李焘:《长编》卷110,天圣九年六月己亥条,第2563页。

比菩萨哥幸运，因为真宗为她保守了仁宗并非亲生的秘密。她能够稳操皇权，处理大政，乃因仁宗一直以为她是他的亲生母亲，故受到亲情与孝道的束缚。然则真宗死后，刘太后又如何继续保守这一秘密呢？李焘明确指出此中原因，乃"人畏太后，亦无敢言"①，人们何以"畏太后"，乃因太后手操实权。倘若刘太后真如宋绶所言，让出部分权力，则其专制权威从此打开缺口，她也未必能再有效控制仁宗。仁宗身边遭刘太后禁遏的内侍甚多，若他们为讨富贵，趁太后权力减弱，把此重大秘密告知仁宗，甚至怂恿仁宗立李氏为太后而废刘氏，则刘太后与菩萨哥的下场亦相去不远矣。从这个角度看，刘太后跟李遵勖说"我非恋此，但帝少，内侍多，恐未能制之也"，恐怕也是担心仁宗年少，容易受内侍蛊惑，利用此事对她这个养母进行打击，让其晚年不得善终。② 正是因为有了菩萨哥的前车之鉴，刘太后才会在天圣九年（1031）以后力保自己垂帘听政的地位不动摇，而对敢于请求其还政的官员予以沉重打击。然而，在朝臣看来，太后是越来越恋栈权位了，为了不让唐

---

① 李焘：《长编》卷 111，明道元年二月丁卯条，第 2577 页。

② 这一判断并非无理推测，事实上，在刘太后死后，仁宗曾一度听信谗言，派兵包围刘氏府邸。据《默记》记载，仁宗启棺验尸，"知非鸩死"，才撤兵。仁宗知道李妃"非鸩死"，即说明有人对仁宗说李妃乃被刘太后毒杀。笔者认为，说李妃死于非命者，应为仁宗左右曾受刘太后遏制的宦官。刘太后自己虽重用宦官，但对仁宗身边的宦官却多有约束，故他们在太后垂帘之时并不得志，此时媒蘖太后，一则可以逢迎仁宗伸张权力之志，二则可以借机以图进取。不但宦官如此，朝中官员"跟红顶白"者甚多，太后一旦失势，起而攻讦者大有人在。太后驾崩后，就有不少官员在仁宗面前诋毁她，后来还是范仲淹为她说了一句"掩其小故，以全大德"的公道话，才平息了这些争议。见王铚：《默记》卷上，第 9 页。脱脱等：《宋史》卷 242《李宸妃传》，第 8617 页。李焘：《长编》卷 112，明道二年三月壬寅条，第 2610 页；五月癸酉条，第 2616—2617 页；卷 120，景祐四年三月庚子条，第 2825 页。

代武氏代立之事再次出现，他们要求太后还政的呼声也就越来越高，甚至不惜利用天圣十年（1032）的皇宫大火，说"火失其性，由政失其本"[1]，对太后的执政加以彻底否定。刘太后方面，面对各种天灾以及朝廷内外反对她的声音，她的挫败感是非常强烈的，而作为老年人，负面情绪不断增加，人也开始变得固执，甚至偏执，于是她在明道二年（1033）上演了服衮冕祭祀太庙的大戏[2]，目的是彰显女性的权力与地位。但在男性士大夫看来，这又是对传统皇权的一种挑战，他们对女主"专权"的恐惧又进一步加深，反对太后的力度也随之加大，双方进入一个恶性循环。

三、宸妃之葬

其实，在刘太后与仁宗的关系中最关键的人物，应是仁宗生母李氏，她在真宗朝，并未如萧耨斤那样，对皇后处处紧逼[3]，如前文所述，刘太后当时与她的关系尚算可以。真宗逝世，仁宗即位，刘太后让李氏"从守永定陵"，而李氏在仁宗朝，亦是"嘿处先朝嫔御

---

[1]　李焘：《长编》卷111，明道元年八月丁卯条，第2588页。

[2]　其实刘太后所服并非真正衮冕，乃比衮冕略有裁减的服饰。见李焘：《长编》卷111，明道元年十二月辛丑条，第2595页；卷112，明道二年二月甲辰条，第2605页。

[3]　萧耨斤于圣宗在生时，已咄咄紧逼齐天后，意图觊觎后位，据《长编》记载："齐天善琵琶，通琵邑工燕义显、孕有义，元妃屡言其罪，隆绪不治。又为蕃书投隆绪寝中，隆绪得之，曰：'此必元妃所为也。'命焚之。"而据《辽史》记载，萧耨斤更在圣宗弥留之时，当面对齐天萧后出言不逊曰："老物宠亦有既耶！"见李焘：《长编》卷110，天圣九年六月丁丑条，第2559—2560页；脱脱等：《辽史》卷71《仁德萧皇后传》，第1202页。

中,未尝自异"①。由此可见,刘太后与李氏已形成一种默契,前文论及王曾所说的"后厚于太子,则太子安,太子安,乃所以安刘氏"的道理,不仅刘氏明白,李氏亦相当清楚,她深知自己地位与实力根本无法与刘氏相比,而作为母亲,她的愿望是儿子能够健康成长,并成为一代明君;刘太后显然能够为她实现这一愿望,但作为交换条件,李氏必须默默处于先朝嫔御之中,更不能道出她与仁宗关系的秘密。天圣十年(1032)二月二十六日,李氏被进封为宸妃,当天她即逝世,年四十六岁。② 李氏逝世后,"三宫发哀,成服苑中。赠妃曾祖应已及祖金华主簿延嗣为光禄少卿,父左班殿直仁德为崇州防御使,母董氏为高平郡太君。攒涂于嘉庆院,葬于洪福院之西北隅"。如此风光大葬,实乃宰相吕夷简力争的结果,《长编》记载云:

> 始,宫中未治丧,宰相吕夷简朝奏事,因曰:"闻有宫嫔亡者。"太后瞿然曰:"宰相亦预宫中事邪?"引帝偕起。有顷,独出,曰:"卿何间我母子也!"夷简曰:"太后他日不欲全刘氏乎?"太后意稍解。有司希太后旨,言岁月未利,夷简黜其说,请发哀成服,备宫仗葬之。时有诏欲凿宫城垣以出丧,夷简遽求对,太后揣知其意,遣内侍罗崇勋问何事,夷简言凿垣非礼,

丧宜自西华门出。太后复遣崇勋谓夷简曰："岂意卿亦如此
也!"夷简曰："臣位宰相,朝廷大事,理当廷争。太后不许,臣
终不退。"崇勋三反,太后犹不许,夷简正色谓崇勋曰："宸妃诞
育圣躬,而丧不成礼,异日必有受其罪者,莫谓夷简今日不言
也。"崇勋惧,驰告太后,乃许之。①

　　从史料中可以看出,刘太后欲低调处理李宸妃的丧事,因为宸
妃只是先朝嫔御而已,如果葬礼搞得太隆重,可能会引起仁宗的关
注,他身世也可能由此泄密。这一点从刘太后与吕夷简的对答中
可以看出,当吕夷简问起宫嫔死亡之事,太后即作瞿然之状,所谓
"瞿然"者,即惊视之态,刘太后惊视吕夷简,实乃怕他引出仁宗身
世的秘密。随即,刘太后把仁宗带进内宫,然后独出面对吕夷简,
并说他欲间其母子之情。这些言语举动,正流露出刘太后心中的
惶恐与不安。此后,刘太后在宸妃丧礼上力图从速从简,目的即欲
使用自己掌握的权力,让此事尽快过去,并更希望仁宗身世的秘密
与李宸妃一起长埋黄土。但她最后还是听从了吕夷简的意见,从
厚处理宸妃丧事,因为吕夷简最后实质是通过罗崇勋,向刘太后暗
示出一个道理:太后手中现有的权力,当然可以保证仁宗身世的秘
密不被泄露出去,但太后能控制自己身后的状况吗? 显然不能,到
时仁宗知道真相,必定会清算太后过往种种,而生母丧不成礼,正
是一个很好的借口。刘太后乃聪明之人,深通历史的她亦知道过
往当权女主死后的种种下场,她并不能长生不老,可永远控制大宋

_____

① 李焘:《长编》卷 111,明道元年二月丁卯条,第 2577 页。

朝廷,所以她必须为自己身后刘氏家族的利益作一番打算,有感于此,她才会同意吕夷简的意见。

第三章已分析过,在天圣七年(1029)以后,吕夷简表面上依附、顺从刘太后,他正因此才能在中书独相两年有余。他力谏刘太后从厚处理宸妃丧事,刘太后派罗崇勋对他说:"岂意卿亦如此也!"表明她想不到作为她心腹的吕夷简,竟会做出对她不利之事。然则吕夷简真的不能体会刘太后心意吗?显然不是。他之前说"太后他日不欲全刘氏乎",正揭示出他乃为刘氏日后考虑。关于此点,《宋史》的记叙更为详尽:

> 初,章献太后欲以宫人礼治丧于外,丞相吕夷简奏礼宜从厚。太后遽引帝起,有顷,独坐帘下,召夷简问曰:"一宫人死,相公云云,何欤?"夷简曰:"臣待罪宰相,事无内外,无不当预。"太后怒曰:"相公欲离间吾母子耶!"夷简从容对曰:"陛下不以刘氏为念,臣不敢言;尚念刘氏,则丧礼宜从厚。"太后悟,遽曰:"宫人,李宸妃也,且奈何?"夷简乃请治丧用一品礼,殡洪福院。夷简又谓入内都知罗崇勋曰:"宸妃当以后服殓,用水银实棺,异时勿谓夷简未尝道及。"崇勋如其言。[1]

刘太后逝世后,仁宗立即得知自己身世,并派人查验李宸妃的梓宫,得见宸妃"容貌如生,服饰严具",仁宗才叹曰:"人言其可信哉!"乃于大行神御前焚香,泣曰:"自今大娘娘平生分明矣!"[2]可

---

① 脱脱等:《宋史》卷 242《李宸妃传》,第 8616—8617 页。
② 李焘:《长编》卷 112,明道二年四月壬寅条,第 2610 页。

见一切如吕夷简当初所料，而吕夷简在此事上，也确实能真正体会刘太后之意，并为刘太后解忧。然则吕夷简真的全心全意为刘太后服务吗？其实并不尽然。他力请刘太后从厚处理宸妃丧事，更多是为自己将来打算。他也很清楚，仁宗身世一定会随着刘太后去世而被揭开，若李宸妃真的丧不成礼，仁宗除会追究刘氏族人以外，当时身为宰相的他估计亦不能幸免。此点并非揣测，实有例证：宸妃死后，晏殊奉诏作墓志铭，当时刘太后尚且在世，故他在铭中并未提及宸妃生育仁宗一事。后来他当上宰相，即因此事之揭发而被罢相。① 由此可见，吕夷简确实有先见之明，他在宸妃葬礼中的表现，实乃为自己前途打算。再者，宸妃能成丧礼，按其身份，以一品之服殡葬，即便仁宗日后追究，也不能说刘太后未尽其礼。吕夷简瞒着刘太后，嘱咐罗崇勋以后服殓葬宸妃，实乃讨好仁宗之举。邵伯温对此事作评论曰："使仁宗孝德、章献母道两全，文靖公先见之明也。"②其实吕夷简只是周旋于仁宗与章献之间，用其操术，为自己谋求最佳利益罢了。

吕夷简对罗崇勋说的话，无疑亦向刘太后透露了一个信息：仁宗身世的秘密并不能随李宸妃一起逝去，因为知道此事的人似乎不在少数。因此，刘太后必须保证自己生前能继续掌握权力，以确保不被齐天萧后之祸。保守秘密本来就是很痛苦的事情，更何况这是一个很多人都知道的秘密，再加上政治上的各种压力，刘太后其实已经心力交瘁。明道二年（1033）三月，刘太后逝世，年六十五岁。正是因为吕夷简当初的部署，仁宗并没为人所惑，听信李宸妃

---

① 见脱脱等：《宋史》卷 311《晏殊传》，第 10197 页。
② 邵伯温：《邵氏闻见录》卷 8，第 77 页。

"死非命"的谣言而委罪刘太后。

综上所述，在天圣、明道年间，刘太后致力于在士大夫集团面前建立自己良好的形象，她一力发展台谏制度，即是要向士大夫表明，自己虽为女子之身，但亦如男性君主一样从谏如流。此时期在刘太后的推动下，台谏制度得以完善，加之刘太后对台谏任用得人，亦使得台谏势力发展壮大，并且开始了仁宗朝台谏敢言直谏的言风。此外，刘太后亦能重用一些正直的士大夫，使得该时期的政治相对清明。然而，无论台谏集团抑或是其他士大夫，他们对刘太后主政的合法性一直存在质疑，而随着仁宗逐渐成长，某些士大夫更直接挑战刘太后继续垂帘听政的理据，甚至直接上章要求刘太后还政。而刘太后对士大夫既是任用，亦须防范他们侵夺自己的既得权力。至刘太后统治后期，要求刘太后还政的呼声越来越高，这也是刘太后与士大夫们博弈达到高潮的标志。而刘太后对于要求其还政的声音所作出的反应，在天圣九年（1031）发生了明显的变化，这与她步入老年之后的心态有关，而邻国齐天皇后萧菩萨哥的遭遇也对她有所影响。天圣十年（1032）仁宗生母李宸妃逝世，宰相吕夷简要求刘太后厚葬之，此乃刘太后与士大夫首脑的直接交锋。刘太后为身后计，终接受吕夷简的意见，厚葬宸妃。次年，刘太后逝世，仁宗虽然一反刘太后之政，但亦听从范仲淹等正直士大夫的意见，不再追究刘太后及刘氏家族。由此可见，刘太后作为女主，并未能完全征服士大夫集团，相反，她最终亦只能依靠士大夫集团，才能保全身后名声。

第六章　女主政绩

　　以上五章,论述了刘太后走上政治舞台的历程,以及她在垂帘听政期间如何安排朝廷的人事架构,如何运用朝廷中各种政治势力,以稳定自己手中掌握的权力。然而,评价一位统治者成功与否,并不主要看他是否会用人,是否会运用政治手段维护自己的利益;更重要的是在他统治期间,社会的政治、经济各方面是否向前发展,他对于他所处的时代是否作出贡献,亦即是说,他的统治效果如何。故此,本章着重论述,在刘太后采用的人事架构下,她对赵宋朝廷的统治效果,当中包括政治、外交与经济等方面。事实上,刘太后统治时期可圈可点的政绩很多,前人对此亦有一些论述,故本章的讨论,将结合刘太后本身,抽取当时较有特色的方面加以论述。

　　刘太后乃有宋一代较为强势的女主,非以后垂帘的宋代太后所能相比,这正如张明华先生所言:"与刘氏相反,依靠历史机遇而走上政坛的曹、高、向、孟皇后在决策方式上均具有较强的依赖性。"①亦即是说，在有宋一代，只有刘太后能主动参与政治，且有自己独立的政治主张。然而，女后主政并非男权政治社会所期待的政治现象，他们所期待的理想家庭伦理秩序，乃如《周易·家人》所言："女正位乎内，男正位乎外。男女正，天地之大义也。"②女后走出内闱处理天下大政，在士大夫看来，乃干预男性的政治权力，破坏男权社会的正常秩序，是"牝鸡司晨"③之举。但如前章所述，刘太后垂帘实乃当时无奈之举，幼主即位必须有所扶持，士大夫们曾经争取过由大臣辅助幼主，但惨痛的失败使他们不得不妥协，让刘太后垂帘听政。不过，士大夫一直视刘太后如汉之吕后、唐之武后，对她处处提防、警惕，以防她效法武后，废赵氏而自立。如宰相王曾在仁宗未立之时，更通过钱惟演对刘太后说："汉之吕后、唐之武氏，皆非据之位，其后子孙诛戮，不得保首领。"④另一辅臣吕夷简曾被劝避位求退，以保自身，他说："先帝待我厚，期以宗庙安宁，死而不愧于先帝。故平、勃不去，所以安汉；仁杰不去，所以安唐。使

---

① 张明华：《论北宋女性政治的蜕变》，载《河南大学学报》（社会科学版）2002 年第 1 期。

② 孔颖达正义：《周易正义》卷 4，载阮元刻：《十三经注疏》，第 50 页。

③ "牝鸡司晨"的典故出自《尚书·牧誓》，其中记载周武王引古人言曰："牝鸡无晨，牝鸡之晨，惟家之索。"然后引出商纣王三大罪状，其中一条就是"惟妇人言是用"。孔颖达对之解释曰："《毛诗》《左传》称'雄狐'，是亦飞、走通也。此以牝鸡之鸣喻妇人知外事，故重申喻意云：'雌代雄鸣则家尽，妇夺夫政则国亡。'……将陈纣用妇言，故举此古人之语。纣直用妇言耳，非能夺其政，举此言者，专用其言，赏罚由妇，即是夺其政矣。妇人不当知政，是别外内之分，若使贤如文母，可以兴助国家，则非牝鸡之喻矣。"见孔颖达正义：《尚书正义》卷 11《牧誓》，载阮元刻：《十三经注疏》，第 183 页。

④ 朱熹：《五朝名臣言行录》卷 5《丞相沂国王文正公》，四部丛刊初编本，本卷第 4 页 a。

吾亦洁虚名而去,治乱未可知也。"①事实证明,刘太后并未效法武则天,关于此点,张邦炜先生已有所论述,但张先生所关注者,乃逐点驳斥过往人们猜测刘太后有武则天之心的种种依据。② 事实证明,刘太后并没有效法武则天,观其作为与施政,反而在很多方面遵循男性社会的规范,不过我们还是能从其中发现她的女性意识,这是女主统治与男性统治的明显区别。

第一节 内政外交

一、对内治绩

《宋史·吕夷简传》记载:"自仁宗初立,太后临朝十余年,天下晏然,夷简之力为多。"③《宋史》卷 297 亦提到:"当天圣、明道间,天子富于春秋,母后称制,而内外肃然,纪纲具举,朝政亡大阙失,奸人不得以自肆者,繇言路得人故也。"④这两则材料均揭示出,刘太后在天圣、明道间的统治,确实政绩斐然。虽然史家认为这种政绩能得以实现,乃当时宰相、台谏之助,但其实作为统治者之刘太

---

① 朱熹:《五朝名臣言行录》卷 6《丞相许国吕文靖公》,四部丛刊初编本,本卷第 6b—7a 页。这条史料与上述王曾一条,均记载于朱熹之《五朝名臣言行录》,该书乃朱熹读北宋时诸家行状、传记及笔记小说,集各名臣之言行于一书,其可信性实为有限。如此两条史料,吕夷简一条未见于正史,而王曾一条于正史则另有说法。宋人此种记载虽未必真实,但也能表明当时士大夫对于刘太后垂帘一事的态度,所谓王曾、吕夷简云云,可看作宋人抒发这种态度的载体。
② 可参见张邦炜:《宋代皇亲与政治》,第 175—199 页。
③ 脱脱等:《宋史》卷 311《吕夷简传》,第 10210 页。
④ 脱脱等:《宋史》卷 297《论曰》,第 9897 页。

后不应被忽视。笔者认为，这种成绩乃刘太后与其拣选的人事架构共同作用的结果。刘太后在此期间，政治方面的成绩是多方面的，如前面提及台谏制度的发展，以及对一些贪官污吏的惩治等，这些学界均有论述，故不一一细表，在本书中，笔者将挑选三件与刘太后本人切身利益有关的政绩加以论述。①

其一，是各种法令的颁布。据郭东旭先生统计，刘太后垂帘期间以仁宗名义颁布的敕令共有九部之多，就北宋前期而言，其敕令颁布之数仅次于真宗的十部②；但就频率而言，真宗在位25年，刘太后统治仅11年，故她应算是北宋前期颁布法令最为频密的统治者。当然，这里有一个时效问题，宋初三朝乃宋朝制度的草创期，当时面临内忧外患，各种法律制度未能有效完善，乃在情理之中。至刘太后垂帘之时，宋代各种制度俱趋于完善，而国内外环境也相对平和，故刘太后订立各种法律亦是顺其自然，这也是当时社会、政治的大环境需求所致。

刘太后颁布的法律，涉及的范围很广，包括继承、服纪、科举、敕书等。在天圣年间颁布的法令中，最为瞩目的当为《天圣编敕》与《天圣新修令》，而这两部法令的修订，可谓同时进行。天圣四年（1026），"命翰林学士夏竦、蔡齐，知制诰程琳等重修定编敕"，《天

---

① 关于刘太后政绩的论述，可参见张邦炜：《宋真宗刘皇后其人其事》，载氏著：《宋代婚姻家族史论》，第233—264页；杨果：《宋代后妃参政述评》，载《江汉论坛》1994年第4期。以下笔者挑选的事例，亦或曾出现于此二位先生或其他学者的论著当中，但就笔者目前所见，少有把这些政绩与刘太后切身利益联系，故笔者乃欲在这方面稍作尝试。

② 可参见郭东旭：《宋代法律与社会》附录《宋代敕令格式一览表》，北京：人民出版社，2008年，第281—282页。

圣编敕》的修撰从此开始；当年十一月，"诏见行编敕及续降宣敕，其未便者，听中外具利害以闻"。天圣七年(1029)五月，"诏以新令及附令颁天下，始命官删定编敕。议者以唐令有与本朝事异者，亦命官修定，成三十卷"，此所谓三十卷者，即是《天圣新修令》。九月，"编敕既成，合《农田敕》为一书，视《祥符敕》损百有余条"；至天圣十年(1032)三月，"始行《天圣编敕》"①。由此可见，修撰编敕是一个漫长的过程，即使天圣七年编敕修撰完毕，亦至天圣十年方才施行，中间审核流程应相当严格。

刘太后何以如此致力于编修当时法律呢？笔者认为，此乃刘太后把其统治意志与统治理念以法律形式固定下来的举措。下文将提到《户绝条贯》的颁布有利于出嫁女与近亲女属继承遗产，正能很好证明这一点。另外就编敕的删修而言，亦同样体现刘太后的统治意志。在宋代，"编敕既是宋代最为重要的立法活动，亦是调整法律的主要形式"②。刘太后作为女主，在其统治期间能主持编敕的修定，对她来说意义重大，这意味着她不但垄断了朝廷的军国、行政大权，即使是立法之权，亦同样能掌握在她的手中，只有这样，她才能实现她的专制统治。《天圣编敕》至今未能发现其本，但《明天一阁藏天圣令》，正是《天圣新修令》及其附令的残本，在此残本中，其实可以窥见刘太后的统治意志，如其父刘通的避讳、对于她生辰长宁节的各种具体规定，还有一些她之前发布的对当时妇

① 上述引文均可见杨仲良：《续资治通鉴长编纪事本末》卷32《删定编敕》，郑州：中州古籍出版社，2023年，第355—356页。
② 见郭东旭：《编敕是宋代的主要立法活动》，载氏著：《宋代法律与社会》，第28—46页。

女有利的政令等，均能在《天圣令》中得到体现。① 即使在《天圣编敕》中，其统治意志亦可从其他史料中窥见一斑。据《长编》记载，明道二年（1033）五月，仁宗下诏令曰："敕令者，治世之经，而数动摇，则众听滋惑，何以训迪天下？天圣所修敕令，既已颁宣，自今有司毋得辄请删改。有未便者，中书、枢密院具奏听裁。"②此诏虽对已故的刘太后未有明确指向，但从当中文字语气中便可看出，有人认为《天圣编敕》不便施行而要求重新删改。但这显然是没有道理的，因为《天圣编敕》从开始下令删定到正式颁行使用，前后经历了六年时间，其过程中经过反复论证、审核。此时离编敕正式投入使用之时，只一年稍多，出于法律稳定性的需要，一般情况下岂会有人在短时间内再次删改编敕。但联想到"及太后崩，言者多追斥垂帘时事"③，便可知此为当时一些官员为奉承仁宗之意而抵讦刘太后之举。但从另一角度看，若《天圣编敕》中丝毫没有体现刘太后的统治意志，朝中大臣又何以敢胡言乱语呢？范纯仁曾引述仁宗诏书曰："其垂帘日除改及所行诏命，不得辄有上言。"④此语与上引仁宗之诏令实同出一意，显然连仁宗也认为，《天圣编敕》乃刘太后所行之"除改与诏命"。故此可以认为，《天圣编敕》乃刘太后统治的法律标志。

其二，发展科举。在天圣年间，宋代的科举考试制度有重大发

① 具体例子后文将有分散举例，此不赘述。
② 李焘：《长编》卷112，明道二年五月己丑条，第2618页。
③ 李焘：《长编》卷112，明道二年五月癸酉条，第2617页。
④ 范纯仁：《上哲宗缴进明道诏书》，赵汝愚：《宋朝诸臣奏议》卷10《君道门·慈孝》，第91页。

展,单就开科考试而言,在天圣年间即有三次,即天圣二年(1024)宋郊(后改名宋庠)榜、天圣五年(1027)王尧臣榜与天圣八年(1030)王拱辰榜,此三榜之取士人数亦呈上升之势。① 非但录取人数众多,天圣年间的进士,亦可谓人才济济,北宋众多名臣,如曾公亮、韩琦、文彦博、包拯、欧阳修等,均出于此间。然而,刘太后垂帘期间科举的发展并非只限于录取人数的增加,更重要的是,她恢复了前代已然弃置的一些制科,并创设了一些新的科考。天圣七年(1029)闰二月,朝廷下诏曰:"朕开数路以详延天下之士,而制举独久置不设,意吾豪杰或以故见遗也,其复置此科。"于是,"稍增损旧名,曰:贤良方正、能直言极谏科,博通坟典、明于教化科,才识兼茂、明于体用科,详明吏理、可使从政科,识洞韬略、运筹决胜科,军谋宏远、材任边寄科,凡六,以待京朝官之被举及应选者。又置书判拔萃科,以待选人之应书者。又置高蹈邱园科、沉沦草泽科、茂材异等科,以待布衣之被举及应书者。又置武举,以待方略智勇之士。其法,皆先上艺业于有司,有司较之,然后试秘阁,中格,然后天子亲策之"②。北宋名臣富弼,即是通过"茂材异等科"进入仕途的。③

在天圣七年(1029)新置科目之中,武举之设其实也是刘太后统治期间科举发展的特色。事实上,武举并非始设于天圣年间,其

---

① 见李焘:《长编》卷102,天圣二年三月乙巳条,第2353—2354页;卷105,天圣五年二月乙丑条,第2439页;卷109,天圣八年三月甲子条,第2537页。宋郊榜取进士及诸科共483人;王尧臣榜取进士及诸科1077人;王拱辰榜共取822人,人数方面虽较王尧臣榜少,但比之宋郊榜,亦已甚多。

② 李焘:《长编》卷107,天圣七年闰二月壬子条,第2500页。

③ 见脱脱等:《宋史》卷313《富弼传》,第10249页。

创始者,乃唐代之武则天①,而宋代早在真宗咸平年间即有武举以选人才,但这种选举之法后来被废置了,且当时亦未能形成相关的制度。真正形成武举制度,的确应该在天圣七年,据《宋会要辑稿》记载:

> 仁宗天圣七年闰二月二十三日,诏置武举。应三班使臣、诸色选人,及虽未食禄,实有行止,不曾犯赃及私罪情轻者、文武官子弟别无负犯者,如实有军谋武艺,并许于尚书兵部投状,乞应上件科。先录所业军机、策论五首上本部,其未食禄人,召命官三人委保行止,委主判官看详所业,阅视人材,审验行止,试一石力弓平射,或七斗力弓马射。委实精熟者,在外即本州长史看详所业,阅视人材、行止,弓马如可与试,即附递文卷上兵部,委主判官看详;如委实堪召试,即具名闻奏,当降朝旨召赴阙,差官考试武艺,并问策一道,合格即从试。其逐处看详官不得以词理平常者一例取旨,如违,必行朝典。仍限至十月终以前先具姓名申奏到阙。②

至十月份,判兵部冯元又上言曰:"应武举人,除策论外,当部无弓马试射之处,欲俟考定词理,稍堪人材,有行止者,牌送马军司引试。如弓马精熟堪与召试,即具闻奏;如词理平常,人材小弱,曾有赃犯,弓马不精,先次落下。"仁宗及刘太后听从了这种意见。在

---

① 见司马光等:《资治通鉴》卷207,长安二年正月乙酉条,第6558页。
② 徐松辑:《宋会要辑稿》选举17之5、6,第4533页。

一切准备停当之后,天圣八年(1030)五月二十五日开始,先命龙图阁待制唐肃、直集贤院胥偃试武举人于秘阁,再令内侍右班都知杨珍试武举人弓马,最后由皇帝在崇政殿亲试武举人,经此三道考试,录取了张建等八人,而黜落陈异等六人。此即宋代首次正规的武举考试。次年,即天圣九年(1031),朝廷又开武举,录取李瞻等人。①

　　无论制举的重置抑或是武举制度的确立,均是天圣年间科举发展的重要表现,但这些制度的重置或创设,是否与刘太后有关呢? 之所以有这一问题,是因为众多关于此时期科举的史料,均冠以"帝"或"上"的主语。其实,从上一章的分析即可知道,仁宗当时实际只是在朝堂上端坐而已,真正掌握、控制、处理宋朝廷军国大小事务的,是刘太后本人,故此,科举制度的发展,亦应该是在刘太后的主持下进行的。再者,制举的重置,乃因为"夏竦既执政,建请复制举,广置科目,以收遗才"②,第三章已然分析过,夏竦乃刘太后心腹,他的建议,何尝又不是刘太后意志的体现呢? 然则,刘太后何以致力推动科举发展呢? 其实夏竦已经说得很清楚,是"以收遗才"。从宋太宗开始,科举取士人数激增,其目的乃扩大统治基础,以加强专制统治。刘太后作为女主垂帘听政,本身统治基础甚为薄弱,通过科举取士网罗天下有识之士,以加强自己对朝廷权力的控制,确实不失为一种计策,故此,她本人亦对科举取士加以控制。天圣二年(1024)宋郊榜中,当时主考推叶清臣第一、郑戬第二、宋祁第三,但刘太后以"不欲弟先兄"为由,推宋郊第一,而宋祁第十,

---

① 以上史实及引文,均见徐松辑:《宋会要辑稿》选举17之6,第4533页。
② 李焘:《长编》卷107,天圣七年闰二月壬子条,第2500页。

叶清臣与郑戬分别降为第二第三。① 这无异于推翻主考的决定而把自己的意志强加在科举考试之中,在宋代刘太后之前,只有皇帝才有这种排定等第的权力,而皇帝行使这种权力的目的,乃欲士子们以己为师,成为"天子门生",从而更加忠心于自己。刘太后的举动,何尝不是出于此意。

然而,刘太后未能预料的是,她亲自选择的科举进士,并不一定以她为师,忠心于她,在士大夫看来,她始终是一介女流,并非真正有资格掌握朝廷大政者,如她提拔的富弼,在她死后,甚至上疏仁宗,当中说道:"昔庄献临朝,陛下受制,事体太弱,而庄献不敢行武后故事者,盖赖一二忠臣救护之,使庄献不得纵其欲,陛下可以保其位,实忠臣之力也。"②从奏疏中的语气可以看出,富弼对刘太后的统治实在是不以为然的。此外,恢复制举、创设新科、扩大科举取士范围,实在对宋代的官僚机构造成财政压力,甚至形成仁宗亲政后的所谓"冗官"现象。

其三,治滑州决河。滑州(治今河南滑县)乃开封北部重镇,当时黄河在其州治之北,其所辖之白马津(今河南滑县北),乃黄河重要渡口,从此渡过黄河,往南至开封,即一马平川。滑州河决乃在真宗天禧三年(1019),当时的情况,据《长编》记载:"先是,河决滑州城西北天台山旁。俄复溃于城西南,岸摧七百步,侵溢州城,民多漂没,历澶、濮、郓、济,注梁山泊,又合清水、古汴河,东入于淮,

---

① 见李焘:《长编》卷102,天圣二年三月乙巳条,第2354页。另《文献通考》云当时乃推宋祁第一,与《长编》不同,见马端临:《文献通考》卷31《选举四》,考289上。
② 李焘:《长编》卷113,明道二年十二月丙辰条,第2652页。

州邑被患者三十二。"①可见当时灾情严重。河决之后，真宗立即派人修堤治水，但治而复溃，反反复复，直至真宗逝世，亦未见成效，这不能不说是真宗留在人世的一点遗憾。仁宗即位，朝廷政局稍为安定以后，天圣元年（1023）正月，刘太后即"诏中书、枢密院同议塞滑州决河"。此后，朝廷不断派官员前往滑州修河，当中以张君平为修河工程的主要负责人，鲁宗道、彭睿、程琳等文臣武将亦被不断派往滑州修河前线监督视察。此后修河工程并未间断，至天圣五年（1027），朝廷下大决心，"诏发丁夫三万八千、卒二万一千，缗钱五十万，塞滑州决河"。至是年十月，"滑州言塞决河毕"，当日乃旬休，刘太后与仁宗特往承明殿，诏辅臣谕曰："河决累年，一旦复故道，皆卿等经画力也。"②

很明显，从刘太后垂帘听政开始，她就立心处理好滑州河决的问题，其原因有二：第一，此乃真宗未竟之心愿，刘太后为真宗完成这个心愿，亦是对他的一种追思；第二，是要以实际的政绩，建立自己在朝廷上的威信。刘太后作为女主垂帘听政，很多士大夫并不心悦诚服，她之所以能顺利掌握宋朝廷的军国重权，实质只是因为真宗的支持以及天禧末年政治争斗的结果。故此，刘太后必须以实际的行动向朝臣们证明，她的统治未必差于男性皇帝，而治理滑州决河，正是刘太后表现自己能力的机会。再者，灾伤之事，历来被看作是上天对人世的警示，当年滑州河决之始，真宗即遣人"祭

---

① 李焘：《长编》卷93，天禧三年六月辛丑条，第2153页。另初奏河决，可见《长编》同卷，天禧三年六月乙未条，第2150页。
② 以上事实及引文，可参见杨仲良：《续资治通鉴长编纪事本末》卷47《修滑州决河》，第544—545页。

决河",并且命御史弹劾有罪官员①,其正是为了应此灾变,而今刘太后若能成功治理真宗朝遗留下来的这一严重灾情,实际亦能向天下臣民证明她垂帘听政乃得到上天的许可与承认。从上述史料可以看到,天圣五年(1027)以前,朝廷虽大力整修滑州决河,但并未太过急进,直至天圣五年,才大幅度加大投入,使其功毕。其实这正是刘太后欲借治河之机以证天意的表现,《宋史·五行志》记载,天圣四年(1026)大宋境内发生了严重的水灾,甚至危及京城开封,导致"压溺死者数百人",仁宗要"避正殿,减常膳",宰相王曾甚至上章引咎求罢。② 虽然史书并未提及刘太后有所动作,但作为朝廷权力的终极执行者,她亦必定不能就此免责,故她亦必须尽快完成一项大功绩,以抵消这次水灾对她的影响。以水利工程应对水灾的警示,实在再合适不过,而当时最为重要的水利工程,则莫过于迅速治好滑州决河。天圣四年,王沿两次上章请求治理河北漳水渠,而刘太后的答复是"诏俟大河毕役就度工,而事终寝"③,可见当时刘太后乃把滑州决河工程作为重中之重的任务。天圣五年十一月,朝廷就治河之事举行祭祀,并施行封赏,据《长编》记载云:

> 以河平,宰臣率百官称贺,遂燕崇德殿。自天禧三年河
> 决,至是,积九载乃复塞,凡费刍藁千六百二十万,他费不与

① 见李焘:《长编》卷93,天禧三年六月辛丑条,第2153页。
② 见脱脱等:《宋史》卷61《五行一》,第1325页;李焘:《长编》卷104,天圣四年六月庚寅条、辛卯条、壬辰条,第2411页。
③ 李焘:《长编》卷104,天圣四年八月辛巳条,第2419页。

焉。遣官告谢天地、社稷、宗庙、诸陵,命翰林学士章得象祭于河,宋绶撰《修河记》。修河部署、马军副都指挥使、保顺节度使彭睿加武昌节度使,右谏议大夫、权三司使范雍加龙图阁直学士,知滑州、右谏议大夫寇瑊加枢密直学士。凡督役者第迁官,民经率配,免秋税十之三,优恤灾伤户。①

宋代此前的救灾工程不在少数,但事后如此普天同庆之景象,实属少见。朝廷如此大肆庆祝这项治水工程的完成,其实乃刘太后向天地、社稷、宗庙以及天下臣民宣扬自己的功绩,她乃欲让众人知道,她虽为女身,但一样可以像男子一样有所作为,治河工程的完成就是最好的证明。

二、女主外交

北宋建立之际,可谓内忧外患,在宋初,宋朝与契丹、西夏可谓战事连连。但至真宗时期,澶渊之盟订立,宋辽两国结束了宋开国以来的战争局面②,达成了宋辽间百年无事的政治局势,中间虽时有磕碰,但局势大致平稳,一直延续到宋徽宗朝的海上之盟。而在澶渊之盟订立之前,一直滋扰宋朝的党项首领李继迁逝世,其子德明继位,他在对宋政策上大异于乃父。景德三年(1006),"(德明)复遣牙将刘仁勖奉誓表请藏盟府,且言父有遗命"③,宋真宗对此加

---

① 李焘:《长编》卷105,天圣五年十一月己亥条,第2455页。
② 其实辽朝开国以来一直与中原政权有战争,至澶渊之盟已有近九十年了。
③ 脱脱等:《宋史》卷487《外国一·夏国上》,第13989页。

以接纳。从此，宋朝和党项的关系进入了稳定友好的黄金时期，并一直延续至三十多年后元昊登位，建立西夏。至此，宋朝外部环境方得以稳定。

刘太后垂帘期间，最重要的对外交往政权，当为北方之契丹。[①] 自真宗与契丹缔结澶渊之盟后，两国一直和平相处，并且互有使节来往。真宗死后，辽圣宗分别向自己的大臣与皇后表达了自己的心声，据《契丹国志》记载：

> 宋真宗上仙，薛贻廓报哀入境，幽州急递先闻。帝不俟贻廓至阙，集番汉大臣举哀，后妃已下皆为沾涕，因谓宰相吕德懋曰："吾与兄皇未结好前，征伐各有胜负，泊约兄弟二十余年，兄皇昇遐，况与吾同月生，年大两岁，吾又得几多时也？"因又泣。复曰："吾闻侄帝圣年尚幼，必不知兄皇分义，恐为臣下所间，与吾违约矣。"后贻廓至阙，达宋帝圣意，喜谓后曰："吾观侄帝来意，必不失兄皇之誓。"复谓吕德懋曰："晋高祖承嗣圣爷爷(辽太宗)之力深矣！少主登位，便背盟约，皆臣下所惑。今侄帝必敦笃悠久矣。"又谓后曰："汝可先贻书与南朝太后，备述妯娌之媛，人使往来，名传南朝。"[②]

---

① 在刘太后垂帘的大部分时间内，党项首领为赵德明，他一直坚持臣服宋朝，故在此时期并未与宋朝有冲突。德明于明道元年（1032）十一月逝世，其继承者元昊虽在后来脱离宋朝统治，建立西夏国，但此乃仁宗亲政后之事，故在刘太后垂帘期间，党项只是宋朝统治内的一个民族部落，而并非国家政权。见李焘：《长编》卷111，明道元年十一月癸巳条，第2594页。

② 叶隆礼：《契丹国志》卷7《圣宗天辅皇帝》，第72—73页。

从辽圣宗的话中,可以体会出他对宋、辽两国的和平关系相当重视,这就使得宋朝在维护双方关系中比较主动了,起码圣宗在位时,不会主动挑衅宋朝,贸然与之开战,甚至对于宋朝一些礼制、法度有不与契丹对等者,他亦不以为忤。真宗死后,他曾下诏曰:"汉儿公事皆须体问南朝法度行事,不得造次举止。"①这种和平的外交环境,实有利于刘太后对内统治。

从上引史料可以看出,圣宗亦曾让其皇后萧氏致书刘太后,以"名传南朝",这其实亦引起了刘太后统治时期宋朝与契丹交往的一个特色:双方使节互相通问对方女主。乾兴元年(1022)八月,"以礼部郎中、知制诰张师德为契丹妻萧氏生辰国信使,西京左藏库副使赵忠辅副之。契丹妻生辰专遣使始此"②。契丹方面亦投桃报李,天圣元年(1023)正月,"契丹遣镇安节度使萧师古、咸州观察使韩玉来贺皇太后长宁节"③。天圣三年(1025)九月,以"右正言、直史馆张观为契丹妻正旦使,东头供奉宫、阁门祇候赵应副之。专遣使贺契丹妻正旦始此"④。同年十二月,"契丹遣彰胜军节度使萧穆古、潘州观察使郑文囿来贺皇太后正旦,辽使贺太后正旦始此"⑤。从上述史料可知,宋、辽两国的太后与皇后,从天圣元年开始,即互贺生辰,而从天圣四年(1026)开始,即互贺正旦。于私交上,按照澶渊之盟约定,真宗乃圣宗之兄,故或如圣宗所说,此举之意乃"备述妯娌之媛";或如叶梦得所言:"契丹既修兄弟之好,仁宗

---

① 叶隆礼.《契丹国志》卷7《圣宗天辅皇帝》,第73页。
② 李焘:《长编》卷99,乾兴元年八月壬寅条,第2296页。
③ 李焘:《长编》卷100,天圣元年正月庚午条,第2310页。
④ 李焘:《长编》卷103,天圣三年九月庚辰条,第2388页。
⑤ 李焘:《长编》卷103,天圣三年十二月癸酉条,第2395页。

初,隆绪在位,于仁宗为伯。故明肃太后临朝,生辰正旦,虏皆遣使致书太后,本朝亦遣使报之,犹娣妇通书于伯母,无嫌也。"①

然而此举于政治上却非如此意义,因为外交乃朝廷军国大事,一向由男性主导。从《长编》史料的顺序看,无论生辰或正旦之贺,其次序皆非如叶梦得所言,相反,乃刘太后首先遣使契丹,而契丹亦报与同等礼遇。刘太后此举,显然是要把女主统治的权威延伸到外交,她才是真正想把自己的名声扬于外国者。值得注意的是,遣专使贺契丹皇后生辰、正旦,乃刘太后统治时期的外交特色,此举在整个宋朝,可谓前无古人,后无来者。② 事实上,自承天太后萧

① 叶梦得:《石林燕语》卷2,第18页。
② 在辽圣宗死后,宋朝对契丹妃妃的祝贺,从皇后改成国母(亦即太后),且一直延续至北宋后期。这种对契丹国母生辰与正旦的祝贺,并非始于刘太后。根据澶渊之盟,真宗应称萧燕燕为叔母,故在盟约缔结的次年,即景德二年(1005),真宗即遣使贺契丹国母生辰与正旦,根据《长编》记载:"开封府推官、太子中允、直集贤院孙仅为契丹国母生辰使,右侍禁、阁门祗候康宗元副之,行李、馕从、什器并从官给。时议草国书,令枢密、学士院求两朝遗草于内省,悉得之。凡所与之物,皆约旧制而加增损。国母书外,别致书国主,问候而已。自是至国母卒,其礼皆然。"从此段史料可以得知,真宗通问契丹国母,乃外交需要,且一直延至萧燕燕逝世。此后自仁宗始,一直延续贺契丹国母生辰与正旦的习惯,根据《长编》记载,起码到神宗时仍是如此。但是,这些贺契丹国母的使节派遣,均是在契丹有国母的情况下进行的,若契丹国内无国母,则使节罢遣,如仁宗景祐元年(1034)辽兴宗因其生母,"每岁遣使贺契丹主生辰、正旦,并及其母,于是罢之"。到后来兴宗重新迎回法天太后,宋朝才"遣使如故"。其后到神宗朝亦是如此,熙宁九年(1076)开始,神宗只遣辽国主生辰、正旦使,此后不再见宋朝遣辽国母的生辰、正旦使,这应与辽国同时期的种种宫廷变乱有关。但是,在罢遣契丹国母生辰、正旦使的同时,除刘太后统治时期外,并未见其他皇帝或太后向辽国派遣皇后(契丹妻)生辰、正旦使,可见此乃刘太后统治时期的外交特色。以上可参见李焘:《长编》卷59,景德二年二月癸卯条,第1319页;卷110,天圣九年十月乙酉条,第2567—2568页;卷115,景祐元年九月壬申条,第2697页;卷277,熙宁九年八月己丑条,第6775页。叶隆礼:《契丹国志》卷8《兴宗文成皇帝》,第78页。

燕燕死后,终圣宗之世再无垂帘太后,故刘太后并不能找到与其地位相称的外交对象。若以女主身份通使圣宗,则不符合宋朝的伦理观念,这正如程琳所说的:"昔先帝尝与承天太后通使,今皇太后乃嫂也,礼不通问。"①叔对嫂尚且"礼不通问",若嫂与叔通信,更是有乖伦常。刘太后欲找到自己对契丹的外交切入点,就只有圣宗皇后萧氏,而萧氏首先向她致信慰问的举动,则应该是她得到启发的源泉。刘太后与萧氏乃平辈妯娌关系,每年在双方皇帝互相祝贺的同时,自己与对方皇后亦能互贺,实能体现出她"夫妇齐体"的伦理概念,与此同时,她亦能享受到本朝太后未能享受的外交待遇,即在生辰与正旦接受外国使节的问候。

　　除对契丹皇后遣使祝贺以外,刘太后对于被派往契丹的使节控制也甚为严格,使节出使契丹前,必须先到帘前请对,方可成行。前文已提及,天圣二年(1024)时,李若谷被任命为契丹妻生辰使,但未向刘太后请对,即赴长春殿奏事,引致刘太后不满,即被罢使。②再如天圣四年(1026),韩亿与田承说为契丹妻生辰使、副,田承说自恃太后姻亲,向契丹妄传太后之旨曰:"南北欢好,传示子孙,两朝之臣,勿相猜沮。"辽圣宗命人问正使韩亿为何不传太后之旨,韩亿曰:"本朝每遣使,太后必于帘前以此语戒敕之,非欲达于北朝也。"③此故事所表现者,当然是韩亿聪明机巧,善于应变,但从另一侧面看,宋朝的外交主导权乃在刘太后而非在仁宗手中,在契丹君臣看来,仁宗乃少年之主,能主持国事、主导外交者,当为

---

① 李焘:《长编》卷98,乾兴元年六月丁巳条,第2282页。
② 李焘:《长编》卷102,天圣二年七月丁未条,第2364页。
③ 李焘:《长编》卷104,天圣四年七月乙丑条,第2413页。

刘太后。

然则，刘太后作为女主，是不是就能完全掌控宋朝的外交呢？显然不是，仁宗虽不能主导外交事务，但宋朝士大夫的作用却不容忽视。总体来说，当时士大夫对外交的作用有二。其一，限制外交中女主的礼制。这种限制并非直接施加于刘太后，而是通过对契丹使者的种种限制，以使刘太后的权力在外交中不能过分延伸。前文提及程琳"礼不通问"之语，即是在契丹吊慰使要求致问太后的情况下说出的。再如天圣三年（1025）正月，契丹遣朔方节度使萧从顺来贺长宁节，欲请见太后，并且说南朝使者到契丹均可见到太后，馆伴使薛奎折之曰："皇太后垂帘听政，虽本朝群臣亦未尝得见也。"①薛奎之所以阻止萧从顺见太后，乃与宋朝礼法有关，因为太后作为内廷女性，实不应与陌生男子见面，故听政时才须垂帘，以遮其颜。然而，无论是程琳的礼不通问，抑或是薛奎不让萧从顺当面谒见太后，均是不欲女主过分涉足外廷的男性世界，打破男权社会的秩序，因为女主与女主之间的使节来往，尚可算是妯娌间的交往，但若直接面见使臣，则等同于让太后走出外廷，此乃侵夺皇帝的权力，且亦不符合他们所提倡的礼法。

其二，在外交中打击一些契丹使臣的气焰，或为刘太后解决外交困局。在这一点上，士大夫与刘太后利益一致，因为外交往往代表的并非刘太后或者仁宗的个人利益，而是整个大宋王朝的利益与外交形象，当这两点有受到损害的可能时，宋朝士大夫对之加以维护，是责无旁贷的，而当中的刘太后或仁宗，只是这种利益与形

① 李焘：《长编》卷103，天圣三年正月戊子条，第2374页。

象的代表而已。某些契丹使臣，自持国力强盛，气焰甚炽，上文提及的萧从顺就是其中的代表者，除要求当面谒见太后外，"及辞，从顺有疾，命宰臣王曾押宴都亭驿，从顺问曾：'南朝每降使车，悉皆假摄，何也？'曾曰：'使者之任惟其人，不以官之高下，今二府八人，六尝奉使，惟其人，不以官也。'从顺默然。既上寿，从顺桀骜，称疾留馆下，不以时发，上遣使问劳，挟太医诊视，相属于道。枢密使曹利用请一切罢之，从顺知无能为，徐引去"①。再如天圣五年（1027），契丹遣昭德节度使萧蕴和政事舍人杜防来贺乾元节（仁宗生辰），程琳为馆伴使，萧蕴出位图指曰："中国使者至契丹，坐殿上，位高；今契丹使至中国，位下，请升之。"程琳曰："此真宗皇帝所定，不可易。"杜防又曰："大国之卿，当小国之卿，可乎？"程琳又曰："南北朝安有大小之异？"杜防不能对，仁宗令宰相议论，有认为这是小事，不足争论，将许契丹使者，程琳曰："许其小，必启其大。"力争不可，最后萧蕴屈服。② 这些事情均体现出当时士大夫在契丹使臣面前不卑不亢，但对宋朝的国家形象容不得丝毫损害。天圣四年（1026）契丹遣枢密副使萧迪烈来贺长宁节，但又随即派人持酒果等物与迪烈等人，上问宰臣王曾曰："契丹赍送酒果者凡三十余人，已至莫州，可听其来否？"曾曰："宜止其来，而以州兵代之，转酒果付迪烈等可也。"③契丹遣人送酒果等物，未必真有祸心，但三十余人跨境而来，也易生事端，王曾此举实乃防患于未然。当然，此种事情只是小事而已，其实亦可看成是契丹使者的不恭态度，但若

---

① 李焘：《长编》卷103，天圣三年正月戊子条，第2374—2375页。
② 李焘：《长编》卷105，天圣五年四月辛巳条，第2439页。
③ 李焘：《长编》卷104，天圣四年正月癸未条，第2399页。

处理不好，抑或会制造麻烦。真正的外交困局，应是一些涉及国家利益的军国大事，如第三章提到吕夷简成功劝阻刘太后借兵契丹讨伐高丽一事，当属此类。此事发生在吕夷简任相之时，当为刘太后统治后期，而在刘太后统治早期，也有类似事情发生。天圣二年（1024），"是冬，契丹大阅，声言猎幽州，朝廷患之，以问二府，皆请备粟练师，以待不虞。枢密副使张知白独言：'契丹修好未远，今其举兵者，以上初政，观试朝廷耳，岂可自生衅邪？若终以为疑，莫如因今河决，以防河为名，万一有变，亦足应用。'未几，契丹果罢去"[1]。由此可见，刘太后乃在士大夫的帮助下，化解了这一外交困境。[2]

综上所述，可以看到在刘太后统治期间，她实乃有意提高自己在外交中的形象与地位，并且意图插手甚至主导宋朝的外交事务。然而，士大夫对她是有所限制的，她不能走出外廷，直接处理外交事务，故不得不倚靠士大夫处理一些外交困局，以维护宋朝廷的利益与形象，女性意识与当时朝廷的人事格局，正在外交中得到充分体现，而和平的外交环境，亦正是这种人事格局下的统治效果。宋

---

[1] 李焘：《长编》卷102，天圣二年十二月己卯条及注，第2370—2371页。

[2] 按照《长编》所叙，与二府大臣讨论此事者乃仁宗，而此事司马光记载更为传神："天圣初，契丹遣使请借塞内地牧马，朝廷疑惑，不知所答。钦若方病在家，章献太后命肩舆入殿中问之，钦若曰：'不与则示怯，不如与之。'太后曰：'夷狄豺狼，奈何延之塞内？'钦若曰：'虏以虚言相恐愒耳，未必敢来。宜密召曹玮，使奏乞整顿士马以备非常。'太后从之，契丹果不入塞。玮时知定州。"见司马光：《涑水记闻》卷7《王钦若大被知遇》，第138页。《长编》在上述条注中亦提及司马光的记载，然有所辨析曰："曹玮时知天雄军，明年十一月钦若卒，四年正月又徙永兴，七月复知天雄军，未尝知定州也，皆恐传闻之误，今悉不取。"李焘所辨析或当得其实，然此乃军国大事，以当时仁宗之年纪，实难参与，故司马光说刘太后参决，以问宰相，亦当属实。

人对此时期的外交评价如下：

> 本朝唯真宗咸平、景德间为盛,时北虏通和,兵革不用,家给人足。以洛中言之,民以车载酒食声乐,游于通衢,谓之棚车鼓笛。仁宗天圣、明道初尚如此,至宝元、康定间,元昊叛,西方用兵,天下稍多事,无复有此风矣。元昊既称臣,帝绝口不言兵。庆历以后,天下虽复太平,终不若天圣、明道之前也。①

这种评价,其实是高度肯定了刘太后主政时期的外交。

第二节 有利于商业发展的经济政策

众所周知,宋代是中国古代商业发展的高峰,这在北宋初年已经显露出一些迹象。用商业手段促进经济发展,甚至解决政治问题,似乎已经成为宋代统治者的共识。这种趋势,在仁宗朝以后的经济改革中愈见明显。在天圣、明道间,刘太后顺应历史发展的趋势,颁布了一系列有利于商业发展的政策,这些政策使民间百姓受惠,同时也使中央财政收入有所增加。更重要的是,她开启了仁宗朝的改革之门,为日后仁、神两朝的经济改革奠定了基础。

---

① 邵伯温:《邵氏闻见录》卷3,第23页。

一、经济政策

刘太后统治时期的经济政策主要有以下四条：

其一，调整客户对主户的人身依附关系。宋初因唐末五代之乱，均田制遭受破坏，因此自太祖起，便一直田制不立，不抑兼并，并且鼓励百姓开垦荒地。宋太祖曾于乾德四年（966）下诏曰："所在长吏，告谕百姓，有能广植桑枣、开荒田者，并只纳旧租，永不通检。"①这一政策在宋初一直被沿袭，仁宗即位后，刘太后即下诏曰："民流积十年者，其田听人耕，三年而后收赋，减旧额之半。"又诏："流民能自复者，赋亦如之。""既而又与流民期，百日复业，蠲赋役五年，减旧赋十之八；期尽不至，听他人得耕。"②这几道诏令，乃欲使全国土地得以充分利用，从而增加宋朝廷的财政收入。当然，因这些垦荒政策而得以受惠，由客户升为自耕农的农民固然存在，但大部分的情况是豪强地主通过利用这些政策大量兼并土地，使得"天下田畴，半为形势所占"③。由于土地兼并的现象大量存在，更使得农民流离失所，他们当中的大部分人，成为"乡墅有不占田之民，借人之牛，受人之土，庸而耕者，谓之客户"④。这些客户，亦即佃户，主要依靠地主土地为生，且在天圣五年（1027）以前，他们对地主有非常紧密的人身依附关系。

---

① 徐松辑：《宋会要辑稿》食货1之16，第4809页。
② 李焘：《长编》卷192，嘉祐五年七月丙午条，第4636页。
③ 徐松辑：《宋会要辑稿》食货63之169，第6071页。
④ 石介：《徂徕文集》卷8《录微者言》，载《宋集珍本丛刊》第四册，第222页。

天圣五年(1027),刘太后颁布诏令曰:

> 旧条:私下分田客非时不得起移,如主人发遣、给与凭由,
> 方许别住,多被主人折勒,不放起移。自今后客户起移更不取
> 主人凭由,须每田收田毕日,商量去住,各取稳便。即不得非
> 时衷私起移。如是主人非理拦占,许经县论详。[①]

从这道诏令看,按照以前的法律规定,客户要离开原来的佃
主,必须得其同意,而佃主对于客户,却多有刁难,不肯放人。天圣
五年诏令,规定客户只需完成与主人的租佃合约,便可与主人商量
离开;但客户不得非时离开。约满后,主人不得随意阻拦,否则须
到县官处论定。这意味着取消了客户起移须得主人凭由的规定,
实际上是规定了客户与主户之间的纯经济关系,从而减弱了客户
对主人的人身依附。这一政策实施效果如何呢? 元祐年间,王岩
叟言曰:"富民召客为佃户,每岁未收获间,借贷周给无所不至,一
失抚存,明年必去而之他。"[②]苏轼亦曾言:"客户乃主户之本,若客
户阙食流散,主户亦须荒废田土矣。"[③]从宋代士大夫的这些言论可
以看出,天圣五年诏令应该是得到较好执行的。

客户与主户间的人身依附关系减弱,亦即意味着客户得到更
多的人身自由,他们只需完成与地主的租佃合约,即可自由迁徙,

---

① 徐松辑:《宋会要辑稿》食货 1 之 24,第 4813 页。需要注意的是,这条诏令并非针
　对大宋全境,而仅限于江、淮、两浙、荆湖、福建、广南等地。
② 李焘:《长编》卷 397,元祐二年三月辛巳条,第 9682 页。
③ 苏轼:《苏轼文集》卷 36《乞将损弱米贷与上户令赈济佃客状》,北京:中华书局,
　2008 年,第 1036 页。

往租别田,亦可选择别的职业,这一则解放了生产力,二则亦为商业发展提供了必要的自由劳动力,故刘太后此举虽是对农业租佃关系的改革,但实际对宋代商业发展是极为有利的。

其二,置益州交子务。宋代商业高速发展,原有货币制度已不能适应。就宋朝原来所用铁钱而言,"小钱每十贯重六十五斤,折大钱一贯,重十二斤。街市买卖,至三五贯文,即难以携持"。可见铁钱沉重,不便于携带,实在有碍于商业发展。宋初四川一带,商业发展尤为迅速,故铁钱不便于使用的问题特别明显,四川人民为了解决这一问题,自发形成交子。"诸豪以时聚首,同用一色纸印造,印文用屋木人物,铺户押字,各自隐密题号,朱墨间错,以为私记。书填贯,不限多少,收入人户见钱,便给交子。"①此时的交子尚未上升到货币的意义,而仅仅是一种交易凭证。由于交子使用方便,很快就在四川地区流行起来。然而,印制交子的是地方的豪商巨贾,他们也不能保证自己的产业能永远运转,有些商贾亦不免有破产之虞,而一些不法之徒也借交子之便行欺诈之举,这使得一些交子不能如常兑付,从而引发货币危机。至真宗时,张咏镇蜀,限定十六户富民共主交子铺,这是官府第一次出面对交子的发行稍作约束。然而,主导交子发行的依然是民间商户,此十六户富民虽由官府指定,多少给人以信心,但他们亦不免有兴衰成败,故到后来,"富民赀稍衰,不能偿所负,争讼不息"②。后来寇瑊为成都知府,"诱劝交子户王昌懿等,令收闭交子铺、封印卓,更不书放",并

---

① 以上引文,见李攸:《宋朝事实》卷15《财用》,第232页。
② 脱脱等:《宋史》卷181《食货下·会子》,第4403页。

且请求朝廷"今后民间,更不得似日前置交子铺"①。

寇瑊的做法显然是削足适履,太过草率,后来监益州交子务的孙甫即就这种行为提出批评曰:"交子可以伪造,钱亦可以私铸,私铸有犯,钱可废乎?但严治之,不当以小仁废大利。"②其实,早在真宗大中祥符末年,转运使薛田已提出解决办法,即"请官置交子务以榷其出入",只是当时未能施行。天圣元年(1023),薛田代寇瑊守蜀,刘太后即下诏让他与转运使张若谷经度交子利害。薛田与张若谷认为:"废交子不复用,则贸易非便,但请官为置务,禁民私造。"③于是刘太后又命梓州路提点刑狱王继明与薛、张等人共议,结果是"自住交子后,来市肆经营买卖寥索。今若废私交子,官中置造,甚为稳便"④。于是,在当年十一月(已属公元1024年),刘太后诏置益州交子务,当时共发行交子折钱1256340缗。⑤

官方置交子务,标志着纸币作为流通货币正式问世,刘太后这次货币改革,减轻了往来商贾的负担,进而促进宋代商业的发展,乃至整个宋代经济的发展。且以纸币代替实物货币,乃世界首次,故刘太后的这次货币改革,亦可谓是开历史之先河,给人类社会留下范例,在世界经济史上有重大意义。南宋人唐士耻就此改革对刘太后评价曰:"天圣明道之间,盖章献明肃皇后实司听断,其能决然用薛田之议,亦仁也夫,亦智也夫,托六尺之孤而不负章圣皇帝

---

① 李攸:《宋朝事实》卷15《财用》,第232页。
② 脱脱等:《宋史》卷295《孙甫传》,第9838页。
③ 李焘:《长编》卷101,天圣元年十一月戊午条,第2342页。
④ 李攸:《宋朝事实》卷15《财用》,第233页。
⑤ 数据见脱脱等:《宋史》卷181《食货下·会子》,第4403页。

者,岂偶然哉。"①此评价,正认为刘太后以官方发行纸币,乃令百姓受惠的仁智之举。当然,这里受惠的只是四川地区的百姓,正如贾大泉先生所指出:"作为纸币的交子,在北宋时始终没有超出四川境内。"但当时交子只在四川通行而未遍及全国,实乃经济环境所决定,而并非刘太后故意抑制。②

其三,茶法改革。宋朝自太祖乾德年间开始置榷茶务,其后,为解决边境战争的粮食问题,便允许商人先输钱粮至边境,然后在京师或各地取茶引,再到各茶场凭茶引领茶贩卖,此即所谓入中法。为了能更有效地吸引商人为边界输送钱粮,官府往往虚估茶价,即商人在边界输钱粮后,京师及各地官府给予商人价值数倍甚至十数倍的茶引,从而致使"边籴才及五十万,而东南三百六十余万茶利尽归商贾"③。再者,茶引大量派发,"岁月滋深,沿江榷务交引坌至,茶不充给,计岁入新茶,一二年不能偿其数,其弊也如此"④,这实际上导致茶叶生产无法与此相适应,致使茶引不能兑现,其信用值大打折扣。景德年间,由丁谓主持、林特负责,对茶法进行改革,这次改革虽然使朝廷收入大大增加,但亦只是在原有制度上的小修小补,把虚估从原来的数倍、十数倍降为两倍,并未触及茶叶入中制度的根本。⑤ 乾兴元年(1022),由于西北兵费不足,

---

① 唐士耻:《灵岩集》卷4《益州交子务记》,景印文渊阁四库全书本,台北:台湾商务印书馆,1986年,第1181册,第548页。

② 贾大泉:《论交子的产生》,载《社会科学研究》1989年第2期。

③ 脱脱等:《宋史》卷183《食货下·茶上》,第4483页。

④ 徐松辑:《宋会要辑稿》食货36之8,第5435页。

⑤ 关于丁谓主持的茶法改革,可参见虞文霞:《丁谓与真宗时期的茶法改革》,载《农业考古》2001年第2期。

于是又募商人入中,但单纯茶叶已不能偿付商人入中的钱粮,所以增加东南缗钱、香药、犀齿,谓之三说①,从此入中法又有了三说法之名。然而,入中法的弊病并未根除,而虚估又开始上升。

天圣元年(1023)正月,刘太后命三司使李谘考较茶、盐等禁榷的岁入登耗,并设置计置司,使枢密副使张士逊、参知政事吕夷简、鲁宗道总其事,以考究茶法利害。经过一番讨论,计置司认为原来的三说法已经不合时宜,请求行使贴射法,其办法是:

> 以十三场茶买卖本息并计其数,罢官给本钱,使商人与园户自相交易,一切定为中估,而官收其息。如鬻舒州罗源场茶,斤售钱五十有六,其本二十有五,官不复给,但使商人输息钱三十有一而已。然必輦茶入官,随商人所指而予之,给券为验,以防私售,故有贴射之名。若岁课贴射不尽,则官市之如旧。园户过期而输不足者,计所负数如商人入息。旧输茶百斤,益以二十斤至三十五斤,谓之耗茶,亦皆罢之。②

按照以往规定,园户"岁课作茶、输其租,余官悉市之。其售于官,皆先受钱而后入茶,谓之本钱"③,可见这是一种统购统销的政策。天圣元年的改革,官府不再给园户本钱,而园户在与茶商直接交易的同时,必须保证输送官府的税利,实际上是改"统购统销"为

---

① 脱脱等:《宋史》卷183《食货下·茶上》,第4483页。
② 李焘:《长编》卷100,天圣元年正月丁亥条,第2314页。宋代茶有川陕茶、广南茶、淮南十三茶场茶、福建茶、六务茶等分别,川陕、广南茶是在国内自由买卖的,而这次茶法改革,仅限于淮南十三茶场茶,可参见《长编》本条的叙述。
③ 李焘:《长编》卷100,天圣元年正月丁亥条,第2312页。

"自负盈亏"。再者,茶商与园户直接交易,且可当场验证,购入好茶,此乃实行通商之法,以市场手段进行调节,使茶叶买卖更趋于合理。如此,以通商之法代替茶叶专卖,实有利于宋代商品经济的发展。与茶法改革相配合的是入中制度的改革:

> 商人入刍粟塞下者,随所在实估,度地里远近增其直。以钱一万为率,远者增至七百,近者三百,给券,至京师,一切以缗钱偿之,谓之见钱法;愿得金帛若他州钱,或茶盐、香药之类者听。大率使茶与边籴,各以实钱出纳,不得相为轻重,以绝虚估之弊。①

朝廷对茶法改革,其最终目的就是要把茶叶买卖与"入中实边"分开,以避免虚估带来的财政损失。但过去的三说法的确能为豪商巨贾带来丰厚的收益,自行贴射法以来,"豪商大贾不能轩轾为轻重",故而怨言四起。朝廷一些官员也站在他们一边,对新茶法提出两点质疑,其一,是认为"边籴偿以见钱,恐京师府藏不足以继";其二,是"会江、淮制置司言茶有滞积坏败者,请一切焚弃",于是"朝廷疑变法之弊"。当初力主改革的三司使李谘,立即上奏条陈茶法厉害,并比较了新旧二法的优劣,最后得出结论是:

> 乾兴元年用三说法,每券十万,茶售钱万一千至六万二千,香药、象齿售钱四万一千有奇,东南缗钱售钱八万三千,而

---

① 李焘:《长编》卷100,天圣元年正月丁亥条,第2315页。

京师实入缗钱七十五万有奇,边储刍二百五万余围,粟二百九十八万石。天圣元年用新法,二年,茶及香药、东南缗钱每给直十万,茶入实钱七万四千有奇至八万,香药、象齿入钱七万三千有奇,东南缗钱入钱十五万五百,而京师实入缗钱增一百四万有奇,边储刍增一千一百六十九万余围,粟增二百一十三万余石。

两府大臣又上奏曰:

所省及增收计为缗钱六百五十余万。异时边储有不足以给一岁者,至是,多者有四年,少者有二年之蓄,而东南茶亦无滞积之弊。其制置司请焚弃者,特累年坏败不可用者尔。

推行新法,功绪已见。盖积年侵蠹之源一朝闭塞,商贾利于复故,欲有以摇动,而论者不察其实,助为游说。愿力行之,无为流言所易。①

从李谘及二府大臣的言论中可以看出,新茶法实利多于弊,而受损害者,只是部分富商大贾而已。刘太后亦听从李谘等人的意见,继续推行茶法改革。

然而,这次改革所触碰的利益集团实在过于庞大,以至于阻力不断。天圣三年(1025)八月,由于论言茶法不便的人太多,于是刘

① 本段史实及引文,皆自李焘:《长编》卷102,天圣二年七月壬辰条,第2360—2361页。

太后令孙奭等人加以详定。十一月，孙奭上言曰：

> 十三场茶积未售六百一十三万余斤，盖许商人贴射，则善茶皆入商人，其入官者皆粗恶不时，故人莫肯售。又园户输岁课不足者，使如商人入息，而园户皆细民贫弱，力不能给，烦扰益甚。又奸人倚贴射为名，强市盗贩，侵夺官利。其弊如此，不可不革。请罢贴射法，官复给本钱市茶，而商人入钱以售茶者，宜优之。请凡入钱京师售海州，荆南茶者，损为七万七千，售真州等四务、十三场茶者，损为七万一千，皆有奇数。入钱六务、十三场者，又第损之，给茶皆直十万。①

孙奭提出新茶法的三条弊端，第一条与第三条其实不算什么，因为在市场法则下，商人既然以实钱购买茶叶，而并非原来之虚估，当然挑选好的茶叶，况且积存的所谓六百多万斤茶叶，当中有很大部分是之前宰执所言的"累年坏败不可用者"。而第三条提到不法之徒"强市盗贩、侵夺官利"，其实在任何制度下均可能出现这些现象，不法者总能钻制度的空子，因此而否定新茶法，实有削足适履之嫌。最为关键的是第二条，按孙奭所言，新茶法严重损害茶叶生产者的利益。这其实是中国古代义利观的交锋。新茶法对于茶叶生产的园户，乃由"统购统销"转变为"自负盈亏"，在这种条件下，肯定会有一些园户因经营管理不善，或生产技术落后，从而使茶叶生产的数量与质量比不上同行，因而遭到淘汰，这是市场规则

---

① 李焘：《长编》卷103，天圣三年十一月庚辰条，第2391页。

下的正常现象。但在古代中国,朝廷此举乃"见利忘义",或"与民争利",不为儒家思想所容,孙奭乃当时著名的儒家学者,提出此点,实是切中要害。但从其请求"商人入钱以售茶者,宜优之"这点看,他所代表的,实乃当时富商阶层的利益。再者,以七万一千(甚至更少)到七万七千的钱买价值十万的茶,虽然比改革前之虚估为低,但亦是重启虚估之渐。

新茶法屡遭议论,可见朝廷当时承受的压力甚大,刘太后此时势力尚未稳固,不能顶着如此压力,故她不得不接受孙奭等人的意见,取消贴射法而重行三说法,这实在令人为之惋惜。据《宋史》记载:"自奭等改制,而茶法浸坏。"①可见,刘太后当初主持茶法改革,实乃顺应历史潮流之举。这次改革虽然失败,但也是一次很好的尝试。自嘉祐四年(1059),仁宗推行通商之法,此法一直沿用至北宋末年,足见当初刘太后的改革,目光实为长远。

其四,盐法改革。盐与茶一样,均在宋代禁榷之列,王景在天圣年间上言曰:"池盐之利,唐代以来,几半天下之赋。太宗时,法令严峻,民不敢私煮炼,官盐大售。真宗务缓刑罚,宽聚敛,私盐益多,官课日亏。"②这大抵是宋初榷盐的状况。天圣年间,陕西解县、安邑两地盐池,乃京师周围州县食盐的主要供应地。对于此两池之盐,京西、陕西、河北三地共三十七府、州、军,乃实行通商之法,由政府收税;京师、西京、南京、京东、京西、陕西、河东、淮南、河北共三京、二十八府、州、军,乃由政府禁榷,禁止商人私贩。在禁榷地区,官府的做法是"官役乡户衙前及民夫,谓之贴头",亦即由官

---

① 脱脱等:《宋史》卷184《食货下·茶下》,第4490页。
② 李焘:《长编》卷109,天圣八年十月丙申条,第2546页。

府组织百姓轮流运输，造成"百姓困于转输，颇受其弊"。此外，亦有人上书言"县官榷盐，得利微而为害博。两池积盐为阜，其上生木合抱，数莫可较，请通商平估以售，少宽百姓之力"。于是，刘太后诏盛度、王随议更其制。二人与权三司使胡则经划，认为通商有五大好处：

> 方禁商时，官伐木造船，以给辇运，而兵民罢劳，不堪其命，今无复其弊，一利也。始以陆运，既差贴头，又役车户，贫人惧役，连岁逋逃，今悉罢之，二利也。又船运河流，有沉溺之患，纲吏侵盗，杂以泥砂、硝石，其味苦恶，疾生重腿，今皆得食真盐，三利也。国之钱币，谓之货泉，盖欲使之通流，而富室大家多藏镪不出，故民用益蹙，今得商人六十余万，颇助经费，四利也。岁减盐官、兵卒、畦夫、佣作之给，五利也。

于是，刘太后下诏曰："池盐之利，民食所资，申命近臣，详立宽制，特弛烦禁，以惠黎元。其罢三京、二十八州军榷法，听商贾入钱若金银京师榷货务，受盐两池。"通商之议始建之时，很多大臣并不同意，但刘太后欲一力行之，于是与大臣之间有一段精彩对话，她谓大臣曰："闻外间多苦盐恶，信否？"对曰："惟御膳及宫中盐善尔。外间皆食土盐。"太后曰："不然，御膳多土不可食。或议通商，何如？"大臣皆以为如是则县官必多所耗，太后曰："虽弃数千万亦可，耗之何害！"大臣不敢复言。盐法改革的结果是"蒲、解之民皆作感圣恩斋"①。

二、天圣、明道间经济政策的分析

解放劳动力,是商业、手工业发展的必要条件;变实物货币为纸币,乃使货泉流通,从而促进商品经济的发展;茶、盐通商,亦是宋朝经济商业化进程的体现。以上种种,均体现出刘太后垂帘听政期间的经济政策,乃有利于商业发展。何以刘太后要出台这一系列政策呢?张明华先生认为,这一切与刘太后本身是小工商业者出身有关,正因为她能切身体会经济对社会的作用,又能在早年有机会了解民间疾苦,才能"冲出传统贤明君主的仁德思想,顺应经济发展的需要,改变落后的生产方式和流通方式"②。刘太后的出身,当然可以解释她为何积极推动有利于商业发展的经济政策,但这并不是全部原因,笔者认为,这些经济政策得以在这时期推行,有三大原因。

其一,宋代商业发展至真宗末年、仁宗初年,已有一定规模。如文中提及的交子,在刘太后秉政之前已在民间出现,刘太后只是促其成为官方货币而已。再如盐法改革,其实早有三十七州、府、军实行食盐通商,而刘太后亦只是推动其他地方实现这种通商之法。试想,若非商业发展有一定规模,刘太后又如何能将改革做到

---

① 以上史实及引用文献皆自李焘:《长编》卷109,天圣八年十月丙申条,第2544—2546页。

② 见张明华:《北宋刘皇后经济思想初探》,载《开封师范高等专科学校学报》2000年第3期。

画龙点睛、水到渠成的效果呢？再者，无论货币，抑或是茶法、盐法的改革，均是宋朝的国家大政，这些改革的实质，根本上是用商业经济的手段解决政治问题，这种做法并非始创于刘太后，在宋初三朝中，亦早有试剑之人。如宋、辽之间，自澶渊之盟后，设榷场互市，正是以商业手段解决外交问题，据《宋史》记载："终仁宗、英宗之世，契丹固守盟好，互市不绝。"①可见商业贸易在宋、辽外交中的重要作用。再如真宗时，丁谓为夔州路转运使，专责处理与当地少数民族的关系，他当时即以商业手段解决当地少数民族的实际困难。据《宋史》丁谓本传记载："蛮地饶粟而常乏盐，谓听以粟易盐，蛮人大悦。先时，屯兵施州而馈以夔、万州粟。至是，民无转饷之劳，施之诸砦，积聚皆可给。"②除了以盐换粟，丁谓也提议向蛮人买马。《长编》记载："夔州路转运使丁谓言黔州之南，蛮族颇有善马，请致馆设，给缗帛，每岁收市。"③丁谓以盐换粟，不仅解决了边境军队的粮食问题，也为少数民族提供了他们需要的食盐；互市买马，则能解决大宋军队的战马问题，可谓双方各得其所，且促进边境贸易发展，取得双赢。从此，少数民族与汉人在边境上相处比较和睦，这也有利于促进双方生产发展。可以说，丁谓此举，是以商业手段从经济上解决了汉蛮民族间的矛盾，而经济矛盾得到解决，其

---

① 脱脱等：《宋史》卷186《食货·互市舶法》，第4563页。
② 脱脱等：《宋史》卷283《丁谓传》，第9566页。
③ 李焘：《长编》卷54，咸平六年二月癸亥条，第1179页。

他问题也迎刃而解了。① 上述的一些人与事,说明在刘太后以前,宋代商业从士大夫的思想到现实实践,均已发展到一定规模,在这种商业环境之下,刘太后推行有利于商业发展的经济政策,既是效仿前人之举,亦是大势所趋。

其二,爱民的统治思想在经济中的体现。先秦时代,孟子即提出"民贵君轻"的思想;至唐代,魏徵以古人之训对唐太宗曰:"君,舟也;人,水也。水能载舟,亦能覆舟。"而太宗亦以相同话语告诫其子。② 可见,在中国古代,能称之为仁君者,其首要条件,乃爱民。纵观刘太后出台的这些经济政策,其实均是便民之举,实际上亦是爱民的体现。在茶法改革中,孙奭提出新茶法的三条弊病中,最为切中要害的,正是茶法有损于民。刘太后在天圣、明道年间乃宋朝的实际统治者,她当然明白"爱民"对她的统治是何等重要。她本身无宗族势力,在朝廷上又受到士大夫的质疑,若提出或坚持有损于民的政策,她更无法在合法性与统治能力方面应对士大夫的挑战。故此,在茶法改革中,她不得不屈服于孙奭等人的理由之下,否则她就有了"害民"之嫌;而在盐法改革中,她能把握主动,让士大夫明白她的改革乃惠民之举,故而才能一举成功。其实,在刘太后统治期间,她出台的惠民政策,或阻止出台的损民政策并不止于此。如天圣元年(1023),发运使"请所部六路计民税一石量籴米二

---

① 丁谓虽在后来名声不好,但其早期在夔州治蛮,颇受褒颂,张方平记载云:"丁崖相谓昔为夔州路转运使,有功利,蛮夷怀之。"见张方平:《乐全先生文集》卷39《宋故太中大夫、尚书刑部郎中、分司西京、上柱国、赐紫金鱼袋、累赠某官刁公墓志铭》,第221页。

② 吴兢著,谢保成集校:《贞观政要集校》卷1《政体》,北京:中华书局,2003年,第34页;卷4《教戒太子诸王》,第213页。

斗五升,岁可便得二万,以供京师",刘太后立即曰:"常赋外复有量籴之名,是扰民也。"①不从其请。再如天圣七年(1029)罢天下职田,其原因乃上封者认为"职田有无不均,吏或不良,往往多取以残细民"②。凡此种种,不一而足。当然,要注意到的是,刘太后本身亦有爱民思想,这正如张明华先生所言,她的这些仁政,其实与她本人的出身有很大关系。③

其三,维护专制王朝的统治利益,此乃刘太后推行有利于商业发展的经济政策的根本目的。诚然,这些政策有爱民、便民之意,此乃因为刘太后作为统治者,深知普通百姓乃专制王朝的统治基础,故不能使之损耗过甚。此外,这些改革亦有增加国家财政收入的目的。真宗"天书封祀"运动,可以说把国家财用虚耗极甚,至仁宗继位、刘太后垂帘之时,"承平既久,户口岁增,兵籍益广,吏员益众,佛老、夷狄耗蠹中国,县官之费数倍昔时,百姓亦稍纵侈,而上下始困于财"④,可见当时宋朝财政已经捉襟见肘。乾兴元年(1022)九月,刘太后谕辅臣曰:

> 前后所降天书,皆先帝尊道奉天,故灵贶昭答。今复土有日,其刻玉副本已奉安于玉清昭应宫,元降真文止于内中供养,则先意可见。矧殊尤之瑞,专属先帝,不可留于人间,当从

---

① 李焘:《长编》卷101,天圣元年闰九月壬子条,第2337页。
② 李焘:《长编》卷108,天圣七年八月丁亥条,第2520页。
③ 见张明华:《北宋刘皇后经济思想初探》,载《开封师范高等专科学校学报》2000年第3期。
④ 李焘:《长编》卷100,天圣元年正月癸未条,第2311页。

葬永定陵,以符先旨。①

　　随着天书的埋葬,真宗朝的"天书封祀"运动才彻底宣布结束,这也预示着刘太后与仁宗将不再在这方面耗费钱财。然而,他们依然需要面对当前的财政困局,故刘太后及其统治班子必须采取措施,开源节流。节流方面,天圣元年(1023),刘太后即命御史中丞刘筠、提举诸司库务薛贻廓"与三司同议裁减冗费"②。开源方面,正是通过货币、茶法、盐法等改革,来提高国家的财政收入。通过货币改革,可使商贾流通,在促进商业发展的同时,国家亦可增加税收。茶法改革如上文所言,于朝廷收入大有增加,只是迫于当时朝廷内外的压力,改革不得不终止而已。至于盐法改革后,虽然"岁课入官者耗矣",但从长远来说,却是"自是商贾流行"③。且入官者虽耗,但通商法使朝廷得到另一种形式的补偿,景祐元年(1034),盛度言:"放行解盐三年,收到种盐二百七十五万八千六百余斤。乞更铨辖两池,广谋种造,务令大段增剩。"④正是因为有这些利益所在,盐法由禁榷转变为通商,成为一种历史趋势。至仁宗庆历八年(1048),"旧禁盐地一切通商,盐入蜀者亦恣不问"⑤。由此可见,刘太后的盐法改革,的确把握了历史的脉搏,顺应历史潮流,她虽立足于赵宋朝廷的根本利益,但其改革眼光亦可谓远大。

———————————

① 李焘:《长编》卷99,乾兴元年九月己卯条,第2297页。
② 李焘:《长编》卷100,天圣元年正月癸未条,第2311页。
③ 李焘:《长编》卷109,天圣八年十月丙申条,第2546页。
④ 李焘:《长编》卷114,景祐元年二月丁未条,第2669页。
⑤ 李焘:《长编》卷165,庆历八年十月丁亥条,第3970页。

当然,商业得以发展的同时,亦会给社会带来一些不良影响,当时社会上的官商勾结现象,正是其中之一。商业的发展,固然会造就一批豪商巨贾,但这些大商人的利益,有时未必与商业发展的方向一致,茶法改革的失败就是典型的例子,因为新茶法触碰了这些大商人原有的巨额利益,使得他们极力反对这样的改革。但是,商人阶层当时并未能形成一股政治力量,他们要对政治进行干预,必须与朝廷官员勾结,通过这些官员使自己的意愿得以实现。此外,有个别商人更利用自己手中的财富,通过买官的方法,进入仕途。天圣、明道间,官商勾结的社会现象是比较明显的。首先,是某些官员在利益驱使下,假借公物为商人营私,以谋取利益。从天圣元年(1023)开始,朝廷便下禁令,不允许官员为商人载私货盈利,但在刘太后垂帘的十一年间,先后有官员因为商人运货而遭受贬责,其中还包括三司使胡则。① 可见,在利益面前,朝廷某些官员是会罔顾法纪的。其次,是一些商人通过向朝廷进献贡物,从中谋取利益。如天圣六年(1028),枢密副使姜遵上奏曰:"咸阳民元守亮岁贡梨,朝廷给赐常倍其直。守亮族素豪,每持此夸其里中,因以凌弱,请绝其献。"朝廷因此不许他继续贡梨。② 同年,监察御史王嘉言曰:"信州民程尚献石绿末青二万五千两,助修在京护国禅院,遂得免徭役。窃恐四方之民,竞缘贡献而致侥幸,渐不可止。"于是朝廷下诏"程尚但免役二年"③。最后,乃通过武将入补小官。

---

① 可参见李焘:《长编》卷100,天圣元年五月戊子条,第2323页;卷101,天圣元年十一月癸亥条,第2344页;卷106,天圣六年十月癸未条,第2483页;卷110,天圣九年七月丁卯条,第2564页。
② 李焘:《长编》卷106,天圣六年五月辛亥条,第2472页。
③ 李焘:《长编》卷106,天圣六年七月辛酉条,第2477页。

天圣六年,朝廷下诏令曰:"武臣毋得补富民为教练使、衙内、知客、子城使,其随行人听补。"①以上史料皆是禁令或贬黜责词,可见当时的确出现这些官商勾结的现象,而有些禁令屡次重申,亦表明这种事情屡禁不止。之所以如此,一则因为在商业经济高速发展的情况下,朝廷某些官员不能抵挡财物利益的诱惑。二则,乃朝廷实在无法以身作则,因为刘太后与其家族,正是当时宋朝最大的官商勾结者。刘太后姻亲王蒙正、马季良,均是大商人出身,他们正是凭借太后的关系,才能进入仕途,而如马季良者,甚至多次得到刘太后提拔,成为馆阁之臣。所谓上行下效,太后尚且如此,一般臣僚,尤其是地方官员,更会利用手中权力与商人交易,从而使商人有机会涉足政治,甚至干预朝政。商人若是因为社会地位提高,作为政治集团参与国家管理,应当是社会进步的表现。但在宋代专制政权的条件下,商人对专制政府有很强的依赖性,他们只能依赖并利用政府为他们谋取更多的利益,而不能彻底改变这种专制制度,这种官商勾结,最终的受害者只是普通细民或小生产者,而商人的这种所谓参与政治,亦只能为当时带来消极的影响。②

第三节 刘太后统治的女性意识

什么是女性意识? 据台湾陈弱水先生介绍,"女性意识"这个词"大抵是英文 feminist consciousness 或 feminist sentiments 的相对

---

① 李焘:《长编》卷106,天圣六年十月丁丑条,第2483页。
② 关于宋代商人干政对社会带来消极影响的观点,可参见林文勋:《宋代商人对国家政治的干预及其影响》,载《中州学刊》1996年第3期。

语"，"Feminism 一般译作'女性主义'或'女权主义'。这个词语基本上意谓一个信念：女性应当从男人所掌控的社会政治结构以及支撑这种结构的意识形态中解放出来。换言之，'女性主义'追求在行动与意识上的解放"①。另外，英语当中还有另外一个跟"feminist consciousness"相近的术语——"gender consciousness"。有学者指出，中国学者往往用"女性意识"和"社会性别意识"来翻译这一术语，从而导致对两个概念混淆不清。② 其实，这本身也与西方女性意识研究的发展有关系。在西方，"女性意识"的研究经历了不同的阶段，首先是 20 世纪 60 年代寻找被传统学术遗忘、遮蔽的妇女，之后是"以妇女为中心"的阶段，后来又发展到以"社会性别"为中心，在研究妇女的同时，吸收对男性的研究，"考察女性相对男性而言的社会位置，剖析社会权力关系的构成"③。由此可见，"gender consciousness"应该指的是"社会性别意识"，当中包含了"女性意识"。

中国学界对"女性意识"的研究早在 20 世纪 90 年代就已遍地开花，但其成果大多数集中在文学研究方面，尤其是对中国古代女性意识的探讨，绝大多数都是基于对由女性所写，或与女性有关的文学作品的分析。中国古代是一个绝对的男权社会，越到后来越是如此，但这并不意味着女性就甘于默默忍受各种男权的法则，这一点在一些文学作品中的确能体现出来。如有学者指出："《再生

---

① 陈弱水：《初唐政治中的女性意识》，载邓小南主编：《唐宋女性与社会》，上海：上海辞书出版社，2003 年，第 659—694 页。

② 见王政：《"女性意识"、"社会性别意识"辨异》，载《妇女研究论丛》1997 年第 1 期。

③ 详细分析，可参见王丽：《女性、女性意识与社会性别》，载《中国文化研究》2000 年秋之卷。

缘》的独特价值在于它没有停留于'中状元,喜团圆'的旧模式,而把孟丽君独立地推上了权力的顶峰。……她以女儿躯实践了封建男性的终极追求:拜宰相、立朝纲、平天下。她已经完全认同于这种角色,并内化为自我意识。"①其实,抛开文学作品,中国历史上还是能找到一些真实的优秀女性政治人物的,她们尽管未必都能如孟丽君那样颠覆男权社会的规则,但在各个时代有限的条件下,她们都尽其所能尝试伸张自己的权力,在此过程中,她们本身固有的女性意识也能得到体现。尽管学界目前对于中国古代女性政治人物的研究已有不少成果,但遗憾的是,有关她们女性意识的研究寥寥无几。②

　　陈弱水先生在其文章中,论述了初唐期间,包括武则天在内的一些女性政治人物的女性意识,据陈先生自己介绍,该文的主旨"是在揭示,从唐代高宗朝到睿宗朝的历史中,出现了女性政治人

---

① 蒋悦飞:《超时代的女性意识和权力困惑——〈再生缘〉在现代视角下的人文价值》,载《妇女研究论丛》2000年第2期。

② 本书初稿之时,有关中国古代女性意识的历史研究确实寥寥无几,但近年来,越来越多的学者,尤其是年轻学者关注这个问题。就笔者所见,目前从历史角度研究中国古代女性意识的主要有如下成果:陈弱水:《唐初政治中的女性意识》,载邓小南主编:《唐宋女性与社会》,第659—694页;张明富:《明清士大夫女性意识的异动》,载《东北师大学报》1996年第1期;马微:《韦后的女性意识及其所处的历史环境分析》,载《三峡大学学报》(人文社会科学版)2006年增刊;杨佩:《从"女扮男装"现象看盛唐时期的女性意识》,载《开封教育学院学报》2011年第4期;辛珑豆:《论武则天的女性意识》,载《忻州师范学院学报》2019年第2期;刘啸虎、姜卉倩:《论唐代女性胡服风尚的变化——兼论唐代女性意识与男装》,载《洛阳理工学院学报》(社会科学版)2022年第6期;陈金花:《从女性意识的萌动看明代中后期妇女地位的提高》,硕士学位论文,厦门:厦门大学,2008年;樊鸿雁:《论宋代闺秀和名妓的女性意识觉醒》,硕士学位论文,合肥:安徽大学,2010年;汪晓丽:《唐代女子体育的女性意识研究》,硕士学位论文,上海:上海体育学院,2022年。

物试图提高女性地位的行动"，他进一步表示，他在这些行动中"看到了某种'女性主义的冲动'，一种要为自己和其他女性争取更高地位与更多权益的想望"①。诚然，唐朝初年是中国女性政治发展的高峰期，当中所体现的女性意识也是空前的。然而，几百年后的宋朝，女性参与政治在数量上并不逊于唐代，尤其是北宋仁宗初年，刘太后作为实际的统治者执政长达 11 年之久，其作为让当时的男性士大夫惶恐不已，怕在宋代出现第二个武则天。刘太后在争取权力方面的作为当然远逊于武则天，但在"试图提高女性地位"，以及为女性争取更多权益方面，她也作出了自己最大的努力。

一、变相的"二圣"

在刘太后以前的历史上，有很多皇后或太后与在位的皇帝并称"二圣"，如《魏书·杨椿传》中，有两处涉及"二圣"一词，其一，乃杨椿之子杨昱返京，杨椿嘱咐曰"汝今赴京，称吾此意，以启二圣"，此乃指北魏孝明帝与灵太后胡氏；其二，在介绍杨椿诫训子孙时，曾提到他年轻时与兄弟互相劝戒的言语："今忝二圣近臣，母子间甚难，宜深慎之。"②此处之"二圣"，乃指孝文帝与文明太后冯氏。又如隋时，隋文帝之独孤皇后"每与上言及政事，往往意合，宫中称为二圣"③。唐代武则天更是如此，《新唐书》记载："上元元

---

① 陈弱水：《初唐政治中的女性意识》，载邓小南主编：《唐宋女性与社会》，第 659—694 页。

② 魏收：《魏书》卷 58《杨椿传》，第 1288、1290 页。

③ 魏徵、令狐德棻：《隋书》卷 36《独孤皇后传》，北京：中华书局，1973 年，第 1109 页。

年,高宗号天皇,皇后亦号天后,天下之人谓之'二圣'。"①她死后,其侄武三思又建言曰:"大帝封泰山,则天皇后建明堂,封嵩山,二圣之美不可废。"②可见"二圣"的意义,并未因武氏之死而消失。

以上所列举者,乃在当朝以干政闻名的皇后或太后,然则刘氏作为宋之女主,是否有"二圣"的称号呢?严格来说,刘太后并没有正式得到这份殊荣,因为真宗在生之时,虽然刘氏已然参与政治,但真宗并未如唐高宗跟辽景宗那样,给皇后一个特殊的封号,而在刘太后垂帘期间,亦很少见有大臣以"二圣"称呼刘太后跟仁宗。③ 但事实上,刘太后在其垂帘之后,立即给予自己"二圣"的认定。仁宗即位次年正月,"皇太后诏改元"④,此即宋仁宗第一个年号"天圣"。在宋代就已有人指出,天圣二字,实质是"二人圣",而

---

① 欧阳修、宋祁:《新唐书》卷4《则天顺圣武皇后纪》,第81页。
② 欧阳修、宋祁:《新唐书》卷206《武三思传》,第5841页。
③ 事实上,宋代使用"二圣"一词甚多,但就当时而言,多指皇帝,如真宗曾对李宗谔说:"朕嗣守二圣基业,亦如卿之保守门户也。"此处"二圣"指太祖与太宗;再如南宋时,太学生陈东上书高宗,要求他"亲征以还二圣",指被金人俘房之徽宗与钦宗。然据《铁围山丛谈》记载:"国朝禁中称乘舆及后妃多因唐人故事,谓至尊为'官家',谓后为'圣人'。"即便如此,"圣人"一词所适用者,并非特指垂帘听政的后妃,而是所有皇后。见脱脱等:《宋史》卷265《李宗谔传》,第9142页;卷455《陈东传》,第13361页;蔡绦:《铁围山丛谈》卷1,北京:中华书局,1997年,第7页。
④ 李焘:《长编》卷100,天圣元年正月丙寅条,第2310页。

仁宗第二个年号"明道"，亦是取"日月道"之意。① 这就暗示着，在天圣、明道这十一年间，宋朝并非一人独尊，而是二人同圣，与仁宗同为圣者，当然是垂帘听政的刘太后了。刘太后的用意也很明白，历代有为之女主，大多与皇帝并称"二圣"，刘太后既然想在垂帘听政时有所作为，当然也需要这种称呼以提高身份。真宗生前既未能赐她如此称号，此时她亦不好自封为圣，故只能在年号上变相为之，以暗示朝中大臣士大夫，她与历代英明女主一样，与皇帝同为圣人。这种年号，是刘太后女主权力的彰显。

二、"二人圣"的礼制体现

刘太后所要达到的"二人圣"效果，并非只限于年号上的暗示，也不只是追求与仁宗一同垂帘听政，她统治期间，颁布多种法律，发展科举制度，治理滑州决河，从而提高她的政治形象，并巩固其统治基础；在外交上，她主动与契丹皇后互通使节，这更是女性权

---

① 《归田录》云："仁宗即位，改元天圣，时章献明肃太后临朝称制，议者谓撰号者取天字，于文为'二人'，以为'二人圣'者，悦太后尔。至九年，改元明道，又以为明字于文'日月并'也，与'二人'旨同。"另《宋朝事实》《铁围山丛谈》《贵耳集》等文献，均见有相似记载，《宋朝事实》更纠正《归田录》之误，曰"至十年，改元明道"。另亦有宋人不同意把天圣理解为"二人圣"者，《东原录》云："仁宗嗣位逾年，改元天圣，旧说明肃后垂帘共政，谓天为'二人圣'也。于时，胡旦尝言未晓其义，盖不知自有所出。晋殷仲堪《天圣论》，其略曰：'天者，万物之根本，冥然而不言；圣者，承天之照，用天之业。'此恐是真宗为天，仁宗为圣也。"见欧阳修：《归田录》卷1，第5—6页；李攸：《宋朝事实》卷2《纪元》，第28—29页；蔡绦：《铁围山丛谈》卷1，第13页；张端义：《贵耳集》卷中，第28页；龚鼎臣：《东原录》，影印涵芬楼藏书本，上海：上海书店出版社，1990年，第4页a。

力对外扩张的表现。这些举措,使"二圣"的概念在政治上得到深化。但这些似乎并不够,她同时还需要"二圣"的效果在礼法周全的中原王朝得到礼制上的确认,以彰显女主的权力,并昭示女性统治者地位的提高。在刘太后垂帘听政期间,她有很多礼仪的规格与皇帝接近,甚至欲与皇帝等同。如她的生日,早在乾兴元年(1022)时即被规定为长宁节,与仁宗之生辰乾元节一样普天同庆,只是在礼制上略有裁减。① 再如避讳制度方面,乾兴元年十月,"礼仪院请避皇太后父祖讳,诏唯避父彭城郡王(刘通)讳。仍改通进司为承进司"②。乘舆制度方面,乾兴元年十一月,"礼仪院奏制太后所乘舆,名之曰'大安辇'。具太后出入鸣鞭、仪卫,凡御龙直总五十四人,骨朵直总八十四人,弓箭直、弩直各五十四人,殿前指挥使左右班各五十六人,禁卫皇城司二百人,宽衣天武二百人,仪卫

<hr/>

① 李焘:《长编》卷99,乾兴元年十一月乙亥条,第2302页。在遗存至今的《天圣令》残本中,亦可见一些条目规定长宁节与乾元节相同的礼制。如《假宁令》宋2条规定:"天庆、先天、降圣、乾元、长宁、上元、夏至、中元、下元、腊等节,各给假三日。"其中小字注文曰:"前后各一日。长宁节惟京师给假。"可见长宁节礼制之裁减。此类条文在《天圣令》中不少,今只举一例,不一一列举。见吕夷简主编,天一阁博物馆、中国社会科学院历史研究所天圣令整理课题组校证:《天一阁藏明钞本天圣令校证·校录本》(以下简称《天圣令》)卷26《医疾令附假宁令》宋2条,北京:中华书局,2006年,第322页。

② 李焘:《长编》卷99,乾兴元年十月己酉条,第2299页。关于避刘通讳,并非只有《长编》有据,其他史料亦可印证。如《会稽志》有两则材料,其一云:"天圣初,避章献明肃皇后父名,又改今额。"其二云:"天圣初,以章献明肃太后家讳避通字,如改通进司为承进司,通州为达州,诸州涌判为同判,涌事舍人为宣事舍人之类是也。"见沈作宾修,施宿等纂:《嘉泰会稽志》卷7《宫观寺院》,宋元方志丛刊本,北京:中华书局,1990年,第6828页;卷8《寺院》,第6843页。另《天圣令》中亦有避"通"字讳之迹,见吕夷简主编:《天圣令》卷21《田令》唐1条,第245页;卷22《赋役令》宋7条,第265页。

供御辇官六十二人，宽衣天武百人。其侍卫诸司应奉，悉如乘舆"①。此种规模、此种气派，实刘后之前之宋代太后所未见，亦足以昭显刘后的女主权力与地位。其他制度，如文德殿受册、正旦仁宗先率群臣上寿等，均是当时刘后欲提高垂帘女主地位，甚至欲凌驾于男性皇帝之上的手段。凡此种种，足以昭显刘太后的权力与地位之高，虽不能说超越皇帝，但也与之相差不远了。

天圣二年（1024）九月，刘太后在文德殿受册。②按照宋初制度，太后受册一般在崇政殿，此乃后宫之殿，属于内朝，在刘太后统治时期也只是"阅事之所"而已。而文德殿乃正衙殿，在宫中地位仅次于天安殿，按其位置，已属外朝。《宋会要辑稿》云："太祖时元朔亦御此殿，其后常陈入阁仪如大庆殿（天安殿），飨明堂、恭谢天地，即斋于殿之后阁。"③刘太后于文德殿受册，其实已在礼制上冲破内朝的界限，闯出男性统治的外朝世界。事实上，她最初乃意属最高等级的天安殿的，但在众大臣的反对之下，才退而求其次，选择文德殿。由此可知，男性士大夫还是想把女主限制在内闱里面，以使男性统治的格局与制度不被打破。类似的事情也发生在天圣七年（1029），是年冬至，仁宗像往常一样，率群臣向刘太后上寿，此举招致范仲淹猛烈抨击，他上疏道："天子有事亲之道，无为臣之礼；有南面之位，无北面之仪。若奉亲于内，行家人礼可也；今顾与百官同列，亏君体，损主威，不可为后世法。"④从范仲淹的言辞中可

① 李焘：《长编》卷99，乾兴元年十一月乙亥条，第2302—2303页。
② 事见李焘：《长编》卷102，天圣二年九月甲辰条，第2367页。
③ 徐松辑：《宋会要辑稿》方域1之3，第7320页；方域1之6，第7321页。
④ 李焘：《长编》卷108，天圣七年十一月癸亥条，第2526—2527页。

以看出,仁宗此举已非"奉亲于内",而是跟百官一起在外朝朝拜太后,这种行为"亏君体,损主威",显然是破坏了男性世界既定的政治格局。然而,刘太后接受仁宗及大臣朝贺这种颠覆男女权力结构的行为,早在天圣五年(1027)就已经开始,当时的宰相王曾就曾力劝仁宗不要如此作为,但最终也是徒劳。① 由此可见,刘太后对仁宗的影响力战胜了外朝大臣,而这种影响力,乃来自于人类最原初的母子关系,这种关系在强调"百行孝为先"的传统中国社会里又有着不可忽视的力量,它是女性政治人物获取权力、伸张女性意识的主要源泉之一。

　　刘太后垂帘时期最为瞩目的礼仪事件,乃明道二年(1033)她以女主身份恭谢太庙。这件事其实在明道元年(1032)末即已确定下来,并就其服装、仪式等有所讨论:

　　　　命直集贤院王举正、李淑与礼官详定藉田及皇太后谒庙仪注。礼官议皇太后宜准皇帝衮服减二章,衣去宗彝,裳去藻,不佩剑,龙花十六株,前后垂珠翠各十二旒,以衮衣为名。诏名其冠曰仪天。又言:"皇太后乘玉辂,服袆衣,九龙花钗冠。行礼,服衮衣,冠仪天冠。皇太妃、皇后乘重翟车,服钿钗,礼衣以绯罗为之,具蔽膝革带佩绶履,其冠用十二株花钗。太庙行礼,并服袆衣。"诏可之,敕有司制礼衣及重翟以下六车。始,太后欲纯被帝者之服,参知政事晏殊以《周官》王后之服为对,失太后旨,辅臣皆依违不决。薛奎独争曰:"太后必御

① 李焘:《长编》卷104,天圣四年十二月丁亥条,第2428页。

　　此见祖宗,若何而拜?"固执不可。虽终不纳,犹少杀其礼焉。①

　　到了明道二年(1033)参谒太庙之正日,刘太后"服袆衣、花钗冠,乘玉辂以赴太庙。改衮衣、仪天冠,内侍赞导,享七室。……受册文德殿,帝奉贺"②。此次参谒太庙,历来被视为她有心效法武则天的证据,王夫之在《宋论》中即对其鞭挞道:"刘后以小有才而垂帘听政,乃至服衮冕以庙见,乱男女之别,而辱宗庙。"③其实无怪乎士大夫们有此想法,因为刘太后此次参谒太庙,乃沿用帝王礼仪,其所穿衮服,乃皇帝在重大庆典时所穿的衣服;其所戴之冠,虽未名"冕",但其"前后垂珠翠各十二旒",外表上已与帝王无异。再观其所乘之车,乃玉辂,所谓玉辂者,乃"五辂"之首,据《宋史》介绍,"玉辂,自唐显庆中传之,至宋曰显庆辂,亲郊则乘之"④,可见,此乃皇帝所乘车驾中规格最高者。此外,在文德殿受册,并接受皇帝及士大夫们朝贺参拜,依然如故。在王夫之等男性士大夫看来,刘太后此举最大的罪名,是"乱男女之别",因为太庙本来就是男性皇权的象征,只能由皇帝祭祀,刘太后亲行祭祀太庙,不但侵犯皇权,更是以一介女流之辈扰乱男性世界的权力秩序;然而,此举也隐现着女性政治家对男权独裁的社会制度的反抗,男性可为之事,女性

---

① 李焘:《长编》卷111,明道元年十二月辛丑条,第2595页。《东都事略》云:"及恭谢宗庙,乘玉辂,袆衣,九龙华钗冠,行礼则服衮衣,减宗彝、藻,去剑,戴仪天冠,前后垂珠翠各十旒。"此处十旒者,与《长编》十二旒不同。见王称撰,吴洪泽笺证:《东都事略笺证》卷13《刘皇后传》,第190页。
② 李焘:《长编》卷112,明道二年二月甲辰条,第2605页。
③ 王夫之:《宋论》卷4《仁宗一》,北京:中华书局,2003年,第74页。
④ 脱脱等:《宋史》卷149《舆服一·五辂》,第3479页。

为何不可为？这正是一种女性意识的伸张，武则天如此，刘太后也如此。

事实上，刘太后在明道二年（1033）亲自参谒太庙，并非事出无因，她当时的统治正面临着严重的危机。回顾明道元年（1032），其实当时应是天圣十年，只不过在当年发生了两件大事，刘太后才不得已，在十一月改元明道。① 第一件，乃江南、淮南一带发生了极为严重的饥荒，从当年正月"池州言民饥"②起，饥荒范围不断扩大，在《长编》当年的记载中，朝廷不断有救济淮南饥荒的措施施行，可见其灾伤之严重。而据《宋史》记载，"明道元年，京东、淮南、江东饥。二年，淮南、江东、四川饥"③，可见至刘太后去世，这场饥荒仍未结束。这次饥荒是刘太后统治期间仅次于滑州河决的第二大自然灾害，但事实上滑州河决乃发生在真宗在生之时，且被刘太后成功治理，可算是她的功绩，故与这次饥荒不能相提并论。

第二件事情，乃皇宫大火。明道元年（1032）八月，"大内火，延燔崇德、长春、滋福、会庆、崇徽、天和、承明、延庆八殿。上与皇太后避火于苑中"④。这次大火可谓宋朝开国以来最大的一次宫灾，火势蔓延甚至摧毁了刘太后与仁宗的寝宫（崇徽殿与延庆殿）。饥荒乃自然灾害，宫火或是人为疏忽，但在中国古代，人们认为灾异乃上天给予统治者的警示，如今宋朝在一年之内发生两次严重灾害，是否预示着身为统治者的刘太后有失德之处呢？或者是连上

---

① 李焘：《长编》卷111，明道元年十一月甲戌条，第2591页。
② 李焘：《长编》卷111，明道元年正月癸巳条，第2576页。
③ 脱脱等：《宋史》卷67《五行五·土》，第1462页。
④ 李焘：《长编》卷111，明道元年八月壬戌条，第2587页。

天也认为,刘太后应该马上还政？上天当然不会有任何想法,但士大夫们却会趁此机会,要求太后还政。宫灾过后不久,滕宗谅即上言"国家以火德王天下,火失其性,由政失其本"①,于是请太后还政,而在当年,奏请太后还政的,不在少数。要求还政,本身就是挑战太后的权力,而利用灾异事件要求太后还政,更是对她的能力以及之前功绩的否定。这是刘太后完全不能接受的事情,故她需要更为高级的礼仪性活动,以宣示自己权力与地位的合法性。参谒太庙之举,就是要回应男性士大夫,自己虽然身为女子,但一样可以如男性皇帝一样,行使最高权力,并承担相应的责任,亦即说明女主可以如皇帝一样有效统治国家。这并非没有先例,同时代的契丹女主萧绰,正给刘太后树立了一个榜样:女子是可以与男性皇帝共治天下的。直至弥留之际,刘太后对此仍然念念不忘。她死后,仁宗对辅臣说:"太后疾不能言,而犹数引其衣,若有所属,何也？"薛奎曰:"其在衮冕也！然服之,何以见先帝乎？"②可见她甚至想在死后仍然享受皇帝的葬礼。其实刘太后并无自立之心,更无残害赵氏之意,她的一切举动,乃只想以女子之身享受皇帝的一切待遇。但仁宗听从薛奎的劝谏,以后服下葬太后,把她重新纳入男权社会的正常秩序之中。

按照刘太后的设想,这种二圣同朝的政治格局,不应因她的逝世而结束。明道二年(1033)她驾崩之前曾颁下遗诰,要求"皇太妃……宜尊为皇太后。皇帝听断朝政,一依祖宗旧规,如有军国大

① 李焘:《长编》卷111,明道元年八月丁卯条,第2588页。
② 李焘:《长编》卷112,明道二年三月乙未条,第2610页。

事,与皇太后内中裁制"①。其实此时仁宗已经成年,按照当时的专制制度,皇帝一人尊强,实在不应再令一太后垂帘听政。刘太后此举当然是出于对仁宗执政能力的不信任,但她又何尝不是想延续这种女性闯入男性世界而统治天下的格局呢。她本乃开封街头一卖艺女子,但因机缘巧合,再加上聪慧勤奋,最终攀上权力的顶峰,让所有男性士大夫对她顶礼膜拜。作为女子能够达到如此程度,本该心满意足,所以在她的遗诰中有"以南面之母仪,承天下之荣养"②之句,充分表现了她这种满足感。然而,她认为这种荣耀不应该及身而止,而应延续下去,让其他女性继续平分男性社会的权力,故此,她才会作出让杨太妃继续听政的决定。然而,在专制的男权社会里,无论是皇帝还是士大夫,都不会让这种女主称制的格局延续,故在刘太后逝世次日,御史中丞蔡齐即提出:"上春秋长,习天下情伪,今始亲政,岂宜使女后相继称制乎?"又再过一日,仁宗即删去太后遗诰中"皇帝与太后裁处军国大事"之语。③

其实,刘太后让杨太妃接她的班,继续垂帘听政,并非只有一纸遗诰而已,她本人在统治过程中,创设了一套与其垂帘听政有关的制度,她是希望把这些制度延续下去的。天圣九年(1031)六月,"翰林学士宋绶、西上阁门使曹琮、夏元亨上《新编皇太后仪制》五

---

① 《宋大诏令集》卷14《皇太后遗诰》明道二年三月乙未,第72页。
② 《宋大诏令集》卷14《皇太后遗诰》明道二年三月乙未,第72页。
③ 见李焘:《长编》卷112,明道二年三月乙未条、四月丙申条,第2610页。令人不解的是,既然四月初一(丙申)已经删去"皇帝与太后裁处军国大事"之语,为何后来《宋大诏令集》依旧收入三月三十日(乙未)颁布的遗诰。而且这至少说明,未被删改的遗诰至南宋时依旧传世。

卷,诏名曰《内东门仪制》"①。这部文献,实际记录了刘太后垂帘听政期间各种相关制度,若能流传下去,必定可以成为宋代女性政治的典范之作,不但杨太妃,甚至以后的宋代后妃,也可以据此在礼制上继续分享男性的皇权,而到今天,它也可以成为研究宋代女主垂帘制度历史的重要文献。然而,男性士大夫们认为这些制度实在僭越太过,不欲为后人所效法,故将之毁灭。② 正如贾志扬先生所言,"《新编皇太后仪制》……在刘太后摄政十年后才推出它不是因为她想最终更有效地运用自己的权力,而是因为她想建立一个历史遗产"③,可惜的是一众士大夫以及仁宗还浸泡在女主垂帘的恐惧之中,且惧怕女主接踵而来,继续破坏男权统治的格局,从而草率地毁灭了这份遗产④;而作为继承者的杨太妃,也没有刘太后的手腕,能够延续女主与男性皇帝分享权力、共治天下的局面。

三、夫妇齐体——追求男女平等的政策法规

宋代皇帝常常会亲自裁决一些特殊案件,尤其是发生在京城

① 李焘:《长编》卷110,天圣九年六月庚辰条,第2562页。
② 王珪:《华阳集》卷48《推诚保德翊戴功臣开府仪同三司太子太保致仕上柱国颍国公食邑八千四百户食实封二千一百户赠司空兼侍中庞公神道碑铭》,景印文渊阁四库全书本,第1093册,第354页。此处云《内东门仪制》只有三卷,与《长编》所云五卷不同。
③ 贾志扬:《刘太后及其对宋代政治文化的影响》,载漆侠主编:《宋史研究论文集:国际宋史研讨会暨中国宋史研究会第九届年会编刊》,第126—141页。
④ 张晓宇博士的研究认为,《内东门仪制》虽然被烧毁,但刘太后时期的很多礼仪制度,依然被保留在《太常因革礼》中。见张晓宇:《从"变唐之礼"到"章献新仪"——北宋前期"新礼"问题与〈太常因革礼〉》,载《汉学研究》2019年第1期。

的案件,作为实际上的最高统治者,刘太后也不例外。其中,有两个案件特别值得留意。第一件发生在天圣六年(1028),其时,开封府言:"有民冯怀信,尝放火,其妻力劝止之。他日,又令盗摘邻家果,不从,而胁以刃,妻惧,告夫。准律,告夫死罪当流,而怀信乃同日全免。"上曰:"此岂人情耶?"于是判处冯怀信杖脊刺配广南牢城,其妻特释之。① 第二件是天圣八年(1030),在开封发生的贵戚殴妻致死的案件,刘太后知道后大怒曰:"夫妇齐体,奈何殴致死耶?"刘太后本要判处杀妻的贵戚死刑,但终因此事发生在南郊大赦之前,故只能按例免死。② 对这两个案件的处理,充分体现刘太后对儒家理论中限制女性的"三纲五常"的反抗。第一个案件中,犯罪者被免除刑罚,而告发者却被判处流刑,其原因仅仅是妻子不得告发丈夫死罪,这一理由可谓荒谬,不但置法律于不顾,还是中国古代男女不平等的极端表现。刘太后借仁宗之手,重新改判,释放守法的妻子,不但维护了法律的尊严,也维护了女性的应有的权利。第二个案件中,"夫妇齐体"一语,乃刘太后发自内心,她认为,夫妻应是平等关系,法律不应偏向丈夫而歧视妻子。更进一步看,"夫妇齐体",其实也正体现她心里男女平等的理念,如前所述,这种理念也在她的政治生涯中得到充分的实践。然而,刘太后并不满足于提高自己的地位,或为自己争取更多的权力,她的一些作为、她所颁布的一些法律、诏令,均隐现着提高当时妇女地位,或为她们争取权利的意向。

首先是礼制方面,按以往规定,"古之为父后者不为出母服,以

---

① 李焘:《长编》卷106,天圣六年七月辛酉条,第2477—2478页。
② 李焘:《长编》卷109,天圣八年十一月戊辰条,第2548页。

废宗庙祭也"①。但至宋代,这种礼制已经不能得到严格执行。乾兴元年(1022)开封判官王博文的母亲逝世,王博文年幼丧父,母亲改嫁,至是,他提出"今丧者皆祭,无害于行服",于是解官服丧。②王博文的行为在朝中大受非议,故他能解官服丧,必定得到当时刚刚垂帘听政的刘太后的赞同。在后来的《天圣令》中,即规定"母出及嫁,为父后者虽不服,亦申心丧"③,这种规定虽然未能完全肯定儿子为改嫁母亲服丧的行为,但是有意提高改嫁女子的地位,并且照顾亲生母子之间的人伦关系,显得更加人性化。

其次,在遗产继承方面,据《宋刑统》记载:"唐开成元年七月五日敕节文,自今后,如百姓及诸色人死绝无男,空有女,已出嫁者,令文合得资产。"由此可见,唐代已经规定出嫁女有继承户绝之家财产的权利,但并没有具体指出份额多少。至宋初,《宋刑统》继续记载曰:"臣等参详,请今后户绝者,所有店宅、畜产、资财,营葬功德之外,有出嫁女者,三分给与一分,其余并入官。"④由此可见,宋初已规定出嫁女可继承户绝且无在室女之家财产的三分之一,但这并不包括田产在内,且余下三分之二财产全部入官。天圣四年(1026)刘太后着审刑院审定颁布了《户绝条贯》,其文如下:

> 今后户绝之家,如无在室女,有出嫁女者,将资财、庄宅、

---

① 脱脱等:《宋史》卷291《王博文传》,第9744页。
② 李焘:《长编》卷99,乾兴元年十二月庚申条,第2306页。
③ 吕夷简主编:《天圣令》卷26《医疾令附假宁令》宋6条,第322页。
④ 以上引文,见窦仪:《宋刑统》卷12《户婚律·户绝资产》,北京:中华书局,1984年版,第198页。

物色,除殡葬营斋外,三分与一分;如无出嫁女,即给与出嫁亲姑、姊妹、侄一分,余二分若亡人在日,亲属及入舍婿、义男、随母男等自来同居,营业佃莳,至户绝人身亡及三年以上者,二分,店宅、财物、庄田并给为主;如无出嫁姑、姊妹、侄(原文繁体字为"姪",当以女侄解。——作者),并全与同居之人;若同居未及三年,及户绝之人孑然无同居者,并纳官,庄田依今文均与近亲;如无近亲,即均与从来佃莳或分种之人承税为主。若亡人遗嘱证验分明,依遗嘱施行。①

与《宋刑统》的条文比较,《户绝条贯》的进步有两点:一则清晰地安排了绝户之家的继承顺序;二则把近亲女属,如亲姑、姐妹及女侄也纳入继承人的范围。此外,在此不久之前,朝廷重申户绝之家,丈夫死前若已分家,财产只能由妻子继承,而丈夫的兄弟不能染指;若妻子带着丈夫的遗产改嫁,后夫也不得占有。② 这不但充分体现了刘太后"夫妇齐体"的思想,并且更进一步保障了夫死改嫁的女性的财产权利。条文规定如此,具体执行如何呢?据《长编》记载,天圣六年(1028),雄州言:"民妻张氏户绝,田产于法当给三分之一与其出嫁女,其二分虽有同居外甥,然其估为缗钱万余,当奏听裁。"上曰:"此皆编户朝夕自营者,毋利其没入,悉令均给之。"③此案所透露的信息有三:其一,"民妻张氏户绝",意味着张氏的丈夫死后,她作为妻子首先继承了所有的遗产;第二,张氏死

---

① 徐松辑:《宋会要辑稿》食货 61 之 58,第 5902 页。
② 徐松辑:《宋会要辑稿》食货 61 之 58,第 5902 页。
③ 李焘:《长编》卷 106,天圣六年二月甲午条,第 2467 页。

后,财产一如《户绝条贯》所规定的执行,出嫁女和同居外甥均得到
应得的一份;第三,朝廷不允许地方政府因为遗产价值高而把它没
收入官。由此可见,《户绝条贯》在刘太后统治时期是得到贯彻执
行的。更重要的是,在此案例中,宋朝廷更进一步规定了田产也属
于出嫁女可继承的财产。

最后,颁布系列诏令,改善军人及流配者妻子的生活境况。如
天圣元年(1023)诏:"裁造院所招女工及军士妻配隶南北作坊者,
并放从便。自今当配妇人,以妻窑务或军营致远务卒之无家
者。"①天圣四年(1026)九月,"诏自今配隶军人,其妻子并日给口
食至配所"②。至天圣九年(1031),朝廷更进一步规定,"亡命军士
妻子拘本营者,经赦,听从便"③,也就是说,即便是逃亡军人的妻子
儿女,境况也能有所改善。对待军人妻儿如此,流配囚徒的妻儿也
是如此。天圣七年(1029),"诏罪人配隶他州而妻子不愿从者,听
之"④,也就是说,妻子不必根据"出嫁从夫"的原则,跟随丈夫到配
所受罪。关于此点,《天圣令》中有进一步的规定:"诸流人科断已
定,及移乡人,皆不得弃放妻妾。如两情愿离者,听之。"⑤根据令文
的意思,被判流罪之人,不得随意抛弃妻子;相反,妻子不但可以不
跟从丈夫到配所受罪,如有必要,更可以与丈夫协议离婚,这就让
妇女在这种特殊的婚姻关系中有了更多的主动权。

---

① 李焘:《长编》卷 101,天圣元年闰九月甲午条,第 2336 页。
② 李焘:《长编》卷 104,天圣四年九月甲辰条,第 2421 页。
③ 李焘:《长编》卷 110,天圣九年二月壬辰条,第 2554 页。
④ 李焘:《长编》卷 107,天圣七年正月戊午条,第 2494 页。
⑤ 吕夷简主编:《天圣令》卷 29《狱官令》宋 10 条,第 329 页。

　　当然，无论刘太后再怎么努力，都不能改变中国古代男权社会的事实。当时，儒家理论中男尊女卑的思想深入人心，以刘太后一人之力，是不能颠覆男权社会的既有秩序的，如一次与仁宗出行，她欲其大安辇先仁宗而行，参知政事鲁宗道曰："妇人有三从，在家从父，嫁从夫，夫殁从子。"于是她只得命令大安辇跟着仁宗乘舆。① 由此可见，她本人虽很无奈，但不得不遵守妇人"三从"这一现实的社会道德规范。重责冯怀信而释其妻，确实是她对不公法律的挑战，但也只能算是个案而已；在贵戚殴杀妻子的案件中，权知开封府寇瑊一句"有司不敢乱天下法"②，亦使她不得不放弃原来的想法。其他一些法律、政策，多数也是顺应人情而为之，并未能真正突破男权社会的藩篱。她能够做的，只是在社会主流思想允许的范围内，尽量提高女性的社会地位，伸张女性的权利，并让男女达到一个相对平等的状态。中国妇女要真正挣脱男权社会主流思想的束缚，还需要有更大的时代变革。虽然无奈，但她并不甘心，在垂帘听政的十一年间，刘太后运用自己独到的智慧，一度使女主权力在宋代得到彰显，并以女子之身实现了"立朝纲、平天下"的政治理想，她自己何尝又不是像孟丽君一样，"已经完全认同于这种角色，并内化为自我意识"③呢。虽然这在宋代悠悠三百多年历史中只属昙花一现，但也足见刘太后内心欲与男性皇帝平起平坐，共治天下的想望，宋代女主的女性意识，也在这十一年间，得到

① 李焘：《长编》卷107，天圣七年二月庚申条，第2494页。
② 李焘：《长编》卷109，天圣八年十一月戊辰条，第2548页。
③ 蒋悦飞：《超时代的女性意识和权力困惑——〈再生缘〉在现代视角下的人文价值》，载《妇女研究论丛》2000年第2期。

一次高潮性的发挥。此后，北宋虽陆续出现另外四位垂帘听政的太后，但正如一些学者所指出的，这四位皇后听政，其实已沦为男性政治的附属品，北宋女性政治也逐渐由公允，趋向落后、保守。[①] 一直到南宋，女性意识在政治领域才又有所抬头，但那时，它的形式已与北宋大不一样了。

---

① 见张明华：《论北宋女性政治的蜕变》，载《河南大学学报》（社会科学版）2002 年第 1 期。

第七章　身后之名

　　也许是明道元年(1032)的灾荒,再加上皇宫大火,确实是让刘太后心力交瘁,她从明道二年初开始,身体就逐渐变差了,尽管在是年二月她服衮衣,戴仪天冠,完成了祭拜大宋太庙的壮举,但也阻挡不了死神的召唤。三月二十五日(庚寅),皇太后不豫,仁宗大赦天下,"乾兴以来贬死者复其官,谪者皆内徙,丁谓特许致仕"。此外,朝廷"募天下善医,驰传赴京师",为太后治病,并且令僧道进行剃度,为太后祈福。[1] 然而,这一切举措均不能挽回太后的生命,三月二十九日(甲午),刘太后驾崩,享年六十五岁。[2] 但即便太后驾崩,有关她的故事依然继续,因为仁宗尚需要处理他与生母和养母的关系,而刘太后垂帘听政的典范,也为大宋政治带来重要的影响。

---

[1] 李焘:《长编》卷112,明道二年三月庚寅条,第2609页。
[2] 李焘:《长编》卷112,明道二年三月甲午条,第2609页。

第一节　章献明肃

　　太后驾崩后，仁宗"号恸见辅臣"[1]，可见他与刘太后确实是有母子之情的。然而一如刘太后生前所料，一旦失去她的权力制约，皇帝非她亲生的秘密即被揭发。如前所述，没过几天，即有人告诉仁宗，其生母乃李宸妃，且言宸妃死于非命。仁宗立即派兵包围刘家府邸，并且到奉先寺开棺验尸，在发现李宸妃乃以后服入殓，且容貌依旧栩栩如生后，才感叹了一句："自今大娘娘平生分明矣！"[2]这似乎预示仁宗不再追究太后的过往了，但其实不然。仁宗对太后有亲情，但也感到压抑，这种压抑非比寻常，毕竟太后对他的管束非常严格，甚至可以说，仁宗之所以仁（懦弱），就是刘太后一手造成的。刘太后生前对待仁宗生母李宸妃，一切按照正常的礼制，而且在吕夷简的操作下，其葬礼的规格甚至高于正常的礼制，仁宗自然不能追究她和她的直系亲属，但心中之恨，并非一句"大娘娘平生分明矣"可以抚平的。此刻他一旦得知生母并非刘氏，而另有其人，以往的道德枷锁立即被打破，他不必再受亲情与孝道的束缚，故在相当一段时间内，出现"反章献之政"的政治行为。之前刘太后所重用的宦官，如江德明、罗崇勋、张怀德、杨安节等，均先后遭受贬黜；王蒙正、马季良等不法外戚，亦受到不同程度的责罚；钱惟演亦罢同平章事；刘太后重用的宰执大臣如吕夷简、

---

[1] 李焘：《长编》卷112，明道二年三月乙未条，第2610页。
[2] 李焘：《长编》卷112，明道二年四月壬寅条，第2610页。

张耆、晏殊、陈尧佐、夏竦、赵稹等均被罢出政府；相反，在天圣、明道间有曾违逆刘太后旨意的官员，如范仲淹、宋绶、滕宗谅等受到提拔任用，李迪也被召回朝拜为宰相。①

其实，仁宗这些反章献之政的举动，有些是在朝廷大臣辅助下的正当之举，但亦有一些是其意气所为。如上文提及之孙祖德者，实因刘太后病重才上疏要求还政，乃一投机分子，但仁宗亲政后照用不误。② 再如罢宰执大臣之事，始作俑者乃吕夷简，只因仁宗回宫后将此事告知郭皇后，郭皇后曰"夷简独不附太后耶？但多机巧，善应变耳"，于是把吕夷简一起罢免了。③ 不久之后，仁宗"复思吕夷简"，遂将他召回朝重新拜相。④ 由此可见，仁宗只因一己意气而罢吕夷简相，并不实际考虑到他贤能与否、可用与否。如此作为，并非成熟君主的表现，难怪当初刘太后让杨太妃继续制约他。

其实仁宗所谓反章献之政，并不真正反对抚育自己多年的刘太后，而是借此机会，彰显被遏制多年的皇权，最能体现此点的，是废郭皇后一事。明道二年（1033）十二月二十三日（癸巳），"诏称皇后以无子愿入道，特封为净妃、玉京冲妙仙师，赐名清悟，别居长宁宫"。郭后被废的直接原因，乃与后宫杨、尚二美人争宠，在与尚美人争执时，误伤仁宗，仁宗因此大怒，宰相吕夷简亦因之前被罢

---

① 以上事实可参见杨仲良：《续资治通鉴长编纪事本末》卷33《反章献太后之政》，第369—372页。江德明事，见李焘：《长编》卷112，明道二年四月丙辰条，第2612页；卷113，明道二年十月乙巳条，第2639页。王蒙正事，见卷119，景祐三年八月庚申条，第2800页；卷120，景祐四年二月壬子条，第2820页。钱惟演落平章事事，见卷113，明道二年九月丙寅条，第2635页。

② 见李焘：《长编》卷112，明道二年四月己未条，第2614页。

③ 李焘：《长编》卷112，明道二年四月己未条，第2613页。

④ 见李焘：《长编》卷113，明道二年十月戊午条，第2640—2641页。

相,而怨恨郭后,一力促成仁宗废后。[1] 郭后之废,更深层的原因,亦是仁宗欲反章献之政,因为当初主立郭后者,乃刘太后,而在刘太后生前,郭后亦协助刘太后,力行禁遏仁宗亲近后宫女色。[2] 所谓废后,于寻常人家看,只是休妻、离婚而已,但在帝王之家,却是牵涉朝廷大政之事,故此,仁宗废后一事,在朝廷上引起轩然大波,宰执、台谏相继介入,拉开了这两大集团在宋朝争斗的帷幕。宰执一方力主废后者,当然以吕夷简为代表;台谏一方反对废后,以右司谏范仲淹、权御史中丞孔道辅为核心,他们恪守儒家正统,认为对"国母"不可轻言废立,提出"宜早息此议,不可使闻于外也"。双方就此展开激烈讨论,结果则是吕夷简运用手中权力,怂恿仁宗外贬范仲淹与孔道辅,其他台谏官员亦受到不同程度的处罚。[3]

不管宰执与台谏的态度如何,最终决定废后与否的,还是仁宗本人,然则郭后对于仁宗,是否到了非废不可的地步呢? 其实不然。郭后初立之时,仁宗对她的确并不中意。但当时的仁宗毕竟只是个十五岁的少年,对年仅十三岁的郭后也并无特别的成见。而且,刘太后对后宫的禁遏甚严,如司马光所说:"章献明肃太后保护仁宗皇帝最为有法,自即位以后,未纳皇后以前,仁宗居处不离章献卧内,所以圣体完实,在位历年长久,章献于仁宗此功最大。"[4]可以推测,纳后之初,仁宗能够经常接触到的同年女性,也主

---

[1] 见李焘:《长编》卷113,明道二年十二月乙卯条,第2648页。

[2] 对于郭后被废的原因分析,可参见杨果、刘广丰:《宋仁宗郭皇后被废案探议》,载《史学集刊》2008年第1期。

[3] 见李焘:《长编》卷113,明道二年十二月乙卯至丙辰条,第2648—2649页。

[4] 范祖禹:《上宣仁皇后乞保护圣体》,赵汝愚:《宋朝诸臣奏议》卷29《帝系门·嫔御》,第283页。

要是郭氏。于是,这对少年夫妻,实际成了亲密的玩伴,青梅竹马
之间培养起了感情。据《长编》记载:

> 金庭教主、冲静元师郭氏薨。后之获罪也,上直以一时之
> 忿,且以阎文应所谮,故废之,既而悔之。后居瑶华宫,上累遣
> 使劳问,于是又为乐府辞以赐后,后和答,语甚凄怆,文应大
> 惧。会后小疾,文应与太医诊视,迁嘉庆院。数日,遽不起。
> 中外疑文应进毒,然不得其实。时上致斋南郊,不即以闻。及
> 闻,深悼之,诏以后礼葬,其兄西京左藏库使、昌州刺史中和迁
> 昌州团练使,内殿崇班、阁门祗候中庸迁礼宾副使、度支
> 判官。①

可见,废后不久仁宗即有悔意,并一直与郭氏有联系;郭氏死
后,仁宗痛悼不已,又升迁其兄。仁宗与郭后的感情看来并不算
坏。纵然误伤仁宗之事发生了,仁宗萌发废后之意,但他一直难下
最后决心。在废后诏书颁布时,"上意未决"②;直到废后诏书颁
行,仁宗还下过一道诏书,称:"中宫有过,掖廷具知,特示含容,未
行废黜,置之别馆,俾自省循。供给之间,一切如故。"这道诏书言
辞闪烁,含糊不清,段少连认为:"臣未审黜置别馆,为后乎? 为妃
乎? 诏书不言,安所取信?"③从此亦可窥见仁宗犹豫之迹。

---

① 李焘:《长编》卷117,景祐二年十一月戊子条,第2762页。
② 李焘:《长编》卷113,明道二年十二月乙卯条,第2648页。
③ 段少连:《上仁宗论废皇后有大不可者二》,赵汝愚:《宋朝诸臣奏议》卷28《帝系门·皇后下》,第270页。

　　然则，仁宗最终何以赞成废后之议呢？关键之一，实乃台谏的介入。废后本乃仁宗自己家事，但在家天下的专制时代，皇帝家事即是国事，故国事者，皆大臣士大夫可参与之事也。台谏们对废后之事交相论列，正体现臣下对君父家事参与的欲望。孔道辅在论奏中提出："人臣之于帝后，尤子侍父母也。父母不和，固宜谏止，奈何顺父出母乎！"①这正道出宋代士大夫把君主家事与国事融为一体的愿望。其后段少连的奏章中，亦先从家事着手，引儒家经典，逐步展开，再论及国事。然而，无论家事还是国事，其主导者当是君主本人。前已述及，在刘太后垂帘的十一年间，仁宗在政治上颇受压抑；刘太后去世，他才刚摆脱太后的掣肘，可于家事国事一申自己的意志，此时，他的权力方始彰显膨胀，岂容得一丝阻碍。郭后与仁宗的矛盾本非不能解决，废后之事起初于仁宗亦本无可无不可，然台谏介入，对他施以压力，则如普通年轻人之叛逆性格一样，抑之愈甚，抗之愈甚。再加上旁有宰臣，内有宦官对他煽动挑拨，废后于他而言，则是威信问题、面子问题，若此事不成，则今后无以御臣下、主国事了。富弼在其奏章中提道："夫废后谓之家事，而不听外臣者，此唐奸臣许敬宗、李世勣诡佞之辞，陛下何足取法？"②由此可知，李世勣赞唐高宗废王皇后一事，早已有人向仁宗提及，并应提示仁宗，废后止乃家事而已，此实乃迎合仁宗欲秉权主政之心；而台谏专欲仁宗就废后事听从外臣论奏，实有左右年轻皇帝主政之嫌。这于仁宗看来，其刚摆脱太后阴影，又重陷臣下掣

---

① 李焘：《长编》卷113，明道二年十二月乙卯条，第2648—2649页。
② 富弼：《上仁宗论废嫡后逐谏臣》，赵汝愚：《宋朝诸臣奏议》卷28《帝系门·皇后下》，第271页。

肘,实非所愿。故事情发展如此,废后与否已非正题,仁宗欲借此
逞强立威,才是题中真意。他后来贬黜责罚台谏,其故亦是如此。
虽然他们曾经为仁宗谋取一人尊强的独裁权力,但他们同样想把
仁宗纳于自己所代表的意理权威之下,这就正如刘静贞女士所认
为的:"一人尊强的尊王理念与公罪不可无的自我期许间,实在存
在着无可避免的矛盾性。"①

　　仁宗虽在政治上走出刘太后的阴影,彰显了自己的独裁权力,
但他并未对刘太后进行清算。一些官僚出于巴结逢迎仁宗的目
的,极力诋毁刘太后垂帘时期的政事,被提拔为右司谏的范仲淹对
仁宗说:"太后受遗先帝,保佑圣躬十余年矣,宜掩其小故以全大
德。"仁宗听后,"大感悟",于是下诏:"大行皇太后保佑冲人,十有
二年,恩勤至矣。而言者罔识大体,务讦一时之事,非所以慰朕
孝思也。其垂帘日诏命,中外毋辄以言。"②仁宗的感悟,实源于对
刘太后的追思,刘太后诚然对仁宗管束甚严,政治上亦抑制过甚,
但总体而言,亦算尽了母亲之职。仁宗与之生活二十多年,其感情
深厚,岂是一二大臣之语能够摧毁。仁宗所不满刘太后者,乃自己
的权力与性格一直受到约束,不得舒张,而随着刘太后的逝世,这
个问题得到暂时解决,他实在没有必要,亦不太愿意追究养母的过
往。非但如此,在明道二年(1033)九月刘太后灵驾发引之时,仁宗
对辅臣说:"朕欲亲行执绋之礼,以申孝心。"于是他"引绋行哭,出

① 刘静贞:《范仲淹的政治理念与实践——借仁宗废后事件为论》,载《宋史研究集》
　第二十四辑,台北:台湾"国立"编译馆,1996 年,第 53—76 页。
② 李焘:《长编》卷 112,明道二年五月癸西条,第 2616—2617 页。

皇仪殿门，礼官固请而止"①。对于刘太后的外戚，除法办多行不法的王蒙正、贬黜侥幸得官的马季良，以及免去钱惟演平章事之衔以外，其他刘姓族人，如刘从广、刘永年等，均受到保护，并在日后有所作为。

仁宗还有一件事必须解决，那就是自己生母李宸妃的身份问题。四月初七（壬寅），当他得知生母为李宸妃后，立即下旨追尊她为皇太后，并且改葬于永定陵。② 永定陵就是真宗的陵墓，由于他驾崩之时，潘皇后与郭皇后早已去世，所以前者乃祔葬于太祖永昌陵，而后者祔葬于太宗永熙陵。③ 换言之，至刘太后驾崩时，真宗永定陵尚未有祔葬的皇后。刘太后乃真宗亲自册封的皇后，故祔葬于永定陵、长伴真宗于地下的应该是她，这其实也符合真宗的意愿。可现实是，死者的意愿必须靠生者来实现，而仁宗显然想让自己的生母永远陪伴真宗。此时史书上并没有记载刘太后的下葬之地，故笔者怀疑，她陪伴真宗的权利有可能是要被剥夺的。不过在"大娘娘平生分明"之后，一切回到正轨，毕竟仁宗对刘太后有再多的不满，也要按照儒家的礼仪来安排两位太后的后事。四月二十八日（癸亥），刘太后的谥号被定为"庄献明肃"，而李宸妃的谥号是"庄懿"。④ 之所以刘太后的谥号为四字，是因为她曾经临朝称制，而这后来在宋代也成为制度，即太后只要曾经临朝听政，驾崩后即

---

① 见李焘：《长编》卷113，明道二年九月壬午条，第2636页。
② 见李焘：《长编》卷112，明道二年四月壬寅条，第2610页。
③ 郭皇后祔葬事，见徐松辑：《宋会要辑稿》后妃1之2，第221页；潘皇后事，见后妃1之3，第222页。
④ 见李焘：《长编》卷112，明道二年四月癸亥条，第2615页。

可获得四字谥号。[1]

接下来是两位太后神主安放的问题。一般而言,太庙里每位皇帝只应该配一位皇后,可真宗的皇后实在太多了,此时也早就将郭皇后的神主放进太庙真宗室中。[2] 五月,钱惟演被罢景灵宫使,并被要求返回洛阳判河南府,他知道太后一死,自己失去靠山,为求自保,他于是上了一道奏章,称颂李宸妃的美德,并指出,本朝"孝明、孝章皇后并祔太祖之室,懿德、明德、元德并祔太宗之室",故也应该把庄献明肃和庄懿两位太后配祔真宗之室。[3] 但钱惟演弄错的是:当时配祔太庙太祖之室的只有孝明王皇后,至于孝章宋皇后则是"祭别庙",直到神宗元丰六年(1083)才配祔到太庙太祖之室。[4] 但无论如何,孝惠、孝明、孝章都是太祖承认的皇后;懿德、明德也是太宗承认的。元德李皇后是真宗的生母,所以真宗即位后也马上把她追尊为太后,但直至大中祥符七年(1014)才敢把她配祔到太庙太宗之室。[5] 此时钱惟演提出让两位太后立即配祔真宗之室,只为逢迎仁宗罢了。

刘太后对仁宗有保育之情,李宸妃对他有生育之恩,他何尝不想让两位太后进入太庙,永世享受大宋子孙的贡奉呢?可问题是,

---

[1]《石林燕语》云:"母后加谥自东汉始。本朝后谥,初止二字;明道中,以章献明肃尝临朝,特加四字。至元丰中,庆寿大皇太后上仙,章子厚为谥议请于朝,诏以太皇太后功德盛大,四字犹惧未尽,始仍故事,遂谥慈圣光献。自是宣仁圣烈与钦圣宪肃,皆四字云。"见叶梦得:《石林燕语》卷1,第5页。

[2] 见徐松辑:《宋会要辑稿》后妃1之2,第221页。

[3] 见李焘:《长编》卷112,明道二年五月丁卯条,第2615页。

[4] 见徐松辑:《宋会要辑稿》后妃1之2,第221页;脱脱等:《宋史》卷242《王皇后传》,第8608页。

[5] 脱脱等:《宋史》卷242《李贤妃传》,第8611页。

此事不能操之过急。刘太后乃真宗承认的妻子，尚有说法，可李宸妃的太后之位乃自己追封，为人子者为父亲立后，身份显得尴尬。于是，仁宗把钱惟演的奏章发到太常礼院，让礼官们讨论。六月，太常礼院上言，认为按照礼制，每室一帝一后，这才是正理。他们逐一驳斥了钱惟演的所谓先例，认为"庄穆（郭皇后）著位长秋，祔食真宗，斯为正礼。庄献（刘太后）母仪天下，与明德（太宗李皇后）例同，若从古礼，只应祀后庙。庄懿（李宸妃）帝母之尊，与元德（真宗生母李贤妃）例同，便从升祔，似非先帝谨重之意，况前代无同日并祔之比"。仁宗不死心，让都省跟太常礼院再议一次，但他们议论的结果是："庄穆位崇中壸，与懿德（太宗符皇后）有异，已祔真庙，自协一帝一后之文。庄献辅政十年，庄懿诞育圣躬，德莫与并，退就后庙，未厌众心。……宜于太庙外别立新庙，奉安二后神主。"[1]仁宗无可奈何，也只得同意。

九月二十日，刘太后与李宸妃的灵驾出发，仁宗亲临祭奠；十月初五，两位太后的遗体被安葬在永定陵，她们一直陪伴在真宗身边，直到今天，河南巩义的宋代皇陵中，依然能找到这两位太后的陵墓；十月十七日，两位太后的神主被安放在新建的奉慈庙；十月二十六日，刘太后的御容被安放在慈孝寺彰德殿，李宸妃的御容被安放在景灵宫广孝殿。[2] 然而故事还没有完全结束，因为仁宗还要继续为他的生母争取荣誉。一直到庆历五年（1045），在仁宗的争

---

[1] 李焘：《长编》卷112，明道二年六月己未条，第2620页。
[2] 以上史实，见李焘：《长编》卷113，明道二年九月壬午条，第2636页；十月丁酉条，第2637页；十月己酉条，第2639页；十月戊午条，第2640页。

取之下,朝廷才把刘太后与李宸妃的神主配祔太庙真宗之室。① 而在此之前,庆历四年(1044)七月,同判太常寺吕公绰上言曰:

> 太祖谥有大孝,后曰孝明、孝惠、孝章;太宗谥有圣德,后曰懿德、明德、元德、淑德。先帝在御,特谥二后曰庄怀、庄穆。及上真宗文明武定章圣元孝之谥,而郭后升配,即当协参徽号而追正之,时无建请,莫复典章。迨夫奉慈尊名,继循前失。况庄穆神主合祔本室,名无所属,理固未安,宜列系于丕称,式增隆于大行,兼详乾德礼例改谥昭宪皇后故事,伏请改上真宗皇后谥皆为章。②

十一月,仁宗下诏,"改上庄穆皇后谥曰章穆,庄献明肃皇太后曰章献明肃,庄懿皇太后曰章懿,庄怀皇后曰章怀,庄惠皇太后曰章惠"③。从此,刘太后的谥号为"章献明肃"。在史书中,所谓"章献太后""明肃太后"或"庄献太后"等,其实指的都是刘太后;而章懿、庄懿俱指李宸妃。

---

① 见李焘:《长编》卷156,庆历五年七月乙巳条,第3791页。有关宋代皇后祔庙问题的详细讨论,可参见赵冬梅:《先帝皇后与今上生母——试论皇太后在北宋政治文化中的含义》,载张希清等主编:《10—13世纪中国文化的碰撞与融合》,上海:上海人民出版社,2006年,第388—407页。

② 李焘:《长编》卷151,庆历四年七月丙子条,第3666页。

③ 李焘:《长编》卷153,庆历四年十一月己卯条,第3720页。

第二节　垂范后世

明道二年（1033），随着刘太后逝世与仁宗亲政，宋初首次太后垂帘听政亦宣告结束。纵观刘太后亲政这 11 年，宋代并无出现唐代女主称制、祸及朝廷、皇室的局面；相反，在刘太后的主持下，宋真、仁两朝得以顺利、平稳过渡。刘太后作为女主执掌朝政，虽然也不免有外戚、宦官参与政治，甚至造成一些消极影响；刘太后本人权力欲也不小，其专制权威甚至压过仁宗。但与前代某些女主相比，她对于大宋朝廷和赵氏皇室，实乃功劳大于过失。总体而言，刘太后在其当政期间，在政治、经济、法律等方面均有所建树，对于赵氏皇室甚至仁宗本人的保护，亦可谓无微不至。因此，司马光认为："章献明肃皇太后保护圣躬，纲纪四方，进贤退奸，镇抚中外，于赵氏实有大功。"[1]哲宗时，"宣仁圣烈高后垂帘听政，而有元祐之治"[2]，史家评价甚高，但南宋时，以理学著称的学者朱熹则认为高太后"反不及章献"[3]。由此可见，在宋人心目中，刘太后虽未必能及贤后之称，但也同样受到赞誉。

然而，至明末清初，王夫之论及宋代太后垂帘时认为：

> 仁宗立，刘后以小有才而垂帘听政，乃至服衮冕以庙见，

① 司马光：《温国文正司马公文集》卷 25《上皇太后疏》，四部丛刊初编本，本卷第 4 页 b。
② 脱脱等：《宋史》卷 242《后妃上·论》，第 8606 页。
③ 黎靖德辑：《朱子语类》卷 127《本朝一·仁宗朝》，第 3044 页。

乱男女之别,而辱宗庙。方其始,仁宗已十有四岁,迄刘太后
之殂,又十年矣。既非幼稚,抑匪暗昏,海内无虞,国有成宪,
大臣充位,庶尹多才,恶用牝鸡始知晨暮哉?其后英宗之立,
年三十矣,而曹后挟豢养之恩,持经年之政;盖前之辙迹已深,
后之覆车弗恤,其势然也。宣仁以神圣母,越两代而执天下之
柄,速除新法,取快人心,尧、舜之称,喧腾今古。而他日者,以
挟女主制冲人之口实,授小人以反噬,元祐诸公亦何乐有此。
而况母政子政之说,不伦不典,拂阴阳内外之大经,岂有道者
所宜出诸口哉?①

　　王夫之之论,乃从刘太后主政说起,从而否定宋代所有后妃垂
帘听政之事,这种观点当然是偏颇的。但从王氏的论述中也可以
看出,刘太后实乃宋代后妃垂帘听政制度的创立之人。虽然刘太
后确立的一些制度,其文字记录因统治者的偏见而被毁弃,因而未
能留传后世②,但她毕竟是宋代第一位垂帘太后,她的垂帘听政模
式以及产生的政治影响,亦一直延及有宋一代。如王夫之所言,宋
代未必"用牝鸡始知晨暮",亦即是说宋代未必要通过太后垂帘听
政方使朝政稳定,但事实上,宋代太后垂帘听政不但在数量上占多
数,后人对宋代后妃垂帘听政的评价亦是甚高,元人认为:"宋三百
余年,外无汉王氏之患,内无唐武、韦之祸,岂不卓然而可尚

① 王夫之:《宋论》卷4《仁宗一》,第74页。
② 如前文所述《内东门仪制》的焚毁,即当中显例。再如刘太后于其晚年曾以太后身
　份服衮冕恭谢太庙,其具体礼仪、形式亦因宋祁奏称"皇太后谒庙事不可为后世
　法"而未被记录下来。见李焘:《长编》卷112,明道二年五月丙子条,第2617页。

哉。"①刘太后所确立的垂帘听政模式在宋代何以得到妙用，以使皇帝、太后和士大夫三方取得权力平衡，实在值得探讨。

一、刘太后垂帘听政及其对宋代政治的影响

明道二年（1033），刘太后去世，遗诰尊太妃为皇太后，皇帝听政如祖宗旧规，军国大事与太后内中裁处。刘太后至死也要把皇权托管于另外一位后妃，不想交还给仁宗，这既是她对仁宗理政能力的不信任，也是她欲把女性与男性君主共享皇权的局面延续下去的想望。然而，士大夫们并不愿意如此，他们依然要维持男权社会的正常秩序，杨太妃虽然当上太后，但已不能垂帘听政。曾为幼主的仁宗终于亲政，这意味着宋代第一位幼主已经顺利成长，太后垂帘听政也在宋代得到第一次比较成功的试验，这个过程、这种经验，给后来的宋代君臣起了很好的模范作用。

经过刘太后垂帘之事，士大夫不再视太后垂帘听政如洪水猛兽。翻查史料其实可以发现，在刘太后以后，宋代太后垂帘听政，多是士大夫主动要求的，且再未因争论太后是否垂帘听政而发生政治争斗，这在幼主即位的情况下尤其如此。如神宗在元丰八年（1085）病重之时，宰相王珪请求"早建东宫"，"乞皇太后权同听政"②。不久，神宗去世，"当时大臣以章献明肃故事奏陈，乞为社稷计，暂同听政"③。于是，英宗高皇后垂帘听政，"应军国事并太

① 脱脱等：《宋史》卷242《后妃上·论》，第8606页。
② 李焘：《长编》卷351，元丰八年二月癸巳条，第8409页。
③ 李焘：《长编》卷425，元祐四年四月壬子条，第10274页。

皇太后权同处分,依章献明肃皇后故事"①。由此可见,刘太后垂帘的故事,对宋代第二位幼主即位影响甚深,在此过程中,士大夫并未掀起如天禧末年的政治争斗,而是主动把最高权力临时交给太后。此外,高太后的很多礼仪制度,均是"依章献明肃皇后故事"②。至于南宋末年,恭帝即位,理宗谢皇后也是"大臣屡请垂帘同听政,强之乃许"③。后来杨淑妃听政端宗与少帝,虽然笔者没有看到有史料直接记载为大臣所请,但当时时局动荡,二帝流亡,淑妃听政亦乃因循故事而已。而南宋初年的苗、刘之变中,叛军也"请隆祐太后垂帘同听政"④。

刘太后以前,宋代士大夫总认为"政出房闼,斯已国家否运"⑤。刘太后垂帘11年间,虽稍有风波,但总算稳步发展。自此之后,宋代士大夫幡然发现,母后垂帘,其实也非十分可怕,只要约束得当,唐武、韦之祸也不会发生。再者,两代君主承接之际,本来就是一朝一代的非常时刻,若权归宦官或权臣,则所生祸乱或更为严重。相比之下,前朝太后,一般是新君的母亲或祖母,无论从文化上的孝道,还是从伦理上的家长权力看,母后为新君主持国事,行使皇权,均是名正言顺,正如张星久先生认为:"当前一代君主去

---

① 李焘:《长编》卷353,元丰八年三月戊戌条,第8456页。
② 高太后在受册、仪卫、印宝等方面,均依章献明肃皇后故事,分别见脱脱等:《宋史》卷110《礼十三·上皇太后太妃册宝仪》,第2647页;卷144《仪卫二·皇太后仪卫》,第3393页;卷154《舆服六·后妃之宝》,第3588页。受册一事后因群臣谏阻而作罢。
③ 脱脱等:《宋史》卷243《谢皇后传》,第8659页。
④ 李心传:《建炎以来系年要录》卷21,建炎三年三月癸未条,景印文渊阁四库全书本,台北:台湾商务印书馆,1986年,第325册,第326页。
⑤ 李焘:《长编》卷98,乾兴元年二月戊午条,第2271页。

世、继位君主年幼时，作为'天下之母'的母后就成了实际上的家长，如果基于家天下的精神，她对自己的'家事'拥有最高发言权，也就成为理所当然的。"①因此，在神宗弥留之际，士大夫化解了蔡确、章惇等人另立皇子之谋，促成哲宗登位，高太后垂帘。② 当然，士大夫不会对母后垂帘听之任之，他们对刘太后垂帘时的种种僭越行为仍然耿耿于怀，英宗初年，仁宗曹后垂帘听政，宰相韩琦设法令其归政；哲宗即位时，士大夫对垂帘听政的高太后要求更加严格。只要高太后举动稍有僭越之嫌，群臣必定交相论列，务使高太后就范。即如元祐二年（1087），有司欲依刘太后旧例，让高太后在文德殿受册，群臣纷纷上疏谏阻，最后还是高太后下手诏，于崇政殿受册。③

刘太后垂帘，对于后来的垂帘后妃来说，又是另外一番经验。纵观前朝，汉代后妃能力有限，总得依靠一些特殊人群去处理政事，于是两汉时期，宦官、外戚接踵而来；唐代武、韦两位皇后，可算聪明绝顶，但亦依靠外戚、酷吏进行统治，杀戮太重，在史册上留下恶名。但经过刘太后垂帘一事，后妃们发现，其实不需要依靠宦官、外戚或酷吏，也不用对内实行高压政策，只要能有效地依靠、利用和防范士大夫，一样可以有效处理朝政；如若因新君年幼而垂帘听政者，更可以因皇帝之名而紧握最高权力。《宋史》认为，宋代

---

① 张星久：《母权与帝制中国的后妃政治》，载《武汉大学学报》（社会科学版）2003 年第 1 期。

② 李焘：《长编》卷 351，元丰八年二月癸巳条，第 8410—8414 页。

③ 见李焘：《长编》卷 403，元祐二年七月己未条，第 9805—9807 页；脱脱等：《宋史》卷 242《高皇后传》，第 8626 页。

"中更主幼母后听政者凡三朝，在于前代，岂非宦者用事之秋乎！"①其实岂止宦官，南宋参知政事龚茂良认为："汉、唐之乱，或以母后专制，或以权臣擅命，或以诸侯强大藩镇跋扈。本朝皆无此等。"②平心而论，宋代亦有太后垂帘之时，出现权臣专政，此即南宋理宗时之史弥远，但史弥远之成为权臣，乃在宁宗之时，这与当时在宫内掌权的杨皇后有关。然而，在宁宗弥留之际，杨皇后与史弥远合谋废掉原来的皇子赵竑，另立一皇子为帝，是为理宗，故三人早已是绑在一根绳子上的蚂蚱，而成为太后的杨氏也沦落为史弥远摆放在政治舞台上的傀儡了。③

在宋代，垂帘太后总是非常聪明，她们一方面在仪制、礼节上对士大夫多作忍让，更不会冒天下之大不韪，触碰士大夫的心理底线；而另一方面，她们又能利用和防范士大夫，特别是在辅助幼主之时，垂帘太后能紧紧掌握最高权力，使她们的意志得以实行。如高太后一开始垂帘，即利用司马光等元祐大臣，尽革自己一向反对的熙丰新法。其后大臣虽一再请求，她也一如刘太后，至死没有还政。苗、刘之变时，哲宗孟皇后虽为苗傅、刘正彦所逼，抱三岁幼儿垂帘听政，然终亦依靠宰相朱胜非，引韩世忠调兵勤王，铲除叛逆。到南宋末年，国家处于动荡之际，谢太后还是借士大夫之手，贬死权臣贾似道。可见，宋代之垂帘太后，多数能利用与皇帝共同分享

---

① 脱脱等：《宋史》卷 466《宦者一·论》，第 13599 页。
② 佚名：《宋史全文》卷 26 上，淳熙三年十月甲戌条，北京：中华书局，2017 年，第 2179 页。
③ 关于杨皇后与史弥远的合作，可参见拙论：《南宋后族淳安杨氏家族考论》，载《杭州师范大学学报》（社会科学版）2017 年第 3 期。

的皇权以维持朝中秩序,而这一切,不能不说是刘太后垂帘垂范后世的结果。惟其如是,宋代之良法于前代未必可行,因前代朝廷大臣,多为世家大族,太后垂帘之时若依靠大臣处理朝政,实际也只能是造就权臣,把持朝政。但至宋代,世家大族几乎在唐末五代的乱世中消失殆尽,而从宋太宗开始,科举录取人数又大幅增加。故此,宋代文官入仕,多由科举,社会阶层流动迅速,难有宗族世家可言。再者,宋代儒学复兴,士大夫以天下为己任,多愿为皇家所用,而垂帘太后所代表的并非自己的外戚家族,而是赵宋皇室,所以她们才能依靠他们,利用他们。更深层的原因是,宋代专制程度非前代可比,无论垂帘太后对大臣士大夫的防范,还是士大夫对垂帘太后的抑制,都是为了维护这一专制制度,保证皇帝能够实施专制权力,这一点容后详加讲述。

二、宋代后妃与帝位传承

两宋后妃垂帘听政数量如此之多,主要是因为帝位传承之际出现各种变故,而后妃在宋代新君嗣立中,往往起着举足轻重的作用。两宋皇帝一共十八位,其中十位皇帝在嗣位过程中受到后妃的直接影响,而当中九位皇帝在即位之初,更由皇太后(妃)垂帘听政。总体而言,在三种情况下,宋代新君嗣立总有后妃的作用。

其一,新君年少幼孤。在宋代十八位皇帝当中,能称为幼主者,除仁宗以外,还有北宋哲宗,南宋末年的恭帝、端宗和祥兴帝。除此之外,南宋初期,由于发生苗、刘之变,高宗曾短暂退位,由其三岁皇子暂代帝位,此勉强也算一位。无论是和平时期的北宋,还是处于动荡的南宋初年和末年,太后垂帘听政已经成为宋代幼主即位的一种固定模式。而且,在太后垂帘期间,皇权实际就是由垂帘太后分享且行使,而不是其左右的外戚、宦官或权臣。即使是南宋末年宋朝衰亡,其原因也是来自外患,而非内忧。由此不得不说,刘太后垂帘听政,辅助幼主的经验,的确给了后世很重要的参考价值。宋代后妃因新君年少幼孤而在帝位传承中作用突出的,只有真宗刘皇后及英宗高皇后。事实上,这两位皇后也是参政后妃中执政时间最长的,刘太后"称制凡十一年"①,而英宗高皇后辅助哲宗时间长达九年,史称"宣仁圣烈高后垂帘听政,而有元祐之治"②。不过值得一提的是,北宋两位幼主,长至成年,太后亦未肯还政,此亦对两位幼主造成不良影响:仁宗性格懦弱,而哲宗过于偏执。两位皇帝亲政后,均对太后垂帘之时的政策有所颠覆,对政局造成一定影响;而宋代两个废后的皇帝,恰恰也是这两位。

其二,新君非旧君子嗣。有宋一代,一些皇帝身后无嗣,往往造成老皇帝不得不选立兄弟或宗子入继帝统。在宋代,非以上一代皇帝亲子身份入继帝统的有太宗、英宗、徽宗、高宗、孝宗、理宗、端宗和少帝,所占比例甚高。其实以宗室子入继帝统,在历代均为正常现象,但在宋代,一些入继的宗子似乎认为这样不够名正言顺,故多有推托,甚至引起一些风波。如英宗继位之际,在居室内乱走,惊呼"某不敢为,某不敢为!"③徽宗在即位时,亦推托说"申

---

① 脱脱等:《宋史》卷 242《刘皇后传》,第 8615 页。
② 脱脱等:《宋史》卷 242《后妃上·论》,第 8606 页。
③ 李焘:《长编》卷 198,嘉祐八年四月壬申条,第 4792 页。

王,兄也"①,不敢僭越兄长成为皇帝。这表明,嫡庶长幼的观念在时人心中非常牢固,非按正常顺序继承皇位的皇帝总怕遭人非议。为避免这种情况在政治上可能引起的一些危机,这些皇帝往往由先朝皇后认可,方能顺利继位。而即位之君,为了寻找即位合法性的理据,一般都非常尊重先朝皇后,甚至请之垂帘听政,以证本身无私之心。宋代因为非原来皇帝子嗣继位,而由太后决定册立、辅助或得到太后承认的皇帝有英宗、徽宗、高宗和理宗。而端宗和少帝的册立,多是决策于大臣,后妃的作用甚小。由于理宗继位掺杂了其他因素,故把他归于另一类。

英宗乃宋代首位以宗子入继帝统之君主,在其册立及嗣立过程中,仁宗曹皇后所起作用甚大。她首先与仁宗共同主持了英宗的婚礼,"时宫中谓天子娶妇,皇后嫁女云",表明"仁宗、光献(曹后)以英宗为子,圣意素定矣"。在仁宗驾崩之际,曹后表现镇定,对仁宗死讯秘而不宣,只令两府大臣黎明入宫,并叫人"三更令进粥,四更再召医",制造仁宗尚在人世的假象,使英宗顺利登位。英宗即位后即患病,曹太后又为他垂帘听政,此中意义重大,因为这样既进一步证明英宗继位之合法性,在当时也起到了稳定朝局的作用。难怪邵伯温后来评价说:"则光献立子之功,其可掩哉?"②

若说英宗继位,在仁宗一朝已经由皇帝钦定,那么徽宗之立,则完全由神宗向皇后决策。哲宗于元符三年(1100)正月驾崩,膝下无子,宋朝又一次断统。此时向太后已经垂帘,她不顾宰相章惇

---

① 李焘:《长编》卷520,元符三年正月己卯条,第12357页。
② 以上引用,可见邵伯温:《邵氏闻见录》卷3,第20页。

的反对,以"先皇帝曾言端王生得有福寿"①为由,主立端王赵佶,即后来的徽宗。向后主立端王,当然有其政治考虑,但由此亦可见,宋代太后在立嗣当中有相当的权力,章惇作为宰相,最后也不得不屈从。此种现象后来又出现在宁宗、理宗的嗣立问题上。向后在徽宗登基之后,继续垂帘听政半年。其实,徽宗继位之时已年届十八,太后垂帘之举实出于他自身的要求。他一登基,即对众大臣说:"适再三告娘娘,乞同听政。"②这样不仅可以加强其继位的合法性,而且,其继位曾遭宰相反对,以太后垂帘,有利于稳定人心,实现顺利过渡。

高宗乃徽宗之子,钦宗之弟,以皇弟身份入继大统,确实有点说不通,故传统观念根深蒂固的文人士大夫对此很是无奈,因为当时赵宋皇朝的所有宗室近亲,均被金人掳掠一空,唯康王赵构不在东京,因而幸免于难。国不可一日无君,赵构继位实乃士大夫乃至整个赵宋皇朝不得已的选择。然高宗虽然继位,其帝统问题,一直受到时人的诘难与挑战。当时以敢言著称的太学生陈东就曾上书高宗,要求他"亲征以还二圣"③。而在苗刘之变中,苗傅也曾肆言曰:"帝不当即大位,渊圣来归,何以处也?"④这虽是叛军的借口,但一针见血。在这种情况下,高宗需要有人证明他皇位的合法性。哲宗孟皇后因两度被废,其名不在宗室籍内,故避过金人掳掠的浩劫。其后她又在张邦昌的伪楚政权中垂帘听政,故声名早著,她是

---

① 曾布:《曾公遗录》卷9,北京:中华书局,2016年,第174页。
② 曾布:《曾公遗录》卷9,第175页。
③ 脱脱等:《宋史》卷455《陈东传》,第13361页。
④ 脱脱等:《宋史》卷475《苗傅传》,第13804页。

证明高宗帝位合法性的最佳人选。孟后在苗刘之变时，曾为高宗幼子垂帘。在听政期间，她听从朱胜非的策略，一方面安抚苗、刘二人，一方面暗中设法让韩世忠调兵勤王，使高宗得以复辟。最后，"再以手札趣帝还宫，即欲撤帘"①。这实际上承认了高宗帝统的合法性。

其三，新君倚政变继位。此乃指在非特别情况下，没有在位皇帝谕旨首肯和正式禅位仪式，或由不合法的继承人通过政变而继承皇位。在宋代，明显属于此类者，有宁宗和理宗，出于稳定人心，证明继位合法性，两朝之初均有皇太后垂帘听政。

宁宗继位一事，历代史家评价甚高，称之为"绍熙内禅"②。然名为内禅，实际上光宗是被迫"内禅"，宁宗因赵汝愚、韩侂胄等人发动之政变而继位。光宗本人也不承认这次内禅，当宁宗去朝见他的时候，光宗问是谁，一旁的韩侂胄对曰："嗣皇帝。"光宗登目视之，曰："吾儿耶？"然后"转圣躬面内"③。高宗吴皇后在这次内禅中无多大作为，却有很大作用。无多大作为，是因她已年近八十，内禅之事，多听从赵汝愚等人意见行事。她首先稳定了政局，并以光宗之子嘉王为嗣，使内禅顺利进行。此外，如前所述，皇太后在新君册立方面有很大权力，同时也是新君合法继位的象征，因此，即使是因政变继位，也须从皇太后身上找寻合法理据，否则就是篡位。吴太后在这次内禅中虽无太大作为，但在这方面的象征意义却十分重要。可以说，若非吴太后首肯，内禅之事，未必能成。

① 脱脱等：《宋史》卷243《孟皇后传》，第8635页。
② 周密：《齐东野语》卷3《绍熙内禅》，北京：中华书局，2004年，第37—45页。
③ 叶绍翁：《四朝闻见录》甲集《宪圣拥立》，第13页。

　　理宗的继位则是由权臣史弥远发动的政变。宁宗本来立了一个皇子赵竑,但此子情商低下,尚未接掌政权,即威胁日后铲除权臣史弥远。史弥远为了保持自己的权力,于是秘密培养沂王宗子赵昀,阴谋废掉赵竑。① 参与这次政变的是宁宗杨皇后,她最开始并不知情,但赵竑确实对她也很不恭敬,并且疏远她为他安排的妻子。② 史弥远让杨皇后之侄杨谷与杨石七次往返宫中游说皇后,但皇后一直没有答应。最后,杨氏兄弟说:"内外军民皆已归心,苟不立之,祸变必生,则杨氏无噍类矣!"③即威胁说赵竑一旦继位,杨氏上下必定鸡犬不留。最终杨皇后考虑到家族利益,才同意与史弥远合作。理宗登位后,杨太后垂帘听政,原因乃理宗既非帝统纯正,又非合法继位。他登基前,杨太后甚至对他一无所知,乃问"其人安在"④,他在朝中的人心就更可想而知了。但太后既然为其背书,就不得不垂帘听政,因为这既有助于证明理宗帝位的合法性,又有助于稳定朝局、安定人心,同时也有利于史弥远专权。杨皇后在宁宗朝早已参与政事,当初更是一手策划铲除权臣韩侂胄,如今却只能成为史弥远的傀儡。⑤

　　要之,宋代后妃在帝位传承中的作用有三:其一,保证新君顺利登位,两朝顺利过渡;其二,行使立嗣之权;其三,证明新君继位

① 见脱脱等:《宋史》卷 246《赵竑传》,第 8735—8736 页。

② 见周密:《癸辛杂识》后集《济王致祸》,北京:中华书局,1997 年,第 87 页。

③ 所谓十次往返之事,未必真实存在,但"杨氏无噍类矣"之语,应该是通过某种渠道传达给杨皇后的。见脱脱等:《宋史》卷 243《杨皇后传》,第 8657 页。

④ 脱脱等:《宋史》卷 243《杨皇后传》,第 8657 页。

⑤ 有关杨皇后的事迹,可参见拙论:《南宋后族淳安杨氏家族考论》,载《杭州师范大学学报》(社会科学版)2017 年第 3 期。

之合法性。值得注意的是,从英宗开始,成年君主以及朝廷大臣似乎并不害怕垂帘女主会给朝廷带来祸患,故此,无论为朝廷公议计,抑或是为谋取私利,他们往往是主动要求太后垂帘听政的。之所以如此,乃因刘太后垂帘之事给后来的宋代君臣以示范经验,他们不但从中知道女主垂帘的积极作用,并且探索出如何抑制女主权力的办法。如英宗继位得疾不能视事,一方面,大臣们并没有要求让贤臣辅政,反而是"三上表请(太后)听政"①;另一方面,司马光则上书垂帘听政的曹太后,要求她"不可尽依章献明肃皇太后故事"②。大臣们对垂帘太后的抑制,当然并非一纸奏章说说而已,后来韩琦用计迫使曹太后还政,即可说明他们对这些太后防范甚严,以防止她们危害赵宋朝政。从此以后,宋代幼主或有争议的君主即位,由太后垂帘听政几乎成为定制,而垂帘太后本身亦知朝中人心所向,故对自身多所抑制,因而形成宋世三百余年,多有女主垂帘而无女主之祸的良好政治局面。

三、宋代后妃参与政治的特点与实质

从上述分析,可窥见宋代后妃在帝位传承中的特点之一,即后妃介入帝位传承之现象非常普遍。宋代以前历朝历代,后妃多在新君年少幼孤时介入帝位传承,此种现象在汉代尤为明显,伴随出现的是外戚干政。而宋代不但是幼主即位,即便是年长君主即位,亦会出现太后垂帘听政的政治现象。宋代后妃在帝位传承中的另

---

① 李焘:《长编》卷 198,嘉祐八年四月丁丑条,第 4795 页。
② 李焘:《长编》卷 198,嘉祐八年四月甲申条,第 4801 页。

一特点，是后妃逐渐从主动转向被动。前代后妃参与帝位传承，多出于攫取政治权力的考虑，此点以唐代最为突出，甚至出现武后称帝之事。而唐末五代，后妃干政之现象日趋严重，五代时，"后妃的政治角色甚具主导"，这反映在帝位传承甚至朝代更替之中亦是如此。宋初太祖、太宗帝位传承的过程中，有"金匮之盟"的疑案，然"伪托为杜太后之语，盖方便太宗合理即位，此种虚构未能洗脱太宗夺位的嫌疑，却能加强太后于处置家国问题上的认受意义"①。但到了太宗与真宗的帝位传承之际，后妃的主动作用却遭到士大夫的有力打击，太宗李皇后欲废太子而立元佐的阴谋，被宰相吕端巧妙化解。其后，在真宗、仁宗的传承之际，刘皇后的强势手腕一度让后妃权力在帝位传承中略为抬升，但她最终还是被士大夫们限制在一定范围之内。而此后一直到南宋灭亡，后妃在帝位传承中一直处于被动地位。

实际上，宋代后妃在新君继位过程中的作用，已多偏于象征性，这与宋代皇权被神化有关。在宋以前，皇帝是众公卿大族的代表者，唐代在太宗与武后时期，大修《氏族志》和《姓氏录》，极力使李姓与武姓跻身甲族，这表明他们也承认皇族是公卿大族中的一员。宋代却完全不同，从太宗开始，皇帝被不断神化。如《宋史》记载，杜太后"梦神人捧日以授，已而有娠，遂生帝（太宗）于浚仪宫

---

① 关于从唐末到五代、宋初后妃政治的变化，可参见赵雨乐：《五代的后妃与政治——唐宋变革期宫廷权力的考察》，载卢向前主编：《唐宋变革论》，第325—352页。

舍"①；真宗在"天书封祀"中，直接把赵氏皇族认作神的后代②；仁宗本人也被认为是赤脚仙人下凡③；到南宋后期，即便是靠史弥远阴谋继承皇位的理宗，也说有人见到他"身隐隐如龙鳞"④。由此可见，宋代皇帝已不是单单把自己宣传为凡人中最为杰出的一员，而是超脱于凡人之外的神的化身。虽然宋代皇帝的权力没有达到后来明清时代的专制程度，但他们却是以超然的身份与士大夫们共治天下。⑤ 正是由于神秘主义的流行与渲染，与皇权密切相关的帝位传承，也越来越非士大夫所能触及。太宗于淳化五年(994)，向寇准问及立储之事，寇准不敢正面回应，只说："陛下诚为天下择君，谋及妇人宦官，不可也；谋及近臣，不可也。惟陛下择所以副天下之望者。"⑥仁宗时，韩琦进言立储，被问及人选，于是说："此非臣辈所可议，当出自圣择。"⑦其态度也与寇准如出一辙。而更多言

---

① 脱脱等：《宋史》卷4《太宗一》，第53页。
② 真宗在大中祥符五年(1012)时，自言梦见"九天司命上卿保生天尊"，乃赵氏始祖，于是展开一场"崇奉圣祖"的闹剧，可参见李焘：《长编》卷79，大中祥符五年十月戊午条，第1797—1798页；亦可参见张其凡：《宋真宗"天书封祀"闹剧之剖析——真宗朝政治研究之二》，载氏著：《宋初政治探研》，第198—256页。
③ 王明清：《挥麈录》后录卷1《昭陵降诞之因》，第43页。
④ 脱脱等：《宋史》卷41《理宗一》，第783页。
⑤ 王瑞来先生认为，宋代的皇权非但没有达到明清时候的专制，相反，宋代还是一个皇权衰落，相权崛起的时代，详见王瑞来：《论宋代相权》，载《历史研究》1985年第2期；王瑞来：《论宋代皇权》，载《历史研究》1989年第1期。对于这一问题，张其凡与张邦炜先生也有所论述，见张其凡：《"皇帝与士大夫共治天下"试析——北宋政治架构探微》，载《暨南学报》(哲学社会科学版)2001年第6期；张邦炜：《论宋代的皇权和相权》，载《四川师范大学学报》(社会科学版)1994年第2期。
⑥ 李焘：《长编》卷38，至道元年八月壬辰条，第818页。
⑦ 脱脱等：《宋史》卷312《韩琦传》，第10225页。

及立储的大臣则遭远贬,如岳飞者,甚至招来杀身之祸。① 由此也可以理解,"绍熙内禅"众大臣必须假借吴太后之手,宁宗才能得立;而史弥远的阴谋,也不敢发难于宁宗在生之时。

由此可见,有宋一代,在帝位传承中权力最大者是皇帝本人,而皇后或皇太后的作用多是象征性的,在皇帝无法决策的情况下,她们作为天下之母,象征性地行使最高权力,以使新旧两朝顺利过渡,其目的,是在皇权神化的社会环境下,使新君继位的合法程序能够顺利完成,这是宋代后妃在帝位传承中的特点之三。这种象征的意义非常重大,因为皇权的终极合法性来自于神的授予,但这是很虚无的;而其现实合法性,则来自前任皇帝的指定。因此,当前任皇帝无法指定其合法继承人,或帝位传承间可能出现危机时,皇后或皇太后,作为前任皇帝的妻子或母亲,其行使的权力与发挥的作用,都是神化了的皇权的让渡,因而能得到士大夫乃至普罗大众的认可,新皇帝的合法性也随之得到认受。

其实,宋代的后妃政治,实际上即是这种神化皇权的让渡,这虽使后妃能够参与政治,但并未为宋代带来男女平等的开明之举,相反,在这个儒学复兴的朝代,士大夫更加强调这只是男权政治的一个补充。例如,皇后或太后在帝位传承过程中作用虽大,有时也有相当的权力,但这是以不能僭越或侵犯皇权为前提的,也就是说,若先皇早有立储,皇后或太后也不能随意更改。第一章提到的吕端化解李皇后阴谋一事即是如此。吕端此举既保证了真宗顺利

---

① 岳飞请建储,具体事可参见邓广铭:《岳飞传》,北京:生活·读书·新知三联书店,2007 年,第 231—239 页。虞云国先生认为这件事是岳飞引来杀身之祸的原因之一,详见虞云国:《细说宋朝》,上海:上海人民出版社,2004 年,第 351—359 页。

继位,又维护了太宗的皇权。南宋孝宗继位,也有记载说:"孝宗与恩平郡王璩,同养于宫中。孝宗英睿夙成,秦桧惮之,宪圣后(高宗皇后吴氏)亦主璩。"①但高宗不为所动,他通过自己的方法进行测试,最后决定立孝宗。在这次立储中,皇后与皇帝有不同意见,且皇后得到宰相的支持,但最终还是以皇帝之决定为依归。至宁宗,虽然一早册立赵竑为皇子,使其成为自己的合法继承人,但没有把他定为太子,这才使史弥远有机可乘。纵然如此,理宗的合法性仍遭质疑,他登位后即引发潘壬兄弟叛乱;而后来朝廷之内,为赵竑喊冤的也不少,其中包括真德秀和魏了翁等名臣。② 因此,假若杨皇后坚持立赵竑,必然得到朝中大臣拥护,而史弥远未必就敢发难,就算敢,其阴谋也未必能够得逞。

当然,宋代后妃参与政治,也有现实政治的需要,其中传统的孝道观念起了重要作用。后妃乃新帝的母亲或祖母,起码在政治意义上是如此,她们帮助儿孙处理政事是"慈"的体现,而新帝听从先朝皇后的旨意,则是"孝"的行为。这种"慈""孝"的举动,当然得到士大夫的支持和提倡。如曹太后在英宗初年垂帘听政,是以宰相为首的众大臣主张的结果;而英宗高皇后在哲宗朝"以母改子"③,更是历受赞许。但要注意的是,后妃们的这些政治行为,都被规范在男性政治权力能够容忍的范围内,一旦超出这一范围,后妃政治即会受到士大夫们的反对,被视为"干政"。故当初力主曹

---

① 周密:《齐东野语》卷11《高宗立储》,第201页。
② 脱脱等:《宋史》卷246《赵竑传》,第8737页;周密:《癸辛杂识》后集《济王致祸》,第86—87页。
③ 脱脱等:《宋史》卷336《司马光传》,第10768页。

太后听政的宰相韩琦,半年后又用计逼迫曹太后还政,以致曹太后发出"教做也由相公,不教做也由相公"①的感叹。而高太后"以母改子",恰恰符合当时元祐大臣的意愿,才会得到支持。

相反,在宋代,一些后妃也因干预朝政而遭到责罚或报复。如仁宗郭皇后建议仁宗罢吕夷简相,导致吕夷简因前怨而怂恿仁宗废后;哲宗刘皇后"颇干预外事,且以不谨闻。帝与辅臣议,将废之,而后已为左右所逼,即帝钩自缢而崩"②。再如南宋光宗皇后李凤娘,颇预外政,甚至离间孝宗、光宗父子关系,但当士大夫发动"绍熙内禅",光宗被迫成为太上皇后,李凤娘的预政亦宣告结束。③ 本书主要探讨之刘皇后,只因礼仪尊崇太过,便一直受到非议,而从此之后,垂帘太后虽然甚多,但少有越礼之举了。由此可见,男性士大夫根本不愿意女性过多干预政治,从而破坏男权社会的正常秩序,他们容许甚至促成一些女主参与政治,实乃为巩固和维护独一无二的专制男性皇权。

要之,刘太后在仁宗朝垂帘听政,其政治影响并未及身而止,她垂帘的经验,对后来的宋代君臣启发甚多。宋代后妃参与政治颇多,但较于其他朝代,遭诟病者甚少,究其原因,总是因为宋代后妃参与政治,俱为男权政治服务,为赵宋皇朝服务。刘太后僭越行为虽多,野心也不小,但执政期间辅助仁宗处理朝政,并没有打破男权社会的正常秩序。其后,宋代士大夫大力赞扬刘太后保扶幼

---

① 孙升:《孙公谈圃》卷中,景印文渊阁四库全书本,台北:台湾商务印书馆,1986 年,第 1037 册,第 107 页。

② 脱脱等:《宋史》卷 243《昭怀刘皇后传》,第 8638 页。

③ 关于李凤娘事,可参见脱脱等:《宋史》卷 243《慈懿李皇后传》,第 8653—8655 页。

主之功，但又以其权力过大为戒鉴，一方面主张新旧两朝间由太后垂帘听政，另一方面又尽力抑制太后的权力。至英宗高后称制，尽革新法，符合当时士大夫们的意愿，因此长期以来受到称颂。而其他垂帘太后，虽然在帝位传承问题上有相当的权力，但她们垂帘，只是为新君顺利执政。由此可见，宋代后妃参与政治虽然相当普遍，但已从主动转向被动，她们在这过程中的权力与作用，只是神化了的皇权的象征与让渡，并且受到朝廷大臣的制约，它只是男性皇权的一种补充。而且，这些妇女在参与政治过程中，一旦有些许僭越之行，即会受到诘难、非议，甚至被斥之为祸患，有性命之忧。

余　论

　　从贫民孤女到垂帘太后,刘氏可谓是中国的灰姑娘,甚至可以说,她比灰姑娘更加幸运。因为偶然的机会,与尚为皇子的真宗相遇,继而相知、相爱,最终相濡以沫;真宗驾崩前,甚至把整个大宋王朝托付于她,让她成为大宋最有权力之人,在武则天的前车之鉴后,这可以说是一种绝对的信任。真宗一生或许有很多缺点①,但起码在爱情上,他敢爱敢恨,而且能坚持、有计划、有谋略。所谓能坚持,是他竟然可以等待近三十年,至刘氏四十四岁,时机成熟之时才立她为皇后,若是其他有权有势者,早就"大丈夫何患无妻",与刘氏相忘于江湖了。或如《莺莺传》中之张生,把崔莺莺当作红

---

① 《宋史》中真宗本纪对他评价曰:"真宗英晤之主。其初践位,相臣李沆虑其聪明必多作为,数奏灾异以杜其侈心,盖有所见也。及澶渊既盟,封禅事作,祥瑞沓臻,天书屡降,导迎奠安,一国君臣如病狂然,吁,可怪也。"而澶渊之盟中的怯懦,以及"天书封祀"的疯狂,历来被视为真宗一生的两大污点。见脱脱等:《宋史》卷8《真宗三》,第172页。

颜祸水，始乱终弃，从而树立自己不被女色所惑的道德形象了。所谓有计划有谋略，是因为他不会逞一时之英雄而意气用事，而是不断铺排，让刘氏一步一步平稳地走上后位。他与唐高宗最明显的区别是，唐高宗因武氏而废王皇后，但真宗并没有因宠爱刘氏而废郭皇后，反而营造出与郭皇后相敬相爱的形象，这实际上有利于刘氏日后正面形象的塑造。①

真宗驾崩后，刘太后对他十分思念。郭若虚的《图画见闻志》云：

> 景祐中，有画僧曾于市中见旧功德一幅，看之，乃是慈氏菩萨像。左边一人执手炉，裹幞头，衣中央服。右边一妇人捧花盘，顶翠凤宝冠，衣珠络泥金，广袖。画僧默识其立意非俗，而画法精高，遂以半千售之，乃重加装背，持献入内阁都知。阁一见，且惊曰："执香炉者实章圣御像也，捧花盘者章宪明肃皇太后真容也。此功德乃高文进所画，旧是章宪阁中别置小佛堂供养，每日凌晨焚香恭拜。章宪归天，不意流落，一至于此。"言讫于悒，乃以束缣偿之。复增华其褾轴，即日进于澄神殿。仁庙对之瞻慕戚容，移刻方罢。命藏之御府，以白金二百

---

① 真宗郭皇后崩时，真宗"深嗟悼。礼官奏皇帝七日释服，特诏增至十三日"，而他也曾感言曰："皇后自东宫事朕，至正位中壸，小心逊顺，有内助之勤，降年不永，深所嗟悼。"可见其与郭之情深。至少从表面上看，真宗宫相对和睦，这不但塑造出他能"齐家"的形象，同时也烘托出刘氏"本分"的形象。见脱脱等：《宋史》卷242《章穆郭皇后传》，第 8612 页；李焘：《长编》卷 65，景德四年四月壬午条，第 1452—1453 页；另唐高宗王皇后事，见刘昫等：《旧唐书》卷 51《高宗废后王氏传》，第 2169 页。

星赐答之。①

郭若虚乃宋初大将郭守文的后代,乃真宗章穆郭皇后之侄孙,故无故意美化真宗与刘氏感情之理由,且作为当时人记当时事,这则记载应为信实,可见当时人对刘氏与真宗之间的感情十分认可。正因为有这份感情,刘氏并没有辜负真宗对她的托付。

当时很多人怀疑她会效法唐代之武则天,可她从来没有像武则天那样,大肆诛戮赵氏宗室,相反,在她统治时期,她对赵氏宗室相当优遇。据《宋史》记载,至仁宗即位,太宗之子尚在人世者,只有长子元佐与泾王元俨。元佐在仁宗即位不久即去世,得"赠河中、凤翔牧,追封齐王,谥恭宪"②,可见刘太后对他甚为优待。死者如此,生者待遇更甚,深通韬晦之道的元俨,在仁宗即位后,"拜太尉、尚书令兼中书令,徙节镇安、忠武,封定王,赐赞拜不名,又赐诏书不名。天圣七年,封镇王,又赐剑履上殿。明道初,拜太师,换河阳三城、武成节度,封孟王,改永兴凤翔、京兆尹,封荆王,迁雍州、凤翔牧"③。刘太后除按惯例不让宗室掌权以外,可谓让元俨享尽位极人臣的待遇了。对真宗同辈之赵氏长者如此,对仁宗后辈的赵氏宗室,刘太后亦同样表现出家族长者对晚辈的关怀之情。据王珪记载,尚为儿童的赵世延入见刘太后,因能背诵唐明贤诗数十

---

① 郭若虚:《图画见闻志》卷6《慈氏像》,景印文渊阁四库全书本,台北:台湾商务印书馆,1986年,第812册,第564页。
② 脱脱等:《宋史》卷245《赵元佐传》,第8694页。
③ 脱脱等:《宋史》卷245《赵元俨传》,第8705页。

篇,即受到嘉许,"遂赐名,以为右侍禁,稍迁西头供奉官"①。此
外,陪伴仁宗读书的元佐之孙赵宗旦,同样得到刘太后的关怀,据
王珪记载:

> 初,上在储宫,章圣皇帝择宗子之谨良者,无如观察,于是
> 命观察从上就学资善堂,凡与上起居饮食,靡有所间。久之,
> 章献皇太后诏延安郡太君谓曰:"宗旦且有立矣,宜得名门之
> 配。"于是出访衣冠旧族,闻夫人淑茂有女德。太后召至禁中,
> 问其家世。其大父昭州团练使贾宗者,元从先帝邸中,雅有勋
> 劳。太后喜甚,赐以御所之衣。其嫁天圣十年正月十一
> 日也。②

对待男性宗室如是,刘太后对待赵氏外嫁的公主也非常好。
有一次,两位大长公主(真宗的姐妹,仁宗的姑姑)进宫见太后,"犹
服髲剃",亦即因年老发落后佩戴假发。太后见之心疼,曰:"姑老
矣。"立即命左右"赐以珠玑帕首"。当时陈王元份的遗孀安国夫人
李氏也老了,且开始掉头发,她入宫见太后,也想讨要帕首,太后
曰:"大长公主,太宗皇帝女,先帝诸妹也,若赵家老妇,宁可比邪?"

---

① 王珪:《华阳集》卷55《宗室、金紫光禄大夫、检校右散骑常侍、右武卫大将军、使持
  节绛州诸军事、绛州刺史、充本州防御使、兼御史大夫、上柱国、天水郡开国公、食
  邑二千七百户、食实封四百户、赠武宁军节度观察留后、追封彭城郡公墓志铭》,景
  印文渊阁四库全书本,第1093册,第407页。
② 王珪:《华阳集》卷53《赵宗旦妻贾氏墓志铭》,景印文渊阁四库全书本,第1093
  册,第392页。天圣十年即明道元年,其改元于本年十一月,见李焘:《长编》卷
  111,明道元年十一月甲戌条,第2591页。

换言之,她认为赵家的女儿比赵家的媳妇要尊贵,这种观念放在今天当然不妥,但也反映出刘太后对赵氏的褒崇。不但对其他妯娌如此,刘太后对自己也很节制。每当赐食刘氏族人时,她必定会把金银餐具换成铅器,并曰:"尚方器勿使入吾家也。"而其一般穿戴,乃"绨襦练裙",均属一般服饰。其身边宫女见皇帝左右侍女"簪珥珍丽,欲效之",她就说:"彼皇帝嫔御饰也,汝安可学?"①

从家族观念的角度出发,上述史料所述刘太后事迹,乃反映她在赵氏家族中之家长地位与作用。在处理家族事务时,她并没有做出有损赵氏利益之事;相反,她对待赵氏族人,始终带有温情,其目的乃欲使赵氏族人和谐相处,并紧密维护以皇帝为核心的家族关系。由此可知,她掌权专政,并非要效仿武氏自立,而是要很好地经营赵氏家族,并替此家族经营大宋。

或有疑问曰,武则天之所以大肆屠戮李氏族人,乃因李氏宗亲多有反对武氏专政者。然则有赵氏宗亲反对刘氏专政否?史料对此记载甚少,主要因为自太宗以降,宗亲少有掌权者,情况与唐代实不相同。然而赵氏中与刘太后意见相左的却亦有人在。如泾王赵元俨在刘太后临朝期间,"恐为太后所忌,深自沉晦"②。赵廷美之孙赵承庆,其名犯刘太后祖刘延庆讳,刘太后遣近侍令之改易,不从。一日,刘太后把他召于帘前询问此事,赵承庆曰:"彭城王(刘太后之父刘通)讳,天下所共讳也,臣不敢不讳;彭城王父讳,非

---

① 以上引文,均见李焘:《长编》卷112,明道二年五月癸酉条,第2616—2617页。
② 脱脱等:《宋史》卷245《赵元俨传》,第8706页。

天下所共讳也,臣不敢独讳。且臣名先朝所赐,安敢私易以谄
上。"①然而,无论赵元俨还是赵承庆,均没因这些事遭受刘太后责
罚,而刘太后对赵元俨反而多所眷顾,足见她对于赵氏家族并无遏
制甚至迫害之心,故对于他们的反对意见,她也不以为忤。

前文曾述及有记载说太后欲以荆王元俨为皇太叔,且养荆王
子于宫中,似对仁宗不利,故为吕夷简所劝谏。② 这种记载,似乎认
为刘太后有另立君主之意,但实在不堪一驳。刘太后若欲另立新
君,必选有利于己者,若真以年长之元俨为君,她连继续垂帘听政
的借口都没有了。至于荆王子,或取其年幼易制之意,但仁宗即位
之时还年幼,其后他一直为刘太后所掌控,刘太后何必多此一举。
故此,正如张邦炜先生所言,吕夷简"如此'防微杜渐',实属捕风捉
影。假如刘皇后心存另立幼主之想,势必对仁宗加以迫害,然而事
实并非如此"③。其实,刘太后若真想另立幼主,甚至易姓而代,也
根本没有必要迫害仁宗。唐高宗逝世时嗣君李显已然成年,有自
己独立的思维与执政能力,故与母亲武则天多有矛盾,武则天为谋
代立,故对儿子加以迫害。但刘太后情况与武后大不相同,仁宗即
位时尚且年幼,其思想、性格、爱好等尚未定型,若她真有另立或代
立之心,大可放纵仁宗,让其任意妄为,或把他培养成一昏君、庸
君,这样皇帝在内宫骄奢淫逸,太后在外朝掌控朝政,只需一句皇

---

① 杨杰:《无为集》卷12《故武信军节度使谥康简追封循国公神道碑》,载《宋集珍本
丛刊》第十五册,第332页。

② 见朱熹:《五朝名臣言行录》卷6之1《丞相许国吕文靖公》,四部丛刊初编本,本卷
第7页。

③ 张邦炜:《宋代皇亲与政治》,第183页。

帝本性如此,便可搪塞大臣之口。但事实上,刘太后并没有这样做,从第二章的论述可以看到,无论是对仁宗学习、理政,甚至是道德观、价值观的培养,刘太后均以仁君标准要求,一丝不苟,足见她本身无另立或代立的主观意向,而是一心一意为赵宋王朝培养理想的皇帝。

仁宗当然是不完美的,他的"仁"在某种程度上就是懦弱的表现。但他确实是两宋十八位皇帝里比较优秀的一个,而且就是在他的仁政之下,大宋营造出了一个相对开放的政治氛围。曾与刘太后为敌的李迪,后来不禁感叹:"诚不知太后圣德乃至此!"①而北宋名臣司马光后来也对她评价道:"章献明肃皇太后保护圣躬,纲纪四方,进贤退奸,镇抚中外,于赵氏实有大功。"②这个评价放在这里有断章取义之嫌,因为司马光接下来就要批评刘太后的各种僭越行为。但司马光此话也并非虚言,因为他这份奏章是想让垂帘听政的曹太后学习章献太后的好,而规避她不好的行为。所以,在司马光看来,刘太后对于赵氏来说,确实是有大功的。

然而,历史的书写对女性并不公正,尤其是刘太后曾经的种种僭越之举,给宋以后的文人士大夫留下太多的阴影,故他们在文本中对她多有诋毁。甚至,在民间话本小说中衍生出"狸猫换太子"的故事,描绘出刘太后刻毒妇人的形象。这个故事荒诞不经,除了凸显包青天的刚正廉明,其实更多是从根本上否定女主统治的合法性与合理性。刘太后垂帘听政的合法性是来自她与仁宗的母子

---

① 李焘:《长编》卷108,天圣七年九月壬午条,第2523页。
② 司马光:《温国文正司马公文集》卷25《上皇太后疏》,四部丛刊初编本,本卷第4页 b。

关系，但如果连儿子都是抢来的，后位也是她欺蒙真宗得到的，那这合法性就无从说起，更不必说合理性了。当然，这个故事也有一定依据。首先，宋代后宫的宫廷斗争中，确实有妃嫔会被残害，或者被送出宫的。第一章论及真宗后宫杜氏因违反销金令而被逐出皇宫，其中扑朔迷离的情节，更引起当今学者的猜测，认为其出宫乃与刘氏宫斗失败之果。① 而在南宋，光宗曾称赞一位宫女双手好看，结果第二天皇后李凤娘即将此宫女之手剁下献给光宗。此外，李凤娘曾谋杀光宗宠妃黄氏，且把宫中另一宠妃张氏送出皇宫。② 故此，就宋代而言，李宸妃被迫害出宫并非没有原型。其次，刘氏在此故事中也确实有对不起李宸妃之处，她剥夺了宸妃与仁宗母子相爱相亲，最后共享天伦的权利，让她至死都不能再看见自己的儿子。但在专制时代，给皇帝心爱的女人借腹生子，对一个后宫女侍而言未尝不是一条好的出路，更何况，后来刘氏还为她寻回弟弟，并且封官。③ 这实际上是一种利益交换，李氏很清楚这一点，而且这在那个没有选择的时代里，总算是一种比较好的选择了。

在历史中，刘氏借腹生子，乃与真宗合谋，但在"狸猫换太子"里，这一切均刘氏所为，与真宗无关。真宗为刘氏安排借腹生子，只是出于他对刘氏的爱情，想为她创造立后的条件。笔者相信，中国古代依然是有爱情的，但它可遇而不可求。真宗是皇帝，当然有权力追求爱情，可刘氏却无选择，当皇帝的爱情遇上她，无论她喜

---

① 见吴铮强：《官家的心事：宋朝宫廷政治三百年》，第109—122页。关于此事笔者在第一章中已有辨析，此不赘述。

② 见脱脱等：《宋史》卷243《李皇后传》，第8654页；《黄贵妃传》，第8655页。

③ 见脱脱等：《宋史》卷242《李宸妃传》，第8616页。

欢与否，都得接受——这是中国古代女性的无奈之处。生育仁宗的李氏难道就不渴望真宗的爱情？应该也是渴望的，可皇帝不喜欢她，她也没法选择。所以，"狸猫换太子"中李宸妃的悲剧，与其说是刘皇后对她的迫害，不如说是中国古代的皇权制度与女性地位对她的迫害。

附录一 章献明肃刘皇后简谱

开宝二年(公元 969 年),一岁
是年正月初八,刘氏出生。

太平兴国八年(公元 983 年)十五岁
十月,太宗三子德昌改名元休,封韩王。
刘氏是年入韩王邸。

雍熙三年(公元 986 年)十八岁
七月,元休改名元侃。

端拱元年(公元 988 年)二十岁
二月,元侃进封襄王。

淳化五年（公元 994 年）二十六岁

九月，元侃进封寿王，尹开封。

至道元年（公元 995 年）二十七岁

八月，元侃改名赵恒，为太子。

至道三年（公元 997 年）二十九岁

三月，太宗崩，真宗即位。

是年，刘氏重入皇宫。

景德元年（公元 1004 年）三十六岁

正月，刘氏晋封为美人。

李沆反对刘氏进封贵妃。

景德四年（公元 1007 年）三十九岁

四月，皇后郭氏崩。

大中祥符元年（公元 1008 年）四十岁

正月，从真宗封禅泰山。

十一月，后宫杜氏被逐令出家为道士。

大中祥符二年（公元 1009 年）四十一岁

正月，刘氏为修仪。

大中祥符三年（公元 1010 年）四十二岁

四月，后宫李氏生子。

刘修仪以李氏所生子为己子。

访李用和于民间。

大中祥符四年（公元 1011 年）四十三岁

正月，从真宗西祀汾阴。

大中祥符五年（公元 1012 年）四十四岁

五月

刘修仪进为德妃。

李迪反对立刘氏为后。

九月

赵安仁议立沈才人。

杨亿拒绝草刘氏立后制。

十一月，真宗下《答群臣乞立后诏》。

十二月，立刘德妃为皇后。

大中祥符六年（公元 1013 年）四十五岁

六月，刘后三代编入属籍。

大中祥符七年（公元 1014 年）四十六岁

正月，从真宗祠亳州太清宫。

三月，皇子受益为左卫上将军，封庆国公。

六月,杨婉仪进为淑妃。

大中祥符八年(公元 1015 年)四十七岁
十二月,皇子庆国公封寿春郡王。

大中祥符九年(公元 1016 年)四十八岁
二月,李氏进为才人。

天禧二年(公元 1018 年)五十岁
正月,皇后所居崇徽殿生芝草。

二月,寿春郡王封昇王。

六月,葬皇后父母。

八月,立昇王为皇太子。

九月,才人李氏进婉仪。

天禧三年(公元 1019 年)五十一岁
五月,刘美为龙神卫四厢都指挥使领昭州防御使。

六月

太白昼见,占曰:"女主昌。"

寇准拜相,丁谓拜参知政事。

天禧四年(公元 1020 年)五十二岁
六月,寇准罢相。

七月,周怀政伏诛。

十一月

真宗对辅臣于承明殿，谈及皇后事。

李迪因欲治刘后罪而遭罢相。

闰十二月，真宗不豫，与辅臣言及皇后事，王曾借钱惟演口劝谕皇后保护太子。

天禧五年（公元 1021 年）五十三岁

八月，刘美卒。

乾兴元年（公元 1022 年）五十四岁

二月

真宗不豫，与宰相言及皇后。

真宗崩，仁宗即位，遗诏刘后权处分军国事。

群臣诣东上阁门上表请听政，又诣东内门请皇太后延对辅臣，皆批答不允。表三上，乃从之。

刘太后听政。

三月

毋令仁宗废学。

太后垂帘见辅臣。

四月

上乳母林氏封南康郡夫人。

诏试马季良。

加赠皇太后三代。

婉仪李氏进顺容。

六月

契丹使来吊慰皇太后。

雷允恭伏诛。

丁谓罢相。

七月

王曾拜相,擢吕夷简、鲁宗道为参知政事。

以晏殊为给事中。

以太后名义回谢契丹使。

太后姻亲钱惟演拜枢密使。

辅臣上表请皇太后五日一临便殿。

辅臣请皇太后、皇帝五日一御承明殿。

八月,上与皇太后御承明殿垂帘决事。

九月

葬真宗天书。

真宗灵驾发引。

十月

避太后父刘通讳。

上与皇太后始复御承明殿。

十一月

钱惟演罢枢密使。

以皇太后生辰为长宁节。

礼仪院奏太后乘舆制。

召学士为仁宗讲学。

天圣元年（公元 1023 年）五十五岁

正月

皇太后诏改元。

契丹使来贺长宁节。

刘美夫人钱氏为越国夫人。

改茶法。

二月，诏自今传宣营造屋宇，并先下三司计度功料，然后给以官物。

四月，许外辞官上殿奏事，从丁度奏。又丁度献《王凤论》于皇太后。

五月，诏官名及州县名与皇太后父名相犯者，悉改易之。

七月

太后姻亲王蒙正请遇长宁节、乾元节令子弟入贡。

钱惟演图入相失败。

太后密召王钦若回京。

九月，冯拯罢相，王钦若拜相。

闰九月，寇准卒。

十一月，置益州交子务。

是年，出服用钱修大安塔。

天圣二年（公元 1024 年）五十六岁

二月，皇太后手书赐辅臣，谕以含饴弄孙之意。

三月

太后命马宗元直龙图阁。

王钦若上《真宗实录》于太后。

赐举人进士及第,太后亲择宋郊为进士第一。

五月,上皇太后礼服。

七月

太后赐金玉泉山景德院。

群臣表上尊号曰圣文睿武仁明孝德,又上皇太后尊号曰应元崇德仁寿慈圣,皆不允,表至三上,乃从之。

太后罢李若谷使契丹。

九月

中书门下言:"真宗谥号、皇太后皇帝尊号册宝,其沿宝法物,故事皆以黄金,唯天禧中尝用涂金。"上曰:"真宗、皇太后宜以黄金,而朕之沿宝物止用涂金。"皇太后谕宰臣曰:"皇帝嗣位,初膺册命,当用纯金,其余止用涂金可也。"

太后降手书,以郭崇曾孙女为皇后。

王曾谏阻太后于天安殿受册。

上谕辅臣曰:"昨燕宫中,朕数四勉皇太后,方听乐。"王钦若寻以上语问太后,太后曰:"自先帝弃天下,吾终身不欲听乐,皇帝再三为请,其可重违乎?"

十一月,合祀田地于圜丘,大赦。百官上皇帝及皇太后尊号。赐百官、诸军加等。

十二月,应对契丹声言猎幽州。

天圣三年(公元 1025 年)五十七岁

正月

契丹遣使来贺长宁节。

长宁节,近臣及契丹使初上皇太后寿于崇政殿。

加赠皇太后兄赠侍中刘美为中书令,追封嫂越国太夫人钱氏为郓国太夫人。

二月,东上阁门使李昭庆避皇太后祖讳,更名昭亮。然太后止令群臣避父讳,而近亲多并祖讳避之。

四月,刘烨知河南府,太后曾问刘烨家谱。

六月,陈绛夺两官,侍御史王耿追一官。

十一月,王钦若卒,皇太后临奠。

十二月

王曾首相,张知白次相,曹利用叙班与王曾等争。

释杨崇勋上殿鲁莽,王曾释其罪,太后问其故。

太后与仁宗使丁谓北迁雷州。

契丹遣彰胜军节度使萧穆古、潘州观察使郑文囿来贺皇太后正旦,辽使贺太后正旦始此。

是年,太后曾为仁宗指林从周。

天圣四年(公元 1026 年)五十八岁

正月,契丹使来贺长宁节。

闰五月,诏辅臣观宋绶等读《唐书》,太后命择前代文字以备帝览。

七月,田承说使契丹妄传太后意。

十一月,太常礼院言来年正月上辛祈谷于上帝,而长宁节上寿乃在致斋之半,请更用次辛,从之。

十二月

翰林学士夏竦等上《国朝译经音义》七十卷,赐器、币有差,因出皇太后发愿文以示辅臣。

仁宗与辅臣议先上皇太后寿。

契丹遣宝静节度使萧汉宁、兵部郎中知制诰郑节来贺皇太后正旦。

天圣五年(公元1027年)五十九岁

正月

仁宗率百官上皇太后寿。

契丹遣左监门卫上将军萧道宁、给事中知制诰张克恭来贺长宁节。

太后罢晏殊枢密副使,知宣州。

二月,太后诏修《真宗国史》。

三月,徙李若谷知潭州。

五月,太后幸楚王元佐第视疾。

六月,张知白请太后罢诸不急营造。

七月

上以灾异数见,诏群臣毋得因郊祀请加尊号。时太后欲独加尊号,遣内侍谕辅臣,辅臣力言不可,太后从之,乃别下书谕中外。

太后从王曾言,出陈尧咨知天雄军。

十月

上与皇太后幸御书院,观太宗、真宗御书,赐本院内臣、待诏、书艺器币有差。

滑州言塞决河毕,仁宗与太后特御承明殿见辅臣。

十一月,合祭天地于圜丘,大赦。贺皇太后于会庆殿。

十二月,契丹遣奉先军节度使耶律宁、卫尉少卿元化来贺太后正旦。

天圣六年(公元 1028 年)六十岁

正月,契丹遣左千牛卫上将军耶律阿果、起居郎知制诰李奎来贺长宁节。

二月

张知白卒,太后曾谕其妻为之买妾。

诏乾元、长宁节禁决大辟前后各二日,余罪惟正节日权停。

太后出李应言知河阳。

三月

太后幸赠侍中刘美第,左司谏刘随奏疏劝止,太后纳其言,自后不复再驾。

吕夷简于太后前谦让相位,使张士逊拜相。

太后以姜遵为枢密副使。

六月,太后姻亲马季良为龙图阁待制。

七月

刘随请太后还政未果,出知济州。

蔡齐不愿上《修景德寺记》,出知河南府。

太后问杜衍安否。

十月,进封乳母南康郡夫人林氏为蒋国夫人。

十二月乙酉,契丹遣宝安军节度使耶律遂英、卫尉少卿王承锡来贺太后正旦。

天圣七年(公元 1029 年)六十一岁

正月

契丹遣夷离毕、坐千牛卫上将军耶律汉宁、少府监刘湘来贺长宁节。

太后罢曹利用枢密使。

二月

鲁宗道卒,其在生时曾多次直谏太后。

张士逊罢相。

王曾说服太后让吕夷简拜相。

捧日、天武四厢都指挥使郑守忠等请如殿前都指挥使例,从皇太后驾出,从之。

三月

祠部员外郎、秘阁校理陈诂知祥符县,治严急,吏欲动朝廷使罪诂,乃空一县逃去,太后果怒。而诂妻,宰相吕夷简妹也,执政以嫌不敢辩。事下枢密院,副使陈尧佐独曰:"罪诂则奸吏得计,后谁敢复绳吏者。"诂由是获免,徙知开封县。诂辞,乃命权判吏部南曹。

太后诏百官转对,庞籍、司马池相继言事。

五月

太后以范讽为右司谏。

上与太后御承明殿,群臣请对者凡十九班。至第九班,赐辅臣食于崇政殿门,有顷再坐,日昃乃罢。

六月

玉清昭应宫灾，王曾等力劝太后不再重修。

王曾罢相。

七月，落宋绶学士，太后更欲重责玉清昭应宫守卫。

九月，太后与李迪语。

十一月，范仲淹请太后还政。

十二月

契丹遣奉国军节度使耶律高、崇禄少卿韩知白来贺皇太后正旦。

孔道辅出知郓州。

天圣八年（公元 1030 年）六十二岁

正月，契丹遣左监门卫上将军耶律忠、礼部郎中知制诰陈邈来贺长宁节。

三月，太后命唐肃为龙图阁待制。

四月

太后徙王彬河北转运使。

武胜军节度使、同平章事、判许州钱惟演来朝。惟演以疾求赴京师也。

六月，赐太后侄刘从德敕书。

七月，群臣请上皇帝尊号曰圣文睿武体天钦道仁明孝德，上皇太后尊号曰应元崇德显功隆运仁寿慈圣，皆不许。表三上，卒不许。又手诏赐辅臣，备述谦悫之意。

八月，诏长宁节赐百官衣。丁未，徙判许州、武胜节度使、同平章事钱惟演判陈州,知江宁府、刑部尚书张士逊知许州。

九月,诏长宁节天下建置道场及赐燕并如乾元节,其贡物留本处,止奉表附驿以闻。

姜遵卒,命赵稹枢密副使,赵稹尝与太后外家婢女交结。

十月,太后诏改盐法。

十一月

合祀天地于圜丘,大赦。贺皇太后于会庆殿。

戚里有殴妻致死更赦事发者,太后怒曰:"夫妇齐体,奈何殴致死耶?"权知开封府寇瑊对曰:"伤居限外,事在赦前,有司不敢乱天下法。"卒免死。

十二月

诏百官长宁节上寿于崇政殿,既而复就会庆。

契丹遣天德军节度使萧昭古、引进使窦振来贺皇太后正旦。

是年,陈希亮治出入太后家之僧人海印国师。

天圣九年(公元1031年)六十三岁

正月

契丹遣左监门卫上将军萧可亲、右散骑常侍赵利用来贺长宁节。丙辰,长宁节,百官初上皇太后寿于会庆殿。

钱惟演判河南府。

四月

诏太常寺,太后御殿乐升坐降坐曰《圣安之曲》,公卿入门及酒行曰《礼安之曲》,上寿曰《福安之曲》。初,举酒曰《玉芝之曲》,作《厚德无疆之舞》;再举酒曰《寿星之曲》,作《四海会同之舞》;三举酒曰《奇木连理之曲》。初，命翰林侍讲学士孙奭撰乐曲名，资政殿学士晏殊撰乐章，至是上之，仍改《厚德无疆》曰《德合无疆》。

上与皇太后御承明殿，阅大乐，赐乐工钱帛有差。先是，太常寺以真宗景德中尝躬按大乐，其后颇言增制，故请临观焉。

五月

诏长宁节度僧道，旧制三百人放一人者，今增至四百人；一百人放一人者，增至二百人。

王冲被内侍罗崇勋诬于太后，配雷州编管。

六月，翰林学士宋绶、西上阁门使曹琮夏元亨上新编皇太后仪制五卷，诏名曰《内东门仪制》。

七月，仁宗与太后为辽圣宗举哀。

九月，以程琳权知开封府，琳不理太后谕命，严治王蒙正之子。

十月

宋绶请太后稍还权力，被出知应天府。

诏长宁节天下藏太宗御书寺观合度僧道者，如乾元节。

十一月，刘从德卒，太后大封其门人亲属，黜曹修古、郭劝、杨偕、段少连等。

十二月，契丹遣昭信军节度使耶律郁、西上阁门使马保来贺皇太后正旦。

天圣十年（公元 1032 年）六十四岁

正月

契丹遣左千牛卫上将军耶律顺、卫尉卿王义府来贺长宁节。

太后为赵宗旦娶妻。

以真宗顺容李氏为宸妃,是日,宸妃薨,太后从吕夷简议,厚葬宸妃。

二月,张士逊拜相。

三月,迁宸妃弟李用和礼宾副使。

五月,初,译经润文使夏竦请注释御所制《三宝赞》及皇太后发愿文,既许之,于是又请择馆职官同注释,诏以命直集贤院李淑、集贤校理郑戬,寻又诏宰臣吕夷简都大参详。

六月,张存上疏奏事,直言太后不应贬黜言官,压抑言路。

八月

修文德殿成。是夜,大内火,延燔崇德、长春、滋福、会庆、崇徽、天和、承明、延庆八殿。上与皇太后避火于苑中。

滕宗谅、刘越准诏上封事,借宫火请太后还政。

九月

重作宝册,命参知政事陈尧佐书皇帝册宝,参知政事薛奎书尊号册宝,宰臣张士逊书上为皇太子册宝,参知政事晏殊书皇太后尊号册宝,以旧册宝为宫火所焚也。既而有司言重作册宝,其沿宝法物,凡用黄金二千七百两,诏易以银而金涂之。

诏以皇太后及上阁中金银器用量留供需外,尽付左藏库,易缗钱二十万,助修大内。

十一月,改元明道。

十二月

诏以来年二月躬耕藉田,先请皇太后恭谢宗庙,权罢南郊之礼,其恩赏并就礼毕施行。

命王举正、李淑详定藉田及皇太后谒庙仪注,太后欲服衮冕谒太庙,为薛奎所谏。

太后以杨崇勋为枢密使。

群臣上皇帝尊号曰睿圣文武体天法道仁明孝德,上皇太后尊号曰应天齐圣显功崇德慈仁保寿,凡五上,乃许之。

契丹遣奉先军节度使萧式、少府监张推保来贺皇太后正旦。

明道二年(公元 1033 年) 六十五岁

正月

契丹遣右金吾卫上将军耶律霸、昭德军节度使韩楢来贺长宁节。

戊寅,直集贤院李淑上《耕籍类事》五卷,又《王后仪范》三卷。

有司言近制皇帝宝册法物用金二千七百七十八两,皇太后宝册法物用金二千八百两、银一千七百六十七两。帝曰:"此虽旧制,亦旷费也。自今止依皇太后例,参用金银。"

宰臣吕夷简、枢密副使夏竦上所注御制《三宝赞》、皇太后发愿文。

二月,皇太后谒太庙。

三月

皇太后不豫,大赦。

皇太后崩,遗命以杨太妃为皇太后,同处分军国事。

四月

仁宗下诏求助,删去遗诰"皇帝与太后裁处军国大事"之语。

遣东上阁门使曹琮告哀于契丹,又遣使告谕边镇。出遗留物赐近臣有差。

追尊宸妃为皇太后。

以景灵宫使、泰宁节度使、同平章事钱惟演判河南府。

罢辅臣吕夷简等。

降龙图阁直学士马季良为濠州防御使,赴本州。

上大行太后谥曰庄献明肃,追尊太后谥曰庄懿。

五月

钱惟演奏请庄献、庄懿皇太后并祔真宗之室。

诏中外毋辄言太后垂帘时之诏命。

六月,立别庙奉安二太后神主。

八月

契丹国母及国主遣天德节度使耶律信宁、大理卿和道亨、河西节度使耶律嵩、引进使马世卿来吊慰,兴圣宫使耶律守宁、知制诰李奎来祭奠。

名庄献明肃太后、庄懿太后新庙曰奉慈,从翰林学士冯元、侍读学士宋绶等议也。

国子监说书贾昌朝言:"礼,母之讳不出于宫。今庄献明肃太后易月制除,犹讳父名,非所以尊宗庙也。"甲辰,诏勿复避。

九月

钱惟演落平章事。

太后灵驾发引。

再贬濠州防御使马季良左屯卫将军,滁州安置,御史中丞范讽言季良侥幸得官,当行追夺故也。

十月

祔葬庄献明肃皇太后、庄懿皇太后于永定陵。

祔庄献明肃太后、庄懿太后主于奉慈庙。

奉安庄献明肃太后神御于慈孝寺彰德殿、庄懿太后神御于景灵宫广孝殿。

幸慈孝寺及景灵宫酌献庄献明肃太后、庄懿太后神御殿。

庆历四年（公元 1044 年）

十一月，改上庄穆皇后谥曰章穆、庄献明肃皇太后曰章献明肃、庄懿皇太后曰章懿、庄怀皇后曰章怀、庄惠皇太后曰章惠。

庆历五年（公元 1045 年）

七月，奉章献明肃皇太后、章懿皇太后于太庙，序于章穆皇后之次。

附录二　关于宋真宗刘皇后身世的几点考述

　　真宗章献明肃刘皇后，乃宋代第一位垂帘太后，亦是宋代执政最为长久、执政能力最强的一位后妃。近年来，学界已经逐步关注对刘皇后的研究，而有关宋代后妃研究的文章，对她也多有涉及。[①] 在这些研究文章当中，多多少少会提及刘氏当皇后前的事迹，当中尤以张邦炜先生的《宋真宗刘皇后其人其事》对刘氏之身世、家庭所作考证最为详细用功，填补了学界研究的空白。[②] 然而，学界对于刘氏入藩邸前后一些事实的考证却是有所不足，其实关于此点的史料不少，如李焘的《续资治通鉴长编》（下称《长编》）卷56，《宋史》卷242《刘皇后传》，司马光的《涑水记闻》卷5、卷6，王称《东都事略》卷13，李攸的《宋朝事实》卷1等。虽然记载的是同一件事，但这些史料之间互相抵牾矛盾之处甚多，也有同一条史料

---

① 相关研究成果，可参见本书绪论，此不重复。
② 张邦炜：《宋真宗刘皇后其人其事》，载氏著：《宋代婚姻家族史论》，第233—264页。

的记载出现矛盾的情况,如果不能认真考述清楚,对研究者来说实有不便。有感于此,笔者拟于本书,根据这些史料,就刘皇后入王府的史料对其身世进行考述,并提出自己的一些见解。

一、关于刘氏入王府时间的考述

刘氏进入真宗王府的时间,不同的史料有不同的记载。《宋史·刘皇后传》云"后年十五入襄邸"①,《长编》云:"上初为襄王,谓左右曰:'蜀妇人多材慧,吾欲求之。'……张旻时给事王宫,言于王,得召入,遂有宠。"②《涑水记闻》卷6亦云:"张耆时为襄王宫指使,言于王,得召入宫,大有宠。"然而同书卷5云:"时真宗为皇太子,尹开封,(宫)美因锻得见,太子语之曰:'蜀妇人多材慧,汝为我求一蜀姬。'美因纳后于太子,见之,大悦,宠幸专房。"③《宋朝事实》卷1也持此种说法,却比《涑水记闻》卷5多增了刘氏入宫时的年龄,其书云:"真宗尹开封,美因锻银得见,真宗语之曰:'蜀妇人多才惠,汝为我求一蜀姬。'美因纳后,年十五,宠幸专房。"④《东都事略》卷13云:"真宗为襄王,纳于潜邸",同书卷120云:"真宗为襄王时,后自蜀来,因张耆以进,耆得之美所。"⑤《宋会要辑稿》则

---

① 脱脱等:《宋史》卷242《刘皇后传》,第8612页。
② 李焘:《长编》卷56,景德元年正月乙未条,第1225页。
③ 以上两条先后见于司马光:《涑水记闻》卷6《宫美与刘后》,第109页;卷5《章献刘后本蜀人》,第100页。
④ 李攸:《宋朝事实》卷1《祖宗世次》,第11页。
⑤ 以上两条,见于王称撰,吴洪泽笺证:《东都事略笺证》卷13《刘皇后传》,第196页;卷120《刘美传》,第1298页。

云刘氏于"太平兴国八年入韩邸"①,南宋李𡌨之《皇宋十朝纲要》
完整转载了该条史料。②

　　在上面的史料排列中,可以看到,刘氏入王府时间有三种说
法,第一种说法是真宗为皇太子,尹开封时,持这种说法的有《涑水
记闻》卷 5 与《宋朝事实》。另一种说法是真宗为襄王时,持此种说
法的有《宋史》《长编》《涑水记闻》卷 6、《东都事略》等。首先看第
一种说法,真宗为开封尹在淳化五年(994),而在次年,真宗始为皇
太子。③ 因此,真宗为皇太子、尹开封,至少应该在至道元年(995)
以后。《宋史·刘皇后传》云刘太后驾崩时为六十五岁④,按此推
算,她当生于开宝二年(969)。《宋会要辑稿》称刘后崩时为六十四
岁⑤,则她亦当生于开宝三年(970)。所以,至道元年时,刘氏至少
二十六岁。按照古人的审美观,二十六岁的妇女已算大龄,真宗此
时看中刘氏的机会应该很小,而《宋朝事实》所说刘氏十五岁时,真
宗尹开封,在时间上更是一种矛盾。

　　第二种说法,刘氏入于真宗襄邸,相对于前一种说法,此种说
法更为合理。然而在支持此种说法的四条主要史料中,《宋史》一
条自相矛盾,云刘氏年十五入襄邸,然《长编》说得非常清楚,韩王
元侃在端拱元年(988)二月"为荆南、湖南节度使,进封襄王"⑥。

① 徐松辑:《宋会要辑稿》后妃 1 之 2,第 221 页。
② 见李𡌨著,燕永成校正:《皇宋十朝纲要校正》卷 3《真宗》,第 95 页。
③ 见李焘:《长编》卷 36,淳化五年九月壬申条,第 797 页;卷 38,至道元年八月壬辰
　　条,第 818 页。
④ 见脱脱等:《宋史》卷 242《刘皇后传》,第 8614 页。
⑤ 见徐松辑:《宋会要辑稿》后妃 1 之 2,第 221 页。
⑥ 见李焘:《长编》卷 29,端拱元年二月庚子条,第 647 页。

刘氏年十五时，当为太平兴国八年（983）或雍熙元年（984），而端拱元年的时候，刘氏至少已经十九岁了。而刘氏十五岁时，真宗至少应该在韩邸，而不是襄邸①，所以，可以确定，若刘氏入襄邸之说成立，至少在端拱元年之后，淳化五年（994）之前，而越往后，可能性越小。《长编》也明确表示，真宗看上刘氏时，乃"初为襄王"，因此从时间上看，端拱元年与端拱二年（989）之间，大致是刘氏入王府最可能的时间。恰好在端拱二年五月，真宗的第一位夫人潘氏逝世②，若真宗要在此时寻找一位新的女伴填补感情空白，刘氏于此时入王府非常合理，在时间上也很吻合。

然而，我们不能忽视《宋会要辑稿》对刘氏入宫的记载，因为它在时间记载上不相抵牾，且与《宋史·刘皇后传》的时间大致吻合，亦符合《宋朝事实》卷1关于刘氏入宫的时间记载。③ 然则，究竟刘后乃入韩邸还是入襄邸呢？此需要通过对两种说法的史源进行考察。入韩邸说的史源乃来自《宋会要辑稿》，而该书亦是宋代官方最权威、最原始的史料，堪称宋代的历史档案；入襄邸说最早出现于司马光之《涑水记闻》卷6，李焘经比较摘录入《长编》而传之后世。两则史料，一则来自官方，一则乃士大夫小说之言，各有利弊：官方史料虽然权威，但实有遭当权者篡改伪造之可能；小说之言对此可加避免，但有以讹传讹的可能。

---

① 真宗封韩王在太平兴国八年十月，见李焘：《长编》卷24，太平兴国八年十月戊戌条，第555页。

② 脱脱等：《宋史》卷242《潘皇后传》，第8611页。

③ 虽然按照《宋会要辑稿》的记载，刘氏此时应该是十四岁，但与《宋史》与《宋朝事实》所说之十五岁也相差不远，且按《宋史》记载，刘后十五岁时，亦当是太平兴国八年（983）。

第二和第三种说法有很大的抵牾之处：张耆在刘氏进入王宫一事中所扮演的角色。根据《涑水记闻》卷6，"张耆时为襄王宫指使，言于王，得召入宫，大有宠"①。而《长编》则因"其间于襄王宫指使者与《神宗实录·刘永年传》首所书合"，故"今从之"②。而上引《东都事略》卷120《刘美传》也认为刘氏"因张耆以进，耆得之美所"。《邵氏闻见录》亦云："真宗判南衙，因张耆纳后宫中。"③但太平兴国八年（983）时，张耆只有十岁，而基本上涉及张耆的传记，均云张耆"年十一，给事真宗藩邸"④。换言之，若刘氏于太平兴国八年入韩邸，则不可能由张耆引进；而若由张耆引进，则必定是入襄邸，甚至是真宗判开封之时。

笔者倾向于入韩邸说，理由有二。其一，刘氏入韩邸之说能提出比较具体的时间，即太平兴国八年（983），这一时间得到《宋史》与《宋朝事实》的佐证。《宋史》"年十五入襄邸"之言，或乃"年十五入韩邸"之误抄，亦即其源亦来自《会要》；《宋朝事实》史源与《宋史》不同，显然采取了《涑水记闻》卷5的说法，但其保留了刘后入宫时乃十五岁之说，足见这一具体时间得到当时一些士大夫的采信。其二，乃《涑水记闻》卷6之记载，其来源甚有可疑，此点至关重要，但关系到刘氏的改嫁问题，故容下文再述，另外，入襄邸一

---

① 司马光：《涑水记闻》卷6《宫美与刘后》，第109页。
② 李焘：《长编》卷56，景德元年正月乙未条注，第1226页。
③ 邵伯温：《邵氏闻见录》卷1，第8页。
④ 语见曾巩撰，王瑞来校证：《隆平集校证》卷10《张耆传》，第317页。另可见王称撰，吴洪泽笺证：《东都事略笺证》卷50《张耆传》，第554页；脱脱等：《宋史》卷290《张耆传》，第9709页。关于张耆的年龄，《隆平集》及《东都事略》其本传均云其卒年七十五岁，而根据《长编》，张耆卒于庆历八年（1048），由此倒推，其当出生于开宝七年（974）。

说虽经李焘转载,但李焘之子李垕在撰写《皇宋十朝纲要》时,却未采用,而是转载《会要》之说,可见宋人对刘氏入襄邸一说,亦非尽信。至于刘氏由张耆引入王宫一说,史源有可能是《涑水记闻》卷6,其后以讹传讹。①

然而,笔者不能完全否定入襄邸之说。虽然除上引史料之外,笔者未见刘氏入王宫乃由张耆引进之记载,但李焘所言《神宗实录·刘永年传》确实不可忽视。若是,则《宋史》所云"年十五入襄邸",或可在一种条件下成立:刘氏的年龄存在造假,毕竟身世可以造假,年龄当然也可以。真宗为襄王在端拱元年(988)二月②,若当年刘氏十五岁,且入王府,则其出生当在开宝七年(974),也就是造假五岁,而越往后,造假岁数越多,则越不可能。但就目前史料看,这只属于猜测。③

---

① 如上所述,李焘之说来自《涑水记闻》卷6,而研究者认为,《东都事略》的作者王称"是有机会参阅《长编》的"。见王称撰,吴洪泽笺证:《东都事略笺证·前言》,第8页。至于《邵氏闻见录》所云,涉及讹误甚多,如认为刘氏乃随其父入京,后封宸妃等,有张冠李戴之嫌,不足为信。

② 李焘:《长编》卷29,端拱元年二月庚子条,第647页。

③ 顾宏义教授根据刘通从征太原的记载,认为刘氏当生于太平兴国三年至四年之间(978—979),换言之,现行有关刘氏年龄的记载,至少改大了八年。虽然刘氏有改年龄的可能,但改大如此之多,则必须有所需掩饰之事。顾文给出的理由是,刘美长子刘从德卒年或如《长编》所言,乃四十二岁,而非《宋史》其本传所谓二十四岁。如此,其生当在淳化元年(990),其为龚美与刘氏所生之子,而后来真宗与刘氏改年龄,是为了掩饰这一事实。但这里有两个问题,其一,若顾文上述结论为真,则刘从德出生时,刘氏最大十三岁,此乃古人虚岁,按照现代算法,她只有十二岁。虽然古代女子有可能在这一年纪生育,但危险系数甚高。其二,刘从德若为刘太后之亲生子,其卒年为四十二,则其团练使、知州的职位,远远不符合刘太后对他的偏爱。须知刘氏外戚钱惟演四十四岁时已经是枢密副使,位居二府宰执,四十二岁的刘从德纵然不是节度使,也应当是防御使。故此,笔者认为,刘氏纵然有改年龄的嫌疑,也不至于改大八年,且刘从德也不应是刘氏之子,其卒年当如《宋史》所言,为二十四岁。见顾宏义:《刘皇后生年辨疑》,《河北大学学报》(哲学社会科学版)2024年第5期。

二、刘氏被逐出王府及再入王府的事迹考述

是谁令真宗把刘氏送出王府,暂时寄住在张耆家里呢? 有的记载说是秦国夫人,例如《长编》云:"王乳母秦国夫人性严整,不悦,固令王斥去。王不得已出置旻家。"①这同样是转载《涑水记闻》卷 6 的记载。有说是太宗察觉不妥,让真宗斥去的,如《宋朝事实》卷 1 云:"太宗一日问乳母曰:'太子近来容貌清瘦,左右有何人?'乳母以后对,上命去之。太子不得已,置于殿侍张耆家。"②但更多史料认为刘氏被逐出王府,是乳母与太宗共同作用的结果,如《宋史·刘皇后传》云:"王乳母秦国夫人性严整,因为太宗言之,令王斥去。王不得已,置之王宫指使张耆家。"③《涑水记闻》卷 5 也有类似的说法:"太子乳母恶之。太宗尝问乳母:'太子近日容貌癯瘠,左右有何人?'乳母以后对,上命去之。太子不得已,置于殿侍张耆之家。"④《东都事略》亦如是云:"王乳母秦国夫人性严整,因令王斥去,因为太宗言之。王不得已置之张耆家。"⑤一般来说,真宗当时已为亲王,其乳母对他或有一定影响力,但是否足以令他把宠姬送出王府,的确值得商榷。而第二种说法,即便太宗察觉儿子有不妥,但若乳母不排斥刘氏,她看在真宗面上,也可以把此事隐瞒过去。既然她在太宗问询问之时,立即供出刘氏,其实也反映她

① 李焘:《长编》卷 56,景德元年正月乙未条,第 1225 页。
② 李攸:《宋朝事实》卷 1《祖宗世次》,第 11 页。
③ 脱脱等:《宋史》卷 242《刘皇后传》,第 8612 页。
④ 司马光:《涑水记闻》卷 5《章献刘后本蜀人》,第 100—101 页。
⑤ 王称撰,吴洪泽笺证:《东都事略笺证》卷 13《刘皇后传》,第 189 页。

对真宗宠爱刘氏之事是不赞成的。所以,第三种说法,乳母与刘氏失和,然后借助太宗的权威,把刘氏逐出王府,是比较合理的。

这就直接引出两个问题:刘氏是什么时候被逐出王府?又在什么时候,怎样重新入宫的?对于前一问题,《隆平集·张耆传》云:"章献太后在寿邸时,尝出寓其家。"①《东都事略·张耆传》亦有同样记载,可见刘后乃于真宗成为寿王后方被逐出王府。② 真宗为寿王,乃在淳化五年(994)九月③,故刘氏被逐出王府必在此后,但具体哪一年,于今实难考证。关于后一问题《长编》认为是"其后,请于秦国夫人,得复召入"④,而《涑水记闻》卷6认为是"徐使人请于秦国夫人,乃许复诏入宫",并说"及王即帝位,刘氏为美人"⑤。此处的"其后"与"徐"两个词语,表明刘氏在出王宫不久后,即重新进入王宫,尤其是《涑水记闻》卷6,明确指出刘氏在真宗即位前已经重新入宫。若当初驱逐刘氏的只是乳母秦国夫人,这也说得过去,但按照上面推论,秦国夫人是借助太宗的话驱逐刘氏的,现在要让刘氏重新入宫,如果太宗尚在人间的话,起码应该先得到他的同意。当然,《长编》并没有给"其后"定一个下限,其期限也可能一直延续到太宗死后,但起码说,在这个问题上,这条史料就比较模糊了。其他关于此事的几条史料,均清楚说明刘氏重新入宫是在太宗死后,如《宋史·刘皇后传》《东都事略》等,都很明确在刘氏入宫前加上"太宗崩"的语句,而《涑水记闻》卷5、《宋朝事

① 曾巩撰,王瑞来校证:《隆平集校证》卷10《张耆传》,第318页。
② 王称撰,吴洪泽笺证:《东都事略笺证》卷50《张耆传》,第555页。
③ 脱脱等:《宋史》卷6《真宗一》,第103页。
④ 李焘:《长编》卷56,景德元年正月乙未条,第1225—1226页。
⑤ 司马光:《涑水记闻》卷6《宫美与刘后》,第109页。

实》则有"太宗晏(宴)驾"的语句。很明显,真宗应该在太宗死后,说服了乳母秦国夫人,才把刘氏重新接入皇宫。在时间上这里大概也有一个区间:太宗崩于至道三年(997)三月,而秦国夫人卒于咸平元年(998)九月①,故刘氏重新入宫,当在此区间内。由于真宗对刘氏非常宠爱,时间越前越有可能。而至道三年八月,"诏封乳母齐国夫人刘氏为秦国延寿保圣夫人"②,则真宗趁着赐封乳母的良机去说服她,是极有可能的。当然,这只是在那个大区间内的一个推测,暂时还没有史料能证明这一点。

三、关于刘后改嫁说的质疑

刘后先嫁给龚美,再改嫁真宗,这几乎是学界的一个定论,在涉及刘氏的文章当中,这个典故被大量引用,而这也成为宋代妇女改嫁问题研究中一条非常宝贵的史料。考诸现行可以看到的材料,笔者看到宋人关于刘氏改嫁一事的描述只有两条,最权威的是《长编》,景德元年正月乙未条,其云:

> 上初为襄王,一日,谓左右曰:"蜀妇人多材慧,吾欲求之。"刘氏始嫁蜀人龚美,美携以入京,既而家贫,欲更嫁之。张旻时给事王宫,言于王,得召入,遂有宠。王乳母秦国夫人性严整,不悦,固令王斥去。王不得已出置旻家,旻亦避嫌,不

① 见李焘:《长编》卷41,至道三年三月癸巳条,第862页;卷43,咸平元年九月己未条,第915页。
② 李焘:《长编》卷41,至道三年八月己酉条,第876页。

敢下直。乃以银五百两与旻,使别筑馆居之。其后,请于秦国
夫人,得复召入。于是与杨氏俱封。美人因改姓刘,为美人
兄云。①

由于李焘著述严谨,《长编》的史料价值也非常宝贵,因此该条
史料也一直被人引用,成为刘氏改嫁的最有力证据。第二条是司
马光《涑水记闻》卷 6 的一条史料:

> 宫美以锻银为业,纳邻倡妇刘氏为妻,善播鼗。既而家
> 贫,复售之。张耆时为襄王宫指使,言于王,得召入宫,大有
> 宠。王乳母秦国夫人性严整,恶之,固令王斥去。王不得已,
> 置于张耆家,以银五挺与之,使筑馆居于外。徐使人请于秦国
> 夫人,乃许复诏入宫。美由是得为开封府通引官,给事王宫。
> 及王即帝位,刘氏为美人,以其无宗族,更以美为弟,改姓刘
> 云。乐道父与张耆俱为襄王宫指使,故得详耳。②

司马光治史也一向严谨,《涑水记闻》也是一部对宋史研究来
说非常重要的史料。有了这两条史料作为证据,刘氏改嫁一说几
乎可成定论。但在写本书前笔者做了刘氏的年谱,把这两条史料
排列下来,与其他史料稍作对比,不得不对这一说法提出质疑。首
先,李焘这条史料的根据是什么呢? 皇后改嫁,国史并未记载,如
前所述,根据《会要》记载,刘氏乃于太平兴国八年(983)入韩王邸,

---

① 李焘:《长编》卷 56,景德元年正月乙未条,第 1225—1226 页。
② 司马光:《涑水记闻》卷 6《宫美与刘后》,第 109 页。

当中并未提及其改嫁之事。当然,刘氏改嫁与否与其当时年龄关系并不大,因为宋代女子十二岁出嫁乃常事,刘氏在十四五岁时再改嫁真宗,情理上亦能成立。李焘在《长编》卷 56,景德元年正月乙未条后面加注云:"司马光载章献事自有两说,其间于襄王宫指使者与《神宗实录刘永年传》首所书合,今从之。"很明显,李焘这条史料来自司马光。司马光在《涑水记闻》里关于刘氏入真宗潜邸王府有两种说法,除了卷 6 的史料,还有上一部分提到的卷 5 的史料,其全部如下:

> 贡父曰:章献刘后本蜀人,善播鼗。蜀人龚美携之入京。美以锻银为业,时真宗为皇太子,尹开封,美因锻得见,太子语之曰:"蜀妇人多材慧,汝为我求一蜀姬。"美因纳后于太子,见之,大悦,宠幸专房。太子乳母恶之。太宗尝问乳母:"太子近日容貌癯瘠,左右有何人?"乳母以后对,上命去之。太子不得已,置于殿侍张耆之家。耆避嫌,为之不敢下直。未几,太宗晏驾,太子即帝位,复召入宫。①

那么《涑水记闻》卷 6 的史料,其史源又是哪里呢?司马光在该条史料末尾说得很清楚:"乐道父与张耆俱为襄王宫指使,故得详耳。"乐道者,王陶也。也就是说,根据司马光的说法,刘后改嫁的事,应该是王陶的父亲告诉王陶,而王陶又转而告诉他的,换言之,刘后改嫁之事,最初应出于王陶父亲之口。既然如此,我们就

---

① 司马光:《涑水记闻》卷 5《章献刘后本蜀人》,第 100—101 页。

得知道王陶的父亲是谁。根据范镇所撰《王尚书陶墓志铭》云:"公
讳陶,字乐道。其先京兆人。曾祖谯,祖诲,不仕。父应,赠礼部尚
书。"①可知王陶的父亲叫做王应。天禧三年,"张知白言,河北提
举捉贼司指使、殿侍王应捕贼有劳,身中重创,命补三班借职"②。
而根据《宋史》记载,王陶"元丰三年(1080),卒,年六十一"③,则他
应该出生于天禧四年(1020),在时间上与《长编》所出现的王应吻
合。当然,不能就此确认此王应即是王陶的父亲,在没有发现新材
料之前,只能存疑。根据司马光的说法,王陶的父亲应该与张耆一
样,是真宗的潜邸旧臣。若果真如此,他看到刘氏改嫁给真宗的全
过程,说法应该也是可信的。但是,根据孟宪玉先生考证出来的宋
真宗潜邸旧臣名单中,并没有王应的名字。④ 或者说,孟先生没有
把宋真宗的潜邸旧臣考证清楚,当中可能有王应这个人。但根据
《宋史·王陶传》,"陶微时苦贫"。而根据孟先生的研究,宋真宗的
潜邸旧臣后来都得到高官厚职,最低的也至礼宾使,而根据王陶的
墓志铭,他父亲是在他入仕之后才去世的,在这中间,就算家道中
落,刘皇后执政期间,也颇为照顾真宗潜邸旧臣,故也不至于"苦
贫"。所以,王陶父亲是否真的是宋真宗的潜邸旧臣,实在应该大
打问号。

王陶本人,实也不像一个值得信赖的人。《宋史》其本传云:

---

① 范镇:《王尚书陶墓志铭》,载杜大珪编,顾宏义、苏贤校证:《名臣碑传琬琰集校证
(中)》卷24,第963页。
② 李焘:《长编》卷94,天禧三年十一月己未条,第2170页。
③ 脱脱等:《宋史》卷329《王陶传》,第10611页。
④ 孟宪玉:《宋真宗潜邸旧臣研究》,硕士学位论文,保定:河北大学,2005年。

　　陶微时苦贫,寓京师教小学。其友姜愚气豪乐施,一日大雪,念陶奉母寒馁,荷一锸划雪,行二十里访之。陶母子冻坐,日高无炊烟。愚亟出解所衣锦裘,质钱买酒肉、薪炭,与附火饮食,又捐数百千为之娶。陶既贵,尹洛,愚老而丧明,自卫州新乡往谒之,意陶必念旧哀己。陶对之邈然,但出尊酒而已。愚大失望,归而病死。闻者益薄陶之为人。

　　而同卷论曰:"王陶始为韩琦所知,在御史时,颇能讥切时政。及为中丞,则承望风旨,攻琦如仇雠,欲自取重位。其忘姜愚布衣之义,又不足责矣。"①王陶为人如此,其话语的可信性确实值得怀疑。司马光治史严谨,他采用的史料应该可信,但就刘氏入王府一事而言,他有两个记载,这也显示他对此事是存疑的。再者,《涑水记闻》是他随手记录下的日常所见所闻,也未加整理考证。李焘采用《涑水记闻》卷 6 的说法,是因为张耆为襄王宫指使一事,与《神宗实录》偶合而已。故此,刘氏曾嫁龚美一事,实乃孤证,且其可信度不足,使用该史料时,应当小心。

结　语

　　以上考述,均是根据刘氏入王府的几条主要史料。刘氏是宋代第一位垂帘女主,她入王府的各种考证,关系到她入宫时的年龄、身份、社会地位、皇室对她的认同等,与宋代政治史、社会史,尤

---

① 脱脱等:《宋史》卷 329《王陶传》,第 10611—10612、10615 页。

其是妇女史的研究都有一定关系,特别是关于她是否再嫁的问题,是研究宋代妇女改嫁的重要材料。在以上考述及献疑当中可知,刘氏入王府当在真宗为韩王时,即太平兴国八年(983),而刘氏是被真宗乳母借助太宗的权威逐出王府的,在太宗崩后,真宗说服乳母秦国夫人后,才把刘氏重新接入王宫。当然,限于史料与学力,本书对刘氏入王府的考证不算是非常全面仔细,对于某些时间问题,只能在确定一个大区间内,作出相对合理的推断。关于刘氏改嫁的问题,本书并不是要就此否定这一说法,而仅是就该说法的史源问题,结合其他史料,提出自己的质疑——刘氏与龚美的关系,可以有其他的可能性。①

---

① 贾志扬先生在其研究中认为,龚美是刘氏的监护人。而根据《宋会要辑稿》,刘氏的姨母庞氏嫁龚知进,则龚美可能是刘氏的表兄。见贾志扬:《刘后及其对宋代政治文化的影响》,载漆侠主编:《宋史研究论文集:国际宋史研讨会暨中国宋史研究会第九届年会编刊》,第126—141页;徐松辑:《宋会要辑稿》仪制12之2,第2040页。

参考文献

一、古籍文献(按经、史、子、集排序,同一序列下,按出版先后排序,同年出版,则按作者姓氏拼音排序)

(一)经部

孔颖达正义:《尚书正义》,阮元刻:《十三经注疏》,北京:中华书局,1980 年。

孔颖达正义:《周易正义》,阮元刻:《十三经注疏》,北京:中华书局,1980 年。

郑玄注,贾公彦疏:《仪礼注疏》,阮元刻:《十三经注疏》,北京:中华书局,1980 年。

李光:《读易详说》,景印文渊阁四库全书本,台北:台湾商务印书馆,1986 年。

苏舆:《春秋繁露义证》,北京:中华书局,2007 年。

（二）史部

朱熹:《五朝名臣言行录》,四部丛刊初编本,上海:商务印书馆,1929 年。

李攸:《宋朝事实》,北京:中华书局,1955 年。

王溥:《唐会要》,北京:中华书局,1955 年。

司马光等:《资治通鉴》,北京:中华书局,1956 年。

徐松辑:《宋会要辑稿》,北京:中华书局,1957 年。

宋敏求辑:《唐大诏令集》,北京:商务印书馆,1959 年。

司马迁:《史记》,北京:中华书局,1963 年。

班固:《汉书》,北京:中华书局,1964 年。

魏徵等:《隋书》,北京:中华书局,1973 年。

令狐德棻等:《周书》,北京:中华书局,1974 年。

欧阳修:《新五代史》,北京:中华书局,1974 年。

沈约:《宋书》,北京:中华书局,1974 年。

脱脱等:《辽史》,北京:中华书局,1974 年。

魏收:《魏书》,北京:中华书局,1974 年。

刘昫等:《旧唐书》,北京:中华书局,1975 年。

欧阳修、宋祁:《新唐书》,北京:中华书局,1975 年。

王夫之:《读通鉴论》,北京:中华书局,1975 年。

薛居正等:《旧五代史》,北京:中华书局,1976 年。

脱脱等:《宋史》,北京:中华书局,1977 年。

范晔:《后汉书》,北京:中华书局,1982 年。

叶隆礼:《契丹国志》,上海:上海古籍出版社,1985 年。

郝玉麟监修,鲁曾煜编纂:《广东通志》,景印文渊阁四库全书本,台北:台湾商务印书馆,1986 年。

李心传:《建炎以来系年要录》,景印文渊阁四库全书本,台北:台湾商务印书馆,1986 年。

徐自明著,王瑞来校补:《宋宰辅编年录校补》,北京:中华书局,1986 年。

沈作宾修,施宿等纂:《嘉泰会稽志》,宋元方志丛刊本,北京:中华书局,1990 年。

杜佑:《通典》,北京:中华书局,1992 年。

李林甫等:《唐六典》,北京:中华书局,1992 年。

李心传:《旧闻证误》,北京:中华书局,1997 年。

《宋大诏令集》,北京:中华书局,1997 年。

王栐:《燕翼诒谋录》,北京:中华书局,1997 年。

赵汝愚:《宋朝诸臣奏议》,上海:上海古籍出版社,1999 年。

马端临:《文献通考》,北京:中华书局,2003 年。

王夫之:《宋论》,北京:中华书局,2003 年。

吴兢著,谢保成集校:《贞观政要集校》,北京:中华书局,2003 年。

李焘:《续资治通鉴长编》,北京:中华书局,2004 年。

吕夷简主编,天一阁博物馆、中国社会科学院历史研究所天圣令整理课题组校证:《天一阁藏明钞本天圣令校证·校录本》,北京:中华书局,2006 年。

杨仲良:《续资治通鉴长编纪事本末》,郑州:中州古籍出版社,

2023 年。

　　曾巩撰，王瑞来校证：《隆平集校证》，北京：中华书局，2012 年。

　　李焘著，燕永成校正：《皇宋十朝纲要校正》，北京：中华书局，2013 年。

　　吕中撰，张其凡、白晓霞整理：《类编皇朝大事记讲义》，上海：上海人民出版社，2014 年。

　　顾宏义、苏贤校证：《名臣碑传琬琰集校证》，上海：上海古籍出版社，2021 年。

　　王称撰，吴洪泽笺证：《东都事略笺证》，上海：上海古籍出版社，2023 年。

（三）子部

　　张端义：《贵耳集》，北京：中华书局，1959 年。

　　吴曾：《能改斋漫录》，上海：上海古籍出版社，1979 年。

　　江少虞：《宋朝事实类苑》，上海：上海古籍出版社，1981 年。

　　费衮：《梁谿漫志》，上海：上海古籍出版社，1985 年。

　　冯琦、冯瑗：《经济类编》，景印文渊阁四库全书本，台北：台湾商务印书馆，1986 年。

　　郭若虚：《图画见闻志》，景印文渊阁四库全书本，台北：台湾商务印书馆，1986 年。

　　黄履翁：《古今源流至论》，景印文渊阁四库全书本，台北：台湾商务印书馆，1986 年。

　　江休复：《嘉祐杂志》，景印文渊阁四库全书本，台北：台湾商务印书馆,1986 年。

彭大翼:《山堂肆考》,景印文渊阁四库全书本,台北:台湾商务印书馆,1986 年。

钱惟演:《玉堂逢辰录》,载陶宗仪编:《说郛》,景印文渊阁四库全书本,台北:台湾商务印书馆,1986 年。

孙升:《孙公谈圃》,景印文渊阁四库全书本,台北:台湾商务印书馆,1986 年。

王巩:《闻见近录》,影印文渊阁四库全书本,台北:台湾商务印书馆,1986 年。

佚名:《国老谈苑》,景印文渊阁四库全书本,台北:台湾商务印书馆,1986 年。

张舜民:《画墁录》,景印文渊阁四库全书本,台北:台湾商务印书馆,1986 年。

赵善璙:《自警编》,景印文渊阁四库全书本,台北:台湾商务印书馆,1986 年。

司马光:《涑水记闻》,北京:中华书局,1989 年。

龚鼎臣:《东原录》,影印涵芬楼藏书本,上海:上海书店出版社,1990 年。

蔡绦:《铁围山丛谈》,北京:中华书局,1997 年。

欧阳修:《归田录》,北京:中华书局,1997 年。

邵伯温:《邵氏闻见录》,北京:中华书局,1997 年。

苏辙:《龙川别志》,北京:中华书局,1997 年。

王辟之:《渑水燕谈录》,北京:中华书局,1997 年。

王铚:《默记》,北京:中华书局,1997 年。

魏泰：《东轩笔录》，北京：中华书局，1997 年。

文莹：《湘山野录》，北京：中华书局，1997 年。

文莹：《续湘山野录》，北京：中华书局，1997 年。

文莹：《玉壶清话》，北京：中华书局，1997 年。

吴处厚：《青箱杂记》，中华书局，1997 年。

叶梦得：《石林燕语》，北京：中华书局，1997 年。

叶绍翁：《四朝闻见录》，北京：中华书局，1997 年。

周密：《癸辛杂识》，北京：中华书局，1997 年。

王明清：《挥麈录》，上海：上海书店，2001 年。

朱弁：《曲洧旧闻》，北京：中华书局，2002 年。

黎靖德辑：《朱子语类》，北京：中华书局，2004 年。

周密：《齐东野语》，北京：中华书局，2004 年。

洪迈：《容斋随笔》，北京：中华书局，2006 年。

岳珂：《愧郯录》，北京：中华书局，2016 年。

曾布：《曾公遗录》，北京：中华书局，2016 年。

田况：《儒林公议》，北京：中华书局，2017 年。

王曾：《王文正公笔录》，北京：中华书局，2017 年。

（四）集部

鱼玄机：《唐女郎鱼玄机诗》，宋临安府陈宅书籍铺刻本。

司马光：《温国文正司马公文集》，四部丛刊初编本，上海：商务印书馆，1929 年。

王禹偁：《小畜集》，四部丛刊初编本，上海：商务印书馆，

1929 年。

陈亮:《陈亮集》,北京:中华书局,1974 年。

董浩等编:《全唐文》,北京:中华书局,1983 年。

晁补之:《鸡肋集》,景印文渊阁四库全书本,台北:台湾商务印书馆,1986 年。

程敏政:《篁墩文集》,景印文渊阁四库全书本,台北:台湾商务印书馆,1986 年。

韩维:《南阳集》,景印文渊阁四库全书本,台北:台湾商务印书馆,1986 年。

何乔新:《椒邱文集》,景印文渊阁四库全书本,台北:台湾商务印书馆,1986 年。

唐士耻:《灵岩集》,景印文渊阁四库全书本,台北:台湾商务印书馆,1986 年

王珪:《华阳集》,景印文渊阁四库全书本,台北:台湾商务印书馆,1986 年。

欧阳修:《欧阳修全集》,北京:中华书局,2001 年。

韩琦:《安阳集》,《宋集珍本丛刊》,北京:线装书局,2004 年。

刘敞:《公是集》,《宋集珍本丛刊》,北京:线装书局,2004 年。

石介:《徂徕文集》,《宋集珍本丛刊》,北京:线装书局,2004 年。

苏颂:《苏魏公文集》,北京:中华书局,2004 年。

杨杰:《无为集》,《宋集珍本丛刊》,北京:线装书局,2004 年。

叶适:《水心别集》,《宋集珍本丛刊》,北京:线装书局,2004 年。

余靖：《武溪集》，《宋集珍本丛刊》，北京：线装书局，2004 年。

张方平：《乐全先生文集》，《宋集珍本丛刊》，北京：线装书局，2004 年。

郑獬：《郧溪集》，《宋集珍本丛刊》，北京：线装书局，2004 年。

苏轼：《苏轼文集》，北京：中华书局，2008 年。

二、今人著作

陈峰：《武士的悲哀——北宋崇文抑武现象透析》，西安：陕西人民教育出版社，2000 年。

邓广铭：《岳飞传》，北京：生活·读书·新知三联书店，2007 年。

邓小南：《祖宗之法——北宋前期政治述略》，北京：生活·读书·新知三联书店，2006 年。

刁忠民：《两宋御史中丞考》，成都：巴蜀书社，1995 年。

刁忠民：《宋代台谏制度研究》，成都：巴蜀书社，1998 年。

郭东旭：《宋代法律与社会》，北京：人民出版社，2008 年。

何冠环：《攀龙附凤：北宋潞州上党李氏外戚将门研究》，香港：中华书局，2013 年。

何冠环：《宋初朋党与太平兴国三年进士》，上海：中西书局，2018 年。

何忠礼：《宋代政治史》，杭州：浙江大学出版社，2007 年。

贾玉英：《宋代监察制度》，开封：河南大学出版社，1996 年。

雷家骥：《武则天传》，北京：人民出版社，2004 年。

刘广丰:《大忠之臣:寇准》,沈阳:辽宁人民出版和,2021年。

刘广丰:《女主临朝:狸猫何曾换太子》,沈阳:辽宁人民出版社,2022年。

刘静贞:《北宋前期皇帝和他们的权力》,台北:稻乡出版社,1996年。

王瑞来:《宋代の皇帝権力と士大夫政治》,东京:汲古书院,2001年。

王瑞来:《宰相故事——士大夫政治下的权力场》,北京:中华书局,2010年。

王晓波:《寇准年谱》,成都:巴蜀书社,1995年。

吴铮强:《官家的心事:宋朝宫廷政治三百年》,上海:上海人民出版社,2023年。

许泽高:《赢在此时——青春期逆反心理分析与对策》,武汉:武汉大学出版社,2007年。

伊沛霞著,胡志宏译:《内闱——宋代妇女的婚姻和生活》,南京:江苏人民出版社,2004年。

虞云国:《细说宋朝》,上海:上海人民出版社,2004年。

虞云国:《宋代台谏制度研究》,上海:上海书店,2009年。

张邦炜:《宋代皇亲与政治》,成都:四川人民出版社,1993年。

赵冬梅:《千秋是非话寇准》,北京:电子工业出版社,2012年。

三、今人论文

蔡美彪:《辽代后族与辽季后妃三案》,载《历史研究》1994年第 2 期。

陈峰：《试论北宋名相吕夷简的政治"操术"》，载《中州学刊》1998 年第 6 期。

陈峰、张瑾：《吕夷简与北宋中叶的政风》，载《西北大学学报》（哲学社会科学版）2001 年第 1 期。

陈弱水：《初唐政治中的女性意识》，载邓小南主编：《唐宋女性与社会》，上海：上海辞书出版社，2003 年。

陈寅恪：《武曌与佛教》，载氏著：《金明馆丛稿二编》，北京：生活·读书·新知三联书店，2001 年。

陈振：《关于北宋前期的宰相制度》，载《中州学刊》1985 年第 6 期。

程民生：《北宋探事机构——皇城司》，载《河南大学学报》（哲学社会科学版）1984 年第 4 期。

邓小南：《近臣与外官：试析北宋初期的枢密院及其长官人选》，载漆侠主编：《宋史研究论文集：国际宋史研讨会暨中国宋史研究会第九届年会编刊》，保定：河北大学出版社，2002 年。

刁忠民：《论北宋天禧至元丰间之台谏制度》，载《四川大学学报》（哲学社会科学版）1999 年第 3 期。

刁忠民：《关于北宋前期谏官制度的几个问题》，载《中国史研究》2000 年第 4 期。

丁建军：《论中国古代的法律诚信缺失——以宋朝为对象的考察》，载《宋史研究论丛》2012 年第 1 期。

范平：《宋真宗时期的政治制度建设》，载《学术月刊》1999 年第 5 期。

付海妮:《宋代士大夫对后妃预政的抵制作用》,载《陇东学院学报》(社会科学版)2005年第1期。

付海妮:《宋代后妃临朝不危政原因浅析》,载《固原师专学报》(社会科学版)2005年第2期。

顾宏义:《王禹偁〈建隆遗事〉考——兼论宋初"金匮之盟"之真伪》,载《中华文史论丛》2009年第3期。

顾宏义:《谁增"权"字:宋仁宗继位初年丁谓、王曾政争发覆》,载《中山大学学报》(社会科学版)2023年第4期。

顾宏义:《刘皇后生年辨疑》,载《河北大学学报》(哲学社会科学版)2024年第5期。

郭东旭:《编敕是宋代的主要立法活动》,载氏著:《宋代法律与社会》,北京:人民出版社,2008年。

何冠环:《"金匮之盟"真伪新考》,载《暨南学报》(哲学社会科学版)1993年第3期。

何冠环:《曹利用(971—1029)之死》,载氏著:《北宋武将研究》,香港:中华书局,2008年版。

何冠环:《从茶商到外戚:宋真、仁宗朝开封茶商马季良事迹考》,载氏著:《货殖经营:宋代商人家族研究初探》,香港:新龙门书店,2024年。

何平立:《宋真宗"东封西祀"略论》,载《学术月刊》2005年第2期。

何忠礼:《略论北宋前期的制度革新》,载《浙江社会科学》2011年第3期。

侯杨方:《宋太宗继统考实》,载《复旦学报》(社会科学版)

1992 年第 2 期。

黄艳：《北宋哲宗孟皇后的废立与时政》，载《乐山师范学院学报》2005 年第 7 期。

贾大泉：《论交子的产生》，载《社会科学研究》1989 年第 2 期。

贾志扬：《刘后及其对宋代政治文化的影响》，载漆侠主编：《宋史研究论文集：国际宋史研讨会暨中国宋史研究会第九届年会编刊》，保定：河北大学出版社，2002 年。

姜锡东：《关于北宋前期宰相制度的几个问题》，载《中州学刊》1990 年第 2 期。

蒋复璁：《宋太祖孝章宋皇后崩不成丧考》，载氏著：《珍帚斋文集》卷 3《宋史新探》，台北：台湾商务印书馆，1985 年。

蒋启俊、范立舟：《台谏在仁宗朝的发展及其言风的变化》，载《华中科技大学学报》(社会科学版)2005 年第 6 期。

蒋悦飞：《超时代的女性意识和权力困惑——〈再生缘〉在现代视角下的人文价值》，载《妇女研究论丛》2000 年第 2 期。

孔学：《"金匮之盟"真伪辨》，载《史学月刊》1994 年第 3 期。

李涵：《章献刘皇后擅政与寇准之死》，载北京大学中国中古史研究中心编：《纪念陈寅恪先生诞辰百年学术论文集》，北京：北京大学出版社，1989 年。

李鸿宾：《沙陀贵族的汉化问题》，载《理论学刊》1991 年第 3 期。

李魁文：《浅析青少年的"逆反心理"》，载《天津教育》1987 年第 4 期。

廖寅：《王审琦铁券与"杯酒释兵权""太祖誓碑"新解》，载《史学月刊》2023 年第 3 期。

林文勋:《宋代商人对国家政治的干预及其影响》,载《中州学刊》1996 年第 3 期。

刘碧英:《老年人心理特点与心理保健》,载《中国临床心理学杂志》2005 年第 3 期。

刘广丰:《宋代后妃与帝位传承》,载《武汉大学学报》(人文科学版)2009 年第 4 期。

刘广丰:《南宋后族淳安杨氏家族考论》,载《杭州师范大学学报》(社会科学版)2017 年第 3 期。

刘广丰:《唐末五代沙陀汉化问题再探——兼论沙陀政权的民族政策》,载冯立君主编:《中国与域外》第四辑,北京:社会科学文献出版社,2021 年。

刘景岚:《论辽淳钦皇后述律氏》,载《昭乌达蒙族师专学报》(汉文哲学社会科学版)1996 年第 2 期。

刘静贞:《权威的象征——宋真宗大中祥符时代(1008—1016)探悉》,载《宋史研究集》第二十三辑,台北:台湾"国立"编译馆,1995 年。

刘静贞:《范仲淹的政治理念与实践——借仁宗废后事件为论》,载《宋史研究集》第二十四辑,台北:台湾"国立"编译馆,1996 年。

刘静贞:《从太后干政到皇后摄政——北宋真、仁之际女主政治权力试探》,载鲍家麟主编:《中国妇女史论集续集》,台北:稻乡出版社,1999 年。

刘啸虎、姜卉倩:《论唐代女性胡服风尚的变化——兼论唐代女性意识与男装》，载《洛阳理工学院学报》（社会科学版）2022 年第 6 期。

刘子健：《宋太宗与宋初两次篡位》，载《中国史研究》1990 年第 1 期。

罗家祥：《试论北宋仁、英两朝的台谏》，载《西南师范大学学报》（人文社会科学版）1989 年第 1 期。

马微：《韦后的女性意识及其所处的历史环境分析》，载《三峡大学学报》（人文社会科学版）2006 年增刊。

马玉臣：《试论北宋前期之枢相》，载《中州学刊》2005 年第 5 期。

孟凡云：《论辽代后权的双重性及齐天后失败之原因》，载《内蒙古社会科学》（文史哲版）1997 年第 6 期。

穆静：《论五代军将女眷对军政与时局的影响》，载《浙江学刊》2010 年第 3 期。

彭卫：《心态史学研究方法评析》，载《西北大学学报》（哲学社会科学版）1986 年第 2 期。

任石：《分层安排：北宋元丰改制前文官班位初探》，载《中国史研究》2018 年第 2 期。

沈松勤：《北宋台谏制度与党争》，载《历史研究》1998 年第 4 期。

汤勤福：《宋真宗"封禅涤耻"说质疑——论真宗朝统治危机与天书降临、东封西祀之关系》，载《河北大学学报》（哲学社会科学版）2019 年第 2 期。

唐兆梅：《评〈杜太后与"金匮之盟"〉》，载《学术月刊》1991 年第 2 期。

田志光:《宋初"异论相搅"祖宗法考论——以宰相赵普权力变迁为中心》,载《宋史研究论丛》2017 年第 1 期。

田志光、梁嘉玲:《北宋真仁之际皇权交接与章献皇后的政治考量——兼论儒家理念对宋代女主预政的双面影响,载《社会科学》2022 年第 4 期。

仝相卿:《〈续资治通鉴长编〉载"刘随罚铜事"质疑》,载《宋史研究论丛》第十七辑,保定:河北大学出版社。

汪圣铎、孟宪玉:《宋真宗的潜邸旧臣考论》,载《安徽师范大学学报》(人文社会科学版)2004 年第 6 期。

王丽:《女性、女性意识和社会性别》,载《中国文化研究》2000 年秋之卷。

王瑞来:《论宋代相权》,载《历史研究》1985 年第 2 期。

王瑞来:《论宋代皇权》,载《历史研究》1989 年第 1 期。

王瑞来:《"狸猫换太子"传说的虚与实——后真宗时代:宋代士大夫政治下的权力博弈》,载《文史哲》2016 年第 2 期。

王晓波:《对澶渊之盟的重新认识和评价》,载《四川大学学报》(哲学社会科学版)2003 年第 4 期。

王旭送:《沙陀汉化之过程》,载《西域研究》2010 年第 3 期。

王义康:《沙陀汉化问题再评价》,载《陕西师范大学学报(哲学社会科学版)》1995 年第 4 期。

王莹、傅崇辉等:《老年人的心理特征因素对生活满意度的影响》,载《中国人口科学》2004 年增刊。

王育济:《"金匮之盟"真伪考——对一桩学术定案的重新甄

别》,载《山东大学学报》(哲学社会科学版)1993年第1期。

王政:《"女性意识"、"社会性别意识"辨异》,载《妇女研究论丛》1997年第1期。

王智勇:《论宋真宗朝"五鬼"》,载《四川大学学报》(哲学社会科学版)2002年第1期。

吴凤霞:《辽代宫廷变乱与其制度的关系》,载《河北学刊》2001年第4期。

吴铮强、胡潮晖:《北宋乾祐天书考辨》,载包伟民、刘后滨主编:《唐宋历史评论》第十二辑,北京:社会科学文献出版社,2023年。

肖建新:《宋代临朝听政新论》,载《社会科学战线》2003年第4期。

辛珑豆:《论武则天的女性意识》,载《忻州师范学院学报》2019年第2期。

闫化川:《宋真宗"泰山封禅"动机补论》,载《泰山学院学报》2004年第2期。

杨翠微:《论章献明肃刘太后》,"面向二十一世纪:中外文化的冲突与融合学术研讨会"提交论文,1998年。

杨光华:《宋代后妃、外戚预政的特点》,载《西南师范大学学报》(哲学社会科学版)1994年第3期。

杨果:《宋代后妃参政述评》,载《江汉论坛》1994年第4期。

杨果、刘广丰:《宋仁宗郭皇后被废案探议》,载《史学集刊》2008年第1期。

杨昆:《宋真宗与北宋兴衰》,载《北方论丛》2005年第5期。

杨联陞:《国史上的女主》,载氏著:《国史探微》,北京:新星出版社,2005 年。

杨佩:《从"女扮男装"现象看盛唐时期的女性意识》,载《开封教育学院学报》2011 年第 4 期。

姚红:《北宋宰相吕夷简奸臣说献疑》,载《人文杂志》2008 年第 3 期。

虞文霞:《丁谓与真宗时期的茶法改革》,载《农业考古》2001年第 2 期。

曾国富、邓上清:《五代后妃与政治》,载《兰州学刊》2008 年第 7 期。

曾国富:《唐末五代将帅身后的女性》,载《中华女子学院学报》2009 年第 2 期。

张邦炜:《两宋时期的社会流动》,载《四川师范大学学报》(社会科学版)1989 年第 2 期。

张邦炜:《北宋宦官问题辨析》,载《四川师范大学学报》(社会科学版)1993 年第 2 期。

张邦炜:《两宋无内朝论》,载《河北学刊》1994 年第 1 期。

张邦炜:《论宋代的皇权和相权》,载《四川师范大学学报》(社会科学版)1994 年第 2 期。

张邦炜:《试论宋代"婚姻不问阀阅"》,载氏著:《宋代婚姻家族史论》,北京:人民出版社,2003 年。

张邦炜:《宋朝的"待外戚之法"》,载氏著:《宋代婚姻家族史论》,北京:人民出版社,2003 年。

张邦炜:《宋真宗刘皇后其人其事》,载氏著:《宋代婚姻家族史论》,北京:人民出版社,2003年。

张明富:《明清士大夫女性意识的异动》,载《东北师大学报》1996年第1期。

张明华:《北宋第一位垂帘太后与宋代最初的党争》,载《开封师范高等专科学校学报》1999年第4期。

张明华:《北宋刘皇后经济思想初探》,载《开封师范高等专科学校学报》2000年第3期。

张明华:《论北宋女性政治的蜕变》,载《河南大学学报》(社会科学版)2002年第1期。

张明华:《从曹皇后的道德自虐看北宋中期儒学复兴对宫廷女性的负面影响》,载《浙江万里学院学报》2004年第1期。

张明华:《北宋宣仁太后垂帘时期的心理分析》,载《洛阳师范学院学报》2004年第1期。

张其凡:《论宋代政治史的分期》,载氏著:《宋初政治探研》,广州:暨南大学出版社,1995年。

张其凡:《雍熙北征到澶渊之盟——真宗朝政治研究之一》,载氏著:《宋初政治探研》,广州:暨南大学出版社,1995年。

张其凡:《宋真宗"天书封祀"闹剧之剖析——真宗朝政治研究之二》,载氏著:《宋初政治探研》,广州:暨南大学出版社,1995年。

张其凡:《论宋太宗朝的科举取士》,载《中州学刊》1997年第2期。

张其凡:《"皇帝与士大夫共治天下"试析——北宋政治架构探微》,载《暨南学报》(哲学社会科学版)2001年第6期。

张其凡、白效咏:《乾兴元年至明道二年政局初探——兼论宋仁宗与刘太后关系之演变》,载《中州学刊》2005 年第 3 期。

张其凡、刘广丰:《宋真宗朝寇准与丁谓争斗事实考述》,载张玉春主编:《古文献与传统文化》,北京:华文出版社,2007 年。

张其凡、刘广丰:《寇准、丁谓之争与宋真宗朝后期政治》,载《暨南史学》第五辑,广州:暨南大学出版社,2008 年。

张其凡、刘广丰:《寇准的宦历、性格及思想》,载北京大学中国古代史研究中心主编:《邓广铭教授百年诞辰纪念论文集(1907—2007)》,北京:中华书局,2008 年。

张晓宇:《从"变唐之礼"到"章献新仪"——北宋前期"新礼"问题与〈太常因革礼〉》,载《汉学研究》2019 年第 1 期。

张星久:《母权与帝制中国的后妃政治》,载《武汉大学学报》(社会科学版)2003 年第 1 期。

赵冬梅:《先帝皇后与今上生母——试论皇太后在北宋政治文化中的含义》,载张希清等主编:《10—13 世纪中国文化的碰撞与融合》,上海:上海人民出版社,2006 年。

赵俊其:《浅议"异论相搅"存在的合理依据——以欧阳修奏议为例》,载《山西青年》2016 年第 16 期。

赵雨乐:《五代的后妃与政治——唐宋变革期宫廷权力的考察》,载卢向前主编:《唐宋变革论》,合肥:黄山书社,2006 年。

赵雨乐:《藩妇与后妃:唐宋之际宫廷权力的解说》,载氏著:《从宫廷到战场:中国中古与近世诸考察》,香港:中华书局,2007 年。

诸葛忆兵:《论宋代后妃与朝政》,载《南京师范大学学报》(社会科学版)1998 年第 4 期。

诸葛忆兵:《宋代参知政事与宰相之关系初探》,载《北京师范大学学报》(社会科学版)1999 年第 1 期。

朱瑞熙:《宋朝的宫廷制度》,载《学术月刊》1994 年第 4 期。

朱子彦:《宋代垂帘听政制度初探》,载《学术月刊》2001 年第 8 期。

祝建平:《仁宗朝刘太后专权与宋代后妃干政》,载《史林》1997 年第 2 期。

四、学位论文

陈桂苹:《唐宋时期河南刘氏家族研究》,硕士学位论文,武汉:湖北大学,2024 年。

陈金花:《从女性意识的萌动看明代中后期妇女地位的提高》,硕士学位论文,厦门:厦门大学,2008 年。

樊鸿雁:《论宋代闺秀和名妓的女性意识觉醒》,硕士学位论文,合肥:安徽大学,2010 年。

孟宪玉:《宋真宗潜邸旧臣研究》,硕士学位论文,保定:河北大学,2005 年。

汪辉:《两宋皇城司制度探析——以其探事职能的拓展及人员的管理为主》,硕士学位论文,开封:河南大学,2005 年。

汪晓丽:《唐代女子体育的女性意识研究》,硕士学位论文,上海:上海体育学院,2022 年。

王志双:《吕夷简与宋仁宗前期政治研究》,硕士学位论文,保定:河北大学,2000 年。

后 记

2004 年,我从汕头大学外语系毕业,考入暨南大学,跟着张其凡先生研习宋史。当年暨大刚好改成两年学制,故到 2005 年,我就开始准备考博。当时我准备报读两位导师,一位是我的硕导张其凡先生,另一位就是杨果老师。之所以选择杨老师,有三个原因:其一,武大乃 985 高校,能到武大读博,也就能圆我多年以来的名校梦;其二,杨老师当时是宋史研究会副会长,乃国内著名宋史专家;其三,也是最重要的一点,杨老师曾经写过一篇文章《宋代后妃参政述评》,而她的研究方向之一就是宋代女性史,这跟我的读博计划非常贴近。得益于当年的考试机制,我顺利通过了初试。很难想象如果我是今年研究生毕业,是否能在申请制的条件下考上武大的博士。尤为让我感动的是,杨老师并没有因为我本科非历史学科班出身而对我有所偏见。她当时要到法国访学,不能参加我的复试,但在邮件中,她跟我说,不要有顾虑,安心考试,发挥自己正常水平即可。我放下包袱,最终初试复试均考第一,被武汉大学历史学院中国古代史专业录取。

2006 年 9 月，我怀着激动的心情来到珞珈山，开始攻读博士的生涯。读博的生活是非常充实的，因为我每天都需要阅读大量的文献和著作。杨老师回国后，也马上投入到对我们新生（包括硕士和博士）的指导，这又让我充实的生活变得更加饱满。记得有一天早上八点半左右，我还在床上迷迷糊糊地睡着，突然接到杨老师的电话，让我下午参加一个读书会，讨论梁启超的《中国历史研究法》。由于当时水平较低，尚未阅读此书，一时如热锅上之蚂蚁，不知所措。稳定心神后，我立马跑到食堂旁边的书店，但未能找到该书，最终还是在图书馆找到一本，匆匆翻阅。到下午时，我心怀忐忑地来到逸夫楼，幸好杨师给我分配的是我较为熟悉的墓志部分。梁启超认为墓志铭的史料价值不如传世文献，因为志文中之内容往往夸大失实，但我却认为，墓志纵有如此缺点，可志主的基本信息，如郡望、生卒年日、家庭关系等，应该还是清晰可用的。我的发言得到杨师的赞赏，可杨师恐怕至今不知，我当时乃"临时抱佛脚"。从此以后，我更加不敢懈怠，唯有每天努力读书，以准备杨师随时抽查。

历史学研究最重史料，我从攻读硕士开始，尤其喜欢读李焘的《续资治通鉴长编》，而到了武大，我依然保持这种习惯。但在跟随杨老师学习的过程中，我又学到了不同种类的史料。比如有一次，杨老师要求我们几个宋元史的硕博学生，一人分一首宋诗，尝试以诗证史。这对我来说是一次全新的尝试，但让我终身受益。我的著作《大忠之臣：寇准》，就引用了寇准大量的诗歌，而我的研究生黄燕的一篇论文，也是大量引用张咏的诗歌。杨师以诗证史的实践,我至今依然在研究生课程《中国历史文献与史料学》中应用。除此之外,我还记得杨师让我们读《宋会要辑稿》中有关宋代圩田的记载,并写一篇文章。我最不擅长经济史,而这次训练也确实打开了我新的思路。

　　我的硕士论文做的是宋真宗朝末年的寇、丁之争,其实我最开始想做的是宋真宗的刘皇后,但张其凡师认为这题目太大,不适合硕士生,故让我做了这个与刘皇后相关的题目。但我对刘皇后的兴趣一直没有消退,所以想把她作为我博士论文的研究对象。杨老师回国后,我第一时间向她汇报了我的想法,刚好杨师当年申请到了国家社科项目"宋代妇女史研究:以女性身体为视角",故对我非常支持。一般来说,武大历史学院的老师都鼓励学生自己选博士论文的题目,而不会强行要求学生做自己的课题,只不过我的选题刚好跟杨师当时的研究契合,这样她正好可以把我的研究纳入她的研究当中,而我也顺理成章成为她课题组的成员。博一一年,我全用于搜集与刘皇后相关的史料,并写出了近 7 万字的年谱长编——这对初涉研究的学人来说无疑是很好的训练。博二伊始,我就跟杨师商议,把博论题目定为《宋朝真、仁之际政治研究——以真宗刘皇后为中心(1017—1033)》,并开始着手撰写论文初稿。事情看来非常顺利,可博三开学的开题报告会,却让我感到迷茫。在会上,很多老师质疑我的选题,因为我研究的时段实在太短,他们一来担心我材料不够,二来也觉得题目太小,且过于传统,不能体现博士的水平。我当时就犹豫了:我该换题目吗? 可这个题目我已经做了两年有余,换题目的话,我所有的工作都得从头开始。可如果不换,我能顺利毕业吗? 会后,我找到杨师,说出了我的忧虑。杨老师安慰我说："老师们的意见，你觉得对，可以听，觉得不对，可以忽略。在我看来，这个题目可以做，而且能做出新意。"有了杨师的这句话，我安下心来，继续走自己的路。最终，我的论文以《章献明肃刘皇后与宋真、仁之际政治研究》为题参加博士答辩，并获得了优秀等级。如今，我在宋史学界内对刘皇后的研究，算是取得了一点微不足道的成就，而这一切，都离不开杨师对我的指导与鼓励。

当年考博之时，暨大与武大我都考上了，当时张其凡先生跟我说："你已经在我这里读了两年，该教的我都已经教了，再读三年无非就是重复巩固，你还不如到杨老师那里，去学一些不一样的东西，这对你将来的发展会更加有利。"张师此言不虚，我在杨老师这里学到了很多。刚进入武大的时候，我的写作有个毛病，就是过于枝蔓，而且语言比较口语化。杨师在修改我论文的时候，总会告诉我，注意表述，应该使用学术化的语言，这番教导让我的写作越来越好。我也很乐意把自己写成的文章给杨师看，我读博期间发表的三篇文章，杨师都曾精心修改；甚至在我毕业后很长一段时间，我都愿意把写成的文章初稿交给杨师，这当中还包括了我的博士后报告。而每一次，杨师都会认真审读，并给我提出中肯的修改意见。我在杨师处所学最深刻的，当为学术研究中的理论提升。攻读硕士期间，在张师的指导下，我已经能比较熟练地查找与运用史料，后来杨师对我的这个优势也比较肯定。看过我几篇文章后，杨师指出，我能够根据史料把历史事实说清楚，但缺少理论指导与提升，从而让文章缺乏必要的立意和创新。根据我所选的博士论文题目，杨师给我介绍了很多性别理论的书籍和文章，并为我联系了政治与管理学院的张星久先生，让我旁听他一个学期的课，学习政治学的理论。正是杨师的指导,让我的毕业论文增色不少,而我论文中最出彩的部分,当属"女主心态"和"女性意识"这两个部分,而后来以此为依托发表的两篇文章,也得到了学术界的肯定。

　　杨老师虽然在学术上严格严谨,但在生活中又是温情慈爱。在武大求学三年,我不但收获了博士学位,还收获了爱情和家庭。犹记我结婚之时,杨师亲自到场为我送上祝福。而后每次跟她见面或通电话,她都会亲切问候我的太太和孩子。在认识杨老师的十几年中,我不记得她对我生气过,就算是对我的批评,也是和风细雨,让我如沐春风。她就如母亲一样,教育我,关怀我。同时,她也是以自身为范例,向我展示如何成为一位好老师。在我工作之后,我一直遵循着杨师的教诲,一方面对学生的学习和研究严格要求,另一方面也是尽量关心学生,同情、理解学生,让他们在校园里有所依靠。我经常跟学生说,我的老师如何待我,我就如何待你们,如果你们觉得在我这里还有所收获的话,希望以后你们也能如此对待你们的学生。只有如此,才能够把师门的精神,一代一代地传承下去。

　　本书就是在我的博士论文的基础上修改而成的。实际上,去年在耿元骊教授的组织下,我就以博士论文为基础,撰写了一本通俗科普读物《女主临朝:狸猫何曾换太子》。该书语言通俗,且包含大量网络流行词,并按照出版社要求,没有添加任何注释,甚至把很多文言文翻译成白话文。就科普而言,我认为该书是合格的,但缺少学术著作必要的严谨。而本书则是一本学术专著,不仅在语言上偏向于学术化,更有详细的考证与注释。读者朋友如有兴趣,可以将两本书参校阅读。当然,笔者水平有限,全书当中或有谬误,也请读者不吝指出。

在珞珈山三年,除了杨果先生,另外一些老师也给我的学习和论文写作提供了很大帮助。如冯天瑜先生在上课时给我们讲了很多中国传统文化的知识,并告诉我们,在研究历史过程中,应该用"移情"的办法,对历史人物的心理进行分析,这后来也成为本书的一个特色。再如政治与管理学院的张星久先生,告诉了我很多政治学的理论与方法,这对我研究政治史帮助非常大。此外,冻国栋先生、申万里先生以及我的师姐陈曦,均对我的书稿提出很多非常有用的建设性意见。你们的帮助,非三言两语能够道出说尽,尤其是冯先生,已经离去,今惟以寥寥数语,表达我心中的谢意。

除本校以外,其他学校的一些老师也为本书写作提供了很大帮助。暨南大学的张其凡先生,是我的硕士导师,是他把我引入宋史研究之门的,也是他把我介绍到武汉大学杨果先生门下。在我攻博期间,每次回广州,我都会拜会张先生,聆听他的教诲,他也给我的论文提出了很多观点性的意见,我的毕业论文能够顺利完成,乃至今天能够付梓成为专著,张先生出力甚多。遗憾的是,张先生已经离开我们,唯愿他在天国永享极乐。广东药学院的张明华教授是宋代妇女史研究方面的专家,她曾经写过两篇关于刘后的文章,但我一直不能找到。2007年暑假,我到河南大学学习,有幸认识了当时还在河大工作的张先生,她特意让学生给我复印了她的论文,对此我深表谢意。

最后,我要感谢我的家人。我的妻子与我相知相爱20年,始终对我不离不弃;我的母亲,自我女儿出生后,就从遥远的广州来到武汉,为我解决家庭的后顾之忧;还有我可爱的女儿,从出生至今已经16年了,你为我们家带来了无尽的欢乐。我永远爱你们!

备注:本文原题为《负笈珞珈拜杨门——师门求学琐忆》,初刊于陈曦等主编:《桃李成蹊:杨果教授七秩寿庆文集》,今依后记体例,增加致谢之语,修订于此。

2024 年 7 月 30 日凌晨
修订于秭归屈乡雅筑

大学问,广西师范大学出版社学术图书出版品牌,以"始于问而终于明"为理念,以"守望学术的视界"为宗旨,致力于以文史哲为主体的学术图书出版,倡导以问题意识为核心,弘扬学术情怀与人文精神。品牌名取自王阳明的作品《〈大学〉问》,亦以展现学术研究与大学出版社的初心使命。我们希望:以学术出版推进学术研究,关怀历史与现实;以营销宣传推广学术研究,沟通中国与世界。

截至目前,大学问品牌已推出《现代中国的形成(1600—1949)》《中华帝国晚期的性、法律与社会》等100余种图书,涵盖思想、文化、历史、政治、法学、社会、经济等人文社会科学领域的学术作品,力图在普及大众的同时,保证其文化内蕴。

"大学问"品牌书目

大学问·学术名家作品系列

刘彦君　廖奔　《中外戏剧史(第三版)》

干春松　《儒学的近代转型》

王瑞来　《士人走向民间:宋元变革与社会转型》

罗家祥　《朋党之争与北宋政治》

萧　瀚　《熙丰残照:北宋中期的改革》

王庆成　《太平天国的历史和思想》

大学问·国文名师课系列

龚鹏程　《文心雕龙讲记》

张闻玉　《古代天文历法讲座》

刘　强　《四书通讲》

刘　强　《论语新识》

王兆鹏　《唐宋词小讲》

徐晋如　《国文课:中国文脉十五讲》

胡大雷　《岁月忽已晚:古诗十九首里的东汉世情》

龚　斌　《魏晋清谈史》

大学问·明清以来文史研究系列

周绚隆　《易代:侯岐曾和他的亲友们(修订本)》

巫仁恕　《劫后"天堂":抗战沦陷后的苏州城市生活》

台静农　《亡明讲史》

张艺曦　《结社的艺术:16—18世纪东亚世界的文人社集》

何冠彪　《生与死:明季士大夫的抉择》

李孝悌　《恋恋红尘:明清江南的城市、欲望和生活》

李孝悌　《琐言赘语:明清以来的文化、城市与启蒙》

孙竞昊　《经营地方:明清时期济宁的士绅与社会》

范金民　《明清江南商业的发展》

方志远　《明代国家权力结构及运行机制》

严志雄　《钱谦益的诗文、生命与身后名》

严志雄　《钱谦益〈病榻消寒杂咏〉论释》

全汉昇　《明清经济史讲稿》

陈宝良　《清承明制:明清国家治理与社会变迁》

冯贤亮　《明清江南的环境变动与社会控制》

郭松义　《伦理与生活:清代的婚姻与社会》

胡岳峰　《清代银钱比价波动研究》

大学问·哲思系列

罗伯特·S.韦斯特曼　《哥白尼问题:占星预言、怀疑主义与天体秩序》

罗伯特·斯特恩　《黑格尔的〈精神现象学〉》

A. D. 史密斯　《胡塞尔与〈笛卡尔式的沉思〉》

约翰·利皮特　《克尔凯郭尔的〈恐惧与颤栗〉》

迈克尔·莫里斯　《维特根斯坦与〈逻辑哲学论〉》

M.麦金　《维特根斯坦的〈哲学研究〉》

G·哈特费尔德　《笛卡尔的〈第一哲学的沉思〉》

罗杰·F.库克　《后电影视觉:运动影像媒介与观众的共同进化》

苏珊·沃尔夫　《生活中的意义》

王　浩　《从数学到哲学》

布鲁诺·拉图尔　尼古拉·张　《栖居于大地之上》

何　涛　《西方认识论史》

罗伯特·凯恩　《当代自由意志导论》

维克多·库马尔　里奇蒙·坎贝尔　《超越猿类:人类道德心理进化史》

许　煜　《在机器的边界思考》

S.马尔霍尔　《海德格尔的〈存在与时间〉》

提摩太·C.坎贝尔　《生命的尺度:从海德格尔到阿甘本的技术和生命政治》

大学问·名人传记与思想系列

孙德鹏　《乡卜人:沈从文与近代中国(1902—1947)》

黄克武　《笔醒山河:中国近代启蒙人严复》

黄克武　《文字奇功:梁启超与中国学术思想的现代诠释》

王　锐　《革命儒生:章太炎传》

保罗·约翰逊 《苏格拉底:我们的同时代人》

方志远 《何处不归鸿:苏轼传》

章开沅 《凡人琐事:我的回忆》

区志坚 《昌明国粹:柳诒徵及其弟子之学术》

大学问·实践社会科学系列

胡宗绮 《意欲何为:清代以来刑事法律中的意图谱系》

黄宗智 《实践社会科学研究指南》

黄宗智 《国家与社会的二元合一》

黄宗智 《华北的小农经济与社会变迁》

黄宗智 《长江三角洲的小农家庭与乡村发展》

白德瑞 《爪牙:清代县衙的书吏与差役》

赵刘洋 《妇女、家庭与法律实践:清代以来的法律社会史》

李怀印 《现代中国的形成(1600—1949)》

苏成捷 《中华帝国晚期的性、法律与社会》

黄宗智 《实践社会科学的方法、理论与前瞻》

黄宗智 周黎安 《黄宗智对话周黎安:实践社会科学》

黄宗智 《实践与理论:中国社会经济史与法律史研究》

黄宗智 《经验与理论:中国社会经济与法律的实践历史研究》

黄宗智 《清代的法律、社会与文化:民法的表达与实践》

黄宗智 《法典、习俗与司法实践:清代与民国的比较》

黄宗智 《过去和现在:中国民事法律实践的探索》

黄宗智 《超越左右:实践历史与中国农村的发展》

白 凯 《中国的妇女与财产(960—1949)》

陈美凤 《法庭上的妇女:晚清民国的婚姻与一夫一妻制》

大学问·法律史系列

田 雷 《继往以为序章:中国宪法的制度展开》

北鬼三郎 《大清宪法案》

寺田浩明 《清代传统法秩序》

蔡 斐 《1903：上海苏报案与清末司法转型》

秦 涛 《洞穴公案：中华法系的思想实验》

柯 岚 《命若朝霜：〈红楼梦〉里的法律、社会与女性》

大学问·桂子山史学丛书

张固也 《先秦诸子与简帛研究》

田 彤 《生产关系、社会结构与阶级：民国时期劳资关系研究》

承红磊 《"社会"的发现：晚清民初"社会"概念研究》

宋亦箫 《古史中的神话：夏商周祖先神话溯源》

大学问·中国女性史研究系列

游鉴明 《运动场内外：近代江南的女子体育（1895—1937）》

大学问·中国城市史研究系列

关文斌 《亦官亦商：明清时期天津的盐商与社会》

李来福 《晚清中国城市的水与电：生活在天津的丹麦人，1860—1912》

贺 萧 《天津工人：1900—1949》

王 笛 《茶馆：成都的公共生活和微观世界（1950—2000）》

其他重点单品

郑荣华 《城市的兴衰：基于经济、社会、制度的逻辑》

郑荣华 《经济的兴衰：基于地缘经济、城市增长、产业转型的研究》

拉里·西登托普 《发明个体：人在古典时代与中世纪的地位》

玛吉·伯格等 《慢教授》

菲利普·范·帕里斯等 《全民基本收入：实现自由社会与健全经济的方案》

王 锐 《中国现代思想史十讲》

王 锐 《韶响难追：近代的思想、学术与社会》

简·赫斯菲尔德 《十扇窗：伟大的诗歌如何改变世界》

屈小玲 《晚清西南社会与近代变迁：法国人来华考察笔记研究（1892—1910）》

徐鼎鼎 《春秋时期齐、卫、晋、秦交通路线考论》

苏俊林　《身份与秩序：走马楼吴简中的孙吴基层社会》

周玉波　《庶民之声：近现代民歌与社会文化嬗递》

蔡万进等　《里耶秦简编年考证（第一卷）》

张　城　《文明与革命：中国道路的内生性逻辑》

洪朝辉　《适度经济学导论》

李竞恒　《爱有差等：先秦儒家与华夏制度文明的构建》

傅　正　《从东方到中亚——19 世纪的英俄"冷战"（1821—1907）》

俞　江　《〈周官〉与周制：东亚早期的疆域国家》

马嘉鸿　《批判的武器：罗莎·卢森堡与同时代思想者的论争》

刘家和　口述《困学扈言：史学家刘家和先生的学术和生活自述》

李怀印　《中国的现代化：1850 年以来的历史轨迹》

葛希芝　《中国"马达"："小资本主义"一千年（960—1949）》

柯胜雨　《夏王朝：天崇拜与华夏之变》

石　硕　《守望传统：在田野寻找人文》